Desmond
MORRIS

Mein Leben mit Tieren

Droemer Knaur

Übersetzung aus dem Englischen von S. Schmitz

1. bis 30. Tausend

Titel der Originalausgabe »Animal Days«

Published by Jonathan Cape Ltd, 1979, London
Umschlaggestaltung: Klaus Dempel
Satz: Bauer & Bökeler Filmsatz KG, Denkendorf
Druck und Einband: Freiburger Graphische Betriebe, Freiburg
Printed in Germany
ISBN 3-426-26036-0

Für Ramona

1

Mit Napoleon hat alles angefangen. Wenn er nicht gewesen wäre, säße ich wahrscheinlich jetzt nicht hier, um dieses Buch zu schreiben. Ich meine damit nicht jenen kampflüsternen Goldhamster, den ich einmal besaß und auf diesen Namen getauft hatte, sondern den echten Napoleon, Bonaparte höchstpersönlich, denn eine seiner Kanonenkugeln, abgefeuert im Spanischen Krieg von 1808–1814, hat meinem Ururgroßvater James Morris einen Arm weggerissen und dadurch der Geschichte meiner Familie eine ganz andere Richtung gegeben.
Es mag herzlos klingen, aber ich muß gestehen, daß ich für diese Kanonenkugel dankbar bin. Bevor sie durch die Luft flog, hatten meine Vorfahren als Bauern gelebt und die fruchtbaren hügeligen Felder an der Grenze zwischen England und Wales beackert. Doch nachdem der arme James auf spanischem Boden seinen Arm verloren hatte, kam die Landwirtschaft für ihn nicht mehr in Betracht. Der heimgekehrte Invalide beschloß, Buchhändler zu werden, und eröffnete in der kleinen Stadt Swindon in der Grafschaft Wiltshire einen Laden. Sein Sohn William, mein Urgroßvater, wuchs inmitten von Büchern auf und entwickelte eine übermächtige Begeisterung für alles Gedruckte.
Im Jahre 1854 gründete William als junger Mann eine eigene

Zeitung und betätigte sich zugleich als Verleger, Chefredakteur, Drucker und Schriftsteller. Es war die erste Penny-Zeitung, die jemals in Großbritannien herauskam, und sie leitete eine Revolution im englischen Journalismus ein. Bis dahin waren die Zeitungen so teuer gewesen, daß nur die oberen Zehntausend sie sich leisten konnten. Aber William haßte aus unerfindlichen Gründen das von ihm so genannte privilegierte »Junkertum« und war entschlossen, die Tagesneuigkeiten auch dem breiten Publikum zugänglich zu machen.
Sein Unternehmen hatte sofort Erfolg, und obgleich er von den konservativen Elementen der Stadt ständig angefeindet und sogar auf dem Marktplatz *in effigie* verbrannt wurde, florierte seine Zeitung und nahm an Auflage rasch zu. William fungierte die restlichen siebenunddreißig Jahre seines Lebens als Herausgeber, und in dieser Zeit kam seine leidenschaftliche Vorliebe für die Naturgeschichte immer stärker zum Durchbruch. Schon als Kind hatten ihn die wissenschaftlichen Bücher fasziniert, die sein Vater für die Naturfreunde unter seinen Kunden beschaffte, und jetzt, als erfolgreicher Verleger, verfügte er über genügend Mittel, um sich eine riesige Privatbibliothek zuzulegen. Ein einziges Werk aus jener Bibliothek sollte später mein Leben entscheidend verändern. Der größte Teil von Williams Büchersammlung wurde zwar kurz nach seinem Tod verkauft, aber mein Vater hatte eine Truhe voller Habseligkeiten des alten Herrn geerbt, in der auch jenes einzigartige Buch schlummerte.
Die Truhe stand in der entferntesten Ecke unseres Speichers, der vollgestopft war mit einem Berg von Plunder. Mein Vater, ein Kinderbuchautor, hatte die liebenswerte Schwäche, nie etwas wegwerfen zu können, so daß sich der Dachboden für einen neugierigen Jungen wie mich allmählich in ein geheimnisvolles Schatzhaus verwandelt hatte. Ich verbrachte viele Stunden dort oben damit, die seltsamen Trophäen zu erforschen, die mein Vater von seinen Auslandsreisen mitgebracht hatte. Einige Kisten waren so

schwer, daß ich sie in dem dichtgedrängten Gerümpel weder wegrücken noch öffnen konnte, und in meiner kindlichen Phantasie stellte ich mir vor, daß sich in den dunkelsten Winkeln ein düsteres Geheimnis verbergen müsse. Eines Tages würde ich es schon herausbekommen.

Der große Augenblick kam, als ich schließlich kräftig genug war, mehrere Körbe und Kisten beiseite zu schieben, und dabei Williams Truhe entdeckte. Als ich den Deckel hochgestemmt hatte, wurde ich belohnt durch den Anblick eines prachtvollen alten Messingmikroskops, das ich in einem Kasten aus Mahagoniholz entdeckte. Daneben lagen, eingewickelt in vergilbtes Papier, herrliche Gesteine und Kristalle: farbenglühender Fluorit und Malachit, dunkle, unheimliche Eisenpyrite und hellschimmernde Quarzstufen. In einer anderen Schachtel fand ich einen Haufen Schalen und Fossilien – große Ammoniten und winzige Schneckengehäuse, glatte Muschelschalen und rauhe Stachelhäuter sowie einen Gegenstand, der mich besonders faszinierte, nämlich ein tadellos erhaltenes versteinertes Holzstück. In einer verrosteten Blechbüchse, die sorgfältig mit Seidenpapier und Watte ausgelegt war, befanden sich einige getrocknete Seepferdchen, und in einem Glaskasten war eine Sammlung von tropischen Schmetterlingen mit samtigen Flügeln aufbewahrt.

Ganz unten auf dem Boden der Truhe lag ein großes Buch aus dem 17. Jahrhundert, ein schwerer Foliant mit einem zerfledderten, nachgedunkelten Ledereinband, der wie die Haut einer ägyptischen Mumie aussah. Sein Titel, der mir sofort ins Auge sprang, lautete: *Anfänge einer vergleichenden Anatomie der Mägen und Eingeweide.* Das Wort »Anfänge« gefiel mir besonders gut. Denn daraus schloß ich hoffnungsfroh, man könne tatsächlich ein Buch über einen Gegenstand veröffentlichen, mit dem man sich gerade erst in den »Anfängen« beschäftige.

Die Illustrationen waren, gelinde gesagt, absonderlich. Jeder Darm, den der Verfasser, ein Physiologe namens Nehe-

miah Grew, seziert hatte, war fein säuberlich in dicht nebeneinanderliegenden Schlingen auf den Seiten abgebildet, die auf den ersten Blick einem altmodischen Heizkörper ähnlich sahen. Da gab es elegant geschwungene Därme, auch obszön geformte. Andere Därme wiederum verliefen in gotischen Linien. Meine Lieblingsillustration war die Nummer 28, auf der »Kropf, Muskelmagen und Gedärm eines Haushahns« dargestellt waren und die sicherlich die surrealistischen Maler entzückt hätte, welche damals gerade in Paris Furore machten. Die vom Körper losgelösten, geruchlosen und in hervorragenden Kupferstichen wiedergegebenen Eingeweide der tierischen Lebewesen erschienen mir als Objekte von großer Schönheit.
Grews Buch enthielt noch einen anderen Abschnitt, einen illustrierten Katalog der »natürlichen und künstlichen Raritäten« im Besitz der Royal Society, deren Geschäftsführer der Autor gewesen war. In diesem Katalog wimmelte es von bizarren Beschreibungen, die mir das Gefühl gaben, daß ich offensichtlich nicht der einzige war, der dem Zauber solcher Kuriositäten erlag. Da hieß es zum Beispiel: »Ein großer Stein aus der Blase eines Hundes, gestiftet vom hochwürdigsten Herrn Seth, Fürstbischof von Salisbury.« Das unmittelbare Nebeneinander von Hundeblase und Fürstbischof hatte es mir sofort angetan. Oder: »Zwei behaarte Kugeln, sphärisch und inkrustiert. Etwa zwei Zoll Durchmesser, bedeckt mit einer glatten und sehr dünnen Kruste, in der Farbe einer okzidentalen Bezoarnuß, geschmack- und geruchlos und völlig unempfindlich gegen Säuren.« Diese Kugeln hatte man im Magen eines nicht näher bestimmten Tieres gefunden, und die Tatsache, daß der gelehrte Dr. Grew sie in den Mund genommen und probiert hatte, war für mich der höchste Ausdruck wissenschaftlicher Pflichterfüllung.
Manche Beschreibungen verwirrten mich. Ich hatte keine Ahnung, wie etwa der folgende Text zu verstehen war: »Ein Zahn, entnommen dem Testikel oder Eierstock einer

Frau und übergeben an Dr. Edward Tyson. So hart und weiß wie nur irgendein Zahn im Mund.« Offenkundig barg der menschliche Körper Geheimnisse, die mein Begriffsvermögen überstiegen, aber gerade dadurch gewann die ganze Sache noch größeren Reiz für mich.

Vor allem aber gefielen mir die Namen der Tiere, die der Verfasser in seinem Buch aufgeführt hatte. Ich nenne nur einige Beispiele: die Blasenlippige Schnecke, der Tabakspfeifenfisch, der Stachlige Puni, der Große Glotzaugenkäfer, der Nocunaca, die Eselsfußauster, das Perlsegelboot, die Langbauch-Wirbelschnecke, die Bucklige Venusmuschel, die Viehbremse, der Humgum, die Schwarze Klaffmuschel, der Ägyptische Blasenfisch und der Große Gefleckte Seetaucher aus Norwegen. Es wäre selbst im Scherz nicht leicht, ausgefallenere Tiernamen zu erfinden, doch sie alle waren allen Ernstes als »natürliche Raritäten« aus den reichen Beständen der Royal Society verzeichnet. Ich war zutiefst beeindruckt. Die Naturgeschichte war augenscheinlich nicht nur ein herrlich gruseliges Fachgebiet (die Sammlung enthielt unter anderem auch den »Schoß einer Frau, aufgeblasen und getrocknet« und »ein mißgestaltes Kalb mit zwei Köpfen«), sondern auch eine ausnehmend lustige Sachc. Mit Nehemiah Grew fühlte ich mich auf der Stelle seelenverwandt.

Als ich, das schwere Mikroskop unter den Arm geklemmt, die steile Speichertreppe hinabstieg, überkam mich eine Woge freudiger Erregung. Schon in meiner frühesten Kindheit hatten mich Tiere so fasziniert, daß ich mir zu Hause einen richtigen kleinen Zoo einrichtete. Zum Glück hatte meine Mutter grenzenloses Verständnis für meine jugendliche Begeisterung. Die meisten anderen Eltern hätten sicherlich versucht, die allzu gewagten Experimente ihres Sohnes einzudämmen – doch ich hatte Glück. Unser Haus in Swindon, einschließlich Garten und Garage, quoll förmlich über von allerlei Getier, das wohl fast jede Mutter zur Verzweiflung getrieben hätte, doch die meine betrachtete meine Tiervernarrtheit mit wohlwollender Gelassenheit, die mir in der Rückschau noch erstaunlicher vorkommt. Sie duldete Eidechsen und Schlangen im Spielzimmer, Katzen in der Küche, Igel in der Garage, Maulwürfe und Feldmäuse in der Bodenkammer, Finken im Wintergarten, Meerschweinchen und Kaninchen im Gartenhaus, Barsche und Rotaugen im Fischteich, Molche im Steingarten, Kröten im Garten, Füchse in der Voliere und einen Papagei im Wohnzimmer. Und nun wollte ich, bewaffnet mit dem Mikroskop meines Urgroßvaters und angetrieben vom freundlichen Geist Nehemiah Grews, noch tiefer in das verborgene Reich der Naturgeschichte eindringen, die bereits einen so großen Teil meiner freien Zeit in Anspruch nahm.

An der Unterseite des Mikroskopbehälters befand sich eine flache Schublade, in der ich ein paar Objektträger aus Viktorianischer Zeit entdeckte. Es machte mir Spaß, sie durch das Okular zu betrachten, doch eigentlich wollte ich lieber lebendige Organismen untersuchen, und so brach ich kurz entschlossen zu einer Fangexpedition auf. Meine Großmutter besaß einen kleinen See, zu dem ich mich auf den Weg machte – behängt mit einem angemessenen Sortiment von Eimern, Flaschen und Krügen für den Schlick und die Wasserpflanzen, die ich für mein Vorhaben brauchte. Am Ziel angekommen, stampfte ich wie ein Miniaturwasserbüffel im seichten Uferwasser umher und schöpfte unsäglich schmutzige Pflanzenstengel und Schlammproben in meine Behältnisse, bis sie allesamt voll waren. Im Triumph kehrte ich zu meinem schimmernden Mikroskop zurück und begann voll ungeduldiger Neugier mit der Erforschung der Kleinstlebewelt.

Was ich sah, verschlug mir fast den Atem! Ich hatte das Gefühl, in ein geheimnisvolles Reich einzudringen, in dem Geißeltierchen sich wellenförmig fortbewegten, Wimpernsäume schlugen, Zellen sich teilten, Fühler zuckten und winzige Organe pulsierten. Ich beugte meinen Kopf so hingebungsvoll über dieses Zauberinstrument und war so hingerissen von dem, was ich erblickte, daß ich am liebsten in den Tubus hineingeschlüpft wäre, so wie Alice im Wunderland, als sie in ihrem Kaninchenloch verschwand.

Es kam mir merkwürdig vor, daß meine Mitmenschen, die sich dermaßen begeistern konnten für die Landschaft von Wiltshire, von dieser anderen, ebenso faszinierenden Landschaft der mikroskopisch kleinen Formen und Vorgänge keinerlei Ahnung hatten. Ihnen entging so viel von dem, was sie umgab, was sich in jedem Tropfen Teichwasser, in jedem Schlammklümpchen, in jedem Schimmelfleck verbarg. Das unansehnlichste Dreckhäufchen ließ sich mit dem Mikroskop in einen üppigen Urwald aus absonderlichen und unglaublich komplexen Lebensformen verwandeln, neben denen die Ungeheuer und Roboter aus der Welt der Science-fiction langweilig und primitiv erscheinen mußten.

Als ich älter wurde, ließ mein Interesse für die Heimtierhaltung ein wenig nach und wurde ersetzt durch die Erforschung der Lebewesen in ihrer natürlichen Umwelt. Aus dem Tierhalter wurde allmählich ein Tierbeobachter. Ich verbrachte immer mehr Zeit an unserem See, allein mit meinen tierischen Mitgeschöpfen. Als einziges Kind, dessen Vater in den Schützengräben des Ersten Weltkrieges gesundheitlich so gelitten hatte, daß er zunehmend das Bett hüten mußte, und dessen Mutter mit der Führung unseres kleinen Haushalts voll ausgelastet war, war ich meist auf mich allein gestellt. Doch fühlte ich mich niemals einsam, sondern genoß meine Abgeschiedenheit und zog mich mehr und mehr in meine biologische Welt zurück.

Ich verzichtete darauf, Tiere zu fangen, selbst Fische, und meine Angelrute wurde in die Garage verbannt, wo sie bald beschädigt und unbrauchbar wurde. In einem alten Schuppen entdeckte ich das Gerippe eines Kanus; seine Bespannung war zerrissen und verrottet, aber das hölzerne Gestell noch völlig intakt. Ich kaufte mir etwas Pech und brachte es in einem großen Kessel über einem Feuer zum Schmelzen. Mit einer alten Segelleinwand, die ich in passende Stücke schnitt, flickte ich so lange an der Bespannung herum, bis sie wieder wasserdicht war. Mit fremder Hilfe schaffte ich das Boot zum See und ließ es zu Wasser. Zum erstenmal glitt ich über den Wasserspiegel dahin. Wenn ich mich auf dem Boden des Kanus ausstreckte und den Kopf tief über das Wasser beugte, konnte ich die Fische in ihrem dunklen Reich beobachten. Tag für Tag ließ ich mich stundenlang auf dem glatten See treiben, das Gesicht fast an die Wasseroberfläche gepreßt. Die Vorstellung, einen Fisch mit einem spitzen Haken zu erbeuten, kam mir jetzt abscheulich vor. Ich wußte, wo die großen Schleien ihre Nahrung suchten und wo der stärkste unter den langschnäuzigen Hechten den unvorsichtigen jungen Rotaugen auflauerte. Ich sah zu, wie die Kiefer des Hechts hin und her zuckten, wenn er seine Beute wie eine blitzschnell zuschlagende Schlange gepackt hatte, und wie er das Opfer durch diese seltsame Schüttelbewegung nach und nach im Maul umdrehte, bis er seine Beute mit dem Kopf voran verschlang. Ich beobachtete, daß die Barsche weit kühner waren als die anderen Fische, weil sie mit ihren scharfen Flossenstrahlen im Schlund des Hechts steckenblieben, so daß er sie nicht hinunterzuschlucken vermochte.

Der Drang, die Tiere zu beherrschen und in ihr Leben einzugreifen, der bei kleinen Jungen allgemein verbreitet ist, verwandelte sich bei mir in das Bestreben, die Tiere zu verstehen. Diese veränderte Einstellung konnte ich meinen Freunden nicht erklären. Man hätte mich in meiner bäuerlichen Heimat für reichlich verrückt gehalten. Also hielt ich den Mund und setzte meine Beobachtungen fort.

Im Spätfrühling versammelten sich Wasservögel am See, die mich durch ihr eigenartiges Balzverhalten häufig von meinen Fischstudien ablenkten. Das Schauspiel beeindruckte mich sehr, obgleich ich es mir noch nicht recht zu erklären vermochte. Wenn ich das Gewässer verließ, wanderte ich oft durch das dichte Unterholz, das ihn umgab und in dem zahlreiche andere, kleinere Vögel in Bäumen und Sträuchern nisteten. Ich lernte, wie wichtig es ist, still sitzen und geduldig warten zu können, und war erstaunt, wie lebendig es schon nach wenigen Minuten des Schweigens im Dickicht wurde. Die Bauernjungen, mit denen ich befreundet war, hätten mein seltsames Benehmen nur verstanden, wenn ich mich mit einem Luftgewehr oder einer Schrotflinte auf die Lauer gelegt hätte – doch nichts lag mir ferner. Ich war ein Jäger geworden, der den Tieren nachspürte, um sie zu beobachten, nicht um sie zu töten.

Auf einer Lichtung waren mehrere Tümpel verstreut, und in einem davon hatte eine Krötenkolonie abgelaicht. Täglich kehrte ich dorthin zurück, um die Entwicklung der Kaulquappen zu verfolgen. Es wunderte mich, daß die Krötenkinder oft nur in einem bestimmten Teil des Tümpels umherschwärmten und die übrige Wasserfläche mieden. Ich konnte keinen Grund für dieses Verhalten entdecken und fragte mich, was wohl im Gehirn der Kaulquappen vorgehen mochte, daß sie sich auf solche Weise zusammenscharten. Ich begann Mutmaßungen darüber anzustellen, ob sich eine Kaulquappe, die ein bestimmtes Verhalten gelernt hatte, noch an das Erlernte erinnern würde, sobald sie sich in eine Kröte verwandelt hatte. Oder wurde durch die Metamorphose jede Erinnerung ausgelöscht? Natürlich kannte ich den Begriff Metamorphose noch nicht, und meine Überlegungen waren alles andere als präzise und folgerichtig, aber immerhin gingen mir solche Gedanken durch den Kopf. Irgendwie, ohne besondere Anleitung begann sich in mir die wissenschaftliche Neugier zu regen. Und schon sehr bald sollte ich einem Mann begegnen, der diese Neugier entscheidend förderte . . .

2

Niemand wußte, warum er »Butterblume« genannt wurde. Ich habe ihn auch nie danach gefragt, aber der Name war so grotesk und unzutreffend, daß er einfach unwiderstehlich erschien. Die meisten Lehrer ignorieren ihren Spitznamen, dieser jedoch nicht, und bis auf den heutigen Tag unterzeichnet er die seltenen Briefe, die er mir schreibt, mit diesem absonderlichen Namen.

»Butterblume« war im Internat mein Zoologielehrer, und auf seine Art war er ein kleines Genie. Sein Unterricht unterschied sich von dem aller anderen Lehrer, mit denen ich je konfrontiert wurde. Ich hatte das große Glück, daß die Zoologie meine Leidenschaft und sein Fach war. Auf unorthodoxe Weise setzte er sich über die Lehrpläne souverän hinweg. Schon in der sechsten Klasse ging er mit uns weit über den vorgeschriebenen Stoff hinaus, indem er uns zum selbständigen Forschen anleitete, als ob wir bereits Studenten wären. Und erstaunlich ist, wie weit es ein Sechstkläßler bringen kann, wenn man ihm nur eine kleine Chance gibt. Die Kehrseite der Medaille war, daß er jeden Schüler, der sich nicht für sein Fach interessierte, mit heftigem Zorn und höhnischer Mißachtung bestrafte. »Butterblume« war alles andere als unparteiisch oder gerecht, doch gerade diese Eigenschaft machte einen Teil seines Charmes aus. Er war eine ausgeprägte Persönlichkeit mit starken Gefühlen, die exzentrisch aus der geschlossenen Front des Kollegiums ausbrach.

Sein erster Grundsatz lautete, es sei unmöglich, Zoologie zu lehren. Er meinte, er könne uns nur zeigen, wie man lernt, und uns so weit fördern, daß wir uns selber Fragen stellten. Es sei dann allein an uns, die Antworten zu finden. Andere Kollegen, so erklärte er uns voller Verachtung, beschränkten sich darauf, Antworten zu lehren; doch das sei Unsinn, weil dadurch das Gehirn mit unverdauten Fakten vollgestopft und das eigenständige Denken verhindert werde. Seine Einstellung faszinierte mich, und um seine Gunst zu erringen, arbeitete ich für ihn emsiger als in allen anderen Fächern.

Meine ersten Schuljahre, bevor ich unter seinen Einfluß geriet, waren weniger glücklich verlaufen. Ich übertreibe nicht, wenn ich sage, daß der 18. September 1941, der Tag meines Eintritts ins Internat, der schlimmste Tag in meinem Leben gewesen ist. Als einziges Kind, das in der Depressionszeit der dreißiger Jahre aufgewachsen war, hatte ich noch nie eine Nacht von meinen Eltern getrennt verbracht, und in jenen schlechten Zeiten waren wir auch kaum jemals verreist. Da ich völlig in meiner privaten Welt der Tiere aufging, hatte ich mich immer mehr in mich selbst zurückgezogen. Die Vorstellung, mein vertrautes Zuhause verlassen zu müssen, schreckte mich, aber meine Eltern hatten nun einmal beschlossen, mir eine bessere Ausbildung zu ermöglichen, als die Schulen in Swindon sie bieten konnten. Also blieb mir keine Wahl.

Mein Vater war angesichts dieses Schritts immerhin so besorgt um mich, daß er dem Direktor meiner neuen Schule einen Brief schrieb, in dem er ihm über mich folgendes mitteilte: »Sofern er einen Charakterzug besitzt, den ich erwähnen muß, so ist es nach meiner Ansicht seine Neigung zu einer gewissen Reserviertheit.« Und der Leiter meiner alten Schule in Swindon schrieb über mich: »Desmond Morris ist ein stiller, ziemlich verschlossener Knabe ...

Wenn er mehr Vertrauen zu seinen Fähigkeiten gewinnt, wird er auch mehr leisten.« In Wahrheit fehlte es mir nicht an Selbstvertrauen – mein Seelenzustand war durchaus intakt –, nur war ich allmählich ein wenig menschenscheu geworden. Ob ich mir Tiere zu Gefährten gewählt hatte, weil ich schüchtern war, oder ob ich mich nur deshalb von anderen Menschen abgeschlossen hatte, weil es mir Spaß machte, so viel Zeit mit Tieren zu verbringen, war mir selber nicht recht klar. Auf jeden Fall erfüllte mich der Gedanke, in eine neue, fremde Umwelt verpflanzt zu werden, mit Schrecken und bösen Vorahnungen.
Die Folge davon war, daß die ersten Tage im Internat, inmitten meiner sehr lebhaften und unternehmungslustigen Mitschüler, für mich zu einem Alptraum wurden. Meine Lage verschlimmerte sich noch durch den Umstand, daß mein Vater damals langsam dahinsiechte und in sein letztes Lebensjahr eingetreten war. Meine Briefe, die ich nach Hause schrieb, mußten daher so fröhlich wie nur möglich ausfallen, damit er sich nicht beunruhigte. Mit meiner Mutter hatte ich ein geheimes Abkommen getroffen, daß ich, solange ich mich so elend fühlte, jedem Brief ein vereinbartes Kodewort beifügte, das meine tatsächliche Stimmung ausdrücken sollte. Das Wort hieß »fooey« und stammte aus einem alten Burgess-Meredith-Film, den ich mir mit ihr in den Ferien angeschaut hatte, und viele Monate lang tauchte es regelmäßig am Ende eines jeden Briefes auf.
Doch nach und nach paßte ich mich der fremden Umgebung an. Dabei kam mir zustatten, daß das Internat, die Dauntsey's School in West Lavington, ganz einsam inmitten der Landschaft von Wiltshire lag, die ich so sehr liebte. Wir Schüler wurden dazu ermuntert, diese Landschaft bei jeder sich bietenden Gelegenheit zu erkunden. Schon bald hatte ich neue Tiere entdeckt, die meine Freunde wurden. Da waren zum Beispiel die Blindschleichen auf dem Bahndamm, die sich unter den Schlacken beiderseits der Geleise

versteckt hielten, beinlose Eidechsen mit glänzenden Augen und einem wie Bronze schimmernden Leib, den zu berühren sehr angenehm war. Und da gab es die merkwürdigen dicken, plumpen blauschwarzen Blattkäfer, die sich leicht fangen ließen, aber die befremdliche Angewohnheit hatten, aus dem Mund eine blutähnliche Flüssigkeit auszuscheiden, wenn man sie in die Hand nahm. Ich vermutete, dieses Sekret enthalte ein Gift, das die Käfer für ihr mangelndes Fliehvermögen entschädige; ich hatte jedoch nie den Mut, es auszuprobieren, um meine Theorie zu beweisen. Mir hatte einmal ein violetter Laufkäfer, den ich daheim im Garten fand, sein Sekret ins Auge gespritzt, und der Schmerz, den diese ätzende Flüssigkeit verursachte, hatte mir einen gehörigen Respekt vor den Abwehrwaffen aller größeren Käfer eingeflößt.

Auf meinen Streifzügen lernte ich noch viele andere Tiere kennen, doch dies sind die beiden, an die ich mich besonders gut erinnere. Sehr bald trat ich dem »Naturkundlichen Verein« der Schule bei und übernahm schließlich die Betreuung des schuleigenen Vivariums. »Butterblume« fiel meine besondere Vorliebe für die Kröten auf, und als ich einmal erwähnte, daß ich zu Hause im Garten eine Kolonie von etwa hundert dieser Tiere pflegte, forderte er mich auf, über sie einen Aufsatz für unsere »Naturkundliche Zeitschrift« zu schreiben. So kam es, daß ich meinen ersten Artikel »veröffentlichte«, eine lange Abhandlung mit dem forschen Titel »Die Kröte im Loch«, für die ich ein »Honorar« von fünf Shilling erhielt.

In meiner kindlichen Vorstellung war ich damit bereits ein richtiger Schriftsteller geworden, und ich machte mich eiligst auf den Weg, um die paar Shillinge so schnell wie möglich in der nahen Kleinstadt auszugeben – eine Reaktion, die mich, wie ich gestehen muß, durch meine gesamte schriftstellerische Laufbahn begleitet hat. Nach dem Erscheinen des *Nackten Affen* brauchte ich mehrere Jahre, bis ich alle meine Einkünfte unter die Leute gebracht hatte, aber bei meiner »Kröte im Loch« schaffte ich es an einem einzigen glorreichen Nachmittag, indem ich ein Exemplar von F. Martin Duncans *Britische Schnecken und Muscheln* und ein Bändchen mit Kriegsbildern englischer Künstler erstand. Moderne Kunst wurde für mich ein neues Interessengebiet, das mich dermaßen fesselte, daß es schließlich zu einer ernsthaften Konkurrenz für meine zoologischen Neigungen wurde. Der intensive Umgang mit der Malerei kam mir übrigens beim Zeichnen der Tiere, die ich untersuchte, sehr zustatten.

Ohne daß es mir bewußt wurde, fiel meine Schüchternheit allmählich von mir ab. Ich wußte inzwischen so viel über Tiere, daß ich vor unserem »Naturkundlichen Verein« einen Vortrag über Amphibien und Reptilien und später einen weiteren über die Fledermäuse der Britischen Inseln halten konnte. Ich schloß leichter Freundschaften, und je älter ich wurde, desto stärker übte die erzwungene Unabhängigkeit des Internatslebens ihre magische Wirkung auf mich aus. Ich verhielt mich nicht mehr zurückhaltend und verschlossen wie in den ersten Schuljahren, dafür schaffte aber meine neugewonnene Extrovertiertheit andere Probleme. Für viele meiner Mitschüler war spontane Offenheit eine Selbstverständlichkeit, doch in meinem Fall bedeutete sie so etwas wie eine Neuentdeckung, mit der ich nicht immer in der richtigen Weise umgegangen bin.

Eigentlich sollte ich nicht sagen, daß meine Schüchternheit verschwunden sei – sie blieb nämlich bestehen, wurde aber gleichsam überlagert von meinem neuen Selbstbewußtsein. Das hatte zur Folge, daß ich meinen wahren Charakter oft leugnete und mich fast peinlich extrovertiert gab, als wollte ich meinen Hang zum Alleinsein vergessen machen. Ich wurde zum Witzbold, zum Unterhaltungskünstler. Meinen Vortrag über Fledermäuse hielt ich beispielsweise auf dem Rednertisch stehend, wobei ich die Körperhaltung und Fortbewegungsweisen der verschiedenen englischen Fledermausarten imitierte. Ich muß damit

Eindruck gemacht haben, denn als ich das Ereignis bereits längst vergessen hatte, erinnerte mich »Butterblume« in einem Brief wieder daran, den er mir vierundzwanzig Jahre später schrieb. Aus unerfindlichen Gründen versuchte er niemals, mein überspanntes Benehmen zu mäßigen, vielleicht weil er erkannte, daß mein Verhalten die Konsequenz jenes seltsamen Privatkrieges war, den ich mit mir selber ausfocht.

Wenn ich ehrlich bin, muß ich zugeben, daß diese innere Auseinandersetzung noch immer nicht befriedigend beigelegt ist; bis heute kämpfen in mir der Schauspieler und der Wissenschaftler miteinander, wobei einmal der erste und ein andermal der zweite die Oberhand behält. Das wissenschaftliche Element treibt mich zum seriösen Forschen und Studieren an, doch dann schlägt das komödiantische Element durch, und ich vertausche die Rolle des ernsthaften Wissenschaftlers mit der Rolle des öffentlichen Unterhalters. Vermutlich will ich diesen Streit im Grunde gar nicht beilegen, da sich die Kombination beider Eigenarten im Laufe der Jahre als sehr ersprießlich erwiesen hat. Wenn einem die wissenschaftliche Basis fehlt, hat man nichts Neues und Originelles zu sagen, und ohne das komödiantische Element kann man seine Erkenntnisse nicht so vermitteln, daß die Leute sie verstehen.

Nach dem Erfolg meines Krötenartikels schlug mir »Butterblume« vor, ich solle doch einmal richtige Krötenforschung betreiben. In meinem Beitrag hatte ich geschrieben: »Um zu überwintern, gräbt die Kröte mit ihren Hinterbeinen ein Loch. In Sandboden erreicht es eine Tiefe von fünfundvierzig Zentimeter, im Lehmboden von etwa zwanzig Zentimeter. Doch dies sind nicht die einzigen Plätze, an denen die Kröte überwintert. Jede Vertiefung oder Höhle, die ihr zusagt, kann ihr sechs Monate lang als Schlafstätte dienen. Im Frühling kommt sie wieder hervor und strebt instinktiv dem Wasser zu, wo die Paarung stattfindet.«

»Butterblume« wollte von mir wissen, wie die Kröte wohl

nach einer so langen Schlafperiode den Weg zum Wasser finde.
»Ich glaube«, antwortete ich, »sie wandert einfach nur umher, bis sie zufällig auf einen geeigneten Tümpel oder Teich stößt.« Er machte mich jedoch darauf aufmerksam, daß ich in meinem Artikel ausdrücklich geschrieben hatte, sie »strebt instinktiv dem Wasser zu«. Ob ich diese Behauptung nicht einmal überprüfen sollte? Wie stets gab er mir keine fertige Antwort, sondern brachte mich nur dazu, die richtige Frage zu stellen.
Ende Februar entdeckte ich auf der Straße unweit des nächsten Dorfes plattgewalzte Kröten in großer Zahl. Die Tiere hatten offensichtlich versucht, die Straße während der Nacht zu überqueren, und waren von Autos überfahren worden. Das war für mich die Gelegenheit, die ich gesucht hatte. Wenn ich mich des Nachts mit einer Taschenlampe an diesem Straßenstück aufstellte und die Standorte, Richtungen und Bewegungen der Kröten auf einer Karte eintrüge, könnte es mir gelingen, die Frage zu beantworten.
Die einzige Schwierigkeit bestand freilich darin, daß wir Schüler das Internat nach Einbruch der Dunkelheit nicht mehr verlassen durften – aus gutem Grund. Im Dorf wohnten nämlich ein paar sehr hübsche junge Mädchen – eine Tatsache, die selbst mir bei allem wissenschaftlichen Eifer nicht entgangen war. Trotz einiger Bedenken erwirkte »Butterblume« für mich und einen Freund mit dem köstlichen Namen Freddie Tweddle die Genehmigung zu unserer nächtlichen Exkursion. Mit Taschenlampen und Notizblöcken bewaffnet, machten wir uns auf den Weg, den Sinn fest auf die wanderlustigen Kröten und ein reizendes junges Stallmädchen namens Jessica gerichtet.
Die Kröten hatten allerdings Vorrang. An der Stelle, wo ich die toten Tiere entdeckt hatte, tauchte im Schein unserer Lampen eine ganze Krötenarmee auf, die über den Asphalt marschierte. Wir nahmen uns einen Straßenabschnitt nach dem anderen vor und begannen eine Karte anzufertigen,

auf der die Position, das Geschlecht und die Zugrichtung der einzelnen Tiere verzeichnet waren. Wir widmeten uns dieser Aufgabe so hingebungsvoll, daß die Zeit wie im Fluge verging und die anderen Vergnügungen, die wir uns ausgemalt hatten, hinter unserer Arbeit zurücktreten mußten.

Nach Stunden kehrten wir stolz heim, und am nächsten Tag machten wir uns daran, unsere Kartenskizze ins reine zu zeichnen. Um es kurz zu machen: Eindeutig war zu erkennen, daß die Kröten von Feldern nördlich der Straße auszogen und, ohne die Wasserstellen auf der Nordseite zu beachten, zu einem bestimmten Teich in einem Wäldchen südlich der Straße überwechselten. Für diese schwerfälligen Tiere war das eine Marathonstrecke, ein mühseliger Marsch. Die Auffassung, daß sie in der Nähe des Laichgewässers einfach aus dem Boden krochen und so lange umherwanderten, bis sie schließlich in irgendein Gewässer hineinstolperten, war damit widerlegt. Sie wurden nach dem Winterschlaf nicht nur von einem allgemeinen Wandertrieb erfaßt, sondern von einem *zielgerichteten* Drang. Ganz bewußt kehrten sie zu ihrem angestammten Teich zurück und ignorierten die anderen Wasserstellen, die auf ihrem Weg lagen.

Jede Kröte wußte also auf irgendeine Weise, welchen Weg sie einzuschlagen hatte – aber woher? Die nächstliegende Antwort lautete, daß sie sich an ihren Marsch des Vorjahres erinnerte, als sie zum letztenmal das Laichgewässer verlassen hatte, wobei sie sich markante Orientierungspunkte eingeprägt hatte. Aber die Felder waren inzwischen bearbeitet worden, und die Umgebung hatte sich dadurch völlig verändert. Die Orientierungspunkte schieden somit als Erklärung aus. Auch der Hinweis auf die Feuchtigkeit im Umkreis des Teiches konnte das Rätsel nicht lösen. Denn einerseits ignorierten die Kröten die anderen Wasserstellen, und andererseits war das gesamte Gelände in den Februarnächten sehr feucht. Die Tiere mußten sich also durch irgend etwas anderes leiten lassen. Wir wußten nicht mehr weiter. Unsere Untersuchung hatte lediglich ergeben, daß die gewöhnlichen Kröten über sehr ungewöhnliche Fähigkeiten verfügen mußten.

Wir trugen unser Problem »Butterblume« vor und erwarteten von ihm eine einfache und einleuchtende Antwort. Doch zu unserer Überraschung erklärte er uns, er habe auch keine Ahnung, wie die Kröten das schafften. Auf jedes Rätsel, das die Zoologie lösen könne, kämen hundert andere, die sie nicht zu entschlüsseln vermöge. Diese Einsicht enttäuschte mich zunächst, ihre wahre Bedeutung ging mir erst später auf. Wenn ein Schüler mit einem Problem nicht fertig wird, glaubt er meist, es liege daran, daß er nicht die richtigen Bücher gelesen oder den entsprechenden Stoff noch nicht im Unterricht durchgenommen habe. Die Erkenntnis, daß auch die Naturwissenschaftler sehr vieles nicht wissen, wirkt daher auf ihn wie ein Schock. Doch bestimmt konnte irgend jemand die Frage beantworten, wie die Kröten ihren Wandertrieb steuern. In wissenschaftlichen Bibliotheken mußten bestimmt ganze Bücher zu diesem Thema zu finden sein.

In diesem Fall gab es sie zweifellos nicht, und selbst heute, mehr als dreißig Jahre später, ist das Problem noch immer nicht gelöst, soviel ich weiß. 1958 veröffentlichte ein Schweizer Zoologe namens H. Heusser eine sehr viel gründlichere Untersuchung zum Thema Krötenwanderung als wir damals in der »Naturkundlichen Zeitschrift« der Schule. Unser Aufsatz war nur drei Seiten lang, während sich Heusser in der Fachzeitschrift »Behaviour« über vierundzwanzig Seiten verbreitete, doch gleichwohl kam er in seinen Deutungsversuchen auch nicht viel weiter als wir. Er beobachtete Kröten in einer Teichlandschaft bei Zürich. Nachdem er eine größere Zahl der Tiere mit kleinen Nummernschildern markiert hatte, setzte er sie achthundert Meter von ihrem heimatlichen Teich entfernt an einem anderen Tümpel aus, der als Laichplatz ebenso geeignet erschien. Obwohl dieses neue Gewässer den Kröten sehr verlockend vorkam, machten sich viele zwangsevakuierte Tiere auf die weite Reise zu ihrem angestammten Teich, und das in einem Gelände, das sie vorher nie durchwandert hatten. Das war der schlüssige Beweis, daß sich die Kröten nicht an bestimmten Merkmalen der Landschaft orientieren.

Die Fähigkeit der Kröten, ihr Heimatgewässer wiederzufinden, entdeckte Heusser, bleibt nur so lange bestehen, bis die Tiere das Wasser tatsächlich erreicht haben. Sobald sie sich wieder in ihrem angestammten Teich tummeln, ändert sich ihr Verhalten. Wenn man sie dann aus diesem Gewässer herausholt und in einen anderen Tümpel verfrachtet, bleiben sie in ihrer neuen Heimat, wo sie sich ebenso wohl fühlen und auch fortpflanzen. Mit anderen Worten: Die Kröten verfügen über ein geheimnisvolles Orientierungsvermögen zurück zu ihrem heimatlichen Teich, das gewissermaßen eingeschaltet wird, sobald sie aus ihrem Winterschlaf erwachen, und sofort wieder verschwindet, nachdem sie in »ihrem« Teich angelangt sind.

Diese Darstellung der Fakten liest sich natürlich sehr viel gefälliger als unser damaliger Schüleraufsatz, aber auch sie bleibt die Antwort auf die entscheidende Frage schuldig: Wie, in aller Welt, schaffen die Kröten das nur? Heusser beschließt seinen Beitrag mit der recht lahmen Bemerkung, die ausgewachsenen Kröten kehrten vermutlich jedes Jahr zu dem Gewässer zurück, in dem sie aus dem Laich geschlüpft sind. Dabei verließen sie sich auf ihren Richtungssinn, ohne daß ein Lernprozeß vorausgeht. Das Rätsel bleibt also bestehen, ein sehr großes Rätsel, das die bescheidene Kröte in meiner Achtung noch höher steigen läßt.

Die Wegstrecke von achthundert Metern bedeutet eine kleine Weltreise für die langsam hüpfende Kröte – *was* leitet ihren Kurs dabei? Der Hinweis auf den Richtungssinn ist überhaupt keine Erklärung. Orientiert sie sich an den

Sternen, an magnetischen Feldern, oder besitzt sie ein unglaublich komplexes Erinnerungsvermögen? Ende Februar ist der Himmel oft bedeckt, so daß sich die Tiere nicht auf die Sterne verlassen können. Magnetfelder? Aber welche Felder, und auf welche Weise wirken sie sich aus? Erinnerungsvermögen? Aber wie sollten sich die verpflanzten Kröten an die genaue Richtung erinnern, in der sie zu einem fremden Teich geschafft wurden? Das alles ergibt keinen Sinn. Kein Wunder, daß man die Kröten einst für Vertraute der Hexen hielt, daß man sie umsorgte, taufte, in schwarzen Samt kleidete und mit winzigen Glöckchen behängte. Lang lebe die Kröte!

Meine unbeirrbare Vorliebe für Tiere, die keinen wirtschaftlichen Nutzen hatten, war für meine Familie ein ernster Grund zur Beunruhigung. Als meine Schulzeit allmählich zu Ende ging, machte sie sich natürlicherweise Sorgen um meine Zukunft. Der Zweite Weltkrieg tobte; wenn er noch lange dauern sollte, würde ich wahrscheinlich einberufen und an die Front geschickt. Meine Großmutter wollte das Problem dadurch lösen, daß sie mich drängte, Medizin zu studieren. Als Arzt hätte ich immerhin die Aufgabe, Menschen gesund zu machen, statt sie zu verwunden oder totzuschießen. Deshalb begann sie mich mit allen möglichen medizinischen Instrumenten zu überschütten. Als Geburtstagsgeschenk erhielt ich eine Garnitur Spritzen. Aber was soll ein Pennäler mit Spritzen anfangen? Zu Weihnachten schenkte sie mir ein prachtvolles Stethoskop. Ich hörte damit alle Leute ab, die lange genug bereit waren, stillzuhalten. Schließlich packte ich das Hörrohr zusammen mit der Spritzengarnitur weg und überlegte, welche Überraschung meine Großmutter wohl nun auf Lager hätte. Vielleicht ein Sortiment Bettflaschen? Je grausamer der Krieg wütete, desto mehr nahm ihr Druck zu. Der Arztberuf sei doch eine so ehrenwerte, reputierliche Sache, meinte sie, sehr viel befriedigender als der Umgang mit Käfern und Molchen und derlei Getier.

Ich war zu höflich, um meine wahren Gefühle zu verraten. Den größten Teil meiner Kindheit hatte ich in der unmittelbaren Nähe meines kranken Vaters verbringen müssen. Er starb, als ich gerade vierzehn geworden war. Ich hatte fürs ganze Leben genug Krankheit gesehen. Selbst ein Besuch im Hospital war für mich ein schreckliches Erlebnis. Aber als pflichtgetreuer Sohn meldete ich mich zu einer medizinischen Vorprüfung, die mir den Zugang zur medizinischen Fakultät der Londoner Universität verschaffen sollte. Das Medizinstudium würde meine Einberufung in die Armee bis zur Approbation hinauszögern. Aber ich war nicht mit dem Herzen bei der Sache, und es gelang mir, durchs Examen zu fallen.

Der Krieg neigte sich mittlerweile seinem Ende zu, der Tag der alliierten Landung in der Normandie stand kurz bevor. Obgleich unser Internat davon stark betroffen war – stundenlang ratterten riesige Lastwagen- und Panzerkonvois vorbei auf ihrem Weg zur Südküste –, kam mir der Krieg ziemlich unwirklich vor. In einem Brief, den ich damals nach Hause schrieb, steht der denkwürdige Satz: »Ich hoffe nur, daß der Unterricht nicht durch die Invasion beeinträchtigt wird.« Es mußte eben alles seine Ordnung haben. Doch selbst mir wurde bewußt, daß meine Angehörigen mich nicht mehr so sehr drängen würden, meine Tiere aufzugeben und den Arztberuf zu ergreifen, wenn der Krieg bald zu Ende wäre. Deshalb begann ich mich intensiver für das Kriegsgeschehen zu interessieren.

Endlich war der Sieg über Deutschland errungen, und überall feierten ihn die Menschen wie verrückt. Sie tanzten auf den Straßen und betranken sich sinnlos. Meine private Siegesfeier bestand in einem ausgedehnten Fahrradausflug durch die Landschaft von Wiltshire. Unterwegs beobachtete ich mehrere Stunden lang eine Schar Saatkrähen. Dabei kam mir der Gedanke, daß dieser Tag für die Vögel wohl ein ganz gewöhnlicher Tag war – ziemlich heiß und gewitterschwül, aber im übrigen ohne besondere Vorkommnisse. Auch die wichtigsten historischen Ereignisse verlieren an Bedeutung, wenn man sich völlig der zeitlosen Welt der Tiere überläßt.

Ich wurde jedoch schon sehr bald gezwungen, in die Welt der Menschen zurückzukehren, als ich erkannte, daß ich trotz Beendigung des Krieges meinem medizinischen Schicksal nicht entgehen sollte. Ich mußte ein weiteres Jahr für mein erstes medizinisches Examen büffeln, und die Familie erwartete von mir diesmal mehr Einsatz. Doch konnte sie nicht übersehen, daß ich mich zunehmend als kleiner Rebell gebärdete. In jeder Hinsicht mußte ich mich von den anderen unterscheiden. Nicht nur meine Tierfreundschaften wurden immer esoterischer – meine neueste Liebe galt einer rosafarbenen Bohrasselspezies –, auch meine sonstigen Interessen, auf die ich hier nicht eingehen will, waren recht ausgefallen und gegen die Gewohnheiten meiner Umwelt gerichtet. Während meine Freunde Mozartmusik lauschten, begeisterte ich mich für Muggsy Spanier und frühen Jazz; während sie klassische englische Romane lasen, vertiefte ich mich in James Joyce, Auden, Isherwood und in meinen Lieblingsdichter E. E. Cummings; während sie sich an idyllischen Landschaftsbildern erfreuten, entdeckte ich Klee und Brauner, Miró und Tanguy; und während sie sich auf dem Sportplatz tummelten, lag ich mit einem Mädchen im hohen Gras. Seit meinen frühen Zusammenkünften mit dem Stallmädchen Jessica, das so geschmeidig und elegant einherstolzierte und in dessen Gesicht fast immer ein fröhliches Lachen stand, hielt ich es für angemessen, die Mädchen auf die höchste Stufe der »Tiere« zu erheben und sie in das Register meiner persönlichen biologischen Errungenschaften aufzunehmen. So begann ich also diese faszinierenden, mir neuen Lebewesen im Dienste der Wissenschaft zu erforschen. Zu Hause schrieb ich zahllose unreife Gedichte und malte wild drauflos in dem kleinen Atelier, das ich mir selber eingerichtet hatte.

Keine dieser Aktivitäten trug zu meiner medizinischen Ausbildung bei, und als das Examen näher rückte, sah ich dieser Feuerprobe mit einigem Bangen entgegen. Bei der praktischen Prüfung in London verpfuschte ich vor lauter Nervosität ein Experiment, was dramatische Folgen hatte. Ich sollte eine bestimmte Menge Silbernitrat in eine Glaspipette einsaugen, so daß ich sie abmessen konnte, bevor sie einem anderen chemischen Reagenz zugefügt wurde. In meiner Verkrampfung versäumte ich, im richtigen Augenblick mit dem Saugen aufzuhören – und plötzlich war mein Mund voll von der brennenden Chemikalie. Mir war, als stände ich in Flammen. Hustend und spuckend verspritzte ich Silbernitrat nach allen Seiten, während ich auf die nächstbeste Tür zu rannte! Meine Mundschleimhaut schien sich abzulösen, und ich geriet in Panik, als ich spürte, daß ich etwas von dem widerlichen Zeug runtergeschluckt hatte. Die Prüfer zeigten sehr wenig Mitgefühl mit mir, ja sie amüsierten sich offenkundig sogar über meine Darbietung, welche die Langeweile eines routinemäßigen Prüfungstages wohltuend auflockerte.
Der Zwischenfall hatte außer Bauchschmerzen und einer wunden Mundhöhle keine weiteren Folgen, aber er machte meine Hoffnungen auf ein bestandenes Examen zunichte, und meine medizinische Karriere war damit endgültig abgeschlossen. In der Rückschau erwies sich diese Schmach als eines der glücklichsten Ereignisse in meinem Leben, und ich habe mir oft gedacht, daß manche Mißgeschicke konstruktiver sind, als man meint. Aus ihnen ergibt sich nicht selten ein geheimer Vorteil, der sich erst viel später im Leben auswirkt. Für mich zeigte sich das Positive sicherlich nicht sofort, denn als Folge meines Versagens mußte ich zunächst einmal zwei Jahre zum Militärdienst. Der Krieg war zwar inzwischen zu Ende, auch im Fernen Osten, aber die Wehrpflicht bestand noch fort, und ich lebte in dem schrecklichen Gefühl, als stünde mir eine Verurteilung zu zwei Jahren Gefängnis und Zwangsarbeit unmittelbar bevor. Während ich auf meinen Gestellungsbefehl

wartete, vertrieb ich mir die Zeit damit, reiten zu lernen, doch ich war gerade erst beim leichten Trab angelangt, als ich die Reitschule mit einer tristen, kalten Kaserne in Tidworth vertauschen mußte.

Der erste Tag beim Militär war für mich genauso schlimm wie der erste Schultag im Internat. Ein Offizier, der infolge einer Freudschen Fehlleistung vergessen hatte, seinen Hosenschlitz zuzuknöpfen, hielt uns erst einmal einen kurzen Vortrag über Geschlechtskrankheiten, dann marschierten wir geschlossen zum Friseur, der uns den obligatorischen militärischen Haarschnitt verpaßte. Ich empfand beide Vorgänge als seltsam entwürdigend, denn man schätzte uns wohl als liebeskranke Jünglinge ein, die sich zu Straßenmädchen hingetrieben fühlten, und setzte einfach stillschweigend voraus, daß wir Läuse hatten und deshalb unser Haar geschoren werden mußte. Der kurze Schnitt hatte überdies die merkwürdige Nebenwirkung, daß man plötzlich nicht mehr das vertraute Spiegelbild vor sich sah, sondern ein völlig fremdes Gesicht erblickte. Ich war wütend und deprimiert.

Mein Zorn kochte über, als wir in einem Unterrichtsraum zusammengetrieben wurden, um uns einem Intelligenztest zu unterziehen. Bei einer der ersten Aufgaben zeigte man uns eine Zeichnung, auf der ein Fluß, der ins Meer mündete, und zwei Schiffe abgebildet waren, eins auf dem Fluß und das andere auf dem Meer. Die Frage lautete: »Welches Schiff ist höher, A oder B?« Ich verweigerte die Lösung mit dem Einwand, die Frage sei schlecht gestellt. Daraus entstand ein Problem, das die Armee offensichtlich überforderte. Ich hätte mich einfach für A oder B zu entscheiden, hieß es. Ich wies darauf hin, das Schiff auf dem Fluß sei höher als das auf dem Meer, weil Wasser bekanntlich bergab fließe; aber da Salzwasser mehr Auftrieb habe als Süßwasser, erhebe sich, was genauso logisch sei, das Ozeanschiff höher über den Wasserspiegel als das Flußschiff. Was man sich wohl dabei gedacht habe, als man die Frage formulierte, wollte ich wissen. Keine Antwort. Ich wurde als Unruhestifter gemeldet und in eine noch tristere

Kaserne verlegt, wo meine einzige Tätigkeit darin bestand, auf einem gefrorenen Exerzierplatz auf und ab zu marschieren oder beim Manöver auf vereister Erde umherzurobben.
Das Leben in der Kaserne verlief kaum angenehmer als draußen auf dem Exerzierplatz. Die Bude, die nach meiner Vorstellung ein Ort der Ruhe und Geborgenheit hätte sein sollen, entpuppte sich als ein weiterer Exerzierplatz, wo wir des öfteren neben unseren Betten strammstehen mußten, statt in ihnen zu liegen. Alle möglichen Gottkönige, die sich als höhere Dienstgrade verkleidet hatten, inspizierten unsere schäbigen Habseligkeiten, die wir nach festgelegtem Ritual vor ihren kritischen Augen ausbreiten mußten. Für mich entwickelten sich diese Inspektionen zu einem mittleren Alptraum. Ich war offenbar von Natur aus unfähig, mein Bett glattzustreichen, was zur Folge hatte, daß mein Laken nie nach Vorschrift faltenlos gespannt war. In meinem Spind herrschte ein noch größeres Chaos. Den Gottkönigen gefiel das ganz und gar nicht, und so beschloß ich, eine spezielle Strategie anzuwenden, um ihren wachsenden Zorn zu besänftigen. Die nächstliegende Lösung war irgendein Ablenkungsmanöver. Ich bemerkte, daß einige meiner Mitleidenden kleine Pin-up-Fotos an die Innenseiten ihrer Spindtüren angeheftet hatten – gewöhnliche Bilder beliebter Filmstars –, und das brachte mich auf eine Idee.
Ich kannte ein Mädchen aus Swindon, das kürzlich eine vielversprechende Schauspielerkarriere begonnen hatte. Es hieß Diana Dors und hatte bereits in mehreren Filmen mitgewirkt. Da ich annahm, daß ihre Agentur inzwischen über eine ganze Kollektion von Werbefotos verfügte, die sie in entsprechend reizvollen Posen zeigten, schrieb ich ihr unverzüglich einen Brief, in dem ich ihr meine Notlage erläuterte. Prompt schickte sie mir einen Stapel großformatiger und mit Autogrammen versehener Hochglanzfotos, die den kümmerlichen Bildschmuck der anderen Spinde weit in den Schatten stellten. Mit ihnen bepflasterte ich meine Spindtür von oben bis unten und sah erwartungsvoll der nächsten Budeninspektion entgegen.

Als der Unteroffizier vom Dienst mein schlampig geordnetes Bett erspäht hatte, wollte er gerade zornig seinen Kommandostab erheben, doch da fiel sein Blick auf die schillernden Abbilder von Dianas ungewöhnlicher Anatomie. Mein unaufgeräumtes Bett war schlagartig vergessen, er trat dicht an die Spindtür heran, und ich hatte die Schlacht gewonnen. Danach wurde mein Spind zu einer regelrechten Attraktion, und dank Diana stieg mein Ansehen in Höhen empor, die auch das unordentlichste Bett nicht zu verringern mochte.
Bei Feldübungen war ich weniger erfolgreich. Eines Tages befahl man uns, an einem feuchten Tau entlangzuklettern, das angeblich einen reißenden Strom überspannte, der unter feindlichem Beschuß lag. Der Fluß existierte nur in unserer Einbildung, und die »Granaten« waren in Wirklichkeit riesige Feuerwerkskörper, sogenannte Donnerschläge, die von den umstehenden Offizieren in unsere Richtung geschleudert wurden. Als ich an die Reihe kam, an dem Tau entlangzuhangeln, sah ich zu meinem Entsetzen, daß ein Donnerschlag direkt unter mir landete, wo er unheilvoll zischend liegenblieb. Mir fiel ein, daß ich unter den simulierten Gefechtsbedingungen die »Granate« mit dem Fuß wegstoßen mußte, bevor sie detonierte und mich »tötete«. Also holte ich mit einem Bein aus und trat mit dem Stiefel so fest gegen den Knallkörper, wie ich konnte. Der Donnerschlag, der jetzt noch bedrohlicher zischte, flog im eleganten Bogen durch die Luft, geradewegs auf den Feind in Gestalt eines hochgewachsenen, schnauzbärtigen Majors zu und explodierte genau zwischen seinen Beinen, ungefähr dort, wo sich sein linkes Hosenbein mit dem rechten vereinigte. In diesem Stadium meiner militärischen Laufbahn mußte ich die Entdeckung machen, daß die Vorgesetzten entgegen meinen Erwartungen weniger darauf bedacht waren, eigene Initiativen zu fördern, als vielmehr darauf, Gehorsam vor einem starren hierarchischen Herrschaftssystem zu erzwingen.
Kurz nach diesem Zwischenfall machte ich eine andere wertvolle Entdeckung. Ich sah eine Gruppe von Soldaten untätig

herumlungern, während ich die Latrinen reinigen mußte, eine Auszeichnung, die für die Entwicklung von Eigeninitiative verliehen wird. Ich fragte die Soldaten, welchem Umstand sie ihren Müßiggang verdankten. Sie antworteten mir, sie hätten um die Versetzung in ein anderes Korps ersucht und warteten jetzt auf ihren Marschbefehl. Das war für mich die Erleuchtung! In der Folgezeit beschäftigte ich mich hauptsächlich damit, in jeder Kaserne, in die man mich verlegte, sofort wieder um meine Versetzung zu bitten, was zur Folge hatte, daß ich eine Weile in einer Art militärischem Niemandsland lebte.
Nach meinem erholsamen Zwischenspiel als gewohnheitsmäßiger »Versetzer«, in dem ich die Drückebergerei zu einer hohen Kunst entwickelte, geriet mein Name durch Zufall auf eine Liste, die alle Kandidaten für die Offizierslaufbahn enthielt. Ich weiß nicht genau, wie ausgerechnet ich zu dieser Auszeichnung kam, doch ich vermute, es hing damit zusammen, daß ich der Gattin des Kommandeurs hin und wieder beim Einkaufen half. Immerhin mußte man zwischendurch *irgendeine* Arbeit für mich finden, und ich glaube, jene Dame hatte irrtümlicherweise ein gutes Wort für mich eingelegt. Jedenfalls entschied der Kommandeur, daß ich die Kaserne eine Zeitlang verlassen sollte. Zu meiner Bestürzung wurde ich mit anderen einer Dienststelle zugeteilt, die für die Auswahl von Offizieren zuständig war. Sie residierte in einem alten Landhaus, wo mir offensichtlich die Folter und peinliche Befragung bevorstanden. Doch zu meiner freudigen Überraschung, die fast einem Schock gleichkam, wurden wir als menschliche Wesen und Gentlemen willkommen geheißen und aufgefordert, reihum Vorlesungen zu halten, bei denen Experten die Ohren spitzten, um herauszufinden, wer von uns das Zeug zum Offizier hatte.
Die jungen Männer, mit denen ich zusammen war, machten allesamt einen überaus pflichteifrigen Eindruck. Sie hielten Vorträge über Themen wie: »Auf welche Weise würde ich mich als Kommandeur einer Einheit einführen, bei der mein Vorgänger als Volksheld galt?« Oder: »Wie

verwandle ich einen Jeep in eine Minenfalle, um ein feindliches Munitionslager in die Luft zu sprengen?« Als ich an die Reihe kam und mich vor der Runde eifriger, glattwangiger Gesichter aufbaute, hörte ich mich ankündigen, daß ich über »Die Revolutionierung des Fledermausfangs in Höhlen durch die Erfindung der elektrischen Taschenlampe« sprechen wolle. Ich erinnere mich nicht mehr im geringsten daran, was ich sagte, aber es gelang mir spielend, die mir zugemessene Zeit mit diesem Thema auszufüllen. Nie wieder habe ich so viele verdutzte Gesichter auf einmal gesehen.

Am darauffolgenden Tag wurden wir ins Freie geleitet und mit einer sechs Meter hohen Mauer und einem Haufen Gerümpel konfrontiert, der aus ausrangierten Telegrafenmasten und alten Seilen bestand. Unsere Aufgabe, so erklärte man uns, bestehe darin, unsere Gruppe so schnell wie möglich über die Mauer zu bringen. Fertig, los! Ich erkannte, daß man testen wollte, wer von uns das Kommando übernehmen würde. Ich wußte auch, daß kein Offizier, der auf sich hält, sich die Hände an ausrangierten und mit Holzsplittern übersäten Telegrafenmasten schmutzig machen würde. Ich trat also beiseite und gab aufmunternde Zurufe von mir: »Gut gemacht, der Mann dort drüben ... hochstemmen, hochstemmen ... da hinten nicht nachlassen ... so ist's richtig ... gut gemacht!« Dies entsprach in meinen Augen genau dem Verhalten eines Offiziers, wie ich es in meiner kurzen militärischen Laufbahn beobachtet hatte, und ich war überzeugt, man werde die Art und Weise, wie ich an die Sache herangegangen war, zu würdigen wissen.

Meine Kameraden, deren blasse Gesichter unterdessen rot angelaufen waren, stemmten, fluchten und schwitzten und schafften es schließlich, ihre mit Seilen zusammengebundene Pyramide aus schlüpfrigen Holzstangen an der Mauer aufzurichten und hinüberzuklettern. Da es sich nur um ein kurzes Mauerstück handelte, ging ich einfach um das eine Ende herum und feuerte mit meinen ermutigenden Worten weiterhin meine Kameraden an, die auf der anderen Seite herunterrutschten und -purzelten und sich dabei das eine oder andere Glied brachen. Ich war mit meiner Leistung vollauf zufrieden, stellte jedoch bei meinen Gastgebern mit ihren sternverzierten Achselstücken eine weit weniger befriedigende Reaktion fest. Am letzten Tag wurden wir einzeln befragt, und die erste Frage, die man mir stellte, lautete: »Wollen Sie *wirklich* Offizier werden?« Ich erwiderte, daß ich das wirklich nicht wolle, vielmehr auf meine Versetzung zum Schulungskorps warte, wo ich mich pädagogisch betätigen könne. Diese Antwort versetzte meine Prüfer aus unerklärlichen Gründen in eine unbeherrschte Wut. Sie wollten von mir wissen, was ich dann überhaupt bei ihnen zu suchen hätte. Da sie vermutlich nicht hören wollten, auf welche Weise ich der Kommandeursgattin behilflich gewesen war, sagte ich schlicht, man habe mich hierhergeschickt, und ein Soldat müsse Befehlen folgen.

Sie haben daraufhin wohl etwas Unfreundliches in meine Personalakte eingetragen, denn ich wurde prompt zum Sanitätskorps versetzt. Als ich es wagte, mich nach den Gründen zu erkundigen, da ich mich doch für die Schulungseinheit beworben hatte, erklärte man mir, der Grund sei meine »bisher erworbene Erfahrung«, mit anderen Worten, mein nicht bestandenes medizinisches Examen. Der Gedanke, daß ich dadurch befähigt sein sollte, kranken und verletzten Soldaten Beistand zu leisten, beunruhigte mich sehr, und ich beschloß, für den Rest meiner Militärdienstzeit möglichst nicht krank zu werden.

In der Kaserne des Sanitätskorps fanden wir uns geschlossen ein, um unsere erste Lektion in Empfang zu nehmen. Der Sergeant schritt nach vorne und verkündete lautstark ein einziges Wort: Symptome.

»Nun denn, wenn ein Mann daliegt, worauf achten Sie dann?«

Wir meinten, auf die Atemfrequenz, den Puls, den Zustand der Augen usw., aber mit diesen Antworten konnten wir nicht den höhnischen arroganten Ausdruck aus dem Gesicht unseres Sergeanten vertreiben.
»Nein, nein, nein! Ich sag' Ihnen, worauf Sie zu achten haben: auf die Farbe. Darauf müssen Sie achten. Also worauf achten Sie?«
»Auf die Farbe, Sergeant!«
»Jawoll! Auf die Farbe. Nun denn.« Er machte eine dramatische Pause und musterte uns. »Wenn er rot ist, blutet er. Wenn er blau ist, friert er. Wenn er gelb ist, ist er ein Chinese. Wenn er weiß ist, ist er tot. Und wenn er grün ist . . . wenn er grün ist, ist er längst hinüber.«
Am nächsten Tag beantragte ich abermals meine Versetzung zum Schulungskorps. Mit Erfolg. Ich wurde vom medizinischen Dienst befreit und erhielt den angenehmen Posten eines Kasernenbibliothekars. Mein privates Nachtlager konnte ich in einem Alkoven des Bibliothekszimmers aufschlagen, hinter den Regalen, die gefüllt waren mit Abenteuerromanen und Kriegsgeschichten, die das aufregende Leben britischer Soldaten schilderten. Ich feierte das Ereignis mit einem Besuch in der Dorfkneipe, wo ich einmal den Rum ausprobieren wollte. Er schmeckte vortrefflich, und es wurde eine lange Nacht in der Gesellschaft einiger Freunde. Stark angesäuselt fiel ich ins Bett und versank in tiefen Schlaf. Da ich am anderen Morgen nicht durch die gewohnte Kasernenroutine aufgeweckt wurde, verschlief ich maßlos. Von einem furchtbaren Kater gequält, stolperte ich schließlich im Schlafanzug aus dem Bett und versuchte mich zu erinnern, wo ich war. Ach ja, ringsum Bücher – die Bibliothek! Ich wankte aus meinem Alkoven hervor und blickte mich um. Was ich sah, ließ mich einen Augenblick lang vor Schreck erstarren, bevor ich mit einem Satz hinter den Kriegsbüchern Schutz suchte. Niemand hatte mir gesagt, daß die Bibliothek am Vormittag gelegentlich für Sitzungen des Kriegsgerichts benutzt wur-

de. Dort drüben, auf der anderen Seite des Bücherregals, tagte gerade ein Kriegsgericht in voller Besetzung, das vermutlich irgendeinen armen Teufel zu zweihundert Jahren Zwangsarbeit im Steinbruch verurteilte, weil er es nicht geschafft hatte, ein Stück Kohle weiß zu waschen, oder weil man ihm ein ähnlich schlimmes Verbrechen zur Last legte. Und da stand ich, verkatert, unrasiert und im Schlafanzug, mitten am hellen Morgen, und nur ein paar Bücherreihen schützten mich vor dem Entdecktwerden. Meine ganze Zukunft stand auf dem Spiel. Man würde mich bestimmt zu einer Prügelstrafe, wenn nicht gar zu Steinbrucharbeit verdonnern, falls auch nur ein Mitglied dieses improvisierten Gerichts ein paar Schritte in meine Richtung machen sollte. Mir blieb nur eine Rettung: wieder ins Bett zu steigen. Ich mußte eben einen Sterbenden mimen. Was hatte doch der Sergeant gesagt? »Wenn er weiß ist, ist er tot.« Wenn ich nur weiß werden könnte! Ich warf einen Blick in den kleinen Handspiegel neben meinem Bett. Ich *war* weiß! Ich sah schrecklich aus. Mir war speiübel nach der nächtlichen Rumprobe, und die Folgen waren nicht zu übersehen. So lag ich da, mucksmäuschenstill, mit geschlossenen Augen wie im Koma. Sollte man mich entdecken, würde man mich sicher sofort ins Krankenhaus schaffen. Das war kein sonderlich erfreulicher Gedanke, aber ich hatte keine andere Wahl. Die Minuten vergingen, das Gebell und Gebrüll des Kriegsgerichts wollte kein Ende nehmen, doch schließlich hörte ich Türenschlagen – und es trat Stille ein. Ich blieb noch eine Weile liegen und wagte mich nicht zu rühren. Endlich stieg ich in meine Uniform, nahm ein Buch aus dem Regal über mir und tat so, als sei ich in meine Lektüre vertieft, während ich langsam aus meinem Schlupfwinkel hervorkam. Irgend jemand hustete, und ich blickte erschrocken auf. Vor mir stand ein kleiner bebrillter Gefreiter, der mir zwei schmuddelige Bände entgegenstreckte.

»Haben Sie irgend etwas über Geflügelzucht?« fragte er

entschuldigend mit einem dünnen Lächeln. Ich hätte ihn beinahe umarmt.
Meine Versetzungspapiere trafen einige Wochen später ein, und das Glück wollte es, daß ich zu einer Heeresschule in Chisledon abkommandiert wurde, nur wenige Kilometer vom heimatlichen Swindon entfernt. Endlich war ich dem Schulungskorps als Lehrer zugeteilt! Da die Schule überfüllt war, fragte man mich, ob es mir etwas ausmachen würde, wenn ich zu Hause übernachtete, da meine Familie ja ganz in der Nähe wohne. Ich war selig! Das Leben nahm plötzlich wieder zivilisierte Formen an, und ich verbrachte den Rest meiner Dienstzeit in der unmilitärischsten Weise, die man sich vorstellen kann.
Mein erstes Problem bestand darin, ein Lehrfach zu wählen, das ich unterrichten sollte. Die Heeresschule hielt einmonatige Kurse ab und bot Kriegsteilnehmern, die jetzt endlich die Armee verließen und ins Zivilleben zurückkehrten, einen vierwöchigen Entlassungslehrgang an. Damit wollte man diesen Leuten ein bißchen Bildung beibringen, doch in Wahrheit war es für sie nur eine angenehme Übergangszeit in den letzten Wochen ihres Soldatenlebens. Die Atmosphäre an der Schule war wie eine Mischung aus einem Durchhaltefilm und einer unblutigen M.A.S.H.-Groteske. Die Lehrerschaft stellte einen bunt zusammengewürfelten Haufen aus Exzentrikern und Außenseitern dar, wie ich selbst einer war, und ein Tag verlief so vergnüglich wie der andere.
Man erkundigte sich nach meinen Fachgebieten, und da sich offenbar niemand für die Ökologie der Bohrasseln oder die Krötenvermehrung interessierte, erwähnte ich nebenbei, daß ich auch was von Malerei verstünde. Damit hatte ich genau ins Schwarze getroffen, denn der bisherige Kunstdozent war vor kurzem unehrenhaft entlassen worden. Man teilte mir das Fach Bildende Kunst zu, und damit war ich einer der wenigen britischen Soldaten, die jemals eine Anstellung als Kunstlehrer gefunden haben.

Ich sah ein, daß ich bis zu einem gewissen Grad bluffen mußte, wenn ich mir überlegte, daß ich schon in der folgenden Woche meine erste Stunde in Aktzeichnen und Kunstgeschichte halten sollte. Ich büffelte ein paar Tage lang wie verrückt, um mich auf meinen Einstand vorzubereiten. Als ich den Zeichensaal betrat, war er menschenleer, abgesehen von einer üppigen Blondine, die sich auf einem Podium rekelte. Sie lächelte, stellte sich vor und verschwand hinter einem Wandschirm, um nach wenigen Minuten splitternackt wieder zum Vorschein zu kommen.
»Wie hätten Sie mich gern?« fragte sie mich. Obwohl ich mittlerweile den hohen Rang eines Sergeanten erklommen hatte, war ich noch immer ein Teenager, und als ich mich so unverhofft dieser unverhüllten Zurschaustellung weiblicher Körperformen gegenübersah, wußte ich nicht, was ich sagen sollte. Mir war klar, daß für den Unterricht ein Modell notwendig war, nur hatte ich noch nie zuvor eine Aktklasse besucht, geschweige denn geleitet, und ich erkannte, daß jetzt der richtige Zeitpunkt war, mit dem Bluffen anzufangen. Ich versuchte mich so sachlich wie möglich zu geben und schlug eine liegende Pose vor, die das Mädchen auf dem Podium brav einnahm.
Nach und nach trudelten meine Studenten ein und nahmen vor ihren Staffeleien Platz. Zu meiner Erleichterung bemerkte ich, daß auch sie das nackte Modell ganz schön verwirrte. Ich nahm an, daß meine Schüler, genau wie ich, bereits eine gewisse Übung im Zeichnen nach der Natur hatten, was auch tatsächlich zutraf. Da waren zum Beispiel ein reizender alter Oberst, der sich als Landschaftsaquarellist verbessern wollte, ein junger Korporal, der das Zeichnen von Pin-up-Girls lernen wollte, ein angehender Architekt und eine ganze Reihe von Kunstjüngern, die ebenso wenig Ahnung hatten wie ich selbst. Geübte Kunststudenten waren glücklicherweise in der Minderzahl, und so konnte ich mich ohne allzu große Schwierigkeiten durchmogeln.

Nach einigen Wochen brauchte ich nicht mehr so oft zu bluffen, und schon bald war ich in der Lage, einen passablen Monatskurs durchzuführen, wobei ich mich an einen alten Ausspruch von »Butterblume« hielt: »Man kann ein Fach nicht lehren – man kann nur lehren, wie man es lernt.« Und ich selber lernte eine ganze Menge im Laufe der Zeit. Ich malte mehr und mehr und veranstaltete meine erste Ausstellung. Die Kunst begann mein Denken zu beherrschen, und die Tiere gerieten, zumindest vorübergehend, in Vergessenheit, nicht allerdings in meiner Malerei, denn hier versuchte ich eine private Welt zu erschaffen, in der sich Organismen meiner eigenen Erfindung entfalteten und entwickelten – gleichsam eine persönliche Fauna und Flora, die meiner Phantasie entsprang. Diese Lebewesen sahen völlig anders aus als die Tiere der realen Welt, aber gleichwohl gehorchten sie biologischen Gesetzen und wuchsen und verwandelten sich, als ob sie wirklich wären. Für mich wurden sie immer realer, so sehr, daß ich sie und ihre Naturgeschichte beinahe wie ein zoologischer Entdekker erforschen konnte.

Etwa um diese Zeit fragte mich einmal mein Fakultätsleiter, ein Kunstkritiker namens Mervyn Levy, ob ich ihn zu einer Party in einem nahegelegenen Herrenhaus begleiten wolle, wo ein berühmter Kunstsammler hofhielt. Ich wollte kaum meinen Augen trauen, als ich das Haus betrat, und war bestimmt nicht auf die Veränderung gefaßt, die dieser Besuch in meinem Leben bewirken sollte. Die Wände waren bedeckt mit Gemälden von atemberaubender Qualität und Vielfalt. Ihr Besitzer, James Bomford, war ein ehemaliger Börsenmakler und international bekannter Rennbootchampion, der sowohl der Großstadt als auch dem Meer den Rücken gekehrt hatte.

Vor dem Krieg hatte er einen alten 1000-Tonnen-Schoner erstanden, wieder aufgemöbelt und dann zum zehnfachen Preis weiterverkauft, wodurch er über Nacht zum reichen Mann wurde. Mit dem Geld erwarb er nach und nach, beraten von dem französischen Maler André Derain, eine ansehnliche Kunstsammlung. In den dreißiger Jahren bot der Handel moderne Bilder verhältnismäßig billig an; sie sollten erst in der Nachkriegszeit zu Kunstgegenständen von unschätzbarem Wert werden. An den Wänden hingen Gauguins und Utrillos, de Chiricos und Renoirs, Bonnards und Klees. Der Hausherr forderte mich auf, mich weiter umzusehen, und in den anderen Räumen entdeckte ich Werke von Corot und Cézanne, von Manet und Modigliani, von Daumier und Degas, von Poussin und Picasso und auch von meinen englischen Lieblingskünstlern Sutherland und Moore. Ich hatte solche Bilder schon früher in Museen gesehen, aber noch nie in einer so privaten, häuslichen Umgebung, und gerade dadurch wurde das Betrachten zu einem viel intimeren, persönlicheren Erlebnis.

Jimmy Bomford war sehr angetan von meinem offenkundigen Interesse für seine Bilder, und ich war fortan regelmäßig zu Gast bei seinen Samstagabendgesellschaften, auf denen ich einen nicht enden wollenden Strom von bekannten Schriftstellern, Dichtern, Kritikern und Malern kennenlernte. Und hübsche Mädchen. Jimmy mag ein noch so großer Ästhet gewesen sein, er war auch ein leidenschaftlicher Hedonist. Ich habe ihn einmal einen wahrhaft rabelaisschen Ästheten genannt, und er erwiderte mir darauf, das sei er selbstverständlich, denn wer nicht das Leben zu genießen verstehe, könne auch die Kunst nicht wirklich lieben. Und so kam es, daß bei ihm der Wein in Strömen floß, daß die Mädchen ausgelassen tanzten und wir uns alle wie Kinder amüsierten.

Bei einem dieser Spiele begegnete ich dem Mädchen, das später meine Frau wurde. Ich hatte sie quer durch das Zimmer erspäht und mich auf der Stelle in sie verliebt. So etwas kommt vor. Doch als wir uns dann auf ein albernes Versteckspiel einließen, bei dem sich alle auf die zahlreichen Räume des Hauses verteilen sollten, bemerkte ich zu meinem Verdruß, wie sie von einem aufgeblasenen jungen

Kunstkritiker aus London entführt wurde. Die Lichter gingen aus, und ich hatte einige Mühe, den beiden in ein dunkles Schlafzimmer zu folgen. Nachdem sie durch das Fenster einen Blick auf den Mond geworfen hatten, versteckten sie sich unter dem Bett.

Mir blieb nichts anderes übrig, als mich auf das Bett zu legen und darauf zu warten, daß mich die zum Suchen auserkorene Person entdeckte; diese Überraschung gehörte zum Spiel, das offenbar allen Beteiligten als Alibi diente, sich in finstere Schlafgemächer zurückzuziehen. Die beiden schienen es mit dem Entdecktwerden nicht eilig zu haben, und so beschloß ich, etwas zu unternehmen. Ich ließ meine Hand behutsam unter das Bett gleiten, bis es mir gelang, die Hand des darunter liegenden Mädchens zu ergreifen. Ich war überzeugt, daß sie mich hatte ins Zimmer kommen sehen und wußte, was sich hier abspielte. Daher schöpfte ich Hoffnung, als sie auf den Druck meiner Hand mit einem Gegendruck reagierte. Als ich ihre Hand streichelte, streichelte sie die meine, und da stand für mich fest, daß der Kunstkritiker an Boden verlor.

Wir hielten eine ganze Weile Händchen, und es war mir nicht recht klar, was nun als nächstes geschehen sollte, da erblickte ich zu meiner Verwunderung im Mondlicht, das durch das Fenster fiel, eine zusammengekrümmte Gestalt vor dem Kamin. In dem trüben Licht schien sie sich selber zu umarmen und seltsame Verrenkungen zu vollführen. Aufgeschreckt durch diese eigenartige Erscheinung, drehte ich meinen Kopf, um besser sehen zu können, und das gerade in dem Augenblick, als die Gestalt vor dem Kamin die Beherrschung verlor und in ein schallendes Gelächter ausbrach, das sich nicht länger unterdrücken ließ. Es war niemand anders als die junge Dame, die lautlos aus ihrem Versteck unter dem Bett hervorgekrochen war und schon seit einiger Zeit das ungewöhnliche Schauspiel betrachtete, das der Kunstkritiker und ich boten, die wir beide glaubten, ihre Hand zu halten und dabei gute Fortschritte zu machen. Das war das einzige Mal, daß ich mit einem Londoner Kunstkritiker Händchen gehalten habe, doch es erwies sich als eine der positivsten Taten in meinem Leben. Der Kritiker fand das Ganze weniger komisch und verschwand sehr bald von der Bildfläche, während das Mädchen und ich eine von Humor erfüllte Verbindung eingingen, die nun schon dreißig Jahre währt.

Das Versteckspiel ereignete sich freilich auf einer viel späteren Party bei Bomford, nachdem ich aus der Armee ausgeschieden war und an der Universität studierte. Solange ich noch beim Militär diente und Vorlesungen über Kunst hielt, stand mir Jimmy Bomford stets mit Rat und Tat zur Seite; er machte mich mit vielen Künstlern bekannt und zeigte mir, wie man Gemälde richtig betrachtet. Als ich ihm gegenüber eines Tages erwähnte, daß ich einen Vortrag über die modernen Strömungen der europäischen Kunst halten müsse, meinte er, es tauge nichts, den Leuten Reproduktionen zu zeigen – er haßte Kunstdrucke –, und sofort nahm er drei Bilder von der Wand und packte sie kurzerhand in den Kofferraum meines kleinen Wagens.

»Zeigen Sie die Ihren Studenten«, sagte er, »damit sie die wirkliche Struktur der Malfläche studieren können. Nur so kann man die Bilder verstehen.« Ich war entsetzt. Die Gemälde waren unbezahlbar – ein Renoir, ein Soutine und ein Klee! Was wäre, wenn sie beschädigt oder gestohlen würden? Er wischte diesen Einwand mit den Worten beiseite, er wisse, daß mir die Bilder viel bedeuteten; ich würde deshalb schon gut auf sie aufpassen. Am Abend hängte ich sie an den Wänden meines Schlafzimmers auf und schaute sie stundenlang an, während ich im Bett lag. Ich bildete mir ein, sie gehörten mir. Es tat mir leid, am Ende doch eingeschlafen zu sein.

Kurz nach dem Vortrag, der dank Jimmys Unterstützung ein voller Erfolg wurde, erzählte mir Mervyn Levy, daß er am Wochenende den Besuch eines alten Schulfreundes aus Wales erwarte, und wir sollten doch alle gemeinsam zu

Jimmys Samstagsparty gehen. Ich konnte leider nicht mitkommen, was mich sehr traurig stimmte, als ich erfuhr, daß dieser alte Freund einer meiner Lieblingsdichter war: Dylan Thomas. Ich besaß alle Bücher, die Dylan veröffentlicht hatte, und war fasziniert von seiner Bildersprache und seinem eigenwilligen, musikalischen Umgang mit den Worten. Immerhin fand ich am Sonntag Zeit, zu Mervyns Landhäuschen in Aldbourne hinüberzufahren und diesen Tag mit den beiden zu verbringen. Als ich dort eintraf, konnte ich den Dichter nirgends entdecken, und Mervyn murmelte etwas von einer durchnäßten Matratze vor sich hin. Anscheinend hatte Dylan auf Jimmys Party so reichlich dem Alkohol zugesprochen, daß er in der Nacht nicht aufzustehen vermochte, um Wasser zu lassen – was zur Folge hatte, daß nun die Matratze ruiniert war.

Als Dylan endlich auftauchte, mit aufgedunsenem Gesicht und wirrem Haar, sah man sofort, daß er nicht bei bester Laune war. Mit unheilschwangerer Stimme beklagte er das Schicksal des Dichters. Eines meiner Gemälde lehnte zufällig an der Wand des Speisezimmers, in dem wir gerade zu Mittag essen wollten. »Schauen Sie sich einmal dieses Bild an«, brummte er. »Das kann man verkaufen, oder? Der Maler stellt einen Gegenstand her, der sich veräußern läßt. Nicht so der Dichter!« Nach diesen Worten holte er einen Gedichtentwurf hervor, an dem er gerade arbeitete, und klatschte ihn an die Wand, als ob es ein Bild wäre. »So etwas werde ich nie und nimmer los. Kein Mensch würde diesen Fetzen Papier kaufen!«

Wie sehr er sich doch irrte, und wie sehr ich heute wünsche, ich hätte ihn damals widerlegt und das Blatt gekauft oder gegen mein Bild eingetauscht!

Nach einem Drink besserte sich seine Stimmung ein wenig, und als er entdeckte, daß ich mich für Tiere interessierte, verkündete er, seine beiden Lieblingswitze, die er derzeit auf Lager habe, handelten von Tieren. Im ersten kamen zwei Nashörner vor, von denen das eine zum anderen sag-

te: »Ich weiß nicht, wieso ich ständig glaube, heute sei Donnerstag.« Und der zweite lautete: »Eine Flußpferdmutter stand mit ihrem Baby am Ufer, als ein anderes weibliches Flußpferd daherkam und das Baby fragte: ›Und was willst du einmal werden, wenn du groß bist?‹«
Das war nicht gerade die hochfliegende, atemberaubende Konversation, die ich mir in der Gegenwart eines genialen Dichters vorgestellt hatte. In meiner jugendlichen Naivität hatte ich angenommen, große Männer würden unaufhörlich über ihr Werk sprechen, Künstler müßten heftige Diskussionen über die Kunst führen. Weit gefehlt! Ich mußte erkennen, daß dies eher die Ausnahme als die Regel war. Die meisten Künstler, die ich kennenlernte, redeten über alles mögliche, nur nicht über ihre Werke. Dennoch haben sich diese Begegnungen gelohnt – ihre Persönlichkeit schien auch durch ihre banalsten Äußerungen hindurch, und vor allem der Humor spielte stets eine wichtige Rolle.
Dylan zum Beispiel war förmlich besessen von einem auffallend kleingeratenen Mann, den er am Vorabend auf der Party gesehen hatte. »Man stelle sich einmal einen solchen Knirps vor«, sinnierte er, als er am Eßtisch Platz nahm, »ein solches Kleinformat! Um den Winzling gebührend zu würdigen, muß etwas Großes her. Ich werde für diesen ungewöhnlich kleinen Kerl eine Hymne verfassen, nein, ein Gebet.« Er spießte mit seiner Gabel eine dicke Salzkartoffel auf und hob sie an den Mund wie ein Rundfunkmikrophon, in das er hineinsprach: »Winzling unser, der du bist im Himmel, Kleinwuchs sei dein Name . . .« und so ging es ohne Pause weiter. Indem er mit den Wörtern wie auf den Tasten eines Klaviers spielte, verwandelte er das Vaterunser in eine Ode auf die Kleinheit und schloß mit den Worten: »Von nun an bis in alle Ewigkeit, dein Däumling.«
Obwohl er sich in seinem verkaterten Zustand kaum über das Niveau einer Schülerzeitung erhob, war ich verblüfft, mit welcher Leichtigkeit er jeweils das genau passende Wort aus seinem Gedächtnis hervorholte und an der richti-

gen Stelle einfügte. Ich beschloß auf der Stelle, mich fortan ausgiebiger dem Spiel mit Wörtern zu widmen, mit ihnen zu jonglieren wie ein Akrobat.

Auf dem Heimweg kam ich an einer großen Menschenmenge vorbei und überlegte mir, wie ich die Übervölkerung unseres Planeten in knappster Form ausdrücken könnte. Bevor ich zu Bett ging, notierte ich mir auf einem Zettel den Satz: »Der Penis ist mächtiger als das Schwert.« Ich war ungeheuer stolz auf mich und gelobte vor dem Einschlafen, künftig mehr zu schreiben und weniger zu malen. Mit neunzehn stehen einem ja so viele Wege offen.

Der Weg, den ich nach meiner Militärzeit schließlich einschlug, führte zur zoologischen Fakultät der Universität Birmingham. Die Tiere hatten am Ende doch gewonnen! Ich hatte eine Zeitlang mit dem Gedanken gespielt, die Kunstakademie zu besuchen, um von anderen mit mehr Gründlichkeit das zu lernen, was ich im letzten Jahr zu lehren vorgegeben hatte. Doch damals, in den späten vierziger Jahren, war auf den Akademien nicht viel los, und die Vorstellung, endlos Akte und Stilleben pinseln zu müssen, behagte mir überhaupt nicht. In meiner Malerei war ich immer wieder auf organische Formen zurückgekommen, und so redete ich mir ein, die Zeichenübungen in einem dreijährigen Mikroskopierkurs könnten mir die beste Kunstakademie ersetzen.

Da das neue Studienjahr soeben begann, verwandelte ich mich blitzschnell von einem militärischen Kunstdozenten in einen unbeschwerten zivilen Studenten der Naturwissenschaft. Dieser Wechsel war Gift für mich. Auf einmal war ich frei von jeder Verantwortung. Ich brauchte mich jetzt nicht mehr um andere Leute zu kümmern – *sie* hatten sich nun mit mir zu beschäftigen! Und so machte ich, einen farbenprächtigen Universitätsschal um den Hals geschlungen und erfüllt von einer gänzlich unwissenschaftlichen Unbekümmertheit, einen großen Sprung in eine aufregende neue Welt.

3

»Ein Dinosaurier auf der Hauptstraße« lautete die Schlagzeile der Birminghamer Zeitung. Und auf einem Foto darunter waren zwei Polizisten zu sehen, die sich damit abmühten, einen seltsamen Gegenstand in ein Polizeiauto zu zwängen. Es handelte sich um einen riesigen Schädel, der so breit war, daß er in der geöffneten Wagentür steckenblieb. Was er mitten in der geschäftigen Industriestadt zu suchen hatte, war unerfindlich. Der Zeitungsbericht klang geheimnisvoll und behauptete, ein Museumsexperte sei herbeigerufen worden, um den Schädel zu identifizieren. Die Behörden stünden vor einem Rätsel, denn der Fund habe plötzlich an diesem Morgen in einer Kaufhauseinfahrt gelegen. Niemand habe gesehen, wie er dort hingekommen sei, und keiner erhebe Anspruch auf ihn. Eine gaffende Menschenmenge habe sich um den Schädel versammelt und den Verkehr behindert, so daß sein Abtransport ins Polizeipräsidium erforderlich geworden sei, wo man jetzt auf den Eigentümer und eine Erklärung warte. Weder der Verfasser des Artikels noch die Polizeibeamten ahnten, daß sich vor dem Kaufhaus ein surrealistisches Happening abgespielt hatte und ich der Urheber war.

Ich muß leider zugeben, daß dieser Zwischenfall nur allzu eindringlich meine laxe Einstellung zum Studium während des ersten Jahres widerspiegelt. Gewiß, ich ging in die Vor-

lesungen, machte mir Notizen und verfertigte zahllose Zeichnungen am Mikroskop, aber meine Neigung zur Welt der Kunst lenkte mich noch immer von meinem eigentlichen Ziel ab. Ich war kaum in Birmingham eingetroffen, als ich mich auch schon daranmachte, die dortige Kunstszene zu erkunden, und zu meiner großen Freude lernte ich bald einen Kreis von Surrealisten kennen, der sich im Haus des Malers Conroy Maddox traf. Vielleicht ist »Maler« die falsche Bezeichnung; er war und ist noch immer ebenso ein Theoretiker, ein Aktivist, ein Pamphletist und gleichermaßen Schriftsteller wie Künstler – im Grunde der totale Surrealist, wie er typisch für diese Bewegung ist. Er befaßte sich mit surrealistischem Gedankengut wie mit der Herstellung von Kunstobjekten. Vielfach begnügte er sich damit, eine neue Idee zu haben, ohne sich um ihre Verwirklichung zu bekümmern. Später wurde diese Haltung unter dem Namen »Konzeptkunst« bekannt, doch damals – man schrieb das Jahr 1948 – war sie lediglich ein kleiner Zweig am Baum des Surrealismus.
Ein Beispiel: An einem Winterabend verkündete Conroy unvermittelt den in seinem Haus versammelten Studenten, Malern und Dichtern, daß er ein Stück Land kaufen wolle, um darauf ein Haus zu errichten. Es solle ein ganz normales Backsteinhaus werden – bis auf ein Detail: Es müsse völlig massiv sein, massiv durch und durch. Keine Zimmer, nur Backsteine! Und wenn es fertig wäre, würde er es einfach da stehenlassen. Es solle keinerlei Ankündigungen geben, keinen Werberummel. Das Haus werde in aller Stille für sich selber sprechen.
Ich gehörte zu jenen Studenten, die am Ende der vierziger Jahre regelmäßig Conroys surrealistische Abende besuchten, und das irrationale Bild seines massiven Backsteinhauses verfolgte mich eine Zeitlang in meinen Träumen. Es war nur eine aus der Flut surrealistischer Phantasien, die unaufhörlich seinem fruchtbaren, exzentrischen Gehirn entströmten. Manche, wie dieses Haus, blieben bloße

Ideen; andere, wie etwa seine wildgewordene Schreibmaschine, bei der die Tasten durch Reißnägel mit nach oben gerichteter Spitze ersetzt waren, wurden tatsächlich realisiert; wieder andere nahmen als Collagen oder Gemälde Gestalt an. Für Conroy war eigentlich nur die Botschaft wichtig, das Medium hingegen zweitrangig.
Seine schillernden, düsteren Visionen hinterließen einen so intensiven Eindruck bei mir, daß ich fast zwanghaft zu seinem eifrigen Gefolgsmann wurde. Das Medium, das neben der Malerei meiner Vorstellungswelt am meisten entsprach, war der Film, und ich machte mich daran, mehrere surrealistische Drehbücher zu schreiben, die ich unbedingt realisieren wollte, sobald ich einen interessierten Kameramann mit einem reichen Zelluloidvorrat auftreiben könnte. Nachdem ich kürzlich im Filmklub der Universität *Der Andalusische Hund* von Buñuel und Dalí gesehen hatte, war ich überzeugt, daß der Film gewaltige Möglichkeiten für die Entfaltung surrealistischer Bildsequenzen bot, und ich konnte mein Debüt kaum abwarten. Da ich jedoch nur über wenig Geld und keinen Kameramann verfügte, mußte ich mich in Geduld üben; die Drehbücher wurden vorerst auf Eis gelegt, um zu einem späteren Zeitpunkt als flimmerndes Kunstwerk auf die arglose Menschheit losgelassen zu werden.
Inzwischen wollte ich wenigstens in anderer Form eine surrealistische Aussage machen. Und hier kommt der Schädel vor dem Kaufhaus ins Spiel. Hinter der zoologischen Abteilung befand sich ein Abfallhaufen, auf dem ich eines Tages einen ausrangierten Elefantenschädel entdeckte. Ich wunderte mich, daß man eine so altehrwürdige Reliquie auf den Müll verbannt hatte, bis ich erfuhr, daß dieses Stück in einem erbärmlichen Zustand und daher für wissenschaftliche Zwecke nicht mehr zu gebrauchen sei. Was mich anging, so empfand ich den Schädel mit seinen ausgewaschenen Oberflächen als besonders eindrucksvoll und sah in ihm ein Musterbeispiel einer natürlichen

»Skulptur« – ein *objet trouvé* im Sinne der Surrealisten. Ich meinte, daß ein solches Objekt die Menschen zum Staunen bringen müßte, und beschloß, es öffentlich auszustellen. Der Schädel war allerdings so schwer, daß ich zwei stämmige Helfer brauchte, um ihn zur nächsten Straßenbahnhaltestelle zu transportieren. Der Schaffner erlaubte uns nicht, mit dem Schädel im Wageninneren Platz zu nehmen, da es sich nach seiner Meinung um ein »Gepäckstück« handelte, und wies uns an, ihn zwischen verschiedenen Koffern unter der Treppe des doppelstöckigen Wagens zu verstauen, wo er bereits entsprechendes Aufsehen erregte. Weil die riesigen Elefantenzähne sehr reparaturbedürftig waren, hatte ich die Absicht, den Schädel zu einem Zahnarzt zu bringen und ihn auf einem Stuhl im Wartezimmer zu deponieren. Doch als wir in der Stadtmitte ankamen, war es schon so spät, daß ich meinen Plan ändern mußte. So begnügte ich mich damit, den Schädel einfach vor dem Eingang eines Kaufhauses in der Innenstadt abzustellen. Wie Conroys Massivhaus sollte er nur durch seine Präsenz Wirkung auf die Betrachter ausüben; er sollte die Menschen daran erinnern, daß die Welt voll ist von seltsamen und rätselhaft schönen Dingen.
Gerade das Fehlen eines jeden anderen Zwecks war für mich das wesentliche Element einer surrealen Wirkung. Ich war einigermaßen überrascht, als ich in der Abendzeitung lesen konnte, daß mein »Happening« so mächtig eingeschlagen hatte. Es war mir nie in den Sinn gekommen, daß das Objekt eine derartige Wirkung haben und eine große Menschenmenge anlocken würde, die schließlich einen Verkehrsstau verursachte, um den Fachausdruck der Polizei zu benutzen. Die suchte daraufhin, wie nicht anders zu erwarten, nach einer logischen Erklärung, damit man den Vorgang unter einem amtlichen Stichwort abheften und vergessen konnte. Da ich mich nicht meldete, um den Schädel zurückzufordern, gelang es mir, das Geheimnis mehrere Tage lang aufrechtzuerhalten, bis schließlich

ein Museumsexperte auf den Plan trat und feststellte, daß es sich bei dem »Dinosaurier« lediglich um einen gewöhnlichen Elefantenschädel ohne besonderen Wert handelte. Danach konnte man ihn als fehlgeleiteten Sperrmüll abschreiben, und die Zeitungen wandten sich anderen, aktuelleren Themen zu.

Viele Jahre später sah ich in Julian Huxleys Garten in Hampstead einen sehr viel prächtigeren Elefantenschädel, und in einer der beiden klaffenden Augenhöhlen brütete ein kleines Vogelpaar. »Ist er nicht wunderschön?« strahlte Julian. »Einer der schönsten Gegenstände, die ich besitze.« Da er außerdem eine herrliche Plastik von Henry Moore besaß, befand sich der Schädel wahrlich in erlauchter Gesellschaft. Und als Moore persönlich den Schädel im Garten erblickte, verliebte er sich so heftig in ihn, daß Julian keine andere Wahl hatte, als ihn dem großen Bildhauer zu schenken. Moore ließ sich von dem Geschenk zu einer großartigen Serie von »Schädelskulpturen« inspirieren.

Trotz meiner surrealistischen Eskapaden bestand ich zu meiner eigenen Überraschung das erste zoologische Examen recht gut. Die ganze Universitätsatmosphäre war nach den militärischen Ritualen und Zwängen so anregend, daß mir jeder Tag wie ein Ferientag aus meiner Kindheit vorkam. Kinder stellen ständig Fragen, und genau das erwartete man jetzt auch von uns Studenten. Mir wurde zunehmend klar, daß ein erfolgreicher Wissenschaftler im Grunde nur ein wißbegieriges Kind und die Forschung eine Art Erwachsenenspiel ist. Sobald Spieltrieb und Neugier aus der Forschung entweichen, stirbt sie. Ein immer reiferes Kind zu werden war jetzt mein Ziel, das mir im Prinzip nicht nur in der Wissenschaft, sondern auch in der Kunst erstrebenswert erschien. Die Spiele, die in beiden Bereichen praktiziert werden, folgen unterschiedlichen Regeln, doch das spielerische Element ist hier wie dort vorhanden.

Mit meinen vielseitigen Interessen geriet ich schließlich in

zeitlichen Konflikt. So sollte ich während der Frühjahrsferien 1949 auf der einen Seite an Exkursionen teilnehmen, um mein Zoologiestudium voranzutreiben, auf der anderen Seite aber wollte ich in meinem Atelier an neuen Bildern arbeiten. Ich versuchte beides unter einen Hut zu bringen; doch dabei kam das eine wie das andere ein wenig zu kurz. Darüber hinaus lenkte mich auf sehr angenehme Weise das junge Mädchen ab, das ich auf Jimmy Bomfords Party unter dem Bett kennengelernt hatte. Natürlich hatte ich auch vorher schon Freundinnen gehabt, aber diesmal war die Beziehung viel intensiver und zeitraubender, eine von jener Art, die das Denken gerade dann mit Beschlag belegt, wenn höchste Konzentration erforderlich ist. Ich habe bereits erzählt, wie wir während eines albernen Gesellschaftsspiels in einem dunklen Schlafzimmer zum erstenmal Kontakt miteinander aufgenommen hatten. Noch ehe die Nacht zu Ende war, hatten wir uns zu einem Rendezvous verabredet. Ich war sehr erleichtert, als ich erfuhr, daß das Mädchen aus der Gegend stammte und nicht zu Jimmys Londoner Partygästen gehörte, die nur zum Wochenende herüberkamen. Sie hieß Ramona und wohnte in der nahegelegenen Stadt Marlborough, wo sie die beste Schülerin am Gymnasium war; sie hatte soeben ein Stipendium für Oxford bekommen, wo sie im nächsten Herbst ihr Studium beginnen wollte. Aber bis dahin mußte sie noch ein halbes Jahr in Marlborough absolvieren.
Ich war leicht entsetzt, als ich erfuhr, daß sie noch zur Schule ging – eine Tatsache, die sie auf der Party tunlichst verheimlicht hatte. In ihrem schicken, tief ausgeschnittenen Kleid wirkte sie eher wie eine aufstrebende junge Schauspielerin, und die Vorstellung, daß sie im folgenden Sommer wieder in ihrer Schuluniform herumlaufen würde, wirkte zugleich erotisierend und beunruhigend auf mich. Doch nichts vermochte die Gefühle zu hemmen, die sich in uns geregt hatten, und wir überließen uns blindlings unserer Liebe, die alle Vorsicht in den Wind schlug.

Ramona war wie ich in der Landschaft von Wiltshire aufgewachsen und besaß eine natürliche Zuneigung zu Tieren. Sie mochte sogar Schlangen, die wir zusammen im nahen Savernake Forest suchten.
Bei dieser Gelegenheit nahm ich sie mit zu dem exzentrischen holländischen Maler Frans Baljon, der mitten im Wald in einer kleinen Hütte hauste. Frans, ein drahtiger, unternehmungslustiger Mann, der seinem Idol van Gogh verblüffend ähnlich sah, faszinierte mich, seitdem ich ihm während meiner Militärzeit zum erstenmal begegnet war, als ich mit meinen Kunststudenten in den Wald zog, um Bäume zu zeichnen.
Vor dem Krieg hatte Frans in Holland als Aalfischer gearbeitet und in einer Kirche gewohnt, die er zu einem Atelier umgebaut hatte. Dort saß er abends auf der Kanzel und malte komplizierte abstrakte Bilder mit botanischen Motiven, und anschließend fuhr er mit seinem Fischerboot aufs Meer hinaus, um seinen Lebensunterhalt zu verdienen. Er war gerade auf See, als er im Radio die Meldung hörte, daß Holland von den Nazitruppen überrannt worden sei. So steuerte er mit seinem Kutter einen Hafen an der englischen Südküste an, um dort Zuflucht zu suchen. Sein Schiff wurde prompt beschlagnahmt, und er selbst stand in einem fremden Land ohne einen Pfennig da. Er besaß nur noch seine Netze und Geräte, die er an Ort und Stelle zu Geld machte. Dann reiste er nach London.
Allein in der vom Krieg gezeichneten Stadt, sah er keine andere Wahl, als sich mit seiner Malerei über Wasser zu halten. In einem Laden für Künstlerbedarf wollte er etwas Zeichenkohle kaufen und mußte erfahren, daß wegen der Kriegszeiten nichts vorrätig sei. Doch er ließ sich dadurch nicht entmutigen. Nach kurzem Zögern meinte er zu dem Ladenbesitzer: »Da haben Sie aber großes Glück, daß ich zufällig ein erfahrener Kohlenbrenner bin. Machen Sie sich keine Sorgen – ich werde Ihnen von jetzt an so viel Zeichenkohle liefern, wie Sie brauchen.«

Der Ladenbesitzer war entzückt. Selbstverständlich hatte Frans in seinem ganzen Leben noch nie Zeichenkohle fabriziert, aber in schlimmen Zeiten muß man sich eben rasch umstellen können. Er stieg sofort in einen Bus, der nach Kew Gardens fuhr, wo ihm ein liebenswürdiger Beamter alles erzählte, was er über die Herstellung von Zeichenkohle wissen mußte. Mit etwas Geschick und viel Energie hatte er sich schon bald in seiner kleinen Waldhütte als »fachkundiger« Köhler etabliert, und es dauerte nicht mehr lange, da belieferte er die meisten einschlägigen Geschäfte in Südengland mit Zeichenkohle. Jetzt konnte er sich auch wieder der Malerei widmen.
Eines Tages traf Frans Baljon einen Herrn, der in der Flugzeugindustrie tätig war und darüber klagte, daß ein chronischer Mangel an getrocknetem Baummark herrsche, das für die Herstellung federleichter Bordinstrumente dringend benötigt werde. Ohne zu zögern, erwiderte daraufhin der Holländer: »Da haben Sie aber großes Glück, daß ich zufällig weiß, wie man Baummark gewinnt. Machen Sie sich keine Sorgen – ich werde Ihnen von jetzt an so viel Mark liefern, wie Sie brauchen.«
Er suchte abermals den »reizenden Herrn« in Kew Gardens auf, der nur zu gerne bereit war, ihn in die Geheimnisse der Markgewinnung einzuführen. Gleich darauf war er eifrig damit beschäftigt, hochwertiges getrocknetes Baummark für die Flugzeugindustrie zu produzieren, und verdiente mehr damit als mit der Herstellung von Zeichenkohle. Und so war Frans auch nach dem Krieg im Wald geblieben, wo er weiterhin mit leidenschaftlicher Besessenheit malte, in einer Umgebung, die seine üppigen Vegetationsbilder auf ideale Weise inspirierte. Ich hatte für ihn eine Ausstellung seiner Werke arrangiert, und aus Dankbarkeit war er sofort bereit, Ramona zu porträtieren. Während sie ihm Modell saß, zog ich mich still in eine Ecke zurück und beschäftigte mich mit meinem Binokularmikroskop, das ich mitgenommen hatte, um das Insektenleben des

Waldbodens zu untersuchen. Wir beide, Ramona und ich, hatten das Gefühl, daß von Frans, diesem ungestümen alten Hexenmeister, eine magische Wirkung ausging. Er wußte so viele ungewöhnliche bizarre Geschichten über van Goghs Privatleben zu erzählen – Anekdoten, die niemals Eingang in die offizielle Kunstgeschichte gefunden hatten, weil sie zum größten Teil allzu anstößig waren. Baljons kindliche Fähigkeit zu staunen beeindruckte mich tief. Sein gutturales Lachen schallte durch den Wald, begleitet von einer Flut holländischer Flüche, die nur dank ihrer Unverständlichkeit harmlos wirkten. Lachend ist er auch gestorben. Mehrere Jahre später besuchte er einmal das Kino im nächsten Dorf, um sich ein Lustspiel anzusehen. Dabei bekam er einen solchen Lachanfall, daß sein Herz vor Aufregung versagte und Baljon in der Dunkelheit auf seinem Balkonsitz starb.

Durch den alten Frans Baljon verwandelte sich der Wald für uns verliebtes Paar in einen verzauberten Ort. Stundenlang wanderten wir umher oder umarmten uns im hohen Gras. Marlborough war von verwunschenen Stätten umgeben. Ganz in der Nähe befand sich das große Megalithrondell von Avebury; der gewaltige Erdhügel Silbury Hill, der die Archäologen vor ein Rätsel stellt und sein 4000 Jahre altes Geheimnis bis heute bewahrt hat; das weiter südlich gelegene Stonehenge; das geheimnisumwitterte langgestreckte Hügelgrab bei West Kennett; schließlich das riesige »weiße Pferd«, dessen Umrisse gleich vor den Toren der Stadt in den Kalksteinboden eines Hanges eingeritzt sind. Wir suchten alle diese Stätten auf und sprachen unaufhörlich von unseren Plänen.

In jenen Wochen beschäftigten mich die Wildkaninchen, die vor dem Auftreten der Myxomatose auf vielen Feldern der Grafschaft Wiltshire zu einer Plage geworden waren. Irgend jemand hatte mir erzählt, daß wildlebende Kaninchen sich nicht zähmen ließen und durch einen Schock verendeten, wenn man sie einfinge und in Käfigen zu halten versuchte. Das konnte ich nicht glauben, da die Karnikkel ursprünglich nicht zur englischen Wildtierfauna gehörten, sondern von den Römern als Fleischlieferanten eingeführt worden sind. Und wenn die Römer sie hertransportiert hatten, dann mußten die Tiere auch zähmbar sein. Das wollte ich dadurch beweisen, daß ich ein Wildkaninchen daheim in einem Gehege hielt.

Ramona war mit meinem Vorhaben nicht ganz einverstanden. Sie erinnerte mich daran, daß ich ihr gepredigt hatte, man solle die Tiere *beobachten,* dürfe aber nicht in ihre natürlichen Lebensabläufe eingreifen. Sie hatte natürlich recht, denn ich wollte gegen meine Grundüberzeugung handeln. Seitdem ich jedoch Zoologie studierte, hatte sich ein Widerspruch in mir aufgetan. Zwar vertrat ich noch immer die Auffassung, daß es besser sei, Tiere in ihrer natürlichen Umgebung zu beobachten als in Gefangenschaft, aber während meines Studiums mußte ich mehr und mehr erkennen, daß viele Fragen nur durch Eingriffe in das Leben der Tiere zu beantworten waren. Dieses Problem begann mich ernsthaft zu beunruhigen, denn ich sah keine Möglichkeit, mein Studium zu Ende zu führen, ohne mich auf Tierversuche einzulassen. Ich wußte, daß ich bei diesen Experimenten niemals so weit gehen würde, an Tieren herumzuoperieren, doch vorerst war mir noch unklar, wie sich angesichts meiner zoologischen Leidenschaft das Risiko für die mir anvertrauten Tiere so gering wie möglich halten ließe. Später sollte sich herausstellen, daß mir in dieser Hinsicht das Glück hold war, da sich mein Studium in Richtung Verhaltensforschung entwickelte, doch das war im Augenblick noch Zukunftsmusik. Zunächst mußte ich Ramona zugestehen, daß hier tatsächlich ein Widerspruch bestand, über den ich alles andere als glücklich war. Aber meine wissenschaftliche Neugier war so stark, daß ich sie nicht zu zügeln vermochte. Nach einigem Zögern erklärte sich Ramona schließlich bereit, mir zu helfen.

Es würde nicht einfach sein, die Wildkaninchen zu fangen,

ohne ihnen etwas zuleide zu tun. Als wir eines Abends langsam eine Landstraße in der Nähe von Marlborough entlangfuhren, bemerkte ich, daß die Kaninchen, die von einem Acker zum anderen über die Straße hoppelten, durch das Licht der Scheinwerfer einen Augenblick lang »hypnotisiert« wurden. Sobald ich jedoch aus dem Wagen sprang, um eines von ihnen zu packen, war es bereits zu spät. Die Tiere hatten Zeit genug, sich aus ihrer Starre zu lösen und im Dunkel zu verschwinden. Ich brauchte also einen Helfer, der sich vorne aufs Auto setzen und beim Bremsen sofort abspringen mußte, um das Kaninchen zu erhaschen, bevor es sich von seinem Schreck erholt hätte. Diese Rolle hatte ich Ramona zugedacht.

Die meisten Mädchen hätten sich sicherlich geweigert, aber Ramona ging, ohne zu fragen, auf meinen Vorschlag ein. Ich glaube, in diesem Augenblick erkannte ich, daß wir wirklich zusammenpaßten. Gibt es einen größeren Liebesbeweis als den, sich mutig von der Kühlerhaube eines Autos auf ein wildes Kaninchen zu stürzen?

Wir fuhren einen schmalen Weg hinunter. Ramona hockte vorne auf dem Wagen, als hätte jemand eine Galionsfigur auf die Kühlerhaube montiert. Als das erste Karnickel auf der Straße auftauchte, trat ich heftig auf die Bremse – und Ramona wurde wie ein Rugbyball nach vorne geschleudert. Leider waren wir zu schnell gefahren, so daß sie über das Tier hinausschoß, das unter dem Auto davonflitzte und verschwand. Beim zweiten Versuch gingen wir behutsamer zu Werke. Ramona machte im Scheinwerferkegel einen Satz nach vorn und war in der Dunkelheit verschwunden. Ich sprang aus dem Wagen und sah, wie sie sich seitlich vom Auto mit einem zappelnden und um sich schlagenden Kaninchen herumbalgte. Es war ein sehr großes Exemplar, das die Kraft von zehn Stallhasen zu haben schien – aber Ramona ließ nicht locker. Es gelang mir, ihr das Tier abzunehmen und es in eine mit Gras ausgepolsterte Kiste auf dem Rücksitz des Wagens zu stecken, wo es noch eine Weile tobte, bevor es sich endlich beruhigte. »Armes Ding«, sagte Ramona, ohne auf ihre zerkratzten Arme zu achten. Doch sie war sehr stolz auf ihre Leistung, die ich gebührend lobte.

Nach mehreren Fehlschlägen erwischten wir noch ein mittelgroßes Kaninchen, das sich weit weniger wehrte als das erste Riesentier, und ein ziemlich kleines Exemplar, das sich ohne Mühe in die Kiste stecken ließ. Der Abend war, zumindest in meinen Augen, ein voller Erfolg, und Ramona konnte sich am Ende wie ein Pfeil vom Kühler losschnellen, wenn ich auf die Bremse trat.

Ich brachte sie heim und raste dann mit meinem Kaninchentrio nach Swindon zurück. Dort stand im Garten eine große, leere Voliere, in der ich mit Steinen und Erde einen Kaninchenbau angelegt hatte; dort sollten die Tiere so schnell wie möglich heimisch werden. Als ich die Kiste in der Voliere öffnete, ließen sich die beiden kleineren Kaninchen leicht herausholen, doch sowie ich hineinlangte, um das große zu packen, begann es zu zappeln und auszuschlagen und sich zu meinem Entsetzen in Krämpfen zu winden. In weniger als einer Minute starb es an dem Schock. Ich wußte, daß sich Ramona darüber sehr aufregen würde, und es war mir äußerst unangenehm, es ihr erzählen zu müssen. Das mittelgroße Kaninchen ging nach einigen Tagen ein, und ich glaubte schon, ich hätte mich tatsächlich geirrt. Die Ansicht, daß die Tiere unzähmbar seien, wurde augenscheinlich durch die Fakten auf traurige Weise bestätigt. Doch das dritte Kaninchen gedieh prächtig und wurde schließlich fast so zahm wie ein Haustier. Da dämmerte mir, freilich zu spät, daß die Römer wahrscheinlich nur junge Kaninchen nach England gebracht hatten, die sie in Gefangenschaft weiterzüchteten, bis sie am Ende einen beliebig manipulierbaren Zuchtstamm erhielten – die Vorfahren unserer heutigen Hauskaninchen.

Ich hatte etwas hinzugelernt, was ich eigentlich schon vorher hätte wissen können. Zwei Kaninchen mußten dafür sterben. Gewiß, sie waren bloß Schädlinge und hätten vermutlich ohnehin schon bald durch die Schrotladung eines Bauern oder in einer Drahtschlinge ihr Leben gelassen; aber trotzdem behielt ich ein unangenehmes Gefühl zurück. Und Ramona war, wie vorauszusehen, sehr unglücklich über den Tod der Tiere. Ihre Hauptsorge war nun, daß durch ihre Mithilfe das überlebende Kaninchen unter einem Zwangszölibat zu leiden hatte. Sie gestand mir zu, das Tier nur so lange zu behalten, bis es seinen Part in einem surrealistischen Film gespielt hatte, der jetzt endlich Gestalt anzunehmen begann; aber danach sollte es sofort freigelassen werden. Und so geschah es. Dieses Karnickel war das erste von zahlreichen Tieren, die ihrem »persönlichen Schutz« unterstellt wurden, wie Ramona sich ausdrückte.

In dem geplanten Streifen sollte sie auch mitwirken. Ich hatte ein Drehbuch mit dem Titel »Zeitblume« geschrieben und mit viel Glück einen ortsansässigen Kameramann namens Christopher Simpson gefunden, der sich bereit erklärte, die Dreharbeiten zu finanzieren. Er begriff offensichtlich nicht sehr viel von dem, was da vorging, aber die surrealistischen Szenenbilder beeindruckten ihn mächtig. Seine Frau war noch mehr irritiert als er und fragte mich eines Tages schüchtern: »Wieso explodiert der ausgestopfte Spatz auf der Geige ohne Saiten?« Ich erwiderte, das sei symbolisch, und damit schien sie zufrieden zu sein. Der ganze Film war in der Tat so symbolträchtig, daß selbst die Symbole noch ihr Symbol hatten. Der gesamte Handlungsablauf war ein verwirrender Zyklus von bizarren Bildern, die ständig wiederkehrten.

Aus der Distanz von dreißig Jahren kann ich mich nur noch an zwei Szenen deutlich erinnern. In der ersten wurde Ramona aus einem riesigen Spinnennetz befreit und schob darauf zwei überreife Pflaumen in die Augenhöhlen eines Pferdeschädels; in der zweiten steckte ich mir eine Nelke ins Knopfloch und öffnete dann langsam meine Lippen, zwischen denen ein Glasauge sichtbar wurde, das auf den Zuschauer starrte. Jedesmal, wenn ich mit den echten Augen zwinkerte, zwinkerte ich gleichzeitig auch mit dem Mund. Dieses Bild verfolgt mich bis heute nicht nur wegen seiner visuellen Wirkung, sondern weil ich ständig Angst hatte, das Glasauge zu verschlucken, während ich gefilmt wurde.

Zu meiner Verwunderung errang der Film irgendeinen Amateurpreis – vermutlich weil kein Mensch ihn verstand – und wurde sogar im Fernsehen gezeigt. Wir drehten unter dem Titel »Der Schmetterling und die Nadel« noch eine Fortsetzung, die für mein Gefühl danebengeriet, aber die beiden Filme sollten später noch eine wichtige Rolle spielen, denn ihnen verdanke ich den Posten eines Filmteamleiters, nicht weil sie inhaltlich so bedeutend waren, sondern weil sie zumindest erkennen ließen, daß ich Drehbücher schreiben konnte und den Filmschnitt beherrschte.

Ramona und ich wurden immer unzertrennlicher. Daher war es für mich ein schwerer Schlag, als ich erfuhr, daß sie die Sommerferien in Frankreich verbringen sollte, um ihre Französischkenntnisse zu erweitern. Sobald sie abgereist war, wurde mir plötzlich klar, daß ich sie heiraten wollte, und ich nahm sogleich ihre Verfolgung auf. Ich wußte, daß sie zu einer bestimmten Zeit in Paris umsteigen mußte, und so trieb ich mich dort einen ganzen Tag lang im Gare de l'Est herum und hielt Ausschau nach ihr, während sie mehrere Stunden lang im Gare du Nord geduldig auf ihren Anschlußzug wartete.

Wir trafen uns dann in England wieder, kurz vor Beginn ihres Studiums in Oxford, und verlobten uns. Mit der Hochzeit mußten wir bis zu ihrem Abschlußexamen warten, da verheiratete Mädchen nicht zum Studium zugelassen wurden; somit stellten wir uns also auf eine dreijährige Wartezeit ein. Doch nach der Verlobung brauchte ich weniger zu befürchten, daß die brillanten jungen Männer in Oxford mir Ramona abspenstig machen würden.

Birmingham kam mir auf einmal ziemlich trist vor, und als

ich zu Beginn des zweiten Studienjahres in meine Bude in Selly Oak zurückkehrte, hatte ich das schreckliche Gefühl, von Ramonas schillernder, exklusiver Umwelt ausgeschlossen zu sein. Sie studierte Geschichte am St. Hilda's College und ließ sich schon bald betören vom scheinbaren Glanz der feinen Oxforder Gesellschaft. Ihre Briefe, die erfüllt waren von unschuldiger Schwärmerei, schienen auf eine wachsende Entfremdung zwischen uns beiden hinzudeuten. Jedesmal, wenn ich Birmingham entfliehen konnte, um ein paar Tage bei ihr zu verbringen, fühlte ich mich als Außenseiter, der mit dem verbalen Feuerwerk ihrer neuen Freunde nicht mithalten konnte. Obwohl es nicht meinem Naturell entsprach, befiel mich eine trübselige Verstimmung. Ich sehnte die Ferien herbei, in denen wir wieder beisammen sein würden, als ob nichts geschehen wäre. Doch in jedem neuen Trimester machte mir dieses Problem mehr zu schaffen, bis ich mich schließlich entschloß, etwas zu unternehmen, um die Situation zu bereinigen. Irgendwie mußte ich Ramona näherkommen – aber wie?
Die Lösung ergab sich unverhofft in Form einer Einladung zu einem Gastvortrag in der medizinischen Fakultät von Birmingham. Der dortige Professor, ein Südafrikaner namens Solly Zuckerman, hatte eine Vorlesungsreihe organisiert, in der Fachleute von außerhalb über die verschiedenen Aspekte des menschlichen Verhaltens sprachen. Er hatte sich einen Namen gemacht durch das Buch *Das Sozialleben der Affen* (der ursprüngliche Titel lautete: *Das Sexualleben der Primaten,* bis die kirchliche Obrigkeit Einspruch dagegen erhob) und war kurz vor dem Ausbruch des Zweiten Weltkriegs Mitbegründer der Gesellschaft zur Erforschung des tierischen Verhaltens. Jetzt war er Professor der Anatomie in Birmingham.
Mein eigener Professor, Peter Medawar, kannte mein starkes Interesse für die Verhaltenswissenschaft und schlug mir vor, ich solle ihn zum nächsten Vortrag begleiten, dem er eine besondere Bedeutung zumaß. Der Redner war nie-

mand anders als der niederländische Ethologe Niko Tinbergen, der sich über die neuesten Ergebnisse der Tierverhaltensforschung ausließ. Es schmeichelte mir, daß Medawar mich auf diese Weise förderte.

Als er mit mir zum medizinischen Fakultätsgebäude hinüberfuhr, erklärte er mir, Tinbergen habe einen ganz neuen Weg auf dem Gebiet der Freilandforschung beschritten. Früher habe es einerseits liebenswerte Naturforscher gegeben, die in Feld und Wald umhergestapft seien und sich ziemlich nutzlos bei Mutter Natur umgeschaut hätten, und andererseits die weißbekittelten Laboratoriumspsychologen, die so wirklichkeitsfremd gewesen seien, daß sie nicht mehr gewußt hätten, was ein Feld überhaupt sei. Die ersteren waren nach Medawars Ansicht gute Beobachter, wußten aber mit ihren Beobachtungen nicht viel anzufangen; und die zweiten waren gute Experimentatoren, hatten jedoch keine Ahnung, welche Versuche echte Aufschlüsse über das Leben der Tiere erbrachten.

Tinbergen versuchte diese falschen Einstellungen zu korrigieren, indem er sich zunächst einen Überblick über das gesamte Verhaltensrepertoire eines Tieres verschaffte und dann einfache Experimente im Freiland durchführte, wo der Sinn oder Unsinn eines Versuchs sofort erkennbar wurde. Diese neue Entwicklung, die sich in den dreißiger Jahren in Holland, Deutschland und Österreich abzuzeichnen begann, war durch den Zweiten Weltkrieg brutal unterbrochen worden und gewann jetzt, Ende der vierziger Jahre, erneut an Bedeutung.

Nach Medawars maßgeblicher Meinung war Niko Tinbergen ein Mann mit einer großen Zukunft, und da ich den größten Respekt vor dem Urteilsvermögen meines Professors hatte, betrat ich an diesem Tag den Vortragssaal mit solch großen Erwartungen, daß sie eigentlich nur enttäuscht werden konnten – doch ich sollte mich gründlich irren. Als ich nach einer Stunde den Saal verließ, war mein Leben als Wissenschaftler total verwandelt. Eine religiöse

Bekehrung hätte nicht dramatischer verlaufen können. Tinbergens Vortrag war genau von der Einstellung zur Zoologie geprägt, wie ich sie mir gewünscht hatte. In sechzig Minuten, die mir wie fünf vorkamen, hatte der berühmte Ethologe mir gezeigt, daß man ernsthaft und zielstrebig Forschung betreiben könne, ohne gezwungen zu sein, der Welt der natürlich lebenden Tiere den Rücken zuzukehren. Meine Begeisterung für sie hatte endlich ein wissenschaftlich gerechtfertigtes Ventil gefunden. Ich war überglücklich, bezweifelte allerdings, ob es mir nach dem Abschlußexamen gelingen würde, einen Forschungsauftrag zu erhalten. Ich hatte wohl zu viel Zeit mit künstlerischen Interessen wie Malen und Filmen vertan, um die erforderlichen guten Prüfungsnoten zu erreichen.

Ich war tief in Gedanken versunken, als Medawar nach dem Vortrag seinen Wagen startete und mit mir zum zoologischen Institut zurückfuhr.

»Der Maestro war heute in Form«, meinte er, während er schwungvoll in eine Parklücke einbog. »Maestro« war das richtige Wort für Tinbergen, doch er war ein seltsam sanfter, leiser Maestro. Ich machte eine Bemerkung in dieser Richtung. »Ja«, seufzte Medawar, »er ist pathologisch bescheiden. Es ist lächerlich, aber lassen Sie sich dadurch nicht täuschen. Er ist ein bedeutender Mann, ein sehr bedeutender sogar. Sie sollten sich einmal überlegen, ob Sie sich nicht seinem Forschungsteam in Oxford anschließen wollen. Er hat dort soeben einen Lehrauftrag erhalten, um der englischsprachigen Welt die Ethologie nahezubringen.«

Ich wollte meinen Ohren kaum trauen. Ich hatte nicht nur den Zoologen meiner Träume gefunden, sondern er arbeitete auch noch ausgerechnet an der Universität, zu der es mich Ramonas wegen hinzog, freilich aus ganz anderen Gründen. Ein solch glückliches Zusammentreffen von Umständen war zu schön, um wahr zu sein.

Nun mußte ich mein Examen unbedingt mit Auszeichnung

bestehen, um in Oxford Aufnahme zu finden. Offen gestanden, traute ich mir das nicht zu, und mir war ziemlich klar, daß in meinem Falle die Bescheidenheit berechtigt und nicht pathologisch war. Doch wenn ich in den verbleibenden Trimestern wie ein Besessener büffelte – würde Tinbergen mich dann nehmen? Würde er überhaupt eine Stelle für mich haben?

Trotz meiner Zweifel und Befürchtungen und der Gefahr einer herben Enttäuschung, falls ich scheitern sollte, faßte ich die Forschungsarbeit in Oxford als Ziel fest ins Auge. Das bedeutete, daß ich meine künstlerische Betätigung stark einschränken mußte, was mir nicht gerade leichtfiel. Ich hatte kürzlich meine erste Einzelausstellung in London veranstaltet, und die Zeichen standen günstig für mich. Man drängte mich, weiterzumalen und auszustellen. Meine Arbeiten wurden derzeit bei einem Kunstfestival auf dem Kontinent gezeigt, und es tat mir sehr leid, meine aussichtsreichen Chancen ungenutzt zu lassen. Doch meine lässige Einstellung zum Studium in den ersten Jahren brachte es mit sich, daß ich sehr viel verlorene Zeit aufzuholen hatte. Ja, ich mußte in den letzten zwölf Monaten das Pensum von zwei Jahren schaffen, wenn ich ein gutes Examen ablegen wollte.

In meiner Zwangslage stand mir die außergewöhnlich starke Persönlichkeit meines Chefs hilfreich zur Seite. Peter Medawar war bereits mit zweiunddreißig Jahren Ordinarius geworden und befand sich jetzt noch in den Dreißigern. Der Faszination seines brillanten Geistes konnte sich niemand entziehen. In jeder Minute strahlte er die Überlegenheit eines Mannes aus, der auch ohne aufgesetzte Posen überzeugend wirkt. Seine Vorlesungen waren eine Offenbarung, weniger wegen ihres Inhalts als wegen ihres Stils. Sein Intellekt war gepaart mit einer bestechenden Eloquenz und einem unbeirrbaren Selbstvertrauen, das beinahe an Arroganz grenzte. Seine zornigen Ausfälle wurden stets durch Humor abgemildert – und sie richteten sich auch niemals gegen uns Studenten, sondern nur gegen gewisse große Namen in der wissenschaftlichen Welt. Vor allem aber verstand er es, der Forschungsarbeit in seinem Institut den Anstrich des Bedeutenden und Einmaligen zu geben. Er schuf in seiner Abteilung genau die richtige Atmosphäre, in der meine neue Zielstrebigkeit gedeihen konnte. Doch die Motivierung reichte allein nicht aus. Es mußten auch die entsprechenden Kenntnisse hinzukommen; ich hatte mir Tausende von Namen und Begriffen anzueignen und durfte mich jetzt nicht mehr um das Studium der Fachliteratur herumdrücken. Ich arbeitete bis tief in die Nacht hinein, eine Gewohnheit, die ich auch später beibehielt. Während des Tages lasse ich mich allzu leicht ablenken; erst dann, wenn um mich herum Ruhe herrscht, kann ich mich an meinem Schreibtisch voll konzentrieren. Meine normale Arbeitszeit liegt zwischen zehn Uhr abends und vier Uhr morgens. An solche Nachtschichten habe ich mich in meinen letzten Trimestern gewöhnt. Heutzutage schlafe ich zum Ausgleich lange am Morgen, doch damals, als Student, mußte ich bereits um neun Uhr die erste Vorlesung besuchen, und schon bald begann meine Gesundheit darunter zu leiden. Als ich am Ende eines Trimesters nach Hause in die Ferien fuhr, erlitt ich einen Kollaps und bekam hohes Fieber. Der Arzt wurde gerufen und reagierte entsetzt, als er mich stöhnend in meinem Bett liegen sah, das mitten in einem völlig schwarzen Schlafzimmer stand. In einer früheren Phase meines surrealistischen Überschwangs hatte ich nämlich alle Wände, alle Holzteile und Türen pechschwarz angemalt. Ich vertrat damals die alberne Meinung, ich müsse in einer Umgebung ohne farblichen Kontrast einschlafen, um meinen Geist freizumachen für besonders intensive Träume. Der bestürzte Doktor hatte offensichtlich den Eindruck, ich hätte mich selber feierlich aufgebahrt, und er war so zerstreut, daß er sich kaum auf meine Symptome konzentrieren konnte. Die Medikamente, die er mir verschrieb, trugen

nur wenig zu meiner Besserung bei, und ich mußte tagelang ächzend und schwitzend das Bett hüten.
Ob das schwarze Schlafzimmer schließlich doch seine Wirkung tat oder ob es an der Überlastung meines mit zoologischen Fakten vollgestopften Gehirns lag, daß meine Fieberträume so heftig und eindringlich wie niemals sonst in meinem ganzen Leben waren, vermag ich nicht zu sagen. Ein Traum beeindruckte mich dermaßen, daß ich ihn aufschrieb, bevor er sich verflüchtigte. Die Szene stand ganz deutlich vor mir, als säße ich in einem Kino vor einer riesigen Leinwand. Ich fieberte so stark, daß ich die schnell hingekritzelte Beschreibung des Traums erst ein paar Tage danach durchlesen konnte. Dabei entdeckte ich, daß meine Aufzeichnungen sowohl eine zusammenfassende Darstellung der Gegenwart als auch eine merkwürdige Aussage über meine Zukunft enthielten. Die ersten Sätze lauteten: »Es hilft nichts, sie wollen nicht weggehen, sie folgen mir ins Atelier und betasten alle meine Gemälde. Da ist ein mächtiges Lebewesen, das ich aus einem Augenwinkel gerade noch sehen kann. Es hockt auf dem höchsten Ast eines Baumes, der dicht über einem Glasdach hängt. Das merkwürdige Tier hat eine einzige Kralle und einen roten, mit großen Zähnen übersäten Kopf, der merkwürdigerweise ziemlich traurig wirkt. Ich gehe durch die Tür hinaus . . .«
Die Traumschilderung ging noch eine ganze Weile weiter und schien um die Tatsache zu kreisen, daß ich mich in meinem Unterbewußtsein damit abgefunden hatte, daß fortan die Tiere mein Leben beherrschen sollten. Doch da war noch etwas anderes. Nachdem ich im Traum das Atelier verlassen hatte, legte ich mich ins Gras und starrte zu dem seltsamen Geschöpf hinauf, das über mir auf dem Baum saß. In diesem Augenblick begann es ganz langsam zu fallen, immer tiefer und tiefer. Ich schloß die Augen, als es auf mich niedersank, und wurde ohnmächtig. Als ich wieder zu mir kam, spürte ich Blätter, die an meinem Körper entlangstrichen. Ich öffnete vorsichtig die Augen,

blickte hinunter auf meine Füße und bemerkte zu meiner Überraschung, daß sie zu einer einzigen großen Kralle verschmolzen waren, die sich an einen Ast klammerte.
Ich hatte mich also in das Geschöpf auf dem Baum verwandelt. Durch das Glasdach eines Ateliers erblickte ich einen malenden jungen Mann, umringt von zuschauenden Tieren. Als ich ihn anstarrte und meine eigenen Züge wiedererkannte, sah er mich und hörte auf zu malen. Er erhob sich und schritt hinaus auf den Rasen, wo er sich niederlegte und gespannt zu mir hinaufblickte. Ich spürte, wie ich vornüber kippte und fiel und fiel ...
Damit war der Traum zu Ende. In der seltsamen Bilderfolge war ich nicht nur von Tieren umgeben gewesen, sondern auch selber zu einem Tier geworden. Genau das sollte mir in der Zukunft als Verhaltensforscher passieren. Ich verwandelte mich in jedes Tier, das ich erforschte. Ich versuchte, wie es zu denken und zu empfinden. Statt das Tier von einem menschlichen Standpunkt aus zu betrachten und dabei in den schweren Irrtum der Vermenschlichung zu verfallen, war ich als forschender Ethologe stets bemüht, mich in das Tier hineinzuversetzen, so daß seine Probleme die meinen wurden; ich deutete nichts in sein Verhalten hinein, was ihm artfremd war. Im Traum hatte ich das alles vorausgesehen.
Während des letzten Trimesters in Birmingham strengte ich mich gewaltig an und bekam mein Stoffgebiet allmählich in den Griff. Im Mai 1951, kurz vor meinem Abschlußexamen, erhielt ich einen Anruf von meinem alten Swindoner Freund John Trehearne, der inzwischen als Zoologe an der Universität Bristol tätig war. Er wußte, daß ich mich für Verhaltensforschung interessierte, und drängte mich, alles stehen- und liegenzulassen und den nächsten Zug nach Bristol zu nehmen. Der Vater der Verhaltensforschung, der große österreichische Zoologe Konrad Lorenz, war überraschend in Bristol eingetroffen und wollte dort an der Universität eine Reihe von Vorträgen halten.

Das bedeutete zwar eine Unterbrechung meines angestrengten Studiums, doch eine solche Gelegenheit durfte ich mir nicht entgehen lassen. Ich hatte so viel über Lorenz gehört, der zusammen mit Tinbergen führend auf dem Gebiet der neuen, naturnahen Verhaltenswissenschaft war, daß ich sofort meinen Koffer packte und losfuhr. Die Reise hat sich gelohnt! Konrad Lorenz war eine imponierende, ja beinahe majestätische Erscheinung, und er sprach so anschaulich und lebhaft, wie sich Tinbergen sanft und eindringlich gegeben hatte. Anzuschauen wie eine Kreuzung zwischen einem viktorianischen Gott, einem großen Dirigenten und einem prachtvollen sibirischen Schlittenhund, holte er zu einem gewaltigen Exkurs aus, der selbst jene Zuhörer hinriß, die ihn eindeutig ablehnten. Seine Kritiker vermißten bei seiner Forschungsarbeit die üblichen mathematisch exakten Experimente. Diese Leute waren an ausgeklügelte Laborversuche, sorgfältig überwachte Tests und quantifizierbare Analysen gewöhnt; Lorenz hingegen befaßte sich mit Ideen, Entwürfen und Beobachtungen. Er berief sich des öfteren ungeniert auf Anekdoten – und auf Zahlentabellen verzichtete er völlig. Bis auf den heutigen Tag habe ich in Lorenz' umfangreichem Werk keine einzige Zahlenkolonne entdecken können – eine erstaunliche Leistung für einen modernen Naturwissenschaftler, der später sogar den Nobelpreis erhalten sollte.

Verglichen mit dem typischen Laborwissenschaftler, war Lorenz fast ein Dichter. Epigramme schwirrten uns um die Ohren wie Konfetti. Man hatte den Eindruck, als ob der Großmeister der Tierverhaltensforschung von Natur aus unfähig sei, einen einzigen langweiligen Satz von sich zu geben. Selbst wenn man mit dem, was er sagte, nicht einverstanden war, mußte man ihm zugestehen, daß er es wunderschön formulierte. Doch die meiste Zeit stimmte man ihm zu, und man wunderte sich, wieso man die Dinge vorher nicht genauso gesehen hatte wie er.

Als sich Lorenz nach einem seiner Vorträge im engeren

Kreise mit einigen von uns unterhielt und ihn jemand nach seiner wissenschaftlichen Methode fragte, zeigte er sich höchst belustigt. Er versank in ein kurzes, nachdenkliches Schweigen und sog beschaulich an seiner herabhängenden Pfeife.

»Im Gegensatz zu Ihrem Shakespeare«, verkündete er dann unvermittelt mit entwaffnender Theatralik, »liegt Wahnsinn in meiner Methode.« Und das traf den Nagel auf den Kopf, wie wir zugeben mußten. Wenn eine Gruppe von vorsichtigen, orthodoxen Naturwissenschaftlern sich darangemacht hätte, die Lorenzsche »wissenschaftliche Methode« genau zu analysieren, wäre sie wahrscheinlich niemals zu einem Ergebnis gekommen. Denn Konrad Lorenz ist der lebende Beweis dafür, daß exzentrische, intuitive Mutmaßungen oftmals die Forschung entscheidend voranbringen können. Sein ganzer Lebensstil schien ein von Tieren wimmelndes Chaos zu sein. Gleich einem modernen Noah lebte er inmitten von Fischen, Reptilien, Vögeln und Säugetieren aller Arten und Farben. Immer wieder passierten irgendwelche Mißgeschicke – doch gerade aus diesen gewann Lorenz häufig seine wertvollsten Erkenntnisse.

So unternahm er beispielsweise eines Nachmittags einen Spaziergang mit einem zahmen Kolkraben. Damit der frei herumfliegende Vogel sich nicht zu weit von ihm entferne, hatte Lorenz vorsichtshalber eine Hosentasche mit rohen Fleischstückchen gefüllt. Wiederholt rief er den Vogel zu sich – er beherrschte die Rabensprache fließend –, und sobald dieser sich näherte, holte Lorenz einen Fleischstreifen aus der Tasche und hielt ihn seinem großen schwarzen Gefährten entgegen. Diese Prozedur bewirkte, daß der Rabe, selbst wenn er hoch in die Lüfte stieg, stets ein wachsames Auge auf des Meisters Bewegungen hatte, während dieser durch die sommerlichen Felder dahinschritt.

Während des mehrstündigen Spaziergangs kehrte der Vogel in regelmäßigen Abständen zu Lorenz zurück, um einen neuen Leckerbissen in Empfang zu nehmen. Da es ein heißer Tag war, hatte Lorenz beim Mittagessen sehr viel getrunken und verspürte mittlerweile ein gewisses Bedürfnis. Weit und breit war kein Mensch zu sehen; also trat er an eine Hecke heran, knöpfte seine Hose auf und erleichterte sich. Der Rabe hatte mit seinen scharfen Augen beobachtet, daß Lorenz sich an seiner Hose zu schaffen machte und nahm an, er wolle ein neues Stück Fleisch hervorholen. Mit rauhem Krächzen setzte der mächtige Vogel zum Sturzflug an, schnappte nach dem, was Lorenz zwischen den Fingern hielt, und packte es fest mit seinem kraftvollen Schnabel. Konrad brüllte auf wie ein verwundeter Bulle und tanzte wie ein Besessener am Feldrain herum. Der Rabe geriet durch dieses absonderliche Benehmen ganz aus der Fassung und konnte nicht verstehen, warum sein zweibeiniger Freund ihm nicht auch dieses Fleischstück überlassen wollte. Der Vogel hielt sich mit seinen kräftigen Krallen an Lorenz' Körper fest und begann wie wild an ihm zu zerren. Lorenz beteuerte, er sei vor Schmerz und Blutverlust fast ohnmächtig geworden.

Dieser peinliche Zwischenfall war für Lorenz keineswegs ein Grund, das Verhalten des Vogels zu kritisieren. Vielmehr behauptete er, das Tier habe sich als intelligent erwiesen und er selber sei der Dummkopf gewesen. Außerdem habe er dadurch etwas Wichtiges gelernt. Er hatte sich schon immer für »Intentionsbewegungen« interessiert – unscheinbare Anfangshandlungen, die sich im Laufe der Evolution sehr leicht zu übertriebenen tierischen Signalen entwickeln können. Artgenossen reagieren nach seiner Auffassung oft sehr heftig auf das erste winzige Element einer Handlungskette, ohne die nachfolgenden Stadien abzuwarten. Wenn sich ein Vogel bedroht fühlt und fliehen will, besteht das erste Element des Abflugvorgangs in einer leichten Senkung des Körpers, bei der sich der Kopf ruckartig nach unten bewegt. Das aus dieser Handlungskette herausgelöste Kopfrucken kann genügen, um eine Beunruhigung anzuzeigen, und ein übertriebenes Kopfruk-

ken entwickelt sich schließlich zu einem speziellen Gefahrensignal.
Im Falle des Raben wurde Lorenz' Handbewegung, die auf seine Kleidung gerichtet war, zu einer »Intentionsbewegung«, die Futter signalisierte, und sobald der Vogel mehr Erfahrung in diesem Spiel gewonnen hatte, brauchte er keine zusätzlichen Informationen mehr abzuwarten, sondern kam sofort aus der Luft herabgeschossen, um seine Belohnung zu fordern. Lorenz versicherte, die schmerzliche Erfahrung mit dem Kolkraben habe ihm nachdrücklich die große Bedeutung der »Intentionsbewegungen« für das tierische Verhalten bestätigt.
Leider führten nicht alle seine Mißgeschicke zu so nützlichen Einsichten. Einmal wäre er fast von einem platzenden Fischbehälter schwer verletzt worden, woraus er lediglich die Lehre ziehen konnte, daß sehr große Aquarien sehr dikke Glasscheiben brauchen. Das Unglück ereignete sich, als er mit seinem Institut in ein altes Schloß in Deutschland umgezogen war. Er hatte es sich zur Regel gemacht, daß immer ein Aquarium vor seinem Arbeitstisch stehen mußte, so daß er selbst beim Schreiben seine Beobachtungen fortsetzen konnte. Er hatte eine Schwäche für große Behälter, weil er in ihnen eine naturgemäßere Umwelt für seine geliebten Buntbarsche schaffen konnte. Unglücklicherweise war in diesem Fall die Frontscheibe des Beckens viel zu dünn für den immensen Wasserdruck.
Als Lorenz eines Morgens vor dem Aquarium saß und seine Fische betrachtete, zerbarst die Scheibe mit einem lauten Krach – und ein gewaltiger Wasserschwall ergoß sich mitsamt den Buntbarschen und Wasserpflanzen über ihn. Lorenz wurde durch die Explosion nach hinten geschleudert und fand sich auf dem Boden wieder, garniert mit Pflanzen und zappelnden Fischen und umrahmt von Glassplittern. Halb benommen planschte er in der riesigen Pfütze herum und bemühte sich verzweifelt, die gestrandeten Buntbarsche zu retten. Es war sein Glück, daß der Bo-

den in dem alten Schloß nach einer Seite stark abfiel, so daß sich das Wasser und die meisten Fische in einer Ecke an der gegenüberliegenden Zimmerwand sammelten. Doch zu seinem Pech stand ausgerechnet an dieser Stelle ein riesiger antiker Kleiderschrank, den nur eine ganze Armee hätte beiseite schieben können. Die Wasserlache hatte sich genau unter diesem Schrank gebildet und war somit fast unzugänglich.

Zum Glück sind Buntbarsche sehr zählebige Fische, und sie überstanden die Tortur, aber Lorenz kamen die Minuten, die über seiner verzweifelten Rettungsaktion vergingen, wie Stunden vor. In seiner Beziehung zu seinen Tieren war kein Platz für kühle wissenschaftliche Strenge. Er betrachtete sie allesamt als seine persönlichen Freunde, die einen starken Beschützerinstinkt in ihm auslösten. Bei vielen Forschern hätte dies die Gefahr der Vermenschlichung heraufbeschworen – doch nicht bei Konrad Lorenz. Er wußte zuviel über das Leben seiner Tiere, um jemals den Fehler zu begehen, in ihnen Karikaturen menschlicher Wesen zu sehen. Nun, das stimmt nicht ganz; er weiß jedenfalls eine amüsante Geschichte zu berichten, die in dieser Hinsicht gegen ihn spricht. Er hatte Gänse über viele Generationen hinweg gezüchtet und über alle Paarungen und Sozialbeziehungen der Tiere genau Buch geführt. Eines Tages bat er eine Assistentin, diese Aufzeichnungen zu überprüfen und festzustellen, ob alle Tiere ihrem jeweiligen Partner sexuell treu geblieben seien, wie es bei Gänsen als ausgemacht galt. Das Mädchen kam nach einer Weile wieder und teilte ihm mit, daß wider Erwarten ein bestimmter Prozentsatz tatsächlich fremdgegangen war. Lorenz nahm die Kunde mit verdutzter Miene auf, mußte dann aber laut lachen, als ihn das Mädchen mit folgenden Worten aufzuheitern versuchte: »Machen Sie sich nichts draus, Herr Professor, Gänse sind schließlich auch nur Menschen!«

Seine Sorge um das Wohlbefinden seiner Tiere brachte ihn des öfteren in Schwierigkeiten. Viele Jahre später, als er bereits in das neue Forschungsinstitut von Seewiesen, in der Nähe von München, übersiedelt war, wünschte er sich wieder ein großes Aquarium, das vor seinem Arbeitstisch stehen sollte. Diesmal wurde es mit besonderer Umsicht und Sorgfalt angefertigt und in die Wand seines Arbeitszimmers eingebaut, wo es wie ein riesiges lebendes Gemälde über seinem von Büchern überladenen Tisch hing. Eine kleine Tür führte nebenan in eine kleine Kammer, von der aus man das Aquarium pflegen und die Fische füttern konnte. Das Becken war nicht wie üblich mit ein paar Steinen dekoriert, nein, die gesamte Rückseite war zu einer naturgetreuen Rifflandschaft mit Schlupfwinkeln, Spalten und kleinen Höhlen gestaltet worden, in denen sich die Fische verstecken konnten.

In einer solchen kleinen Felshöhle hauste ein bestimmter Fisch, der zum Störenfried im Aquarium geworden war. Lorenz wußte, daß dieser streitsüchtige Fisch herausgenommen werden mußte, damit seine Mitbewohner endlich Ruhe vor ihm fanden. Doch leider war das Becken so groß, daß der Raufbold allen Versuchen, ihn von der Bedienungsplattform hinter dem Aquarium mit dem Netz herauszuangeln, erfolgreich widerstanden hatte.

Eines Nachmittags saß Lorenz vor seinem Aquarium und überlegte, wie der Ubeltäter zu überlisten sei, als seine Sekretärin eintrat und ihn daran erinnerte, daß er in einer halben Stunde eine Delegation von Würdenträgern empfangen müsse, die ihm eine Statuette überreichen wollten – irgendeine hohe Auszeichnung, die ihm kürzlich zugesprochen worden war. Er versicherte ihr, daß er das keineswegs vergessen habe, und wandte sich wieder seinem vertrackten Fischproblem zu. Plötzlich dämmerte es ihm, daß er einfach in den riesigen Behälter hineinsteigen und den Unruhestifter aus nächster Nähe fangen könne. Er blickte auf seine Uhr. Die Zeit würde gerade noch reichen. Er eilte in das Kämmerchen hinter dem Aquarium, streifte rasch seine Kleider ab, kletterte über den Beckenrand und ließ sich vorsichtig in das warme Wasser gleiten.

Mit einem kleinen Fangnetz bewaffnet, tauchte er langsam unter, bis er schließlich vor der kleinen Höhle kauerte, in der sich der Fisch versteckt hielt. Das Hantieren im Aquarium war nicht leicht, so groß es auch war, und Lorenz mußte sein Hinterteil fest gegen die Frontscheibe pressen.
In diesem Augenblick wurden die Würdenträger ins Arbeitszimmer geführt, um den Preis zu überreichen. Da sie niemanden vorfanden, gingen sie im Zimmer umher und betrachteten die Bilder an den Wänden. Eine ältere Dame trat auf den Schreibtisch zu, weil sie sich das große Bild, das darüber hing und ihr wie ein eigenwilliges abstraktes Gemälde erschien, etwas genauer ansehen wollte. Als sie es aus der Nähe betrachtete, stieß sie einen gedämpften Schrei aus, woraufhin alle anderen herbeigerannt kamen. Während sie gebannt zuschauten, geriet Lorenz' nackte Hinterpartie in eine langsame rotierende Bewegung, und kurz darauf wurde der untergetauchte, neptungleiche Kopf des großen Professors sichtbar. Lorenz warf durch die Glasscheibe einen Blick auf die verzerrten Schrekkensmienen, und als ihm die entsetzliche Wahrheit aufging, schoß er aus dem Wasser hervor wie eine Polarisrakete, die von einem Unterseeboot gestartet wird. Während er sich in aller Eile abtrocknete und anzog, überlegte er sich verzweifelt eine passende Entschuldigung. Doch er brauchte keine. Denn als er durch die Tür des Nebenraums trat, war sein Arbeitszimmer leer. Die Statuette stand auf dem Schreibtisch, die Würdenträger waren entflohen.
Nur ein Mann von großer menschlicher Wärme und mit sehr viel Humor vermag solche Geschichten zu erzählen, die ihn selber in einem ungünstigen Licht zeigen. Aber ich muß mich hüten, ein zu einseitiges Bild von ihm zu zeichnen. Konrad Lorenz nimmt seine Arbeit ungemein ernst und ist ein profunder Denker, der sich nicht nur in der Zoologie, sondern auch in der Philosophie gründlich auskennt. Er erzählte mir einmal, er halte sich für einen Faulenzer, doch seine Faulheit betrifft nur die unwesentlichen Dinge des Lebens. Gewiß, er ist ein unberechenbarer Briefpartner, und man weiß nie, wann

er ein Schreiben beantwortet oder ignoriert; aber das hat seinen Grund nur darin, daß er es für vordringlicher hält, sich ununterbrochen mit seinen Tieren zu befassen, deren Verhaltensweisen er geduldig beobachtet und analysiert.
In jener ersten Vortragsreihe, an der ich in Bristol teilnahm, wies er seine Zuhörer auf einen wichtigen Gesichtspunkt hin. Von MacDougall, so sagte er, stamme der Ausspruch: »Ein gesundes Tier ist stets munter«; wir sollten jedoch bedenken, daß auch eine gesunde Pythonschlange »stets munter« sei, wenn sie ganz still daliege und ihrer Beute auflauere. Es gibt bekanntlich sehr viele »lauernde« Tiere, und in gewissem Sinne zählt auch Lorenz dazu. Wenn er stundenlang still dasitzt und die Tiere beobachtet, die er um sich versammelt hat, dann lauert er ihnen gleichsam auf – doch seine »Beute« ist eine aufregende neue Erkenntnis.
Im Verlauf seiner Vorträge wurde immer deutlicher, wie vielfältig die von ihm erforschten Tiere waren. Die meisten modernen Zoologen spezialisieren sich auf eine kleine Tiergruppe, doch Lorenz benötigte für seine vergleichenden Untersuchungen »Analysen auf breiter Front«. Das bezog sich nicht nur auf die Zahl der Arten, sondern auch auf die Mannigfaltigkeit ihrer Verhaltensformen. Man muß das ganze Tier kennen, forderte er in Übereinstimmung mit Tinbergens Grundeinstellung. Davon ausgehend, erörterte er die Nahrungsgewohnheiten, den Kampftrieb, den Nestbau, das Putzritual, die Paarung, die Prägung, die Jungenaufzucht und nahezu alle anderen wesentlichen Aspekte des tierischen Lebens. Die Beispiele, die er uns vortrug, stammten von Lemuren und Eidechsen, von Dohlen und Buntbarschen, von Robben und Staren, von Affen und Ameisen, von Gänsen und Seetauchern, von Mäusen und Menschen. Wie ein zweiter Darwin verfügte er über ein breites Wissen und bestand darauf, daß der forschende Menschengeist nichts unbeachtet lassen dürfe.
Die Vitalisten, die von einer elementaren »Lebenskraft« sprechen, so fuhr er fort, »haben die Frechheit zu behaupten, sie wüßten genau, was nicht zu erklären ist. Doch wie wollen sie

wissen, wo die Grenze verläuft?« fragte er. Wenn es Wunder gäbe, wäre die Natur längst nicht so wunderbar.

Es fiel mir schwer, mich von Bristol loszureißen, aber ich zwang mich, schon vor dem Abschluß von Lorenz' kurzer Vortragsfolge nach Birmingham zurückzukehren, wo mir das Examen bevorstand. Doch immerhin hatte ich so viel gehört, daß mich die Lorenzsche Einstellung nachhaltig beeindruckte. Wenn Tinbergen mich zum Ethologen getauft hatte, dann hatte Lorenz mich konfirmiert. Jetzt brauchte ich nur noch das elende Examen gut genug zu bestehen. Ich wurde ermutigt durch eine Mitteilung aus Oxford, daß Tinbergen bereit sei, mir eine Doktorandenstelle zu verschaffen, falls ich mit Auszeichnung bestehen sollte.

Endlich lagen die Wochen hinter mir, in denen ich in der spannungsgeladenen Atmosphäre des Prüfungssaals fieberhaft meine Prüfungsarbeiten geschrieben hatte, doch ich war alles andere als zufrieden mit meinen Leistungen. In einem Brief gestand ich Ramona: »Die letzte Arbeit hätte noch schlimmer ausfallen können, aber ich weiß jetzt, daß ich mein ›Ausgezeichnet‹ nicht geschafft habe ... Ich fühle mich ganz elend.« Doch in meinem sehnsüchtigen Verlangen, nach Oxford zu kommen, muß ich meine Maßstäbe etwas zu hoch angesetzt haben, und erfreulicherweise war meine Selbstkritik unbegründet. Nach einer qualvollen Wartezeit wurde mir tatsächlich die Note »ausgezeichnet« zuerkannt. Anfang Juli 1951 schrieb mir Tinbergen ein paar Zeilen, in denen er mir gratulierte und mich bat, am Monatsende nach Oxford zu kommen, »um konkrete Pläne zu schmieden«. Die lange Plackerei war überstanden. Ich war dünn wie ein Strich und völlig ausgelaugt, doch nachdem ich zusammen mit Ramona ein paar Ferienwochen an der Südküste verbracht hatte, sah die Welt wieder anders aus. Erwartungsfroh wie ein Kind am Heiligen Abend fuhr ich nach Oxford zu meiner Besprechung im zoologischen Institut.

4

Der Maestro saß auf einer Holzkiste. Das fiel mir als erstes auf, als ich Niko Tinbergens Arbeitszimmer im zoologischen Institut in Oxford betrat. Es kam mir komisch vor, daß er mir einen bequemen Stuhl anbot, während der große Mann, durch den Arbeitstisch von mir getrennt, auf dieser alten Kiste hockte. Als ich ihn später besser kennenlernte, verstand ich das. Wo er sich auch zufällig befand, sein Herz war stets draußen in der freien Natur, auf irgendeiner Sanddüne oder einer windgepeitschten Klippe. Sein natürlicher Biotop war das Beobachtungszelt, und selbst in seinem Oxforder Laboratorium brauchte er etwas, was ihn an die Feldarbeit erinnerte. Die grobe Holzkiste erfüllte diesen Zweck.

Er war soeben von der Scolt-Head-Insel zurückgekehrt, wo er eine Möwenkolonie beobachtet hatte, und in einer Ecke seines Zimmers lag ein wirrer Haufen Zeltplanen, die ausgebessert werden sollten. Hinter mir standen Aquarienbekken mit Stichlingen. Wie Konrad Lorenz mußte er immer irgendwelche Tiere in Sichtweite haben. Auf einer Bank stapelten sich Kameras und allerlei Zubehör, und in den Regalen lagerten Hunderte von numerierten Kästen, die seine umfangreiche Sammlung von wissenschaftlichen Nachdrucken enthielten. Der Raum wirkte nüchtern, so als mache Niko nur kurz Station in der Zivilisation, bevor er

in seine eigentliche Heimat in der Wildnis zurückkehrte. Mitten auf dem Tisch stand eine alte Royal-Kofferschreibmaschine. Es war dasselbe Modell, auf dem mein Vater in den dreißiger Jahren alle seine Jugendbücher geschrieben hatte – eine Maschine, die ich noch immer benutzte. Tinbergen tippte wie besessen, als ich eintrat, und zog dann einen langen Papierbogen aus der Maschine, den er mir überreichte. Darauf standen die Namen von fünf Tieren, jeweils mit einigen Anmerkungen versehen. Er erklärte mir, das seien seine Vorschläge, aus denen ich mir ein passendes Forschungsobjekt auswählen könne. Ich las die Liste durch: Drosophila (Taufliege), Buchfink, Ente, Hummel, Neunstachliger Stichling. Während er sich eine zerknitterte Zigarette drehte, erörterten wir die Vor- und Nachteile seiner fünf Vorschläge.
Nach einer Weile unterbrach er die Diskussion mit der Frage, ob ich rauchte. Als ich bejahte, entschuldigte er sich, daß er mir keine Zigarette angeboten habe, und wühlte so lange in einer Schreibtischschublade herum, bis er ein Päckchen gefunden hatte, das er mir offerierte. Wieder der gleiche Kontrast: Ich saß auf einem Stuhl, er auf der Kiste; ich rauchte eine Zigarette aus der Schachtel, während er eine selbstgedrehte paffte. Als ich später diese Beobachtung einem seiner älteren Studenten gegenüber erwähnte, lachte dieser nur und meinte, wenn Tinbergen mir eine Zigarette aus der Schachtel angeboten habe, so bedeutet dies, daß er mich noch als einen Fremden betrachte. Sobald Niko einen Menschen besser kannte, beehrte er ihn mit einer Selbstgedrehten, ohne allerdings die Gummierung zu belecken. Im letzten Stadium, nachdem man Freundschaft mit ihm geschlossen hatte, drehte er die Zigarette, feuchtete selbst das Papier mit der Zunge an und klebte es zusammen, bevor er einem das fertige Produkt überreichte.
Nach kurzer Überlegung fiel meine Wahl auf den Neunstachligen Stichling. Ich hatte mich bereits mit der bekannteren dreistachligen Art beschäftigt und ein wenig ihr un-

gewöhnlich komplexes Fortpflanzungsverhalten studiert; deshalb glaubte ich mit den Stichlingen eine gute Wahl getroffen zu haben. Die Einrichtung der Forschungsaquarien würde mich vor keine großen praktischen Probleme stellen; außerdem kannte ich ein ausgezeichnetes Stichlingsgewässer, den Kennet, der durch Ramonas Heimatstadt Marlborough fließt, nur eine Autostunde entfernt. Also würde es ein leichtes sein, genügend Fische zusammenzubekommen.

Darüber hinaus war es für mich von Vorteil, daß Niko selber bereits ausgiebige Experimente mit dem Dreistachligen Stichling angestellt hatte, auf die ich mich bei einer vergleichenden Untersuchung stützen konnte. Ich wollte eine Antwort auf die Frage finden, inwiefern und weshalb sich die beiden Arten voneinander unterschieden.

Mir wurde im Untergeschoß ein Raum zugewiesen, weil es dort für die Fische kühl genug war. Ich mußte ihn mit Philip Guiton teilen, einem anderen neuen Studenten, der bei Niko ebenfalls über Stichlinge promovieren wollte. Gemeinsam stellten wir reihenweise Aquarien auf, so daß wir uns am Ende kaum noch zwischen ihnen bewegen konnten. Umgeben von ungefähr fünfzig Becken, mußten wir uns mühsam hindurchwinden, um die Wasserpflanzen einzusetzen, die Durchlüfter zu installieren und die beleuchteten Abdeckungen anzubringen. Dann unternahmen wir mit dem Landrover des Instituts mehrere Fangexpeditionen, von denen wir so viele Fische mitbrachten, daß wir fast das Gefühl hatten, auf dem Grunde eines dichtbevölkerten Flusses zu leben. Bei Fischen ist es schwierig, Untersuchungen im Freileben durchzuführen; deshalb verlegten wir ihre natürliche Umwelt ins Laboratorium.

Stichlinge sind insofern problematische Pfleglinge, als sie Fleischfresser sind, und Niko bestand darauf, daß wir sie nur mit kleingehackten Regenwürmern fütterten. Er schlug uns vor, wir sollten vor unserem Kellerfenster einen großen Graben ausheben, ihn mit Küchenabfällen aus dem be-

nachbarten Keble College ausfüllen, ein paar Würmer hinzufügen und das Ganze mit Erde abdecken. Im Handumdrehen, so verhieß er uns, würden wir direkt vor unserer Tür mehr als genug Fischfutter vorfinden. Er selber verschaffte uns die erforderlichen Zuchtwürmer für den Anfang, die er in seinem Garten ausgrub.
Das Zerschneiden der Würmer in maulgerechte Happen war eine langwierige und schmutzige Angelegenheit, aber sie hatte etwas an sich von der mühseligen Kleinarbeit im Freiland, die der Maestro so sehr schätzte. Obwohl er nie ein Wort darüber verlor, war er sicherlich leicht enttäuscht, als ich eine sehr viel bequemere und effizientere Methode entdeckte, unseren zahllosen Fischlein die Bäuche zu füllen. Es gab in Oxford ein erstklassiges Aquariengeschäft, das Tubifex verkaufte – kleine rote Würmer, die man als zapplige Masse erstand und im Ausguß unter einem sanft fließenden Wasserstrahl einige Zeit frisch halten konnte. Dieses Lebendfutter hatte genau die richtige Größe für die Stichlingsmäuler und brauchte nicht umständlich präpariert zu werden. Man warf nur eine kleine Portion der Würmer in jedes Becken, wo die Fische sie rasch und ohne Mühe verschlangen. Das war für uns die einfachste Lösung – doch Niko vermißte dabei die »Würde der Arbeit«. Futter zu kaufen war für ihn so etwas wie Betrug. Aber er hat sich darüber nie offen beklagt.
Tinbergen war tatsächlich ein ungewöhnlich toleranter Chef, dazu ungemein hilfsbereit und nur selten doktrinär. Doch ein Grundsatz, von dem er nicht abging, besagte, daß wir uns größte Vorsicht auferlegen sollten, wenn wir über das Verhalten eines Tieres eine Aussage machten. War sie wirklich begründet? Hatten wir auch alle Möglichkeiten durchprobiert? »Soweit wir wissen« war seine Lieblingsredensart, und er wollte stets mehr wissen. Vorsicht war nicht gerade meine stärkste Seite, und sein ständiges Drängen, in jedes Problem immer tiefer einzudringen, war für mich eine heilsame Lektion.

»Konrad Lorenz ist ein Ausbreiter«, sagte er einmal, »ich bin ein Ausgräber. Konrad ist wie ein Bauer, der sich mit Hunderten von verschiedenartigen Tieren umgibt, während ich eher einem Jäger gleiche, der jeweils nur ein einziges Tier verfolgt, weiter und immer weiter, bis ich soviel wie möglich von ihm weiß.« Er spürte, daß ich von Natur aus ebenfalls ein »Ausbreiter« war (als ich meinen Doktor machte, waren in der Tat nicht weniger als vierundachtzig verschiedene Tierarten durch mein Oxforder Laboratorium gewandert). Darum hielt er es in meinem Fall für besonders wichtig, daß ich mich intensiver mit jedem einzelnen Problem beschäftigte. Was die Neunstachligen Stichlinge angeht, so hatte er damit Erfolg: In den drei Jahren meiner Doktorandenzeit hielt ich das Studium dieser faszinierenden kleinen Fische voll durch, während andere Arten nur mein Verlangen nach Abwechslung befriedigten.

Während des ersten Winters, den ich in Oxford verbrachte, las ich die gesamte vorliegende Stichlingsliteratur und untersuchte im Labor das winterliche Schwarmverhalten der Fische. Im darauffolgenden Frühjahr begann dann die erste wichtige Phase in meinem Forschungsprogramm, denn die Laichperiode rückte näher. Meine Hauptaufgabe bestand darin, den Fortpflanzungszyklus dieser Art zu analysieren, und der drängte sich in einen Zeitraum von nur wenigen Monaten zusammen; er begann Ende Februar, dauerte dann den März, April und Mai über an und klang im Juni aus. Das war eine Zeit hektischer Betriebsamkeit für die Stichlinge in meinen Behältern und für mich eine Zeit unablässigen Beobachtens, die ich in Hockstellung vor meinen Fischen zubrachte. Daß ich Maschineschreiben sehr gut beherrschte, erwies sich dabei als günstig, denn so konnte ich, vor meinen Becken sitzend, einen fortlaufenden Kommentar zu den Verhaltenssequenzen tippen, die vor meinen Augen abliefen.

Den ersten Auftrag, den Tinbergen mir erteilte und auf den er stets beharrte, war die Zusammenstellung eines

»Ethogramms«, das heißt einer umfassenden Liste aller Aktivitäten meiner Fische. Erst einmal sollte ihr vollständiges Verhaltensrepertoire festgehalten sein. Tinbergen vertrat die Auffassung, daß niemand versuchen sollte, irgendeinen Einzelaspekt des tierischen Verhaltens zu interpretieren, wenn er sich nicht vorher ein ganzes Leben lang mit sämtlichen Aktivitäten der betreffenden Tiere vertraut gemacht und jeden Vorgang im einzelnen beschrieben hatte. Das erschien zwar manchen angehenden Forschern als reine Zeitverschwendung, aber Niko behauptete, es sei sonst unmöglich, den Lebenszyklus eines Tieres wirklich zu erfassen. Die sogenannten Tierpsychologen mußten sich in diesem Punkt von ihm herbe Kritik gefallen lassen. Wie konnte jemand beispielsweise das Leben der weißen Ratte erforschen, wenn er niemals zugeschaut hatte, wie sie ihren Bau anlegte? Der Bau war doch der eigentliche Mittelpunkt, der Kern des Rattendaseins. Und wie viele »Rattenpsychologen« hatten schon ihren Tieren die Möglichkeit gegeben, ihr Wühlvermögen zu entfalten, und sie beim Bau ihrer naturgemäßen Heimstatt beobachtet? Die Antwort war einfach: keiner. Soviel über jene Psychologen, die sich als Verhaltensforscher ausgaben.
Die Hauptschwierigkeit, mit der ich bei der Aufzeichnung der verschiedenen Aktionen meiner Stichlinge fertig werden mußte, war die Geschwindigkeit, mit der sie abliefen. Als ich einmal mehrere Weibchen in das Becken eines Männchens eingesetzt hatte, konnte ich zum Beispiel innerhalb von neunzig Minuten nicht weniger als 1925 Handlungseinheiten des männlichen Tieres beobachten. Dazu reichte schnelles Tippen nicht mehr aus – ich brauchte eine spezielle Kurzschrift. Ich hatte fünfundvierzig Stichlingsaktivitäten als isolierte Einheiten ermittelt und bedachte nun jede einzelne mit einem Symbol aus einem oder zwei Buchstaben. Fortan ergossen sich zum Beispiel solche Kürzel über das Papier: PF3, GclockP, ZZ, B, ZZZZZ, SHW, SHV, BBBB, PF2 und so weiter und so fort.

Den Rest des Tages war ich dann vollauf damit beschäftigt, diese Geheimschrift zu dechiffrieren. Doch aus alledem ergab sich nach und nach ein Gesamtbild dessen, was in einem liebeshungrigen Stichling im Frühling vorgeht. Ich staunte, wie viele Fragen hier auf eine Antwort drängten. Irgend jemand hat einmal geschrieben: »Fische sind so unglaublich langweilige Geschöpfe, daß ich das Gefühl habe, sie müssen in den Himmel kommen, wenn sie sterben.« Was mich angeht, so hatte ich den Eindruck, daß meine Stichlinge demnach zur Hölle fahren würden!

Die aufregendste Entdeckung, die ich in diesem ersten Frühjahr machte, war die Beobachtung, daß einige meiner Stichlingsmännchen starke homosexuelle Neigungen zu haben schienen. Das war eine völlig unerwartete Erkenntnis und regte mich zu meinem ersten wissenschaftlichen Beitrag an, der 1952 unter dem kuriosen Titel »Homosexualität beim Neunstachligen Stichling« in der Fachzeitschrift »Behaviour« erschien.

Was ich beobachtet hatte, war kurz folgendes: Mit dem Eintritt der Laichperiode hören die männlichen Neunstachligen Stichlinge auf, im Schwarm umherzuschwimmen, und verteilen sich in bestimmten Abständen zwischen den Wasserpflanzen, wobei jeder sein Territorium gegen die Rivalen verteidigt. Ihr Körper verfärbt sich tiefschwarz, und sie beginnen aus Pflanzenfasern ein kleines Nest zu bauen, das sorgfältig in einem Pflanzenbüschel verankert wird. Dann bohren sie einen Tunnel in das Nest und halten Ausschau nach einer geschlechtsreifen Partnerin, deren Leib mit Laich angeschwollen ist. Sobald sie eine entdeckt haben, vollführen sie mit gesenktem Kopf einen heftigen Tanz, in dessen Verlauf sie sich im Zickzackkurs langsam auf ihr Nest zu bewegen. Kurz vor dem Ablaichen schwimmt das Weibchen dicht hinter dem tanzenden Männchen her und steckt das Maul in den Nesteingang. Das Männchen schwebt über seiner Partnerin und zeigt mit der Schnauzenspitze auf den Eingang des Nestes.

Wenn sie daraufhin in das Nest eindringt und im Tunnel still liegenbleibt, bewegt sich das Männchen ein wenig nach unten und läßt seine Schnauzenspitze an ihrem vorstehenden Schwanz vibrieren. Verläßt sie das Nest durch den Eingang, ohne ihre Eier abgelegt zu haben, verfolgt er sie und traktiert sie mit heftigen Bissen, bevor er sie wieder zu umwerben beginnt. Falls sie jedoch gleich im Nest abgelaicht hat, schwimmt das Männchen sofort hinter ihr durch den Tunnel und befruchtet die Eier. Danach bewacht und betreut er Tag für Tag das Gelege, bis die Jungen ausschlüpfen, während das befreite Weibchen sich nicht weiter um ihren Nachwuchs kümmert.

Das ist der typische Ablauf des Fortpflanzungsverhaltens, doch einige meiner Stichlingsmännchen benahmen sich völlig anders. Wenn sie sahen, daß sich irgendwo eine Liebesaffäre anbahnte, schwammen sie verstohlen durchs Becken und versuchten dem betreffenden Weibchen das Recht streitig zu machen, in den Nesttunnel einzudringen. Falls das Weibchen aufgab und sich zurückzog, übernahm manchmal eines dieser »pseudoweiblichen« Männchen dessen Rolle; es folgte dem tanzenden Revierinhaber und führte alle Bewegungen der weiblichen Paarungssequenz aus, ja legte sich sogar in den Tunnel, als ob es dort ablaichen wollte. Tatsächlich verhielt es sich ganz genauso wie ein Weibchen, abgesehen von der Eiablage. Das geschah am häufigsten in Aquarien, die etwas zu stark mit Männchen besetzt waren und in denen die Pseudoweibchen kein Pflanzenbüschel mit Beschlag belegen konnten, um darin ihr Nest zu bauen. Mit anderen Worten: Ein sexuell frustriertes Männchen, dem es verwehrt war, das normale männliche Balzverhalten durchzuspielen, war manchmal gezwungen, seinen Sexualtrieb durch Übernahme der weiblichen Rolle auszudrücken.

Dieser erste Aufsatz aus meiner Feder fand wohlwollende Aufnahme, was mich ermutigte, meinen Tätigkeitsbereich zu erweitern. Mein Laboratorium füllte sich mit den verschiedensten Fischen, Vögeln und Säugetieren, und ich schrieb kleine Abhandlungen über alle möglichen Themen, während ich weiterhin für meine Stichlingsdissertation arbeitete, die sich über drei Jahre hinzog. Ich war zu ungeduldig, um ihre Publikation abwarten zu können, und litt unter dem unbescheidenen Verlangen, meinen Namen so oft wie möglich gedruckt zu sehen. Niko freute sich über die Energie, mit der ich mich der Ethologie widmete, mußte mich aber des öfteren vor der Gefahr warnen, mich zu sehr zu verzetteln und mein eigentliches Forschungsprojekt zu vernachlässigen.

Irgendwie gelang es mir, ein vernünftiges Gleichgewicht aufrechtzuerhalten, doch ich übernahm mich dabei, und mein häusliches Leben war, gelinde gesagt, primitiv. Ich hatte auf der Folly Bridge ein Zimmer gemietet, in einem seltsamen Haus, das unmittelbar an der Themse stand. Meine Bude lag im Erdgeschoß, und der Fluß rauschte unter meinem Fenster dahin, so daß ich des Nachts zuweilen das unheimliche Zischen der Schwäne vernehmen konnte. Der Raum war vollgestopft mit etwa zweihundert eigenen Gemälden, meiner Staffelei und meinem Zeichentisch sowie mit einem Bett und ein paar Stühlen.

Auf dem Kaminsims stand ein großer Glaskasten, der einst einen ausgestopften Fuchs enthalten hatte. Ich hatte den Fuchs entfernt, weil es mir unerträglich war, ein Tier, dem ich so viel Zuneigung entgegenbrachte, in dieser unwürdigen, starren Pose ständig vor Augen zu haben; aber der künstliche, hohle Erdhügel, auf dem er gestanden hatte, war noch vorhanden. Der Präparator hatte das Gebilde kunstvoll bemalt und es mit trockenem Gras und Moos beklebt. Es schien mir eine ideale Hamsterwohnung zu sein, und so schnitt ich oben ein kleines Loch hinein und füllte den Hohlraum zur Hälfte mit Erde und Heu aus. Ich quartierte einen reizenden Goldhamster ein, dessen Nahrungssammeltrieb ich bereits in meinem Laboratorium studiert hatte. Er gewöhnte sich sofort ein und kam schon am selben Abend hervor, um zu fressen und zu trinken und um seine neue Umgebung durch die Glasscheiben zu begutachten. Ich hätte nicht gedacht, daß der kleine Kerl irgendwelches Unheil stiften könnte, bis eines Abends eine Besucherin plötzlich einen lauten Schrei ausstieß. Sie sprang zurück, fiel über meinen Zeichentisch und ging in einem Durcheinander aus Farbtuben, Terpentin und Leinöl zu Boden.

Folgendes war geschehen: Als ich mit ihr das Zimmer betreten und das Licht eingeschaltet hatte, war der Hamster vor Schreck zu einem Standbild erstarrt. Meine Begleiterin ging auf den Kamin zu, um sich das »ausgestopfte Tier« in dem Glasbehälter genauer anzuschauen, und dabei näherte sie sich dem Hamster so entschlossen, daß er sich irritiert fühlte. Er erholte sich auf der Stelle von seinem Schreck und verschwand blitzschnell in seinem Loch. Meine Besucherin, eine Verwandte, die einmal sehen wollte, wie ich in Oxford »zurechtkam«, empfand das unverhoffte Lebendigwerden eines offensichtlich präparierten Tieres so nervenaufreibend und das Chaos in meiner Bude derart abstoßend, daß sie mich schon bald, nachdem sie von Farbe und Öl gesäubert war, wieder verließ, zweifellos in der Absicht, meine übrigen Verwandten mit Schauergeschichten über die in Oxford herrschende Dekadenz und Unordnung zu erfreuen.

Was die Unordnung anbetrifft, so hatte sie nicht einmal unrecht. Ungefähr eine Woche vor ihrem Besuch hatte ich beschlossen, zum erstenmal den Gastgeber zu spielen. Da ich kein geeignetes Geschirr besaß, erstand ich bei einem Trödler in der Stadt für drei Shilling ein bunt zusammengewürfeltes Sortiment von Tellern und Schüsseln. Diese füllte ich mit allen möglichen kalten Speisen, die zumeist aus Büchsen stammten, kaufte ein paar Flaschen billigen Wein und sah dem Eintreffen meiner Gäste in dem Bewußtsein entgegen, eine gewaltige kulinarische Leistung vollbracht zu haben. Ramona war mit den letzten Vorbereitungen für ihr Geschichtsexamen am St. Hilda's College so sehr beschäftigt, daß sie mir nicht helfen konnte. Daher war ich besonders stolz darauf, daß ich alles allein zustande gebracht hatte.

Der Fraß, den ich meinen Kommilitonen vorsetzte, wirkte selbst auf den anspruchslosesten Gaumen wie ein Brechmittel, so daß meine Gäste kaum etwas anrührten und sich lieber an den Wein hielten. Obwohl ihnen der Magen knurrte, wurde es ein herrlicher Abend. Die fröhliche Zecherei dauerte bis in die frühen Morgenstunden. Da ich hinterher nicht mehr imstande war, die vielen Teller in die kleine Gemeinschaftsküche zu schleppen, die ein gutes Stück von meiner Bude entfernt war, öffnete ich die geräumigen leeren Schränke, die beiderseits des Kamins in die Wand eingebaut waren, und stopfte das abscheuliche Geschirr mitsamt den Speiseresten hinein. Nachdem ich die Schranktüren vor dem Berg aus Steingut und breiförmigem Salat zugedrückt hatte, sank ich ins Bett und schlief meinen Rausch aus.

Am nächsten Morgen wachte ich spät auf, und da ich wegen eines Labortests zu einer bestimmten Zeit im Institut sein mußte, raste ich los, ohne an die Unordnung im Schrank zu denken. Danach vergaß ich die Geschichte ganz und gar, bis mich zwei Wochen später Ramona besuchen kam, die sich eine kleine Pause in ihrer Examensbüffelei gegönnt hatte. »Was sind das für komische grüne Schnurrbärte«, fragte sie, »die da zwischen den Spalten deiner Schranktüren hervorkriechen?« Ein weibliches Auge wird von solchen Phänomenen unwiderstehlich angezogen. Ich hatte das schmutzige Geschirr vollkommen vergessen, weil ich mich entschlossen hatte, meine neue Rolle als Meisterkoch aufzugeben, und war deshalb genauso verwundert wie sie. Wir nahmen die hervorquellenden grünen Bärte genauer in Augenschein, und ich meinte, sie sähen doch recht hübsch aus. Darauf erwiderte sie nur: »*Du* machst jetzt die Schränke auf!«

Als ich die Türen mit Gewalt aufriß, bot sich uns ein schauerlicher Anblick. Das Schrankinnere war gänzlich angefüllt mit einer vergammelten gelbgrünen Masse, die allenthalben mit dicken Strängen aus oliv- und türkisfarbenen Fäden verziert war. Ramona war entsetzt, und bis auf den heutigen Tag betrachtet sie mich stets mit abgrundtiefem Mißtrauen, wenn ich ihre Küche betrete. Das hat freilich den großen Vorteil, daß sie mir in dem Vierteljahrhundert unserer Ehe nie gestattet hat, ihr beim Spülen zu helfen. Traumatische Erlebnisse können also auch ihre guten Seiten haben.

Danach opferte sie regelmäßig etwas von ihrer kostbaren Studierzeit, um mir eine Kleinigkeit zum Essen zu bringen. Ich versuchte es ihr auszureden, weil ich ihr gegenüber ein schlechtes Gewissen hatte; aber sie behauptete beharrlich, ich sähe so dünn und blaß aus, daß sie mich versorgen müsse, um sicherzustellen, daß ich bei unserer Hochzeit noch am Leben sei, die in diesem Sommer stattfinden sollte, gleich nach ihrem Examen.

Ungeachtet dieser Ablenkungen bestand sie ihre Abschlußprüfung, und die Hochzeit wurde auf den 30. Juli 1952 festgesetzt.

Da Jimmy Bomford uns zusammengebracht hatte, veranstaltete er mir zu Ehren am letzten Tag meines Junggesellendaseins eine ausgelassene Herrenparty. Er hatte aus London ein paar junge Schauspielerinnen importiert, und spät am Abend, nachdem der Wein noch reichlicher geflossen war als sonst, zogen wir alle los ins nahe Dorf, wo gerade Jahrmarkt war. Um meinen Mannesmut zu beweisen, vertraute ich mich all jenen teuflischen Erfindungen an, die sich die Schausteller ausgedacht hatten. Auf der Achterbahn wurde mir plötzlich bewußt, daß ich das alles nicht überleben würde, und als die Lichter des Dorfes vor meinen Augen zu verschwimmen begannen, hätte ich alles darum gegeben, daheim in meinem Bett zu sein, statt mich diesem primitiven *Rite de passage* zu unterziehen. Ich fühlte mich schrecklich elend und war noch ganz benommen, als ich mich am nächsten Morgen zur kirchlichen Trauung einfand.

Der Kameramann, der meine surrealistischen Phantasien gedreht hatte, war beauftragt worden, unsere Hochzeit zu filmen. Die erste Szene zeigt mich, wie ich, kreideweiß im Gesicht und im feierlichen dunklen Anzug, über eine Mülltonne stolpere. In meiner Benommenheit hatte ich die Kirche von der falschen Seite aus angesteuert und mußte mich durch eine schmale Gasse drängen, wo mich die Kamera genau im ungünstigsten Augenblick erwischte. Doch es sollte noch schlimmer kommen. In meinem beduselten Gehirn hatte sich die fixe Idee eingenistet, daß das glückliche Brautpaar gleich nach der Trauungszeremonie eiligst davonstreben müsse, um sich von den fröhlichen Hochzeitsgästen mit Konfetti bewerfen zu lassen. Diese Vorstellung hatte sich mir so fest eingeprägt, daß ich sofort nach dem Jawort die verblüffte Ramona bei der Hand packte und im Galopp durch das Mittelschiff zum Ausgang stürmte. Ich wunderte mich allerdings, daß mich die versammelten Gäste nur anstarrten, statt mich mit Konfetti zu überschütten. Ramona gab sich alle Mühe, mein Tempo zu drosseln, während sie gleichzeitig mit der langen Schleppe ihres Brautkleides kämpfte.

Der Kameramann wartete draußen vor dem Kirchenportal, um den würdevollen Auszug des strahlenden Paares zu filmen. Was indes zum Vorschein kam, waren zwei junge Leute, die über die Feinheiten des Hochzeitsrituals heftig miteinander stritten. In seinem Film folgte diese Szene unmittelbar der ersten Einstellung, in der ich über die Mülltonne gefallen war, und der gute Mann fragte sich allmählich, ob ich vielleicht eine Fortsetzung zu meinen früheren surrealistischen Streifen drehen wollte.

Auf dem anschließenden Empfang mußte ich eine Rede halten, in der alles, was ich sagte, eine doppelte Bedeutung zu haben schien. Je mehr ich mich zusammennahm, desto schlimmer wurde es, zur großen Belustigung jener Freunde, die am Vorabend auf Jimmys Party gewesen waren und nur zu gut wußten, in welch heiklem Zustand ich mich befand.

Ich fühlte mich ungeheuer erleichtert, als ich endlich – am Ende doch mit Konfetti bestreut – mit Ramona die Fahrt in die langen, herrlichen Flitterwochen antreten konnte.

Als wir darauf nach Oxford zurückkehrten, bezogen wir ein kleines Vorstadthaus mit einem hübschen Garten. Niko Tinbergen verschaffte Ramona eine Halbzeitbeschäftigung als Assistentin in der ethologischen Abteilung. Eine ihrer ersten Aufgaben bestand darin, den Zweiten Internationalen Ethologenkongreß im Herbst 1952 als Sekretärin zu betreuen. Der erste, der zwei Jahre vorher in Deutschland stattgefunden hatte, war von Erich von Holst, einem Kollegen von Konrad Lorenz, organisiert worden. Von Holst meinte, auf solchen Kongressen gehe es stets zu formell und feierlich zu – ein erstaunlicher Einwand für einen Deutschen –, und man solle sich so ungezwungen wie möglich geben, damit ein echter Gedankenaustausch zustande komme. Die Teilnehmer sollten auch »unausgegorene« Ideen diskutieren, meinte er, und auf die Veröffentlichung eines Tagungsberichts verzichten. Auf diese Weise würden sich die Ethologen viel freier äußern, auch über Probleme, mit denen sie sich noch herumschlügen, und gerade diese Probleme könnten die Diskussion am stärksten befruchten.

Das war eine lobenswerte Einstellung und der Beginn einer langen Reihe von Kongressen, die seitdem alle zwei Jahre stattfinden. Doch seit die Verhaltensforschung an Boden gewonnen und die Zahl der Teilnehmer gewaltig zugenommen hat, ist die ursprüngliche Ungezwungenheit leider wieder verlorengegangen. Heute sind die internationalen Ethologenkongresse genauso formell und uneffektiv wie vergleichbare Veranstaltungen in den meisten anderen wissenschaftlichen Disziplinen.

Doch damals, im Jahre 1952, herrschte auf dem Oxforder Kongreß eine hervorragende Stimmung. Wir fühlten uns noch immer als Teil einer Pionierbewegung, die immer stärker in jene Domäne einbrach, in der bisher die »Laborpsychologen« den Ton angegeben hatten. Die Ethologie war noch nicht bis Amerika vorgedrungen, aber aus vielen europäischen Ländern waren Delegationen gekommen, und der intensive Austausch von Ideen und Informationen erwies sich als überaus nützlich.

Um die lockere Atmosphäre der Veranstaltung zu unterstreichen, hatte Niko Tinbergen für den letzten Abend ein amüsantes Unterhaltungsprogramm vorgesehen, und ich erhielt den Auftrag, es auszurichten. Ich entschied mich für eine satirische Persiflage und erkor als mein Opfer einen deutschen Theoretiker, der in einer These die Gehirnfunktionen bildlich mit dem Prinzip des fließenden Wassers beschrieben hatte. Er verglich die Nervenenergie mit strömendem Wasser, das von einer Ebene zur anderen fällt und dabei einmal eingedämmt wird, ein andermal durchsickert oder zu einem jähen Strom anschwillt, wenn ein entsprechender Reiz einwirkt. Diese Analogie ging in ihrem Kern auf Konrad Lorenz zurück. In einer älteren Abhandlung hatte er eine Zeichnung abgebildet, die so etwas wie den Wasserbehälter eines WC darstellte, der sich entleerte, sobald der Abzugshebel betätigt wurde. Damit sollte veranschaulicht werden, wie sich ein bestimmter Drang in einem Tier immer stärker anstaut, bis er schließlich selbst durch einen kleinen Auslösereiz in Gestalt eines Aktivitätsstroms freigesetzt wird.

Als grober Vergleich war diese Darstellung durchaus akzeptabel, aber wie so viele naturwissenschaftliche »Parabeln« vertrug sie keine weitere Differenzierung oder ungebührliche Ausschmückung. Das war der Irrtum, dem das Opfer meiner Satire erlegen war; er hatte die Analogie zu weit getrieben und sie dabei ins Lächerliche gezogen. Komplizierte Installationen sind kein angemessenes Mit-

tel, die Arbeit des Gehirns zu illustrieren. Nervenimpulse fließen nicht durch Röhren wie Wasser, und so nahm ich mir vor, diese Vorstellung zu veralbern, bevor sie sich im ethologischen Denken zu sehr breitmachen und in der Gehirnforschung echten Schaden anrichten konnte.
Wir hatten dieser Analogie den Namen »Psychohydraulik« gegeben, und ich schlug vor, eine riesige psychohydraulische Maschine zu konstruieren und am letzten Tag des Kongresses feierlich zu enthüllen. Unterstützt von mehreren Freunden, begann ich einen Haufen absonderlicher Einzelteile zusammenzutragen, die wir in einem Laborraum heimlich zusammenbauten. Während sämtliche Kongreßteilnehmer beim Abschiedsdiner beisammensaßen, schafften wir den Apparat in fieberhafter Eile in den großen Vortragssaal, wo wir ihn unter einer gewaltigen Zeltplane versteckten.
Niko hatte den Gästen beim Bankett angekündigt, ein gewisser Dr. Fink werde zum Abschluß noch einen letzten Vortrag halten, sich aber über das Thema dieses Vortrags ausgeschwiegen. Die Delegierten strömten in den Saal und nahmen, reichlich verwirrt, vor der unförmigen Zeltplane Platz. Zuerst hielt ich als Dr. Fink eine völlig unverständliche Rede über die psychohydraulische Theorie, und anschließend wurde unser Monsterapparat enthüllt. Er sollte sämtliche populären ethologischen Prinzipien, die damals im Schwange waren, mit Hilfe von gefärbten Flüssigkeiten demonstrieren. Ich kann mich heute nicht mehr an alle Einzelheiten erinnern, doch ich entsinne mich noch an mehrere sehr große Ballons, die sich langsam mit gefärbtem Wasser füllten und schließlich wie obszöne Gebilde über der ersten Stuhlreihe baumelten, in der die prominentesten Gelehrten saßen.
Ich thronte unter einem Regenschirm vor einem Steuerrad hoch oben auf einem Ende der Maschine und rief dem zweiten Dr. Fink (Aubrey Manning, der heute Zoologieprofessor in Edinburgh ist) mit lauter Stimme zu, das Was-

ser abzustellen. Das Unterteil der Maschine enthielt so viele Hähne und Röhren, in denen die bunten Flüssigkeiten wie im schönsten Horrorfilm brodelten und zischten, daß mein Kollege offensichtlich Mühe hatte, den Wasserfluß zu bremsen.

»Fink, Fink!« brüllte ich.

»Ich finke«, lautete seine unvergeßliche Antwort. Ich geriet allmählich in Panik, denn die Ballons, gleichsam die Geschlechtsorgane der Maschine, die durch Riesensperma befruchtet werden sollten, nahmen mittlerweile gewaltige Dimensionen an, und der Gedanke an die Folgen, die dieser Zeugungsvorgang für die Prominentenreihe haben könnte, jagte mir einen gehörigen Schrecken ein.

»Schicken Sie das Sperma los!« brüllte ich unserem Komplicen zu, der hinten im Saal kauerte. Über den Köpfen des Publikums waren, kaum sichtbar, Schnüre gespannt, an denen entlang nun das Pseudosperma in Form eines Pfeiles unbeirrt auf sein Ziel zustrebte und die Ballons zum Platzen brachte, deren Inhalt sich über die ersten drei Stuhlreihen ergoß. In diesem Augenblick rollte ein anderer Mitstreiter auf einer Karre ein komplettes WC samt Wasserbehälter herein und forderte die Rückkehr zu diesem schlichteren Demonstrationsmodell. Damit fand unsere Darbietung ein ebenso feuchtes wie triumphales Ende.

Am nächsten Tag, nachdem die Gäste abgereist waren, bestand Niko darauf, daß wir eine Aufnahme von der leicht lädierten Mammutmaschine machten. Aubrey Manning war bereits wieder im Gelände bei seinen Hummeln, aber David Best – er hatte das Klosett aufs Podium geschafft – und ich gaben uns alle Mühe, das Wrack wieder aufzumöbeln, das dann für die Nachwelt im Bild verewigt wurde. Niko betrachtete unseren Ulk zu meiner Erleichterung noch immer mit Wohlwollen. Ich hatte nämlich befürchtet, daß wir in seinen Augen etwas zu weit gegangen sein könnten bei unserem Versuch, die wichtige Tagung mit einer unterhaltsamen Darbietung zu beschließen. Doch er äußerte kein Wort der Kritik, während er sich mit seinem Fotoapparat beschäftigte. Wie Konrad Lorenz, der bei der Demonstration vor Lachen gebrüllt hatte, besaß er eine gehörige Portion Humor. Obwohl beide Männer die Verhaltensforschung mit fast religiöser Inbrunst betrieben, hatten sie für unangemessene Feierlichkeit nicht das geringste übrig.

Nach und nach entdeckte ich, daß Nikos Persönlichkeit weitaus komplexer war, als ich zunächst angenommen hatte. Seine ungewöhnliche Bescheidenheit, von der Peter Medawar gesprochen hatte, wurde ausgeglichen durch die eiserne Entschlossenheit, mit der er seine wissenschaftlichen Erkenntnisse durchzusetzen verstand. Als ich ihn einmal auf seine Bescheidenheit ansprach, nannte er sie eine »unerläßliche Vorsichtsmaßnahme«, die einem Wissenschaftler wohl anstehe, und gestand, auch von Arroganz nicht ganz frei zu sein. Dieser Zug kam bei ihm jedoch nur selten zum Vorschein, es sei denn in seiner festen Überzeugung, daß viele Zoologen miserable Beobachter seien und die Notwendigkeit verkannten, ein Tier in seiner natürlichen Umwelt zu studieren. Viele Bauern und Jäger, so meinte er, seien bessere Zoologen als die Schreibtischgelehrten, die sich niemals ihre Hände oder Schuhe schmutzig machten.

Als Zoologiestudent in Holland hatte er seinen Professor oft zur Verzweiflung gebracht, weil er sich so wenig für die herkömmliche Präparier- und Laborarbeit interessierte. Bei jeder sich bietenden Gelegenheit fuhr er aufs Land hinaus zu den Kanälen und Seen, und selbst wenn er nicht mit zoologischen Dingen beschäftigt war, betätigte er sich in frischer Luft als Hockeyspieler, Stabhochspringer oder Eiskunstläufer. Mit seiner jungen Frau Lies verbrachte er die Flitterwochen auf einer Forschungsexpedition in der Arktis, wo er bei den grönländischen Eskimos lebte. Ungemütlichere Flitterwochen kann man sich schwerlich vorstellen, aber Lies war sich völlig darüber im klaren, was für einen Mann sie geheiratet hatte, und wurde mit allen seinen Marotten spielend leicht fertig, selbst als sie, kopfunter in einem gekenterten Eskimokanu hängend, beinahe ertrunken wäre.

Als die Nazis in Holland einfielen, hatte das Ehepaar Tinbergen bereits kleine Kinder, und Niko war inzwischen Professor an der Universität Leiden. Zu den ersten Maßnahmen der Invasoren gehörte die Entfernung aller jüdischen Wissenschaftler von den holländischen Universitäten. Zusammen mit vielen anderen Professoren weigerte sich Niko, weiter Vorlesungen zu halten, wenn die entlassenen Juden nicht wieder in ihre Ämter eingesetzt würden. Prompt wurden Niko und die übrigen Protestierer in ein Konzentrationslager gebracht. Jedesmal, wenn die holländischen Untergrundkämpfer einen Deutschen töteten, wurden mehrere Professoren ausgesondert und als Geiseln erschossen.

Der in Deutschland lebende Konrad Lorenz erfuhr von der Notlage seines Freundes und bot sich an, zu seinen Gunsten zu intervenieren; aber Niko lehnte ab. Seine Charakterstärke war so groß, daß er unter diesen entsetzlichen Umständen sogar ein Buch für seine Kinder schrieb. Er durfte jede Woche nur einen einseitig beschriebenen Briefbogen nach Hause schicken, und da er keine nennenswerten Neuigkeiten zu berichten hatte, machte er aus jedem Brief eine Seite des Buches. Es trug den Titel *Die Geschichte von Jan Stichling* und erzählte vom Leben seiner geliebten Stichlinge. Eine englische Ausgabe erschien 1954. Das signierte Exemplar, das ich besitze, ist mir wegen seiner ungewöhnlichen Entstehungsgeschichte ebenso teuer wie Nikos bedeutendere wissenschaftliche Werke.

Nach dem Krieg scheute Tinbergen davor zurück, Deutschland wieder zu besuchen, doch als er und Konrad Lorenz in England erneut zusammentrafen, war die alte Freundschaft schnell wiederhergestellt, und gemeinsam haben die beiden in den Nachkriegsjahren der Verhaltensforschung ein ständig wachsendes Ansehen verschafft. Ihre Leistung wurde gekrönt im Jahre 1973, als die beiden – zusammen mit Karl von Frisch – den Nobelpreis erhielten. Diese Auszeichnung brachte abermals Nikos Bescheidenheit zum Vorschein. Er war überrascht, daß man ausgerechnet ihn für diese hohe Ehre auserkoren hatte, aber er freute sich »für die Ethologie«, denn durch den Preis wurde die wissenschaftliche Disziplin anerkannt, der er sich ganz und gar verschrieben hatte. Seine hohe Auszeichnung läßt auch Nikos Mutter in einem besonderen Licht erscheinen. Sie ist nämlich die einzige Frau in der Geschichte des Nobelpreises, die zwei Laureaten das Leben geschenkt hat, denn Nikos Bruder Jan, ein berühmter holländischer Wirtschaftswissenschaftler, war schon einige Jahre früher mit dem Nobelpreis ausgezeichnet worden.

Die für Niko charakteristische Mischung aus fröhlichem, jungenhaftem Enthusiasmus und völliger Hingabe wirkte Wunder bei uns allen, die wir das Glück hatten, in den fünfziger Jahren in Oxford zu seinen Studenten zu zählen. Das färbte allmählich auch auf Ramona ab, die plötzlich ihre Liebe zur ordinären Rabenkrähe entdeckte. Es begann an einem Frühlingsnachmittag, als ich aus dem Institut mit einer jungen Krähe heimkam, die auf recht unsanfte Art gezwungen worden war, vor der Zeit die Kunst des Fliegens zu erlernen. Holzfäller hatten den Baum umgesägt, auf dem sich ihr elterliches Nest befand, und das Junge hatte es irgendwie geschafft, heil auf den Boden herabzuflattern. Die Krähe wurde entdeckt, als sie in einem Garten umherirrte. Von dort gelangte der Vogel ins zoologische Institut, wo er in einem Kaninchenkäfig auf einen hilfsbereiten Besitzer wartete. Da der hungrige Jungrabe recht eindrucksvoll um Futter bettelte, dachte ich, er werde keine große Mühe haben, Ramonas mütterliche Gefühle zu erwecken, und so steckte ich ihn in eine Schachtel und eilte mit ihm nach Hause.

Später hat Ramona dieses Ereignis folgendermaßen beschrieben: »Ich lag friedlich im Liegestuhl auf dem Rasen, als ich Desmond kommen sah, eine große Pappschachtel in der Hand. In seinem Gesicht stand ein gewisses Lächeln,

das ich nur allzu gut kannte. Es sollte mich davon überzeugen, daß ich über das, was er mir mitbrachte, entzückt sein würde . . . Er stellte den Karton mit einer großen Geste auf den Boden, trat zurück und wartete darauf, daß ich ihn öffnete. Das erste, was ich erblickte, war ein großer, weit aufgerissener rosiger Schnabel. Das verstörte schwarze Vögelchen krabbelte schließlich auf den Rasen und tappte mit unsicheren Schritten auf ein Blumenbeet zu.«
Schon bald hatten die kindlichen Signale des quäkenden Vogels ihre magische Wirkung ausgeübt, und Ramona war eifrig damit beschäftigt, kleingehacktes Fleisch in den ewig sperrenden Schnabel zu stopfen. Diese Prozedur wiederholte sie mehrere Wochen lang alle paar Stunden, bis sie eines Tages als stolze Krähenmutter ihren Zögling ins Freie trug, um ihm den ersten Flugunterricht zu erteilen. Sie hatte dem Vogel beigebracht, wie ein Falke auf ihrem Arm »aufzubaumen«. Nun konnte man sie beobachten, wie sie im Garten auf und ab schritt und ihm gut zuredete wie einem Zauberlehrling. Immer wieder warf sie den Arm hoch in die Luft und blickte besorgt dem schwarzen Federbündel hinterher, das im Sturzflug zu Boden ging. Nach zahllosen geduldig durchgeführten Versuchen wurde Ramona mit dem Anblick ihres Schützlings belohnt, der mit kraftvollen Flügelschlägen über ein paar Gartenzäune hinwegsetzte und schließlich im tadellos gepflegten Blumenbeet eines vogelfeindlichen Nachbarn eine Bruchlandung vollführte.
Immerhin war es jetzt bis zum ersten größeren Freiflug nicht mehr weit, und Ramona freute sich, daß all ihre Mühen nicht umsonst gewesen waren. Etwa zwei Monate nach dem ersten Auftritt der Krähe rüttelte eines Nachts ein furchtbarer Sturm an dem Gartenschuppen, in dem der Vogel untergebracht war. Am anderen Morgen entdeckten wir, daß der Wind die Schuppentür aus den Angeln gerissen hatte. Die Krähe war verschwunden und ward nie wieder gesehen. Ramona tröstete sich mit dem Gedanken, dem

Tier durch ihre Pflege eine echte Überlebenschance eröffnet zu haben, die es vorher nicht gehabt hätte.
Inzwischen hatte sie eine tiefe Zuneigung zu Krähen überhaupt gefaßt und war empört über die Feindseligkeit, mit der fast jeder diese Vögel behandelte. Sie meinte, daß die Krähen jeden Schaden, den sie bei Bauern und Gärtnern anrichteten, dadurch wiedergutmachten, indem sie Hunderte von schädlichen Insekten und Käfern verspeisten. Doch kein Mensch sei bereit, das den Vögeln zugute zu halten. Sie vertrat außerdem die Ansicht – zu Recht, wie ich meine –, daß die Krähen die intelligentesten Vögel überhaupt seien, und war fest entschlossen, sich noch intensiver mit ihnen zu befassen.
Dazu erhielt sie Gelegenheit, als ich eines Tages eine große schwarze Gestalt erspähte, die nicht weit von unserem Haus auf einem Gartenzaun hockte. Zuerst glaubte ich, ihre entschwundene Krähe sei zurückgekehrt; doch es stellte sich heraus, daß es ein zahmer Vogel war, der ursprünglich einigen Kindern in einem nahen Dorf gehört hatte – so lange, bis er vom Hund des Vikars attackiert und gebissen worden war. Mit einem verletzten Flügel war die Krähe davongehumpelt, hatte das Dorf endgültig verlassen und terrorisierte neuerdings die Gartenfreunde in unserer Umgebung. Obwohl der Vogel kaum fliegen konnte, ließ er sich nur nach etlichen Mühen einfangen.
Wir beschlossen, für ihn eine geräumige Gartenvoliere zu bauen; in der Zwischenzeit mußte er mit einem großen Käfig auf dem Dach des Institutsgebäudes vorliebnehmen. Sobald unser eigenes Vogelhaus fertig war, wollten wir ihn heimholen, aber zu unserem Entsetzen entkam er eines Tages durch die Käfigtür und flog auf einen hohen Baum. Dort fielen zwei andere Krähen über ihn her, die alle Bäume im Umkreis des Instituts als ihr privates Territorium betrachteten. Wir gaben uns alle Mühe, die Angreifer zu verjagen, doch bei Einbruch der Dunkelheit mußten wir aufgeben. Am nächsten Morgen war die zahme Krähe ver-

schwunden – und wir standen da mit unserer nagelneuen Voliere, die auf einmal ziemlich nutzlos geworden war.
Ramona regte sich über den Verlust dermaßen auf, daß ich mich entschloß, so schnell wie möglich einen Ersatz zu finden. Ich ging zum ornithologischen Institut, um dort Hilfe zu suchen. Bevor ich auch nur ein Wort zu der jungen Dame im Sekretariat gesagt hatte, fragte sie mich, ob ich wegen der Krähe gekommen sei. Da ich ein verdutztes Gesicht machte, erklärte sie mir, mein Vogel sei bereits auf dem Weg zum zoologischen Institut.
Es stellte sich heraus, daß jemand an diesem Nachmittag eine halbverhungerte Krähe abgeliefert hatte, und da bekannt war, daß wir solche Vögel hielten, hatte man sie freundlicherweise an meinen Arbeitsplatz weiterbefördert. Als ich jedoch den Findling näher betrachtete, erkannte ich, daß es sich um einen ganz anderen, höchst ungewöhnlichen Vogel handelte. Er hatte weiße Schwungfedern, die sich scharf von seinem sonst schwarzen Gefieder abhoben. Gleichwohl handelte es sich um eine ganz gewöhnliche Krähe und nicht um irgendeine exotische Art, die aus der Gefangenschaft entkommen war. Als schwarzweiße Mutante war sie wahrscheinlich von ihren Artgenossen in jugendlichem Alter verjagt worden, in dem sie noch auf die Futtergaben der Alttiere angewiesen war.
Ich trug das erbärmlich abgemagerte Geschöpf eilends heim zu Ramona, die es voll mütterlichem Stolz in die leere Voliere setzte. Nachdem sie den Vogel tagelang tüchtig gefüttert hatte, bis er die für einen Raben typische Rundlichkeit zurückgewonnen hatte, erschien plötzlich ihre zweite Krähe wieder auf der Bildfläche. Einer von Nikos Studenten hatte sie mitten in Oxford eingefangen, wo sie den Schikanen einer großen Kinderschar ausgesetzt gewesen war. Jetzt wohnten also zwei Krähen in der Voliere, und Ramona konnte nunmehr erforschen, wie die beiden Vögel aufeinander reagierten, die sich nach einigen anfänglichen Drohgebärden bald gut miteinander vertrugen.

Damit begann für Ramona das Studium des Krähenverhaltens; sie beobachtete die Lautäußerungen und die Körpersprache dieser Vögel, ihre Nahrungsaufnahme und ihren Sammeltrieb, ihre Vorliebe für Wasser- und Sonnenbäder. Das seltsamste Erlebnis hatten wir an jenem Tag, als wir jemanden mit sehr gepflegter Aussprache im hinteren Teil unseres Gartens reden hörten. Wir stürzten aus dem Haus – doch kein Mensch war zu sehen. Schließlich entdeckte Ramona eines Abends, daß der merkwürdige Redner niemand anders war als ihre zweite Krähe, die sich der menschlichen Sprache so meisterlich bediente, daß jeder Papagei dagegen ein Stümper war. »Weg mit dir, weg mit dir!« rief der Vogel, ohne sich an einen bestimmten Adressaten zu wenden. Vermutlich hatte er während seines Aufenthalts in Oxford diese Worte wiederholt gehört, wenn er auf Nahrungssuche in die Gärten von Universitätsangehörigen eingefallen war. Daher sein vornehmer Oxford-Akzent!

Es hatte seinen bizarren Reiz, der Besitzer einer so sprachbegabten Krähe zu sein, und Ramona bemühte sich nach Kräften, dem Vogel noch mehr Wörter beizubringen. Er murmelte stets etwas vor sich hin, wenn sie ihm das Fressen brachte, und nach und nach gelang es ihr, dieses Gebrabbel in Begrüßungsworte umzuwandeln. Besonders komisch fanden wir den sprechenden Vogel, wenn er seine Worte so wunderschön artikulierte und dabei den Kopf zurückwarf und die Augen zumachte. Er schloß die Augen allerdings nicht auf normale Weise, indem er die Ober- und Unterlider zusammenzog, sondern er schob statt dessen blitzschnell die Nickhaut vor, sein blasses drittes Augenlid. Man hatte den Eindruck, als wäre die Krähe plötzlich erblindet.

Als wir später von Oxford in den Londoner Zoo übersiedelten, nahmen wir unseren sprechenden Vogel mit. Die schwarzweiße Krähe wurde dagegen nie richtig zahm und war inzwischen kräftig und alt genug, um sich allein durchzuschlagen. Der Vogel mit dem verkrüppelten Flügel war nach unserer Meinung außerstande, sich zu einem guten Flieger zu entwickeln, und so quartierten wir ihn im Zoo in einer Ersatzvoliere ein.

Eines Tages jedoch entwischte er uns und verzog sich in den Regent's Park, wo er noch jahrelang die Sonnenanbeter aufschreckte, wenn er auf dem Rasen umherhüpfte und, je nach Laune, in makellosem Oxford-Englisch »Hallo, alter Knabe!« oder »Weg mit dir, weg mit dir!« rief. Nahrung fand er dort in Hülle und Fülle, und auch sein Flugvermögen schien sich so weit verbessert zu haben, daß wir keinen Versuch unternahmen, ihn wieder einzufangen. Er beschloß sein langes Leben im Herzen der Großstadt, wo im Gegensatz zum Lande der traditionelle Krähenhaß unbekannt war.

Durch den Umgang mit ihren Vögeln war Ramona zunehmend mit der Welt der Zoologie in Berührung gekommen und unterstützte mich immer mehr bei meiner Arbeit auf dem Gebiet der Verhaltensforschung. Ich hatte unterdessen meine Dissertation über die Stichlinge abgeschlossen und meinen Doktor gemacht; doch vorerst war ich nicht bereit, mein Oxforder »Nest« zu verlassen. Es gab zu viele neue wissenschaftliche Probleme, mit denen ich mich gleich an Ort und Stelle befassen wollte, und ich erhielt die Genehmigung, auf dem Dach des Institutsgebäudes eine Reihe von Volieren aufzustellen. In ihnen brachte ich kleine Finkenvögel in großen Kolonien unter und nahm nach meiner Promotion ein langfristiges Forschungsprojekt in Angriff, bei dem es darum ging, das Sozialverhalten dieser Vögel zu untersuchen.

Mein Hauptinteresse galt dabei dem Vergleich mit den nahe verwandten Arten, durch den ich die Evolution der gesamten Finkenfamilie entschlüsseln wollte. Es war eine mühselige Angelegenheit, und ich mußte viele Stunden lang hinter den winzigen Beobachtungsschlitzen kauern, denn die Vögel waren so scheu, daß eine direkte Beobachtung unmöglich war. Im Laufe dieser Forschungsarbeit ergaben sich verschiedene neue Erkenntnisse, die mit dem eigentlichen Thema meiner Untersuchungen nichts zu tun hatten. Sehr oft macht man die aufregendsten Entdeckungen nicht auf dem direkten Weg zum anvisierten Ziel, sondern eher durch zufällige Randbeobachtungen.

Ein solcher Zufall brachte mich darauf, das »Scheidungs«-verhalten bei Zebrafinken zu untersuchen, die sich schon seit langer Zeit bei den Vogelhaltern besonderer Beliebtheit erfreuten. Ich züchtete diese Vögelchen in meinen Volieren und schrieb einen Aufsatz über ihr Fortpflanzungsverhalten.

Da ich es mit einer paarbildenden Art zu tun hatte, hielt ich sie in getrennten Behältern. Einige Volieren besaßen ein herausnehmbares Trenngitter. In einem solchen »Doppelhaus« war die linke Hälfte von einem erfolgreichen Brutpaar und die rechte von einem erfolglosen Paar bewohnt. Das Brutpaar hatte vier Nachkommen bis zum Flüggewerden großgezogen. Das andere Pärchen hatte hingegen nur ein unordentliches Nest zustande gebracht und dann die Sache aufgegeben. Ich fing das »schlechte« Weibchen heraus und versuchte es mit einem anderen Männchen zu verpaaren; der Partner blieb in seiner Volierenhälfte allein zurück, wo er das Brutpaar ständig vor Augen hatte.

Aus einer Laune heraus öffnete ich die trennende Tür, um zu sehen, welche Auswirkungen das »Dreiecksverhältnis« auf die gegenseitige Beziehung des Paares haben würde.

Um die nachfolgende Darstellung zu vereinfachen, will ich die drei Vögel als Ehemann, Ehefrau und Liebhaber bezeichnen. Der Liebhaber, der jetzt dringend einer Partnerin bedurfte, war ein schöner junger Vogel mit gepflegtem, seidenglattem Gefieder, der Ehemann ein zerrupfter, unansehnlicher alter Kerl und die Ehefrau ein rundliches, munteres kleines Geschöpf, das offensichtlich eine starke Anziehungskraft besaß. Bei einer solchen Besetzung ließ das Drama nicht lange auf sich warten.

Als der Liebhaber bemerkte, daß der Weg zum benachbarten Käfig frei war, hüpfte er unverzüglich durch die Tür und auf die Ehefrau zu, die er sofort heftig umbalzte. Doch sie griff ihn prompt an und vertrieb ihn. Sie war ihrem Ehemann so bedingungslos treu, daß es vier Stunden später sogar zu einem Gemetzel kam. Sie war gerade in ihr kugelförmiges Nest geschlüpft, wie stets gefolgt von ihren eben flügge gewordenen Jungen. Bei dieser Gelegenheit schoß der Liebhaber stürmisch hinter ihr her, die Kleinen stoben auseinander. Einen Augenblick lang sah es wirklich so aus, als wollte das Nest explodieren, dann erschien ein wirbelndes Federbündel im Nesteingang und plumpste zu Boden.

Es waren die Ehefrau und der Liebhaber, die sich im Kampf ineinander verkrallt hatten. Der Liebhaber konnte entkommen – allerdings nur auf Kosten eines großen Federbüschels, das die Ehefrau triumphierend im Schnabel hielt. Dadurch wurde der hinfällige alte Ehemann ermutigt, seinerseits zum Angriff überzugehen, weil die Gelegenheit günstig war, und er jagte den gerupften Nebenbuhler mit wütenden Schnabelhieben eine Zeitlang von einem Ast zum anderen.

Ich nahm an, der Liebhaber würde sich nun in sein eigenes Käfigabteil zurückziehen, doch zu meiner Verwunderung zeigte er sich entschlossen, nicht klein beizugeben. Während die beiden anderen Vögel noch immer auf ihn einhackten, kauerte er in einer Ecke des Behälters. Er behauptete seine Stellung und harrte geduldig aus.

Am nächsten Tag saß er noch immer dort und vollführte zaghafte Attacken auf die Jungvögel. Als die Ehefrau ihre Sprößlinge zum Nest lockte, mischte sich der Liebhaber unter die Jungen und versuchte mit ihnen gemeinsam ins Nest zu schlüpfen, aber sie entdeckte ihn sofort und warf ihn hinaus. Daraufhin tat die Ehefrau etwas Merkwürdiges. Sie flog zu ihrem Gatten hinüber und machte ihm eindeutige Avancen. Der schäbige alte Vogelmann zeigte daraufhin das *weibliche* Balzverhalten, das eine Aufforderung zur Kopulation bedeutet, und seine Ehefrau bestieg ihn unverzüglich wie ein Männchen und paarte sich mit ihm. Ihr aggressives Verhalten gegenüber dem zudringlichen Liebhaber hatte in ihr offenbar ein Überlegenheitsgefühl in ihrem Verhältnis zu ihrem eigenen Gatten erzeugt, und diese Dominanz drückte sich jetzt darin aus, daß sie bei der Paarung den männlichen Part übernahm. Auf diese Weise hatte sie ihren alten Ehemann in die untergeordnete weibliche Rolle gedrängt – was für ihn den Anfang vom Ende bedeutete.

Einige Tage später versuchte der »frustrierte« Ehemann sein Selbstbewußtsein zurückzugewinnen, indem er seiner Gattin das gesamte männliche Balzspiel vorführte, um sie zur Kopulation zu verlocken. Ohne Erfolg. Sie ignorierte seine Annäherungsversuche und hüpfte zusammen mit ihren Jungen in der Voliere umher. Als es ihr schließlich gelang, ihn abzuschütteln und in einen anderen Teil des Behälters zu entkommen, reagierte er darauf mit dem Versuch, einen seiner eigenen Nachkommen zu besteigen, ungeachtet der Tatsache, daß die Jungvögel noch immer ihr flaumiges Gefieder trugen. Verzweiflung schien ihn zu befallen. Sein Balzlied bewirkte, daß der Liebhaber aus seinem Käfigabteil hervorschoß, in das er sich zeitweilig verzogen hatte.

Zu meinem Erstaunen bestand die Reaktion des Ehemanns nicht wie bisher darin, den Eindringling zu attackieren, sondern vielmehr hockte er sich nieder und nahm mit sperrendem Schnabel und wiegenden Kopfbewegungen die typische Bettelpose eines Jungvogels ein. Der Liebhaber wurde augenscheinlich durch dieses infantile Benehmen ein wenig irritiert, doch dann strafte er den erbarmungswürdigen Ehemann mit Mißachtung und begann dessen Gattin mit allem Nachdruck zu umwerben. In dieser Phase flog der Ehemann auf, drängte sich zwischen die beiden und bettelte den Liebhaber abermals an. Man mußte den Eindruck gewinnen, als flehte der verstoßene Ehemann den forschen jungen Liebhaber an, seine Gattin nicht zu verführen.

Die Ehefrau geriet unverkennbar in eine Kollision zwischen Pflicht und Neigung. Ihre Bindung an den gebrochenen alten Gatten bestand noch fort, und doch hatte sie inzwischen aufgehört, ihren jugendlichen Liebhaber anzugreifen. Als sie sich dicht neben ihren Gatten auf einen Zweig setzte und seine Kopffedern zu strählen begann, wie es bei verpaarten Vögeln üblich ist, nahm der Liebhaber auf der anderen Seite Platz und kraulte *ihr* gleichzeitig das Kopfgefieder. Nach einer Weile ließ sie von ihrem Ehemann ab und drehte sich herum, um den Kopf des jungen Galans zu liebkosen. Der Ehemann gab sogleich auf und versank in Schlaf.

Später am selben Nachmittag versuchte der Liebhaber erneut, die Ehefrau zärtlich zu umwerben – doch ohne Erfolg. In seiner Enttäuschung führte er einen heftigen Angriff gegen den Ehemann und die Jungvögel. Er war nunmehr imstande, den Gatten zu besiegen, der immer unansehnlicher und niedergeschlagener wirkte. Selbst seine Ehefrau verlor das Interesse an ihm und hackte auf ihn ein, wenn er ihr zu nahe kam. Sobald der Liebhaber dies bemerkte, stürzte er herbei und demonstrierte das spezifische Paarbildungsverhalten der Zebrafinken. Dann flog er davon und drang in das Familiennest ein, das dem ursprünglichen Paar gehörte, und die Ehefrau folgte ihm nach. Aus der Nestkugel, die sich bei seinem ersten Invasionsversuch in einen Kampfplatz verwandelt hatte, waren jetzt sanfte Zirp- und Zwitscherlaute zu vernehmen. Ein neues Paar fand sich zusammen.

Neun Tage nach dem ersten Auftritt des Liebhabers war der Konflikt ausgestanden. Die Ehefrau hatte einen neuen Gatten, und ihr alter Partner wurde jetzt von beiden angegriffen und schikaniert. Sie forderte ihren neuen Gatten eindringlich zur Paarung auf, die dann auch wiederholt

vollzogen wurde. Der neue Hausherr attackierte und vertrieb hin und wieder die Nachkommen aus erster Ehe, das Weibchen allerdings beteiligte sich nie an diesen Strafaktionen. Die Jungvögel waren mittlerweile fast erwachsen und konnten für sich selber sorgen. Das alte elterliche Nest war nun das Liebesnest des neuen Paares.
Der abgeschobene Ehemann machte sich immer noch gelegentlich bemerkbar und bettelte den neuen Gatten an, wenn dieser das Weibchen zu umwerben begann, doch er fand kaum Beachtung. Am Ende gab er seine Bemühungen auf und verzog sich endgültig, während sein Nachfolger für die Gattin ein schönes neues Nest baute.
Einige Zeit später beobachtete ich ein ähnliches »Scheidungsverfahren«; dieses Mal ging es um ein Dreiecksverhältnis zwischen einem Männchen und zwei Weibchen. Doch die Details waren mehr oder weniger gleich. Ich habe die Geschichte der »Vogelscheidung« so ausführlich erzählt, weil sie wesentliche Rückschlüsse auf das menschliche Verhalten zuläßt. Als ich in den späten sechziger Jahren den *Nackten Affen* schrieb und die Spezies Mensch so sorgfältig und ausgiebig beobachtete wie meine Vögel oder Fische, drängte sich mir die Schlußfolgerung auf, daß auch der Mensch eine paarbildende Art ist.
Manche Fachleute widersprachen mir, denn sie vertraten die Auffassung, die Paarbindung beim Menschen sei eher eine kulturbedingte Errungenschaft als ein grundlegendes biologisches Merkmal unserer Spezies. Als Hauptargument führten sie die große Zahl gescheiterter Ehen an. Wie sehr unterscheide sich das doch, so meinten sie, von der lebenslangen Paarbindung bei den Vögeln, die ihren Partnern bedingungslos treu ergeben seien. Und wie töricht sei es, die strikte Paarbindung bei anderen Lebewesen mit der risikoreichen Beziehung zu vergleichen, welche die menschliche Ehe nun mal sei. Doch ich hatte die Paarbindung bei anderen Arten erforscht – sie nicht. Sie hatten eine märchenhafte Vorstellung vom Leben der Tiere, und

wenn sie dieses trügerische Bild den zwischenmenschlichen Kontakten gegenüberstellten, mußten sie natürlich zu den falschen Schlüssen kommen.

In Wahrheit ist die Paarbindung stets ein störungsanfälliger Zustand, und in dieser Hinsicht unterscheiden sich ein Vogelpaar und ein Menschenpaar im Prinzip kaum voneinander. Wenn Lorenz' Gänse »auch nur Menschen« waren, dann konnte ich, was die Paarbindung angeht, von den Menschen behaupten, daß sie »auch nur Zebrafinken« seien. In beiden Fällen hat die Paarbildung im wesentlichen die gleiche Funktion: die gemeinsamen Bemühungen des Paares um eine erfolgreiche Fortpflanzung. Wo immer man bei einer Art eine starke Belastung der Eltern feststellt, wenn es ums Großziehen der Jungen geht, kann man davon ausgehen, daß Männchen und Weibchen eng zusammenhalten und einander unterstützen. Und nirgendwo im Reich der Säugetiere ist die elterliche Last schwerer als in unserer eigenen Spezies.

Ein anderer glücklicher Zufall verschaffte mir einen Einblick in die faszinierende Welt der »übernormalen« Auslösereize. Bei seinen Freilandexperimenten mit Möwen hatte Niko Tinbergen herausgefunden, daß er die Natur »verbessern« konnte. Die kleinen Möwenküken pickten nach einem roten Fleck auf dem Schnabel der Elterntiere, wenn sie um Futter bettelten. Der Schnabel einer Silbermöwe ist leuchtend gelb und hat an der Spitze einen roten Fleck. Dieser Farbpunkt dient den Nestlingen als Auslösereiz, und wenn sie nach ihm picken, reagiert der Altvogel darauf durch Hervorwürgen von Fischen, die die Jungen gierig verschlingen. Niko entdeckte, daß er den echten Schnabel durch eine einfache Attrappe aus Pappe ersetzen konnte; wenn er sie den Küken darbot, pickten sie genauso heftig danach.

Er wollte einmal testen, was passieren würde, wenn er drei rote Flecken auf den Pappschnabel malte, und zu seiner Überraschung reagierten die Jungvögel auf dieses Modell noch stärker als auf einen echten Möwenschnabel. Er hatte also einen »übernormalen« Schnabel erfunden.

In der menschlichen Gesellschaft gibt es viele derartige Tricks. Wir statten uns selber und unsere Besitztümer ständig mit »übernormalen« Attributen aus, um uns oder sie attraktiver zu machen. Ich hatte mich schon des öfteren gefragt, ob es möglich wäre, in der Natur einen übernormalen Auslöser nachzuweisen, also einen, der ohne menschlichen Eingriff zustande gekommen ist. Wenn die rote Brust eines Rotkehlchens ein wichtiges Drohmittel war, gab es dann vielleicht eine »überrote« Brust, die jeden Rivalen in Sichtweite in Angst und Schrecken versetzen würde? Die offenkundige Antwort lautet *nein*, denn jedes Tier stellt ein ausgeglichenes System von Kompromissen dar. Wenn dieses System aus dem Gleichgewicht gerät, wird die Überlebensfähigkeit gefährdet. Ein Rotkehlchen mit *zu* auffallend roter Brust läuft Gefahr, Raubfeinde anzuziehen. Über Tausende von Generationen hinweg hat jede Art den ihr gemäßen Kompromiß geschlossen, der ihren Fortbestand am besten sichert. Und sobald sie diesen Endzustand erreicht hat, beharrt sie in ihm, bis in ihren Umweltbedingungen ein größerer Wandel eintritt.

Folglich war es töricht von mir, nach »übernormalen« Signalen in der Tierwelt zu suchen. Oder doch nicht? In einem alten Naturkundebuch, das mir zufällig in die Hände fiel, stieß ich auf ein ungewöhnliches Foto. Es zeigte einen kleinen Vogel, der einen Karpfen fütterte. Der Vogel hatte seinen Schnabel mit Insekten vollgestopft, die offensichtlich für seine Jungen im Nest bestimmt waren. Zweifellos hatte er einige der saftigsten Leckerbissen am Ufer des Teichs erbeutet, in dem ein paar mächtige zahme Karpfen umherschwammen. Die Fische hatten gelernt, an die Wasseroberfläche zu kommen, wenn sie eine Bewegung wahrnahmen. Dann streckten sie ihr weitgeöffnetes Maul aus dem Wasser, um nach dem ausgestreuten Futter zu schnappen. Der kleine Vogel war darauf programmiert, auf die sperrenden Schnäbel seiner Nachkommen in der Weise zu reagieren, daß er so oft wie möglich Atzung in sie hineinstopfte. Beim Anblick der weit aufgesperrten Karpfenmäuler am Rande des Teiches blieb dem armen Vogel keine andere Wahl, als seinen mühsam erworbenen Futtervorrat möglichst schnell in sie hineinzustecken. Die aufgerissenen Fischmäuler hatten sich als unwiderstehlich erwiesen und zwangsläufig den Fütterungsdrang in ihm wachgerufen.

Ich muß zugeben, daß diese Situation nur »halbnatürlich« war, denn schließlich hatte der Mensch wenigstens indirekt seine Hand im Spiel gehabt, indem er die Fische zunächst einmal gezähmt und abgerichtet hatte. Doch immerhin hatte zumindest kein menschliches Wesen in dem Augenblick, als die Aufnahme gemacht wurde, in das Geschehen eingegriffen.

Ein ähnliches halbnatürliches Beispiel eines »übernormalen« Auslösereizes sollte ich auf dem Dach des Institutsgebäudes entdecken. Der Zufall, der mich darauf führte, war eher unerfreulich. In der Nacht hatte sich eine Eule auf dem Drahtgeflecht der größten Voliere niedergelassen und die Insassen in Schrecken versetzt. Wenn die kleinen Vögel in Panik gerieten, flatterten sie wild umher und klammerten sich schließlich am Draht fest. Dort hatte die Eule nach ihnen gegriffen und vergebens versucht, sie durch die Maschen zu zerren. Lebensgefährlich verletzt fielen sie auf den Boden, wo ich sie am nächsten Morgen tot auffand. Ich hatte außer den entstellten Vogelleichen, die ich an mehreren Tagen entdeckte, keinen Beweis dafür, daß sich alles so abgespielt hatte; deshalb beschloß ich, in der folgenden Nacht bei der Voliere Wache zu halten. An einem Ende des Geheges war ein kleiner hölzerner Verschlag, in dem ich mich bei Einbruch der Dämmerung versteckte, um die Dinge, die da kommen sollten, auf die eine oder andere Weise zu verhindern. Eine ausgestopfte Eule, welche die echte abschrecken sollte, erschien mir als die

beste Lösung. Was ich dann allerdings beobachten sollte, lenkte mich von meinem eigentlichen Ziel ab und konfrontierte mich mit einem aufregenden neuen Problem.
In der Voliere lebten mehrere Arten zusammen, darunter einige hübsch bunte Perlhalstäubchen und mehrere kontrastreich gefärbte Reisfinken. Die Tauben waren viel größer als die Finken, und selbst im Halbdunkel konnte man sie noch gut auseinanderhalten. Die Vögel begaben sich zur Ruhe, und ein Taubenpärchen richtete sich auf einem Ast unmittelbar über mir für die Nacht ein. Die Täubchen hatten offenbar einen Schluckauf, denn ihr rundlicher Körper ruckte von Zeit zu Zeit auf und ab. Ich schaute genauer hin, um festzustellen, ob sie vielleicht krank seien. Dabei verursachte ich ein leises Geräusch. Mit Erstaunen bemerkte ich, wie aus dem Brustgefieder der Tauben jeweils der Kopf eines aufgeschreckten Reisfinken hervorlugte. Die Köpfchen drehten sich hin und her, um die Lärmquelle zu ermitteln, und verschwanden dann wieder.
Zuerst wollte ich meinen Augen nicht trauen. Vielleicht brauchte ich ein bißchen Ruhe, redete ich mir ein. Ich hatte die Vögel wochenlang Stunde für Stunde beobachtet und begann wohl allmählich zu phantasieren. Doch es sollte noch schlimmer kommen.
Eine andere Taube, die sich allein auf einem anderen Ast niedergelassen hatte, plusterte vor dem Einschlafen ihr Gefieder auf. Während ich sie betrachtete, erblickten meine ungläubigen Augen einen Reisfinken, der sich ihr näherte und bald wie ein Frosch auf ihrem Rücken herumhüpfte. Er sprang hoch, setzte sich quer auf den Taubenrücken und hüpfte auf der anderen Seite hinunter. Dieses Spiel wiederholte sich mehrere Male. Die Taube geriet angesichts dieses seltsamen Benehmens in gelinde Verwirrung, ließ sich dadurch aber doch nicht so sehr irritieren, daß sie ihren Schlafplatz wechselte.
Dann tat der kleine Fink etwas noch viel Ungewöhnlicheres. Er näherte sich der Taube im Flug von unten und

schob sich unverhofft zwischen ihre Beine. In diesem Augenblick kam Bewegung in den größeren Vogel. Er streckte seine Beine und schielte nach dem kleinen Wesen, das sich zwischen seinen Füßen häuslich einzurichten versuchte. Unter Schieben und Zappeln erreichte der Fink schließlich sein Ziel und hockte sich zufrieden auf dem Ast nieder. Noch immer rührte sich die Taube nicht von ihrem Platz. Vielmehr behandelte sie den kleinen Eindringling wie ein Ei, das es auszubrüten galt, und ließ sich langsam auf den glücklichen Finken nieder, der sich daraufhin fast vollständig meinen Blicken entzog.

Auf einem weiteren Ast erspähte ich eine Taube, die sich von einem Reisfinken, der sich eng an ihre Seite gedrängt hatte, das Gefieder kraulen ließ. Nach einer Weile schlossen beide Vögel die Augen und schliefen dicht aneinandergeschmiegt ein. Einige Minuten später tauchte ein anderer Reisfink auf, der sich ihnen anschließen wollte – doch der erste Fink wachte sofort auf und attackierte den Neuankömmling mit Schnabelhieben, bis er ihn verjagt hatte.

Was ich gesehen hatte, erschien mir dermaßen rätselhaft, daß ich viele Nächte damit zubrachte, dieses absonderliche Schlafverhalten zu beobachten, und allmählich begriff ich, was hier vorging. Eine wichtige Erkenntnis kam mir, als ich mich näher mit einer anderen Gruppe meiner Vögel beschäftigte und dabei feststellte, daß ein erkranktes Tier mit gesträubtem Federkleid und in geduckter Haltung auf seiner Sitzstange hockte, während seine Gefährten ein glattes Gefieder hatten und munter umherflogen. Waren in einer Voliere zwei verschiedene Finkenarten untergebracht, so drängten sich zur Schlafenszeit normalerweise nur Artgenossen aneinander. Wenn ein Vogel aber krank war, konnte ich beobachten, daß er sich mit einem Vertreter der »falschen« Art zusammentat. Mit anderen Worten: Ein aufgeplusterter artfremder Vogel war als Schlafgenosse attraktiver als ein artgleicher Vogel mit glattem Gefieder. Das bedeutete, daß die rundliche Gestalt eines aufgeplusterten kranken Tiers ein übermächtiges Aufforderungssignal war, das besagte: »Komm, schlaf mit mir!«, so daß es sogar das »Abgrenzungssignal« (»ich gehöre einer anderen Finkenart an«) übertönen konnte.

Das Benehmen der Reisfinken und Tauben war offensichtlich eine bizarre Variante dieses Verhaltensmusters. Obwohl die Tauben so viel größer waren, schien ihre aufgeplusterte rundliche Gestalt für die kleinen Vögel ein unwiderstehliches Signal zu sein, ein »übernormaler« Auslösereiz, dem sie einfach folgen mußten.

Die exotischen Finken aus der Vogelfamilie, zu der die Reisfinken gehören, sind überaus gesellig und drängen sich zum Schlafen oft dicht aneinander, entweder als dicke »Traube« in einer Mulde oder in einer langen Reihe auf einem Zweig. Der begehrteste Platz ist im Zentrum der Ansammlung, wo es am wärmsten ist, und der unglückliche Vogel, der das Ende einer solchen Reihe bildet, wird schließlich ungeduldig und versucht seine Position zu verbessern: Er hüpft über die anderen Vögel hinweg und zwängt sich in die Mitte der Reihe hinein. Nach einigem Geschiebe und Gezeter herrscht bald wieder Ruhe.

Etwas Ähnliches war anscheinend geschehen, als der Reisfink seine Froschsprünge über den Taubenrücken vollführte. Die Taube war so groß, daß der Fink sie für eine ganze »Reihe« von Schlafkumpanen hielt, an deren Ende er sich selber befand. Als er der Taube auf den Rücken sprang, bemühte er sich, die Mitte der Reihe zu finden – ohne Erfolg. Der breite Taubenrücken wollte sich nicht »teilen« lassen und dem Finken Einlaß gewähren. Nach mehreren vergeblichen Versuchen, bei denen er ständig hin und her sprang, probierte es der hartnäckige Fink von unten und fand durch diesen glänzenden Einfall ein warmes Plätzchen zwischen den Beinen des großen Vogels. Endlich war der erfinderische kleine Fink dort angelangt, wo er hin wollte – in der begehrten zentralen Position –, und konnte sich beruhigt schlafen legen.

Diese überraschenden Beobachtungen regten mich dazu an, mir Gedanken über das gesamte Repertoire möglicher »Gefiedersignale« zu machen, die ein Vogel einem anderen zu übermitteln vermag. So begann ich mich mit der Evolution der zahlreichen »übertriebenen« Federbildungen zu befassen, die in der Vogelwelt vorkommen: Hauben, Halskrausen, Bärte und Kehlanhängsel. Da die Stellung der Federn grundsätzlich mit der Regulierung der Körpertemperatur zusammenhängt – das Gefieder ist glatt angelegt, wenn der Vogel aktiv ist, wird aufgeplustert, wenn er friert oder ruht, und gesträubt, wenn er ein Sonnenbad nimmt –, bestand hier zweifellos eine Möglichkeit, die vielen Federkleidvarianten evolutionär zu deuten. Wenn Vögel ihr Gefieder zur Schau stellen, sind sie gewöhnlich in einem Zustand großer Erregung (Balz, Kampf, Paarung oder Verteidigung).

Als ich darüber nachdachte, fiel mir die Redewendung »Mir läuft es heiß und kalt über den Rücken« ein, mit der wir Menschen einen Schockzustand umschreiben. Auch die Vögel müssen bei starker sexueller oder aggressiver Spannung solche seltsamen Hitze- und Kältewallungen über sich ergehen lassen, da in solchen Augenblicken ihre autonomen Systeme vorübergehend durcheinandergeraten. Sie können zwar nicht in kalten Schweiß ausbrechen oder vor Wut im Gesicht rot anlaufen oder vor Schreck erbleichen, aber sich eines vogelspezifischen Äquivalents bedienen. Dieses Äquivalent könnte darin bestehen, daß sie ihre Federn plötzlich aufstellen und wieder anlegen, wenn ihre Temperatursteuerung unter momentanem Streß verrückt spielt. In der einfachsten Form käme es zu einem unvermittelten Sträuben oder Glätten des Gefieders; doch in den Fällen, in denen bereits eine evolutionsbedingte Spezialisierung eingesetzt hat, könnte es passieren, daß nur ein Teil des Gefieders in dieser Form reagiert. Auf solche Weise ließe sich die Entwicklung immer bizarrerer Gefiederformen erklären, die Entstehung der riesigen, aufricht-

baren Federhauben und der vielen anderen herrlichen Federschmuckgebilde, die seit Jahrhunderten die Künstler bezaubert haben.
Ich verfaßte eine lange Abhandlung über »autonome Signale« und begann mich intensiver mit der Frage nach dem Ursprung der Balzspiele zu beschäftigen. Zu diesem Zweck holte ich immer mehr Vogel- und Fischarten in meine Volieren und Aquarien. Fasanen und Kardinäle, Katzenwelse und Buntbarsche, Sonnenbarsche und Schwertträger bevölkerten meine ständig wachsende Menagerie. Ich wollte meine Forschungsergebnisse auf eine möglichst breite Grundlage stellen. Obwohl Niko Tinbergen angesichts der Ausweitung meiner Interessen einige Zweifel hegte, ermutigte er mich auch weiterhin und hinderte mich nicht daran, sein Institut nach und nach in einen kleinen Zoo zu verwandeln.
Alister Hardy, der Institutsleiter, zeigte ebenfalls Verständnis und schien sich sogar darüber zu freuen, daß die vielen Tiere etwas Leben in die Bude brachten. Eines Tages tauchte er in meinem Aquarienzimmer im Untergeschoß auf und erklärte mir, ein prominenter Gast wolle uns einen Besuch abstatten. Da ich die umfangreichste Fischkollektion besäße, solle mein Laboratorium einen Höhepunkt in der geplanten Führung durch das Institut bilden.
Ich war ziemlich entsetzt über diesen Vorschlag, weil in meinen Räumlichkeiten ein unbeschreibliches Durcheinander herrschte. Ich hatte so viel Zeit auf dem Dach bei meinen Vögeln verbracht, daß einige Aquarien einen sehr ungepflegten Eindruck machten. Ich fragte, ob nicht die Volieren für den geheimnisvollen Besucher besser geeignet seien, doch Alister gab mir zu verstehen, daß der Vater unseres Gastes ein Meeresbiologe sei und deshalb die Fische ganz oben auf seiner Liste stünden.
»Wer ist denn sein Vater?« erkundigte ich mich.
»Nun ja, hm . . .« Alister zögerte offensichtlich, mir die Identität des Besuchers zu enthüllen. »Der Besuch muß ohne Aufse-

hen über die Bühne gehen, wissen Sie. Sicherheitsvorschriften und so weiter. Doch da Sie mich fragen: Sein Vater ist der Kaiser von Japan.«

Obgleich der Krieg schon seit einigen Jahren zu Ende war, machte man sich augenscheinlich im Außenministerium noch immer Sorgen um die Sicherheit des Kaisersohns Prinz Akihito, der als Vertreter des japanischen Herrscherhauses die erste Auslandsreise nach Einstellung der Feindseligkeiten unternahm. England war voll von ehemaligen Kriegsgefangenen, die sich nur allzu lebhaft an die Grausamkeiten in den japanischen Lagern erinnerten. Es war bekannt, daß mindestens drei dieser Opfer jetzt in den naturwissenschaftlichen Abteilungen der Oxforder Universität arbeiteten, und man befürchtete eine antijapanische Demonstration.

Ich gab mir alle Mühe, den Aquarienraum in Ordnung zu bringen, füllte die Becken mit frischem Wasser und setzte neue Wasserpflanzen ein. Aber die Zeit war gegen mich, und als der Prinz im Institut eintraf, war ein großer Behälter noch immer leer, abgesehen von einer dicken, übelriechenden Schlammschicht. Ich hoffte, man werde dieses Aquarium nicht näher beachten, wenn ich mich davorstellte.

Die Tür flog auf, und Alister Hardy geleitete den Prinzen herein, einen kleinen, gelassen wirkenden Mann, der leicht verwundert zu sein schien, daß man ihn in die dumpfen Verliese des Institutsgebäudes geschleppt hatte. Er war umdrängt von seinem persönlichen Gefolge und einer ganzen Dolmetscherschar. Gleich dahinter erschien die Phalanx der Universitätsvertreter, und diesen folgte dicht auf den Fersen eine Gruppe von schlanken, eleganten jungen Herren mit fest eingerollten Regenschirmen – die Abgesandten des Außenministeriums. Daran schloß sich eine Nachhut aus hünenhaften, breitschultrigen Gestalten an, deren Jacketts sich an einer bestimmten Stelle stark wölbten. Langsam schob und drängte sich diese buntgescheckte Menschenansammlung durch mein vollgestopftes Laboratorium, in dem fast der gesamte Raum bereits durch knapp hundert Aquarien ausgefüllt war. Zwischen den

Becken war eigentlich kaum Platz für ein Dutzend Personen, doch jetzt waren es, wie ich entsetzt feststellte, mindestens vierzig oder fünfzig.
Das Gedränge nahm stetig zu, bis ich schließlich, Kopf an Kopf mit dem Prinzen, fest gegen ein Aquarium gepreßt wurde. Ich konnte die Hoffnung begraben, mit ihm durch die Reihen der Becken zu wandeln und ihm die vielen verschiedenen Fische zu zeigen, die in ihnen umherschwammen. Ich konnte mich allenfalls vorsichtig umdrehen und ein paar Worte über das Aquarium sagen, das in unmittelbarer Reichweite stand.
Ich deutete meine Absicht mit einer Handbewegung an, und wir beide, der Prinz und ich, machten eine Kehrtwendung, um einen Blick durch die Glasscheibe werfen zu können. Die Dolmetscher bemühten sich zu uns, um die goldenen Worte unserer Unterhaltung zu übersetzen, und Stille senkte sich über die Masse der ineinander verkeilten Leiber. Nur das sprudelnde Geräusch der vielen Durchlüfter war zu hören. Ich lugte angespannt in das Aquarium, und der Prinz tat es mir nach.
Es mußte natürlich so kommen, daß dies ausgerechnet jenes Becken war, das ich nicht mehr hatte neu einrichten können und außer einer dicken Schicht aus schwarzbraunem Schlamm nichts enthielt. Ich starrte den Behälter entgeistert an und fragte mich, wie ich das leere Aquarium als ein Nervenzentrum der Oxforder Forschungsarbeit vorstellen sollte. Man erwartete offenbar von mir einen Vortrag über den gewaltigen Fortschritt der Naturwissenschaften in Oxford. Ich räusperte mich, brachte aber keine Silbe hervor. Mein Gehirn war ebenso leer wie dieses verflixte Becken. Schließlich entspann sich in hohen, nasalen Lauten ein Gedankenaustausch zwischen dem Prinzen und seinen Dolmetschern, von denen einer den Kopf gegen meinen verkrampften Ellbogen stieß und anhub:
»Prinz Akihito fragt, was in diesem Becken passiert.«
»Darin lassen wir das Substrat heranreifen«, hörte ich mich großspurig antworten. Meine Worte wurden sogleich mit großem Eifer und Nachdruck übersetzt. Der Prinz nickte verständig und hauchte einen nasalen Ton, der wohl ehrfurchtsvolles

Erstaunen ausdrückte. Ein japanischer Redestrom setzte ein, gefolgt von dem mißglückten Versuch, eine feierliche Verbeugung zustande zu bringen. Daraufhin wandte der Prinz sein Gesicht der Tür zu. Das war das Signal zum Rückzug. Die Menschenmasse ergoß sich die Treppe hinauf, bis ich am Ende ganz allein zurückblieb. Ich starrte noch immer mein leeres Aquarium an und überlegte, was ich sonst hätte sagen sollen. Später kam mir der Gedanke, die Japaner könnten diesen Vorgang als ein raffiniertes Täuschungsmanöver aufgefaßt haben, das dazu bestimmt war, ihnen unsere neuesten Forschungsergebnisse zu verheimlichen.

Alister Hardy nahm die Angelegenheit überhaupt nicht tragisch. Als hervorragender Meeresbiologe mit der Einstellung eines viktorianischen Naturforschers hatte er eine liebenswerte Schwäche für alles Ausgefallene und Bizarre. Als ich zum erstenmal bei ihm zum Tee eingeladen war, traktierte er mich mit einer langen und verwickelten Geschichte über eine ausgestopfte Meerjungfrau, die jedem, der sie besessen hatte, Unglück gebracht habe. Ein Besitzer nach dem anderen sei von unerklärlichem Pech verfolgt worden, solange sie sich in seinen Händen befunden habe. »Und jetzt«, strahlte er, »habe ich sie!« Mit einer melodramatischen Gebärde holte er die unheilbringende Meerjungfrau hinter einem Stuhl hervor, wo er sie versteckt hatte. Sie war glänzend dunkelbraun und hatte das Gesicht eines verschrumpelten, verdursteten Kindes. Der zerbrechliche mumifizierte Leib verjüngte sich zu einem verdrehten Fischschwanz. Beim Anblick dieses zusammengeschrumpften Kadavers mußte man sofort an Hexensabbate, schwarze Messen und abscheuliche Opferrituale denken.

Alister war sichtlich stolz auf den Eindruck, den er mit diesem Monstrum erweckt hatte, und tat zunächst so, als hielte er es für eine echte Meerjungfrau, bis er schließlich zugeben mußte, daß die Horrorfigur, wie eine Röntgenuntersuchung ergeben habe, aus der oberen Hälfte eines mumifizierten Affen und dem Hinterteil irgendeines großen Fisches zusammengesetzt war.

Alles, was mit dem Meer zu tun hatte, faszinierte Alister dermaßen, daß er in späteren Jahren die These aufstellte, der Mensch sei eine Art »Meerjungfrauen«-Spezies. Damit wollte er sagen, daß viele unserer modernen Merkmale das Resultat einer halbaquatischen Entwicklungsphase seien, die wir irgendwann vor fünf bis zehn Jahrmillionen durchgemacht hätten. Ein solches stammesgeschichtliches Übergangsstadium, das zwischen der Frühzeit des Baumlebens und unserer späteren Entwicklung zu bodenlebenden Jägern anzusetzen sei, könne eine Erklärung sein für unsere nackte Haut, unsere subkutanen Fettschichten, unsere verkümmerte Behaarung unsere großen, flachen Hände mit den empfindlichen Fingern und für viele andere typische Merkmale der menschlichen Anatomie.

Als er seine Theorie veröffentlichte, löste sie sofort eine heftige Kontroverse aus und trug ihm einen strengen Verweis seines alten Freundes, des bedeutenden Anatomen Le Gros Clark, ein, der ihn anrief und beschwor, die abwegige Idee fallenzulassen: »Alister, Alister, denk an deinen guten Ruf!«

Dadurch wurde sein Enthusiasmus nur leicht gedämpft, weil er beim besten Willen kein stichhaltiges Argument zu entdekken vermochte, das gegen seine Theorie gesprochen hätte. Seine hervorstechende Eigenschaft war und ist – denn selbst als Mittachtziger hat er sich noch den frischen, offenen Sinn eines Zwanzigjährigen bewahrt – sein Gespür für das Exzentrische, das den wahren Forscher und Entdecker auszeichnet. Der Wissenschaftler in ihm mahnte ihn an einem bestimmten Punkt zu Vorsicht, aber nicht zu früh – nicht bevor er sich die Zeit genommen hatte, einen neuen Gedanken auszukosten und abzuwägen und ihm eine kleine Lebenschance zu geben.

Heutzutage üben die Forscher oft allzu vorschnell eine strenge Selbstzensur, die revolutionäre Ideen schon gleich im Ansatz erstickt. Das Ergebnis ist eine verläßliche, ehrenwerte und vielfach ziemlich langweilige Forschung, die es sich versagt, neue Wege zu gehen, und zuweilen kaum mehr leistet als die Bestätigung des Selbstverständlichen. Rebellische Gei-

ster wie Louis Leakey und Alister Hardy gehören einer leider selten gewordenen und aussterbenden Spezies in der wissenschaftlichen Welt an, die dadurch mehr und mehr verarmt.
Damals war Alisters Sprung in die Welt des »Wassermenschen« noch Zukunftsmusik. Als ich ihn zum erstenmal besuchte, war er vielmehr mit bestimmten Insektenproblemen beschäftigt. Aus unerfindlichen Gründen stritt er sich mit dem berühmten Entomologen E. B. Ford (den seine Freunde Henry nannten) über die Frage, in welcher Höhe Nachtfalter am dunklen Himmel umherfliegen. Nur Alister war imstande, sich eine praktische Lösungsmöglichkeit für dieses Problem auszudenken und sie dann auch in die Tat umzusetzen. Er konnte den eigenwilligen Henry dazu überreden, zusammen mit ihm nächtlicherweise im kleinen Korb eines Fesselballons aufzusteigen, bewaffnet mit Schmetterlingsnetzen. So sah man also die beiden hervorragenden Gelehrten in den dunklen Himmel entschwinden, während sie ständig mit ihren Netzen herumfuchtelten und auf jeder Höhenstufe ihre Fangerfolge notierten, bis ihre Streitfrage schließlich gelöst war.
Henry zählte gleichfalls zu den großen Exzentrikern im zoologischen Institut der Universität Oxford, und wie Alister hätte auch er besser ins Viktorianische Zeitalter gepaßt. Die Vorlesungen dieses weltberühmten Genetikers waren in Oxford zu einer Legende geworden, vor allem deshalb, weil er sich beharrlich weigerte, die Anwesenheit von Studentinnen überhaupt zur Kenntnis zu nehmen. Was seine Einstellung zu Frauen betrifft, so würde ein männlicher Chauvinist von heute gegen ihn wie ein eingefleischter Feminist erscheinen.
Kritisch wurde es für Henry in den Kriegsjahren, als immer mehr junge Männer einberufen wurden und der Anteil der Studentinnen in Oxford drastisch zunahm. Doch so viele Frauen auch im Hörsaal saßen, er ignorierte sie hartnäckig und begann jede Vorlesung mit den Worten: »Meine Herren . . .« Am Ende war das männliche Element zu seinem Entsetzen so stark zurückgegangen, daß seine Zuhörerschaft ganz und gar aus Frauen bestand, mit Ausnahme eines einzi-

gen Mannes, der sich in der Menge verlor. Henry holte tief Luft und eröffnete seine Vorlesung mit den Worten: »Mein Herr . . .« Schließlich verschwand auch dieser letzte Mann noch von der Bildfläche, und was sich dem Professor nun darbot, war ein Bild des Schreckens – ein Publikum aus lauter weiblichen Wesen! Nachdem er seine bebrillten Augen über den Hörsaal hatte schweifen lassen, verkündete er mit schneidender Stimme: »Da heute niemand zu meiner Vorlesung gekommen ist, fällt sie aus.« Und damit rauschte er davon.
Als Meister des bissigen Aperçus ließ er einmal über seinen alten Freund und Lehrer Julian Huxley die Bemerkung fallen: »Der Kummer mit unserem lieben Julian ist, daß er die Gewichtigkeit eines Buches nach dem Gewicht bemißt.« Henry mißbilligte jede Popularisierung seiner Wissenschaft und mokierte sich über die Seite von Julians komplexem Charakter, die ihn dazu antrieb, biologische Entdeckungen und Ideen einem breiteren Publikum nahezubringen. Julian selbst wäre wahrscheinlich mit einem belustigten Kichern über diese Beleidigung hinweggegangen, falls er sie erfahren hätte.
Er war sich durchaus bewußt, daß er sich mit seinen populären Veröffentlichungen Feinde gemacht hatte, doch er zeigte in diesem Punkt keinerlei Reue – mit Recht, wie ich meine. Ich bewunderte Julians Einstellung, der als erster Fachbiologe den Bruch der wissenschaftlichen Etikette gewagt hatte, indem er sich der modernen Massenmedien bediente. Film, Rundfunk, Fernsehen, Taschenbücher, Zeitschriften – sie alle trugen zur Verbreitung des Evolutionsgedankens bei, den er so leidenschaftlich vertrat. Er gründete den Kinderzoo im Londoner Regent's Park, der seitdem in der ganzen Welt nachgeahmt wird, und er sorgte dafür, daß am Tag der Eröffnung die Wochenschaukameras zur Stelle waren. Er war ein Gründungsmitglied des wissenschaftlichen Beirats der *BBC* und konnte sogar seinen Bruder Aldous zum Mitmachen bewegen. Er schrieb einen Beitrag für das Magazin »Penthouse« mit dem gleichen Engagement wie für eine wissenschaftliche Fachzeitschrift.

Julian wurde zum Wegbereiter des naturkundlichen Kulturfilms und holte sich als Kameramann den jungen John Grierson, der später der Doyen der Dokumentarfilmer werden sollte. Mit seinem Film über das Leben der Tölpel errang er die höchste Auszeichnung, welche die Filmwelt zu vergeben hat, und er gestand mir einmal: »Wissen Sie, ich bin das einzige Mitglied der Royal Society, das jemals in Hollywood einen Oscar gewonnen hat.«
Besonders aber freute ihn, daß durch seine frühe Filmarbeit einige Jahre später Walt Disney zu einer ganzen Serie von Tierfilmen angeregt wurde, die in der gesamten Geschichte der populären Zoologie wahrscheinlich das größte Publikum erreicht haben.
Ich hatte Julian meine frühen Abhandlungen geschickt; daraufhin besuchte er mich schon sehr bald in Oxford, um einiges über die neuen Arbeiten auf dem Gebiet des Balzverhaltens zu erfahren, das zu seinen Lieblingsthemen gehörte. Bereits im Jahre 1914 hatte er einen wegweisenden Aufsatz mit dem Titel »Die Balzgewohnheiten des Haubentauchers« geschrieben und darin den Begriff der »Ritualisierung« eingeführt; damit bezeichnet man die Umwandlung von tierischen Handlungen in ein »symbolisches« Zeremoniell.
Konrad Lorenz sah in diesem Aufsatz einen Meilenstein auf dem Weg der modernen Ethologie und in Huxley einen Gründervater dieses Forschungszweiges.
Einige Jahre später gelang es mir, die beiden großen Männer zu einem gemeinsamen Mittagessen im Restaurant des Londoner Zoos einzuladen. In meiner Naivität hatte ich ein Feuerwerk geistvoller Gespräche erwartet, an das ich mich noch jahrelang mit Freuden erinnern würde. Doch ich hätte an meine Erfahrung mit Dylan Thomas zurückdenken sollen, der statt Geistesblitzen nur banale Witze zum besten gegeben hatte. Konrad und Julian vertrieben sich den ersten Teil der Essenszeit mit dem Austausch von Limericks, das vermute ich jedenfalls. Ich weiß es nicht ganz ge-

nau, da ich einen dringenden Anruf entgegennehmen mußte und erst wieder an den Tisch zurückkehrte, als Julian sich zu Konrad hinüberbeugte und rezitierte: »... und für die Blinden / hatte sie hinten / dasselbe in Blindenschrift stehn.« Bei dieser Pointe bogen sich die beiden Herren vor Lachen, und mir wurde wieder einmal bewußt, was für große Kinder schöpferische Menschen doch sein können.

Die Briefe, die ich von Julian als Antwort auf die Abhandlungen erhielt, die ich ihm geschickt hatte, waren dagegen stets ungemein ernst und befrachtet mit neuen Ideen. Insbesondere ermutigte er mich zu dem Versuch, eine allgemeine Theorie des tierischen Balzverhaltens zu entwickeln. Er meinte, das Thema bedürfe einer neuen Bearbeitung.

Ich war gerade mit dieser Arbeit beschäftigt, als mich Tinbergen bat, ihm einen Gefallen zu tun. Er hatte eine Einladung zu einem von Pierre Grassé organisierten Kongreß erhalten; nun wollte er mich an seiner Stelle hinschicken. »Da gibt es wieder so viel zu essen und zu trinken«, stöhnte er. »Das halte ich nicht aus.« Seine frugalen Eßgewohnheiten waren ein Glück für mich, und ich versicherte ihm rasch, daß ich ihn gern verträte. »Sie müssen selbstverständlich ein Referat halten«, fügte er beiläufig hinzu. »Aber Sie haben ja Ihr neues Zeug über die Balzrituale – das genügt vollkommen.« Damit verschwand er, um Grassé über die personelle Änderung zu informieren.

Noch ahnte ich nicht, daß der Kongreß sehr klein und erlesen war und die zwanzig Teilnehmer allesamt zu den Koryphäen auf ihrem Gebiet zählten. Grassé hatte für diese Veranstaltung sehr viel Mittel von der Stiftung Singer-Polignac erhalten (Singer-Nähmaschinen und der Brandyproduzent Polignac). Die Delegierten und ihre Ehefrauen sollten in einem der besten Pariser Hotels untergebracht werden. Erst würden sie im *salon* eines Palastes tagen und anschließend eine lange gastronomische Rundreise durch Frankreich unternehmen, auf der nur die allerbesten fran-

zösischen Restaurants besucht würden, wo sie jeweils ein speziell arrangiertes Festmahl erwartete.
Das war zweifellos keine Zusammenkunft von jungen Wissenschaftlern, wie ich einer war. Als Niko mir das Programm zeigte, war mir klar, daß Grassé ihm in höflicher Form mitteilen würde, die Einladung sei nicht übertragbar. Aber aus irgendwelchen Gründen war der Franzose mit mir einverstanden, vermutlich deshalb, weil er Tinbergen nicht beleidigen wollte, und so machte ich mich mit Ramona auf den Weg zum Kongreß unseres Lebens. Er übertraf alles, was ich jemals vorher oder hinterher bei ähnlichen Anlässen erlebt habe.
Von dem Augenblick an, da wir in Paris eintrafen, bis zum Augenblick unserer Abreise, zwei Wochen später, befanden wir uns ohne Unterbrechung in einem lukullischen Rauschzustand. Es gab mehr Festessen (28) als Vorträge (20). Es kam so weit, daß ich eine Mahlzeit mit gebackenen Bohnen als genußvolle Abwechslung betrachtet hätte.
Aus den beteiligten Ländern waren jeweils nur einige wenige Vertreter ausgewählt worden, und es war beängstigend, daß Großbritannien nur durch zwei Wissenschaftler repräsentiert wurde: durch die erhabene, imponierende Gestalt J. B. S. Haldanes – und durch mich. Haldane fand es köstlich, daß Niko Tinbergen einen Assistenten als Ersatzmann entsandt hatte, und er und seine junge zweite Frau, die kratzbürstige Erbforscherin Helen Spurway, waren Ramona und mir von Anfang an freundschaftlich zugetan.
Aus unerfindlichen Gründen war Haldane in ausgesprochen grimmiger und rebellischer Stimmung, die er hemmungslos an uns ausließ. Manchmal sah ich mich genötigt, unseren erstaunten französischen Gastgebern mit einem zaghaften Lächeln zu verstehen zu geben, daß nicht alle englischen Wissenschaftler so schwierig oder exzentrisch seien wie die beiden Haldanes.
Der Ärger fing damit an, daß Haldane darauf bestand, sei-

nen Vortrag in der Sprache des Gastlandes zu halten. Die Höflichkeit gebiete das einfach, erklärte er mir. Grassé versuchte es ihm auszureden, denn er hatte schon einmal unter Haldanes schauderhaftem Französisch leiden müssen, und wies darauf hin, daß Simultandolmetscher den Delegierten über Kopfhörer in die jeweilige Muttersprache übersetzen würden. Doch Haldane wollte davon nichts wissen. Als er seinen Vortrag begann, blickten die französischen Teilnehmer einander gequält an, zuckten leicht mit den Schultern und griffen prompt zu den Kopfhörern, um der englischen Übersetzung zu lauschen. Haldane fand das gar nicht komisch und radebrechte tapfer auf französisch weiter.

Als er im Verlauf seiner Ausführungen die verschiedenen Kausalitätstheorien erläutern wollte, raffte er zur Verblüffung seiner Gastgeber blitzschnell sämtliches Papier in seiner Reichweite zusammen, schichtete es auf dem Rednerpult auf und zündete es an. Die Flammen und der Rauch wurden dutzendfach von den riesigen Wandspiegeln des Rokokosalons reflektiert, und die mächtigen Kronleuchter erzitterten in der plötzlich aufsteigenden heißen Luft. Grassé geriet sichtlich ins Schwitzen, als Haldane auf französisch deklamierte: »Sie können sagen, das Papier brennt, weil es brennbar ist, oder Sie können sagen, das Papier brennt, weil ich es mit einem Zündholz in Brand gesetzt habe, oder Sie können sagen . . .«, doch niemand hörte ihm zu. Wir alle waren gebannt von der ungestümen Wildheit, die er in dieser einschüchternd vornehmen Umgebung entfaltete.

Hinterher wollten er und Helen uns beiden, Ramona und mir, unbedingt das »echte Paris« zeigen. Ich wandte ein, bereits für diesen Abend von einem französischen Kongreßteilnehmer zu einem privaten Diner eingeladen zu sein, aber Haldane meinte, wir hätten noch genug Zeit, und nahm uns kurzerhand ins Schlepptau. Ihm stand der Sinn nach einem typischen Bistro, fernab von Grassés Formali-

täten. Brav hinter ihm hertrottend, kamen wir zu einer verkehrsreichen Straßenkreuzung, wo die Autofahrer in beiden Richtungen in Dreierkolonnen vorbeirasten.
»Als guter Verhaltensforscher«, verkündete Haldane, »sollten Sie wissen, wie man diese Straße überquert. Es ist nur eine Frage der richtigen Drohgebärde. Die meisten Menschen versuchen den Verkehr mit einer frontalen Geste zum Halten zu bringen, etwa so«, und damit erhob er eine Hand, als wollte er die heranbrausenden Wagen zurückweisen. »Falsch!« donnerte er. »Dadurch wird die Gebärde nur perspektivisch verkürzt, und der Arm wirkt kleiner. Geeigneter ist eine *laterale* Drohgebärde, so wie diese«, und er streckte seine beiden Arme steif nach vorn und hinten aus, im rechten Winkel zum Verkehrsstrom. »Jetzt erscheine ich den Fahrern viel größer, so wie ein aggressionsbereiter Fisch beim Seitendrohen.« Und ohne jedes Zögern betrat er die Fahrbahn. Die Autos wichen ihm mit quietschenden Reifen aus, aber dank seiner entschlossenen, steifarmigen Haltung gelangte er sicher über die Straße.
Wir anderen waren nicht so mutig und brauchten ewig, bis wir die andere Seite erreichten, wo uns Haldane triumphierend anblickte. Er hatte sich die Wartezeit vertrieben, indem er ein Bein in halber Höhe gegen einen Laternenpfahl stemmte, nicht anders als ein Hund, der sein Territorium mit Duftmarken versieht. Als ich ihn fragte, warum er diese Pinkelstellung eingenommen habe, erwiderte er, der Laternenpfahl stehe zufällig vor einer Polizeistation, und er, Haldane, habe etwas gegen Polizisten. Mehrere Jahre später geriet Helen in London in einige Schwierigkeiten, als sie absichtlich einem Polizeihund auf den Schwanz trat und behauptete, England sei ein Polizeistaat. Kurz danach übersiedelte das Ehepaar Haldane nach Indien, wo es sich dann endgültig niederließ.
Sobald Haldane ein gemütliches Bistro gefunden hatte, bestellte er uns eine Flasche Wein. Während wir beisammensaßen, sprach ich ihn auf sein extravagantes Benehmen an,

das er seit unserer Ankunft in Paris an den Tag gelegt hatte. Ich hätte das Gefühl, meinte ich, es handle sich dabei zum Teil um Schauspielerei, so als wolle er sich bewußt selber parodieren. Er entgegnete, daran sei etwas Wahres. »Sehen Sie, wenn mein Freund, der Schauspieler Michael Redgrave, einen alten Professor spielen muß« – Haldane war ein stattlicher Mann mit einem mächtigen, von weißen Haaren gesäumten Schädel und einem borstigen weißen Schnurrbart, und er sah aus, als hätte er seit Tagen in seinem betagten, aber teuren Anzug geschlafen –, »kommt er jedesmal zu mir, setzt sich hin und studiert mich, mein Äußeres, meine Kleidung, meine Bewegungen. Dann schafft er ein getreues Abbild von mir. Möglicherweise neige ich selbst dazu, seine Kopie zu kopieren. Übrigens, haben Sie gewußt, daß Redgrave einen Papagei namens Onan hat?« Ich verneinte. »Ja, er nennt ihn Onan, weil er seinen Samen auf die Erde streut.« Haldane gluckste leise in sein Rotweinglas hinein. »Schnecken!« brüllte er plötzlich, »wir müssen Schnecken essen«, und bestellte für jeden von uns ein Dutzend.

Es war das erstemal, daß ich diese Viecher essen sollte, und diese Vorstellung behagte mir nicht sonderlich. Meine mangelnde Weltläufigkeit entzückte Haldane, und er goß mir aufmunternd Wein nach. Trotz ihres unappetitlichen Aussehens schmeckten mir die Schnecken – zumindest ihre Knoblauchsoße – ganz ausgezeichnet. »Noch mehr Schnecken!« bellte Haldane. Ich versuchte abzulehnen, bekam aber prompt ein zweites Dutzend vorgesetzt. Sie waren wirklich köstlich. »*Encore* – mehr Schnecken!« schrie Haldane, der inzwischen schon längst bei der nächsten Flasche Wein war. Ich hatte bereits zu viel getrunken, um mich noch weigern zu können, und verdrückte tapfer auch das dritte Dutzend.

»Ihr Referat über Ihre komischen Fische hat mir gefallen«, sagte Haldane. »Nicht schlecht für den Anfang.«

»Was für Fische?« fragte ich. In meinem Magen schwamm

auf einem Rotweinmeer eine ganze Armada von kleinen Schnecken herum. Ich konnte mich nicht mehr recht konzentrieren.

»Ihre homosexuellen Stichlinge«, versetzte er.

»Ach ja, die Stichlinge«, murmelte ich.

Er versank ein Weilchen in Nachdenken und platzte dann heraus: »Aber Homosexualität ist doch eine Sünde!«

»Wovon reden Sie überhaupt?« Ich wußte nicht, worauf er hinauswollte. Was sollte dieser Unsinn mit der Sünde?

»Doch, doch«, fuhr er mit Nachdruck fort, »Homosexualität muß eine Sünde sein, denn warum sollte sonst der Höllenschlund bodenlos sein?« Wieder diese Albernheiten. Es schien mein Schicksal zu sein, für große Geister den Stichwortgeber zu spielen.

Ramona wurde allmählich unruhig. Die Zeit unseres offiziellen Abendessens rückte näher, und ich war unverkennbar in einer miserablen Verfassung. Sie schaffte es, mich von den protestierenden Haldanes wegzuziehen, und nach einer tollkühnen Taxifahrt erreichten wir die Wohnung unseres Gastgebers. Das Diner war so förmlich, wie es nur in Frankreich sein kann. Ein Gang nach dem anderen wurde feierlich aufgetragen, und zwischendurch trieb man eine höflich-steife Konversation.

Auf halber Strecke spürte ich, daß ich nie und nimmer bis zum Ende durchhalten würde, aber ich aß trotzdem weiter – und das war mein Fehler. Als ich schließlich doch aufgeben mußte, war mir so elend, daß ich nicht mehr hoffen konnte, noch rechtzeitig die Toilette zu erreichen. Der Gastgeber, der mich durch einen endlos langen Korridor begleitete, trug einen makellosen blauen Blazer. Er schien sich im Zeitlupentempo zu bewegen. Ich fühlte, daß die drei Dutzend Schnecken jeden Augenblick in mir explodieren konnten, und hielt mir schnell eine Hand vor den Mund. Doch der Druck war zu groß. Zwischen meinen gespreizten Fingern schossen die Schnecken wie eine Maschinengewehrsalve hervor und garnierten das faltenlose blaue Tuch auf seinem Rücken. Ich stürzte an dem verdutzten Herrn vorbei und verschwand wie ein schwankendes Wrack in der Toilette. Als mich ein Bediensteter später in ein Nebenzimmer führte, wo ich mich ein bißchen erholen sollte, vernahm ich Lachstürme, die aus dem Speisezimmer zu mir herüberdrangen. Ramona erzählte der Gesellschaft gerade die Geschichte von meinen drei Dutzend Schnecken. Endlich kam die langweilige Unterhaltung in Schwung – durch meinen Auftritt.

Am nächsten Tag ließen wir unseren leidgeprüften Gastgebern einen riesigen Blumenstrauß und eine Schachtel Pralinen überbringen, um den Schaden wiedergutzumachen, und ich schwor mir, mich nie wieder auf den Versuch einzulassen, die Schneckenbestände der Welt im Alleingang zu dezimieren.

Ich war gerade zur rechten Zeit einigermaßen wiederhergestellt, um mir den Vortrag von Karl von Frisch über den Tanz der Bienen anzuhören. Es war ein wundervolles Erlebnis! Von Frisch war ein scheuer, sanfter Herr mit der heiteren Gelassenheit eines Landmanns. Das weiße Haar stand ihm vom Kopf ab, und sein ledernes Gesicht war dunkel gegerbt von der Sonne, in der er ungezählte Stunden zugebracht hatte. Sein eleganter Anzug hing um seinen Körper, als würde er nur ganz selten und möglichst gar nicht aus dem Kleiderschrank geholt.

Mit leiser Stimme berichtete Karl von Frisch über den letzten Stand seiner Forschungsarbeit auf dem Gebiet der Bienensprache, einer Forschungsarbeit, die so viel Anmut ausstrahlte, daß auch die größten Pragmatiker und Zyniker unter den Anwesenden davon gerührt wurden. Ich warf von der Seite einen Blick auf Haldane und war erschüttert zu sehen, daß er weinte. Sein Gesicht war ausdruckslos, Tränen rannen über seine faltigen Wangen. Am Ende des Vortrags sprang er auf und verkündete, von Frischs Arbeit sei *»un des chefs-d'œuvre de l'esprit humain«*. Dann schickte er sich an, mit Hilfe seiner umfassenden mathematischen

Kenntnisse zu beweisen, daß von Frisch sogar noch mehr entdeckt habe, als er selber von sich behaupte.
Leider sprach von Frisch nur Deutsch und »Bienisch«, und der Dolmetscher brauchte einige Zeit, um Haldanes komplizierte Ausführungen ins Deutsche zu übersetzen. Erschwerend kam hinzu, daß von Frisch ziemlich schwerhörig war, so daß sich der Dolmetscher weit vorbeugen und in die Hörhilfe hineinbrüllen mußte, die auf dessen Brust befestigt war. Der aus Österreich stammende deutsche Professor wurde offenkundig irritiert durch die seltsamen Annäherungsversuche dieses unentwegt plappernden Mannes, der sich demutsvoll vor ihm verneigte, und vermochte den Details kaum zu folgen. Seine kurze Erwiderung wurde in der englischen Übersetzung unziemlich entstellt: »Ich bin ein antimathematischer Geist, aber ich danke Professor Haldane für seine Komplimente.«
Darauf betrat ein französischer Wespenfachmann die Bühne, der den verlegenen deutschen Professor mit noch mehr Lobpreisungen überhäufte und daran eine lange und verwickelte Frage anschloß. Der Dolmetscher warf sich von Frisch abermals an die Brust – doch der alte Herr wies ihn mit einer Handbewegung zurück, nestelte seine Hörhilfe los, zog ein langes Kabel hervor und drückte dem anderen das Empfangsteil in die Hand. Als der Dolmetscher die Antwort ins Französische übersetzen wollte, stellte er zu seinem Entsetzen fest, daß der französische Wespenkenner ebenfalls taub war und ein ähnliches Hörgerät benutzte. Der Franzose trat vor und hakte seinen Empfänger los, genauso wie vorhin Karl von Frisch. Dem Publikum zugewandt, standen die drei Herren dicht nebeneinander wie ein Gesangstrio, und der Dolmetscher in der Mitte hielt in jeder Hand ein Hörgerät.
Zwischen den beiden Entomologen entspann sich eine lebhafte Diskussion, die erläuternde Zeichnungen an der Wandtafel notwendig machte. Das Trio verhedderte sich hoffnungslos in den Drähten, als zuerst der eine und dann

der andere zur Tafel ging und sich wieder zum Publikum umdrehte. Der Dolmetscher wurde dabei fast stranguliert und wußte nicht mehr genau, welcher Empfänger dem Deutschen und welcher dem Franzosen gehörte. Die beiden Gelehrten, die mittlerweile in ihre Diskussion ebenso heftig verwickelt waren wie der Dolmetscher in das Drahtgewirr, erhitzten sich bei ihrem Gedankenaustausch dermaßen, daß ihnen die Reaktion des Auditoriums völlig entging, das hingerissen diesen elektronischen Eiertanz bestaunte und den Feinheiten der wissenschaftlichen Auseinandersetzung kaum noch Beachtung schenkte.

Ein abschließender schwungvoller Kreidestrich an der Tafel war zuviel für den Kabelsalat. Die Darbietung erreichte ihren Höhepunkt, als die Ohreinsätze herausgerissen wurden und das Publikum begeistert Beifall klatschte.

Als Konrad Lorenz ans Rednerpult trat, wirkte er ungewöhnlich bedrückt. Zwischen ihm und Haldane bestand offensichtlich eine alte Fehde, und weil das Ehepaar Haldane die gastronomische Tour de France mitmachte, die auf die Vortragswoche folgte, verzichteten Konrad und seine Frau Gretl auf diesen Genuß und reisten vorzeitig nach Deutschland zurück. Vielleicht mißbehagte ihm auch, daß Danny Lehrman unter den Zuhörern saß, ein schwergewichtiger Amerikaner, der kurz zuvor eine heftige Attacke auf Lorenz' ethologische Lehrmeinungen vom Stapel gelassen hatte. Als die beiden zum erstenmal im Foyer des Kongreßhotels zusammentrafen, hatte Konrad seinem Kollegen Danny einen Schlag auf den Rücken versetzt und fröhlich ausgerufen: »Da wir jetzt beide dicke Männer sind, können wir doch keine Feinde mehr sein!«

Im geselligen Kreis gaben sich beide gut gelaunt und betont freundlich – aber unter der Oberfläche tat sich in ihrer ethologischen Grundhaltung eine tiefe Kluft auf. Lehrman schätzte Lorenz' Beobachtungen, mißbilligte jedoch die Instinktlehre, die dieser daraus ableitete. Der Amerikaner versuchte seine Empfindungen zusammenzufassen, als er seine eigene Rede mit den Worten beschloß: »Es wäre ein großes Unglück, wenn man diese Kritik . . . als völlige Ablehnung der bedeutenden Beiträge auffaßte, welche die Ethologen zur Erforschung des tierischen Verhaltens geleistet haben.«

Konrad Lorenz war ebenso diplomatisch, doch im privaten Gespräch äußerte er sich nicht gerade freundlich über Lehrmans Angriff auf seine eigene theoretische Meinung. Als einer der größten Naturforscher der Welt, der er unstreitig ist, wollte er auch als großer Denker anerkannt werden, und Lehrmans Konzessionen hatten ihn in dieser Hinsicht nicht zufriedengestellt. Das wurde mir lebhaft bewußt, als er einmal seinem Ärger in einem üblen Scherz auf Lehrmans Kosten Luft machte. Als mich Konrad zwischen zwei Vorträgen durch Paris kutschierte, bemerkte er die massige Gestalt des Amerikaners, der ein Stück voraus langsam die Straße überquerte. »Wir wollen doch einmal sehen, wie schnell er laufen kann«, kicherte er, während er das Gaspedal durchtrat und den schweren Wagen direkt auf die imposante Erscheinung vor uns zusteuerte. Danny konnte gerade noch rechtzeitig ausweichen, und als er sich wutentbrannt umdrehte, erblickte er Konrad, der sein lachendes Gesicht aus dem Wagenfenster streckte und ihm vergnügt einen freundlichen Gruß zurief. »Das müßte eigentlich die Diskussion erleichtern«, dröhnte Konrad, ohne zu erklären, was er damit meinte, und fuhr glücklich davon, während ein entgeisterter Lehrman hinter uns dreinstarrte.

Obwohl Konrad nicht viel für ihn übrig hatte, war Danny Lehrman eine liebenswerte Persönlichkeit, und auf der anschließenden Frankreichrundfahrt wurden wir gute Freunde. Er war alles andere als ein trockener Laboratoriumspsychologe. Zu meiner Überraschung stellte sich heraus, daß er ein eifriger Vogelbeobachter und ein Fan von P. G. Wodehouse war. Er konnte ganze Wodehouse-Geschichten wortwörtlich zitieren und sich dabei über jeden ver-

rückten Einfall köstlich amüsieren. Mit seiner gewaltigen Leibesfülle hatte er sich abgefunden, und er war nie beleidigt, wenn sich jemand über sie lustig machte.
Der Höhepunkt seines späteren Besuchs in Oxford war jener Augenblick, als er unseren kleinen Singer-Sportwagen bestieg und mit den Schuhen sofort das Bodenblech durchstieß, so daß er im Wagen zu stehen schien, während seine Füße die Straße berührten. Unvorsichtigerweise unternahmen wir mit ihm eine Kahnfahrt auf dem Fluß, und wie nicht anders zu erwarten, brachte er das Boot zum Sinken. Doch er lachte über solche Pannen genauso herzhaft wie wir.
Ramona betete ihn an, und die beiden befaßten sich hingebungsvoll mit Krähenbeobachtung. Bei jedem schwarzen Punkt, der sich am Himmel zeigte, stritten sie darüber, ob es sich um eine Dohle, eine Rabenkrähe oder eine Saatkrähe handelte, wobei sich Ramona jedesmal darauf versteifte, daß jeder große schwarze Vogel eine ihrer geliebten Rabenkrähen sein müsse. Danny tat so, als nähme er sie ernst, und hielt ihr einen Vortrag über die verschiedenen Flugbilder der Corviden.
Als die Redeschlacht in Paris endlich abgeschlossen war, traten wir die große Rundfahrt an. Pierre Grassé hatte einen approbierten Fremdenführer engagiert, den man offenbar gewarnt hatte, daß er es mit einer schwierigen Gesellschaft zu tun habe. Nachdem uns der arme Mann mit nervösen Gesten in den rundum verglasten Bus hineinkomplimentiert hatte, beäugte er uns mit tiefem Mißtrauen und im Vorgefühl schrecklicher Katastrophen. Der Fahrer, der wie ein stellungsloser Ganove aussah, schien seine Arme nicht mehr gebrauchen zu können, weil er sie bei seinen Gestikulationen, mit denen er die vorbeikommenden Autofahrer bedachte, bereits überanstrengt hatte. Desto mehr Kraft steckte in seinen Füßen, mit denen er abwechselnd so heftig auf Gas und Bremse trat, als absolviere er eine Testfahrt.

Der Chauffeur hatte den Auftrag, zweimal am Tage vor ausgewählten Restaurants Station zu machen, einmal für ein dreistündiges Mittagessen, dann für ein dreistündiges Abendessen, und uns anschließend vor einem Hotel abzusetzen. Zwischendurch legten wir immer wieder kurze »Kulturpausen« ein, in denen uns Grassé aus seinem Reisehandbuch ein paar Passagen über die Architektur und Geschichte der diversen romanischen Kirchen, antiken Gräber, Höhlen und Schlösser vorlas. Auf der Brustwehr des größten und höchsten Châteaus war es mir beschieden, die letzten Worte aus dem Munde des bedeutendsten Bienenvaters der Welt zu vernehmen, denn Karl von Frisch, der offensichtlich von allem genug hatte, ließ sich auf dem obersten Steinblock nieder und stieß in dieser schwindelnden Höhe einen Schrei aus: »Biiiiienen!« Gerade als er in den tiefen Abgrund zu stürzen drohte, raffte er sich auf und zeigte auf einen Spalt im Gemäuer. Ich spähte hinüber und entdeckte dort tatsächlich ein Bienennest. Übers ganze ledergegerbte Gesicht lächelnd, stieg der große alte Mann von der Brustwehr herab und sprang triumphierend davon.

Das Abendessen in Poitiers am ersten Tag unserer Reise schmeckte so großartig wie erwartet und wurde nur beeinträchtigt durch einen mysteriösen Auftritt Haldanes, der sein Fischgericht auf den Boden schmettern wollte, purpurrot anlief und sich lautstark beschwerte. Diese Szene fand besonderen Anklang bei Danny Lehrman, denn sie ähnelte in seinen Augen einer zum Leben erwachten Kurzgeschichte von Wodehouse. Er versuchte sie mir mehrere Male zu erklären, doch da in ihr eine exquisite Pastete, unser inzwischen fast übergeschnappter Reiseführer, eine Eisenbahnfahrt sowie eine Schachtel mit lebendigen Molchen vorkamen, gab ich es auf und redete mir ein, das Ganze sei nur eine Halluzination gewesen, die ihre Ursache in der ewigen Busfahrerei habe.

Am nächsten Morgen besuchten wir die Kathedrale von

Poitiers, und der Reiseführer – so behauptete jedenfalls Helen Haldane – versuchte sie hinterher loszuwerden, indem er den verrückten Chauffeur anwies, ohne die mürrische Frau weiterzufahren. Nach einem langen Sprint fand Helen den Bus wieder, der etwa anderthalb Kilometer entfernt vor einer anderen romanischen Kirche geparkt hatte, die wir gerade besichtigten. Der bestürzte Reiseführer stammelte eine Entschuldigung und beteuerte, das Ganze beruhe auf einem Mißverständnis, dann stürzte er in einen nahen Laden und erstand für Helen eine Schachtel Pralinen, was sie allerdings in ihrem Argwohn nur noch bestärkte.

In den folgenden Tagen wohnten wir im Hôtel Cro-Magnon, das heute dort steht, wo einst unsere Vorfahren nackt umhergelaufen sind, wie es jemand einmal nicht ganz zutreffend ausgedrückt hat. Wir befanden uns im Herzen des alten »Grottenlandes«, inmitten von prähistorischen Felszeichnungen und Höhlenmalereien. Als wir uns in einer besonders engen Höhle zum Ausgang drängten, vernahmen wir einen mitleiderregenden Aufschrei von Lehrman, der offenbar steckengeblieben war. Als man ihm erklärte, daß er auch hinauskommen müsse, wenn er hineingekommen sei, entgegnete er kleinlaut, es sei da drinnen so feucht, daß er beträchtlich aufgeschwollen sei, und er meinte, die zuständigen Behörden sollten sich um dieses Problem kümmern. Größeren Ärger gab es in der nächsten Höhle, wo eine Ritzzeichnung an der Wand offiziell als Nashorn ausgegeben wurde.

»Das«, kreischte Helen Spurway, »ist *kein* Nashorn!« Die Fremdenführer, die nicht wie wir auf Helens bissige Art eingestimmt waren, faßten dies als eine schwere Beleidigung auf. Die Männer, die nur ehrfurchtsvolles Staunen gewöhnt und dadurch arrogant und selbstgefällig geworden waren, wurden fuchsteufelswild. Zuerst dachten sie, sie hätten nicht richtig gehört, doch nein, diese ausländische Hexe hatte tatsächlich die Kühnheit, die Echtheit der Zeichnung zu bezweifeln, die *das französische Nashorn* dar-

stellte! Erst nach einem nicht enden wollenden Streit konnten wir keuchend dieses dumpfe unterirdische Verlies verlassen.
Wenn man Bienen Alkohol in den Zucker tut, so hatte uns Karl von Frisch erklärt, wollen sie nicht mehr tanzen, und jetzt erkannten wir, was er damit meinte. Tag für Tag wurde uns vom besten französischen Wein eingeflößt, und allmählich kamen wir uns wie gestrandete Wale vor, wenn unser Bus so halsbrecherisch über die Bergstraßen dahinraste, daß selbst ein tollkühner Weltraumfahrer weiße Haare bekommen hätte. Wir fürchteten uns wie die Kinder, wenn wir in die tiefen Schluchten hinabschauten, und zitterten bei jedem Beinahe-Zusammenstoß. Doch glücklicherweise überlebten wir so lange, bis wir die Höhle von Lascaux erreichten.
Die Besichtigung war für uns ein unvergleichliches Erlebnis. Sogar Helen mußte eingestehen, daß die Höhle zu schön sei, um eine Fälschung zu sein. Die kulturelle Magenverstimmung, die wir uns auf der Reise zugezogen hatten, war mit einemmal verflogen. Die zynischen Witzeleien verstummten. Als wir staunend vor den bemalten Wänden dieser herrlichen Höhle standen, benahmen wir uns zum erstenmal so, als wären wir tatsächlich in einer Kirche. Für mich war es der nachhaltigste ästhetische Eindruck meines Lebens, und ich wünschte mir nur, stundenlang ganz allein dort zu stehen und die großartigen steinzeitlichen Tierporträts auf den geschwungenen, von Scheinwerfern erhellten Felswänden zu betrachten.
Als ich mir die gemalten Tiere näher ansah – die riesenhaften Stiere, von denen einer sechs Meter lang war, die Hirsche mit den kunstvoll ausgeführten Geweihen, die steifmähnigen vorgeschichtlichen Pferde, die Rinder und den Wisent –, versank ich in völliges Schweigen. Die Leuchtkraft der Bilder war verblüffend, als wären sie erst gestern entstanden und nicht vor vielen tausend Jahren. Das Geheimnis liegt im Zusammenwirken dreier glücklicher Zufälle: Erstens waren die Höhlenwände bereits mit einer festen weißen Schicht aus Kalkspatkristal-

len bedeckt, bevor sich die Steinzeitkünstler an die Arbeit machten. Es war, als hätte die Natur die Wände eigens für sie präpariert. Einige Zeit nach der Ausmalung der Höhle wurde der Eingang durch Zufall blockiert – das war der zweite glückliche Umstand. In den nachfolgenden Jahrtausenden hatten sich die Wandflächen nicht verändert und blieben auch in neuerer Zeit von Wandalen verschont. Drittens wurde der Höhleneingang zwar so weit versperrt, daß einem Menschen das mühelose Eindringen verwehrt war, aber nicht vollständig verschlossen, so daß die konservierende Luftzirkulation erhalten blieb.

Die Höhle war einige Jahre vorher von einem Jungen entdeckt worden, dessen Hund plötzlich in einem geheimnisvollen Loch verschwunden war. Der Führer, der uns die Höhle zeigte, war ebendieser Junge. Noch ganz erfüllt von Staunen über die Lebendigkeit der Konturen und die Frische der Farben, stiegen wir, auffallend still und nachdenklich, wieder empor in das grelle Sonnenlicht, das die sommerliche Landschaft Mittelfrankreichs überflutete. Was wir gesehen hatten, waren nicht nur die Jagdbilder eines steinzeitlichen Stammes, sondern der lebendige Beweis für das hohe Alter des ästhetischen Dranges, der der Spezies Mensch eigen ist. Ich habe mir damals zweierlei geschworen: mich eingehend mit den Ursprüngen des künstlerischen Triebes zu befassen und eines Tages nach Lascaux zurückzukehren, allein und ohne Hetze.

Ich habe beide Schwüre gehalten. Acht Jahre später, 1962, veröffentlichte ich ein Buch mit dem Titel *Biologie der Kunst*, und einige Wochen nach dem Erscheinen besuchte ich zum zweitenmal die Höhle von Lascaux. Daß ich den zweiten Schwur gehalten habe, ist bedauerlich. Zunächst dachte ich, die Erinnerung wolle mir einen Streich spielen und meine Phantasie hätte im Laufe der Jahre die Höhlengemälde »verschönt«, ihre Umrisse kräftiger ausgezogen und die Farben viel intensiver leuchten lassen als in Wirklichkeit. Doch es war tatsächlich mehr das, was sich mir damals dargeboten hatte, im Jahre 1954, kurz nach Öffnung der Höhle für die Allgemeinheit. Die Bilder wirkten jetzt trübe und verschwommen, als betrachte man sie durch schmutziges Wasser. Die vielen Touristen bestaunten sie noch immer, da sie sie ja zum ersten Male sahen, aber für mich war dieser zweite Eindruck eine große Enttäuschung. Ich hatte mir etwas auf meine gute Beobachtungsgabe eingebildet, und nun beunruhigte mich der Gedanke, daß ich etwas, das ich in jüngeren Jahren gesehen hatte, so maßlos übertrieben und romantisiert haben könnte. Lascaux war noch immer ein Wunder, aber längst nicht mehr so herrlich, wie ich es in Erinnerung behalten hatte.

Im folgenden Jahr, 1963, las ich einen Zeitungsartikel über Lascaux mit einer Mischung aus Erleichterung und Entsetzen. Die berühmte Höhle war für die Öffentlichkeit geschlossen worden, weil sich der Zustand der bemalten Felswände rapide verschlechtert hatte. Mein Gedächtnis hatte mir also doch keinen Streich gespielt. Ich hatte die Pracht der Höhlengemälde zuverlässig in Erinnerung behalten – die Objektivität meines Beobachtungsvermögens war also wiederhergestellt.

Doch die Nachricht vom Verfall der Bilder erfüllte mich gleichzeitig mit Entsetzen. Er war verursacht worden durch die Atemluft der zahllosen Touristen, die alljährlich durch die Höhle zogen. Ein Mensch sondert im Durchschnitt durch Transpiration etwa dreißig Gramm Flüssigkeit pro Stunde ab und atmet ungefähr zwanzig Liter Kohlendioxyd aus, das den weißen Kalkspatüberzug der Höhlenwände angegriffen hat, auf denen die prähistorischen Farbpigmente aufgetragen wurden. Die Pigmente selbst bestehen aus Eisen- und Manganoxyd, dem tierisches Fett beigemischt ist.

Wenn diese großen Kunstwerke, die sich zwanzig Jahrtausende lang makellos erhalten hatten, weiterhin zur Besichtigung freigegeben würden, könnten sie vollständig zerstört werden. Doch noch Schlimmeres war passiert. Schon 1963 bedeckten nicht weniger als siebenhundert kleine

Flecken der Grünalge *Pamelococcus* Teile der Gemälde, und die nachhaltige Störung der Höhlenatmosphäre hatte zudem zur Folge gehabt, daß sich neue, undurchsichtige Kalziumkarbonatschichten auf manchen der wundervollen Tierbilder ablagerten.

Wenn die Teilnahme an dem Pariser Kongreß mir sonst nichts gebracht hätte, so müßte ich zumindest dafür dankbar sein, daß sie mir die Gelegenheit gegeben hatte, eines der Wunderwerke der Weltkunst kennenzulernen, und zwar in den wenigen Jahren, in denen es seine größte Schönheit entfaltete.

Nach einigen weiteren Tagen, die ausgefüllt waren mit imposanten Schloßbesichtigungen und vorzüglichen Kostproben französischer *haute cuisine,* steuerte unser Bus endlich wieder Paris an. Inzwischen hatten wir uns an den eigenwilligen Stil gewöhnt, mit dem unser Fahrer sein Gefährt durch die schmalen Landstraßen navigierte, und alle mußten zugeben, daß Grassé uns wirklich etwas geboten hatte. Es war eine abenteuerliche Reise gewesen, alle Teilnehmer hatten sich prächtig entspannt und waren mit sich und der Welt zufrieden. Bei den Haldanes ging die Entspannung sogar so weit, daß sie sich, zur unverhohlenen Belustigung aller übrigen, zu küssen und zu kosen begannen wie zwei Teenager. Dabei wechselten die Falten auf Haldanes kahlem Schädel ständig ihre Richtung. Gebannt betrachteten wir die menschlichen Balzreaktionen. So fand unsere Reise einen recht fröhlichen Abschluß.

Nach diesem denkwürdigen Kongreß sind wir den Haldanes nur noch selten begegnet. Das letztemal sah ich Jack Haldane vor einigen Jahren im britischen Fernsehen, als er, in einem endgültig letzten öffentlichen Auftritt, seinen eigenen Nachruf sprach. Nach vielen Jahren in Indien war er nach London zurückgekehrt, um dort in einem Hospital vor der Kamera zu sterben. Er saß auf seinem Krankenbett und erklärte, daß er an unheilbarem Krebs leide. Dann gab er einen ebenso kurzen wie bescheidenen Überblick über seine verschiedenen wissenschaftlichen Entdeckungen und Leistungen. Er schloß mit der charakteristischen kurzen Abwärtsbewegung des Kopfes, mit der er stets ein Gespräch beendet hatte, und sagte uns allen gefaßt Lebewohl. Wenige Tage später war er tot, und am darauffolgenden Abend wurde der Film im Fernsehen gesendet. Einer der großen Exzentriker der englischen Gelehrtenwelt war von uns gegangen.

Wieder nach Oxford heimgekehrt, beschäftigte ich mich mit einer ständig wachsenden Fülle von tierischen Verhaltensproblemen und schrieb einen Beitrag nach dem anderen für wissenschaftliche Zeitschriften. Nachdem ich meinen Doktor gemacht hatte, erhielt ich eine Stelle als Forschungsassistent und holte immer mehr Vogelarten in meine Volieren, deren Zahl laufend zunahm. Ich gab meine Fischstudien auf und konzentrierte mich ausschließlich auf die Vögel.

Nach ungefähr einem Jahr befiel mich abermals Unruhe; ich wollte jetzt zu Säugetieren übergehen, aber es waren einfach nicht die Räumlichkeiten vorhanden, um ihnen die natürlichen Lebensbedingungen zu bieten, die mir vorschwebten. Als ich mit Niko darüber sprach, tauchte der Gedanke auf, daß sich vielleicht im Londoner Zoo eine Forschungsstelle für Verhaltensstudien an Säugetieren einrichten ließe. Der Direktor des Zoos, Leo Harrison Matthews, war ein alter Freund von Alister Hardy. Die beiden hatten zusammen an Bord der *Discovery* eine Antarktisexpedition mitgemacht. Ein kurzer Telefonanruf von Alister genügte, und ich konnte im Regent's Park vorsprechen.

Leo Harrison Matthews war ebenfalls ein Naturforscher der alten Schule, der ganz im Stile Darwins den Erdball bereist hatte. Auf der Suche nach zoologischem Material hatte er so viele gefährliche Situationen und Abenteuer erlebt, daß es leicht für mehrere Hollywoodfilme gereicht hätte. Er war in Südamerika von Vampirfledermäusen angefallen worden, hatte sich einen schlimmen Zahn von einem

Schiffskoch mit einem Meißel ziehen lassen und sich in der gefrorenen Einöde der Südpolarregion von gerösteten See-Elefantenrüsseln ernährt (Salbei in die eine, Zwiebel in die andere Nasenöffnung!). Und so weiter und so fort. Ich hätte ihm stundenlang zuhören können.

Als ich auf die Forschungsstelle im Londoner Zoo zu sprechen kam, sah er schwarz. Dafür stehe einfach kein Geld zur Verfügung, meinte er.

Ich wollte gerade gehen, da wurde er plötzlich nachdenklich und bat mich, doch noch einen Augenblick zu warten. Fieberhaft wühlte er in den Papieren auf seinem Schreibtisch herum.

»Haben Sie jemals gefilmt?« fragte er. Ich antwortete, daß ich zwei Filme gemacht hätte, von denen einer sogar einen Amateurpreis erhalten habe und im Fernsehen ausgestrahlt worden sei.

»Wirklich?« rief er aus, offenbar angenehm überrascht. »Nun, dann werfen Sie mal einen Blick auf das da«, fuhr er fort, indem er mir ein Dokument überreichte, das die Überschrift trug: »Vorschläge für ein gemeinsames Filmprojekt der Zoologischen Gesellschaft und der Granada-Fernsehanstalt.« Demnach hatten Sidney Bernstein, der Chef von *Granada TV*, und Solly Zuckerman, zur Zeit Schriftführer der Zoologischen Gesellschaft, den Plan ausgeheckt, zur Herstellung von naturkundlichen Fernsehprogrammen im zoologischen Garten eine besondere Abteilung einzurichten, die der BBC Paroli bieten sollte.

Durch die kürzlich erfolgte Gründung unabhängiger Fernsehgesellschaften wurde die BBC in ihren Grundfesten erschüttert und die englische Fernsehlandschaft grundlegend verändert. Die einstige Monopolstellung der selbstgefälligen BBC geriet durch die alternativen Programme, die um die Gunst der Zuschauer kämpften, in eine bedrohliche Wettbewerbssituation.

Ein Programmsektor, auf den die Angehörigen der BBC besonders stolz waren, war der Bereich des Natur- und Tierfilms. Der Verantwortliche im Studio war George Cansdale, während David Attenborough die Außenaufnahmen betreute. Er pflegte auch die Beziehungen zum Londoner Zoo, als ich Ende 1955 dort zum erstenmal vorsprach. Er gestaltete die ausgezeichnete Serie »Zoo Quests«, für die er den Einfang und Transport interessanter neuer Zootiere filmte. Zahlreiche Gehegeschilder im Londoner Zoo trugen bereits den Namen der BBC – ein unübersehbarer Hinweis auf David Attenboroughs hervorragende Filmarbeit.

Die BBC hatte Wind bekommen von dem Plan des unabhängigen Fernsehens ITV, in ihr Territorium einzubrechen, und hinter den Kulissen kam es zu hektischen Verhandlungen. Sidney Bernstein hatte indes seinen etablierten Rivalen eines voraus. Im Gegensatz zu ihnen war er bereit, eine Fernsehabteilung innerhalb des Zoos zu finanzieren, die mit Angestellten von *Granada TV* besetzt und unter der Ägide der Zoologischen Gesellschaft arbeiten sollte.

Als Leiter dieser Abteilung wünschte er sich einen in der Forschung tätigen Zoologen, nicht einen entsprechend vorgebildeten Moderator. In diesem Punkt war er unnachgiebig, denn er verlangte, daß die Produktionen des neuen Teams wissenschaftlich zuverlässig sein und der angesehenen Zoologischen Gesellschaft Ehre machen sollten. Manche seiner Kollegen hielten dies für eine allzu idealistische Haltung. Wie sollte man kurzfristig einen hauptamtlichen Zoologen finden, der imstande war, in wenigen Monaten eine eigene wöchentliche Fernsehsendung auf die Beine zu stellen? Sie hielten das für unmöglich. Und ich war, ehrlich gesagt, derselben Meinung. Es gab damals noch keine Videobänder, und der Gedanke, in einer Live-Sendung mit Tieren auftreten zu müssen, die ich selbst noch nicht näher kannte und die während der Sendung alles mögliche anstellen könnten und wahrscheinlich auch würden, schreckte mich ab.

Ich legte Leo Harrison Matthews meine Bedenken dar, aber er schlug vor, ich sollte mir die Sache noch einmal überlegen. Ramona reagierte ganz anders, als ich erwartet hatte. Statt mir Vorwürfe zu machen, weil ich meine verheißungsvolle Forschungsarbeit in Oxford aufgeben und zum »Showbusiness« überwechseln wollte, zeigte sie sich begeistert von der Idee. Da dämmerte mir, daß ihr Hausfrauendasein in den Außenbezirken von Oxford sie nicht nur nicht ausfüllte, sondern für sie auch ein Abstieg war nach ihren turbulenten Studienjahren. In Oxford zu leben, aber vom akademischen Betrieb ausgeschlossen zu sein, hatte sie mehr bekümmert, als sie zuzugeben bereit war. Doch jetzt, angesichts der Verlockung durch das aufregende Leben in London, geriet sie in Verzückung. Das gab für mich den Ausschlag.

Im Februar 1956 fand ich mich zu einem offiziellen Vorstellungsgespräch bei *Granada* ein, und schon wenige Tage darauf wurde ich zu Probeaufnahmen in ein kleines Fernsehstudio bestellt. Der australische Filmregisseur Harry Watt, der damals für *Granada* arbeitete, war der zuständige Produktionsleiter, und er schien zufrieden mit meiner Darbietung, die mir selber ziemlich stümperhaft vorkam. Anfang März erfuhr ich, daß ich die Leitung der *Zoo TV and Film Unit* übernehmen sollte.

Das Hauptproblem war die knappe Vorbereitungszeit. Die ITV hatte erst im September 1955 ihre Sendungen aufgenommen, allerdings nur im Großraum London. Andere Regionen folgten schnell nach, und *Granada,* das den Norden des Landes versorgte, sollte bereits sieben Monate später den Betrieb aufnehmen, also Anfang Mai 1956. Wir schrieben jetzt den 14. März, und ich mußte innerhalb von zwölf Tagen meine Stelle antreten, so daß mir bis zur Ausstrahlung meines ersten Programms nur ein Monat zur Verfügung stand. Im akademischen Forschungsbetrieb ist man ein solches Eiltempo nicht gewöhnt. Aus der Perspektive meines Hochsitzes auf den verträumten Zinnen von Oxford erschien mir dieser Terminplan unmöglich.

Zunächst stand ich vor dem Problem, meine riesige Menagerie im zoologischen Institut irgendwo unterzubringen. Dann mußte ich meine letzten Forschungsergebnisse zu Papier bringen. Ich wußte, daß ich nicht mehr dazu kommen würde, wenn ich mich jetzt nicht aufraffte. Hinzu kamen der Verkauf unseres Hauses, die Suche nach einer neuen Wohnung und der Umzug – all das innerhalb von zwölf Tagen! Tag und Nacht durcharbeitend, schaffte ich es, eine fünfzigseitige Abhandlung über meine Finken zu verfassen. Ich klapperte noch auf meiner Schreibmaschine herum, als die Möbelpacker bereits das Haus auszuräumen begannen. Mein Arbeitstisch war das letzte Möbelstück, das durch die Tür verschwand. Wir hatten das Glück, in London eine kleine Kellerwohnung zu finden, noch keine hundert Schritte vom Zooeingang entfernt.

Am 3. April nahm ich meine Arbeit im Zoo auf, und genau einen Monat später strahlte *Granada TV* erstmals sein Programm aus. Mein Debüt fand fünf Tage später statt. Es kam mir unglaublich vor, daß ich noch vor dreiundvierzig Tagen in der friedlichen Umgebung meines Oxforder Laboratoriums gelebt hatte. Die neue Welt, die mich jetzt umgab, war alles andere als beschaulich – es war vergleichsweise ein lärmerfülltes Chaos. Es gab Augenblicke, in denen ich liebend gern wieder in meinen akademischen Schlupfwinkel zurückgekrochen wäre. Aber Ramona fühlte sich so grenzenlos glücklich in der pulsierenden Großstadt, daß sich schon allein deswegen die ganze Mühe gelohnt hatte. *Granada* wich in unserem Fall von einer goldenen Regel des Hauses ab und gestattete einer Ehefrau, an der Seite ihres Mannes zu arbeiten. Ramona erhielt die Stelle einer Forschungsassistentin, und so kamen wir uns näher als je zuvor. Angesichts der Risiken, die vor uns lagen, war das immerhin etwas ...

5

Die Eroberung eines Fernsehstudios ist nicht einfach, aber durchführbar. Ich kann mich dafür verbürgen, daß mir das zumindest einmal gelungen ist. Mein Rezept zum Erfolg resultierte aus meiner puristischen Forderung, daß das Fernsehen zu den Tieren kommen sollte, nicht umgekehrt. In der Vergangenheit mußten alle Tiere, die im Studio vor der Kamera auftraten, zunächst einmal in Kisten und Körbe gepackt, mit lauten, rüttelnden Lieferwagen ins kilometerweit entfernte BBC-Gebäude gebracht werden, wo sie plötzlich dem gleißenden Scheinwerferlicht ausgesetzt wurden. Das bedeutete, daß man nur ganz zahme Heimtiere oder besonders fügsame Wildtiere vorführen konnte. Die Tiere reagierten völlig benommen auf die furchterregende fremde Umgebung, hockten verängstigt herum und zeigten keinerlei Regungen. Versuche, mehr Leben in die BBC-Studios zu bringen, hatten mehrere Male zu Katastrophen geführt.

Einmal fühlte sich ein Riesenflughund in der Wärme der Studioscheinwerfer derart wohl, daß er prompt seine Schwingen ausbreitete und davonflatterte, so daß der Moderator, George Cansdale, nichts anderes tun konnte, als mit verkrampftem Lächeln und verdrehtem Hals in die Höhe zu starren. Den Ausreißer zwischen dem Gewirr aus Lampen, Kabeln und Metallgittern wieder einzufangen,

aus denen die Decke eines Fernsehstudios besteht, erwies sich als unmöglich, und noch wochenlang geisterte das Riesenfledertier im Sturzflug durch Fernsehspiele, Nachrichtensendungen und Wetterberichte und entlockte den vor der Kamera agierenden Damen des öfteren gelle Schreie, die im Drehbuch nicht vorgesehen waren.
Mit einer Entschiedenheit, die mehrere Fernsehgewaltige zu der Überlegung veranlaßte, ob nicht am Ende ein gefügiger Redakteur doch besser gewesen wäre als ein hartnäckiger Zoologe, betonte ich, daß ich *niemals* irgendwelche Zootiere, in einem Aufnahmestudio außerhalb des Regent's Park den Zuschauern präsentieren würde. *Granada* solle gefälligst die Sendungen auf dem Zoogelände produzieren. Und bei Regen? fragte man mich. Wohin dann mit dem ganzen technischen Apparat? Dazu brauche man doch entsprechende Räumlichkeiten. Für diese Fälle, entgegnete ich, müsse man eben auf dem Zoogelände ein eigenes Fernsehstudio bauen, in dem die Tiere mehrere Tage vor der Sendung untergebracht werden konnten. So wäre sichergestellt, daß sie sich vorher vollkommen an ihre neue Umgebung gewöhnt hätten und sich vor der Kamera einigermaßen natürlich benähmen.
»Die Tiere sollen im Fernsehen ihr *Verhalten* zeigen und nicht herumsitzen wie leblose Marionetten!« machte ich mit allem Nachdruck den Programmverantwortlichen klar. Ich war ganz überrascht, wie entschlossen ich auftreten konnte – aber es war eine Entschlossenheit, die von Panik diktiert wurde.
»Seien Sie doch vernünftig«, gab man mir zur Antwort. »Wir können Ihnen unmöglich innerhalb von vier Wochen ein Studio hinstellen. Das ist einfach nicht drin.«
Ich ließ mich davon nicht beeindrucken und blieb hart.
Zu diesem Zeitpunkt betrat ein ungemein erfindungsreicher Mann die Bühne. Denis Forman war wie ich jahrelang friedlich seiner wissenschaftlichen Tätigkeit nachgegangen, bevor ihn Sidney Bernstein auf die üppigeren Weiden der

Fernsehwelt gelockt hatte. Denis' Forschungsgebiet war die Geschichte des Kinos gewesen, und da er über ungewöhnliche administrative Fähigkeiten verfügte, war er rasch zum Leiter des Britischen Film-Instituts aufgestiegen, bis Sidney schließlich seiner Karriere eine ganz andere Richtung gegeben hatte. Jetzt war Denis, der schwer unter den Geburtswehen der ITV litt, tief in alle möglichen Krisen verstrickt, wie sie für das Showbusiness nun einmal typisch sind. Er und Harry Watt waren unter anderem als Produktionsleiter für die »Zoo Unit« zuständig, und sobald er von meinem Aufstand im Interesse der Tiere erfuhr, eilte er spornstreichs zu mir.
Ich rechnete mit einer heftigen Auseinandersetzung – doch zu meiner übergroßen Überraschung pflichtete er mir in allen Punkten bei. Er meinte, was ich forderte, sei eine neuartige Form der Tiersendung, und *Granada* rühme sich doch, unkonventionellen Ideen zum Druchbruch zu verhelfen. »Natürlich brauchen Sie im Zoo ein Aufnahmestudio.«
Erst als er weg war, wurde mir bewußt, daß er mir zwar zugestimmt, aber keinerlei Vorschläge gemacht hatte, wie ein solches Studio innerhalb von wenigen Tagen gebaut werden könnte. Ich fühlte mich düpiert und versank in finsteren Pessimismus.
Aber Denis war keineswegs untätig. Wie ein Heerführer erwog er die verschiedenen strategischen Möglichkeiten. Da *Granada* kein eigenes Studio hatte und die Zeit für einen Neubau nicht ausreichte, ging es nur darum, geeignete Räume zu mieten oder zu kaufen. Aber wer, in aller Welt, besaß schon ein »tragbares« Fernsehstudio? So etwas existierte zu der Zeit einfach nicht! Und doch – so etwas gab es zumindest in einer einzigen Ausführung. Alljährlich wurde ein zerlegbares Studio nach Wimbledon geschafft, damit man die siegreichen Tennisstars sofort interviewen konnte, bevor sie den geheiligten Rasen des Centre Court verließen. Das Studio wurde jeweils schon einige Zeit vor

Beginn des Turniers aufgebaut und auch jetzt schon bald wieder benötigt, aber es konnte uns wenigstens eine kleine Atempause verschaffen.

Ein paar eilig geführte Telefongespräche ergaben, daß es, in Einzelteile zerlegt, bereits auf riesigen Lastwagen unterwegs nach Wimbledon war. Ich weiß nicht genau, wie es Denis gelang, die Transporter zum Londoner Zoo umzudirigieren, jedenfalls begann einige Tage nach Denis' Besuch im Zoo in einem geräumigen Hinterhof zwischen dem Tierhospital und dem Vogelhaus ein Fernsehstudio aus dem Boden zu wachsen. Es blieb dort viele Monate lang stehen, bis nach ausgiebigen Diskussionen neben ihm ein neues und dauerhaftes Studio errichtet wurde.

In dem provisorischen Studio durchlitt ich erstmals die Qualen, die mit der Fernsehpräsentation von lebenden Tieren verbunden sind. Dort beendete ich meine Laufbahn als Forscher und wurde zu einem »Rettungsanker« für Affen, Ameisen und Armadillos.

Unsere allererste Sendung wurde jedoch ausgerechnet durch Nikita Chruschtschow heillos durcheinandergebracht. Der sowjetische Staatsmann wollte England einen Höflichkeitsbesuch abstatten, und als besonders eindrucksvolle Freundschaftsgeste hatte er einen russischen Bären mitgebracht, den er der damals noch sehr jungen Prinzessin Anne zum Geschenk machen wollte.

Die Nachricht von diesem unpassenden Präsent traf genau drei Tage vor unserer ersten Sendung ein, die mit der sorgfältig geprobten Vorführung einiger leidlich friedfertiger Zooinsassen bestritten werden sollte. Ich wollte bei meinem ersten Fernsehauftritt kein Risiko eingehen. Es war der Beginn einer wöchentlichen Dreißig-Minuten-Sendung mit dem Titel »Zootime«; Zeit war allerdings das einzige, was bei uns stets Mangelware war. Ich wollte den russischen Bären eigentlich in einer späteren Folge vorstellen, wenn ich etwas mehr Erfahrung gesammelt hätte, aber der aktuelle Staatsbesuch ließ mir keine andere Wahl, als Nik-

ki, Chruschtschows Gastgeschenk, gleich in der ersten Sendung zu präsentieren.
Erleichtert stellte ich fest, daß Nikki noch ein winziger junger Bär war. Ein Kinderspiel, dachte ich, bis ich die zerkratzten Hände des Wärters sah, der zum Buckingham-Palast entsandt werden sollte, um der kleinen Prinzessin ihr neues Spielzeug zu zeigen. Das Bärchen sah entzückend aus, aber seine kehligen Knurrlaute straften sein Aussehen Lügen. Es war offensichtlich ein Ungeheuer, das sich als Teddybär getarnt hatte. Als ich einen Blick in den Fond des Wagens warf, der zum Palast fahren sollte, sah ich, wie der Wärter sich drehte und wand, als läge er in Todeszuckungen. Das Bärenkind versuchte lediglich, gegen seine Haft zu protestieren und sich mit den zappelnden Bewegungen seines kleinen, aber muskulösen Körpers dem festen Zugriff des Aufpassers zu entwinden.
»Sieht herzig aus, nicht wahr?« keuchte dieser, während er noch immer herumfuhrwerkte, als hätte er einen Anfall. »Aber er ist gar nicht herzig. Braunbären sind kleine Teufel. Ein verdammt kräftiges Gebiß hat der kleine Kerl, könnte einem glatt den Daumen abzwicken! Und alle sagen: ›Ooooh, wie goldig, mit dem möchte ich mal schmusen.‹ Aber dann hätten sie für lange Zeit zum letztenmal geschmust, das ist so sicher wie das Amen in der Kirche. *Laß los*!!!« Der Wärter unterbrach seine kurze Bärenlektion mit einem wütenden Aufschrei, als das wild um sich blikkende Tier die günstige Gelegenheit nutzte und seine Zähne in den Oberarm des Mannes schlug. »Man darf ihn keine Sekunde aus den Augen lassen«, brummte er, als der Wagen losfuhr.
Die Königin, die sich mit Tieren auskennt, erfaßte die Situation sofort und sorgte dafür, daß Prinzessin Anne in sicherer Entfernung blieb. Als der Wärter im Park des Buckingham-Palastes vollauf damit beschäftigt war, das zappelnde kleine Energiebündel zu bändigen, hörte er, wie sich die Königin mit ungewöhnlicher Offenheit über

Chruschtschow äußerte: »Wie gedankenlos von dem Mann, einem kleinen Mädchen ein solches Tier zu schenken.« Und klugerweise übergab sie Nikki sofort dem Londoner Zoo zur ständigen sicheren Aufbewahrung. Für mich allerdings sollte das bald schmerzliche Folgen haben.

Der Tag der ersten »Zootime«-Sendung rückte bedrohlich näher, und mich beschlich eine dunkle Ahnung, daß ich für die gute Sache bluten müsse. Ahnungen trügen oft – aber diesmal nicht. Während der Sendung, in der das wuschelige Bärenkind zwei Millionen Fernsehzuschauer verzauberte und der Serie »Zootime« zu einem Dauererfolg verhalf (der mehr als 500 Wochen anhielt), grub Nikki seine kräftigen Zähne tief in meinen Oberarm. Damals begriff ich meine erste Zoolektion: Keine Angst vor Tieren, die als Killer verschrien sind – aber hüte dich vor den sogenannten Kuscheltieren!

Sobald die Sendung beendet war und man uns berichtet hatte, daß sie beim Publikum gut angekommen war, begaben wir uns alle in die Wärterkantine neben dem Biberteich, um den großen Anfangserfolg zu feiern.

Der »Zootime«-Regisseur, William Gaskill, raffte sich dazu auf, alle Beteiligten reihum zu beglückwünschen, obwohl er noch sichtlich genervt war von den hektischen Vorbereitungen, die dem ersten Sendetag vorausgegangen waren. Wie ich hatte auch er seine ersten Erfahrungen mit einer Live-Fernsehsendung hinter sich gebracht. Obgleich er mir tröstende Worte zusprach wie einem Patienten, der eine gefährliche Operation überlebt hat, und nach allen Seiten übertriebene Lobsprüche verteilte, konnte man ihm deutlich ansehen, daß er alles andere als glücklich war.

William Gaskill sollte später einer der führenden progressiven Theaterregisseure Londons werden. Seine große Liebe gehörte von jeher dem Theater, und wie es dazu gekommen war, daß ausgerechnet er bei Bären und Kakadus Regie führen mußte, war für ihn selber ein ebenso großes Rätsel wie für die gesamte Zoomannschaft.

Er versuchte den *Granada*-Bossen immer wieder seinen Standpunkt klarzumachen; doch jedesmal wurde er freundlich in den Zoo zurückgeschickt mit dem Hinweis, er müsse zunächst »möglichst umfassende Erfahrungen in allen Sparten des Fernsehbetriebs« sammeln, bevor er den vorgesehenen Posten als Regisseur großer Fernsehspielproduktionen einnehmen könne.
Angesichts dieser verlockenden Zukunftsaussichten quälte er sich Woche für Woche durch die »Zootime«-Sendungen, bis er schließlich das Handtuch warf, um trotz finanzieller Unsicherheit wieder seinem eigentlichen Metier dienen zu können.
Bevor er uns verließ, gab er mir sehr viele wertvolle Tips, wie ich mich dem Publikum zu präsentieren hätte. Solche Hilfestellungen hatte ich während meiner akademischen Laufbahn schmerzlich vermißt. Überall auf der Welt werden an den Universitäten stundenlang Vorlesungen von Leuten gehalten, die zwar auf ihrem Spezialgebiet hervorragend ausgebildet sind, aber von der rethorischen Kunst, ihre Zuhörer zu fesseln, keinen blassen Schimmer haben. Nur die wenigsten verfügen über ein angeborenes Rednertalent. Dieses Manko wirkt sich nachteilig auf das ganze Universitätsstudium aus.
Ich hegte die Illusion, mir im Laufe der Jahre einen passablen Redestil angeeignet zu haben – doch Bill belehrte mich eines Besseren.
»Sie müssen aufhören, einer leblosen Maschine Vorträge zu halten«, sagte er. »Sie sprechen nicht zu einer Kamera, sondern zu Zuschauern aus Fleisch und Blut, die daheim vor dem Fernsehschirm sitzen. Wenn Sie zufällig bei ihnen hereingeplatzt wären und wollten ihnen etwas über Zootiere erzählen, würden Sie bestimmt nicht in dieser Form mit ihnen reden, oder? Entspannen Sie sich, lächeln Sie den Leuten zu, seien Sie nicht so steif!«
Ich gab mir alle Mühe, aber unter der Belastung, die der Umgang mit unberechenbaren Tieren mit sich bringt, war

das nicht immer leicht. Er blieb unerbittlich und ließ mir keine Schwäche durchgehen, und nach und nach gewann ich Gefallen an diesem seltsamen neuen Medium. Im Geiste stellte ich mir das Bild einer fiktiven Familie vor und verwandelte die gefühllose Fernsehkamera in gespannt lauschende Gesichter. Dann dachte ich mir an Stelle des Kameraobjektivs einen einzelnen Menschen aus, mit dem ich mich unterhielt wie mit einem alten Freund.

Anfangs kam ich mir dabei ziemlich albern vor. Doch nach einigen Wochen war ich fähig, all die anderen Leute im Studio, die mich beobachteten, zu ignorieren und so vertraulich vor der Kamera zu plaudern, als ob »er« und ich die einzigen Menschen auf der Welt wären. Dank Bills unschätzbarer Hilfe entwickelte ich mich langsam von einem Vortragsredner zu einem Fernsehunterhalter.

Auch Bill fand allmählich eine gewisse Befriedigung in seiner ungewohnten Rolle. Er entwickelte ein Gespür dafür, welche Bewegungen die verschiedenartigsten Tiere als nächstes wahrscheinlich machen würden, so daß er die jeweils beste Kameraeinstellung im voraus bestimmen konnte. Unter seiner lässigen, scheinbar unbeteiligten Attitüde verbarg sich ein fast grenzenloser Einsatzwille. Keine Mühe war ihm zu groß. Wenn irgendeine Dekoration gebaut werden mußte, packte er notfalls selbst mit an.

Für die Zooangestellten war es nicht einfach, ihn einzuordnen. Im Zoo gab es Leute in eleganten Anzügen, die hinter Schreibtischen saßen oder zwischen den Gehegen umherschlenderten und Anweisungen gaben, und die Wärter in Uniform, die die körperliche Arbeit taten und die Tiere betreuten. Zwischen beiden Gruppen verlief eine scharfe Trennungslinie. Doch kaum hatten sich die Zooangestellten an einen Bill gewöhnt, der mit jeder Handbewegung die Autorität eines Chefs ausstrahlte, standen sie ihm plötzlich auf dem Fernsehgelände gegenüber, wo er in abgetragenen Jeans auf einem Schaumbetonblock herumhackte, um einen Hamsterbau nachzubilden. Sie waren da-

durch zunächst verwirrt, fanden sich aber schließlich damit ab, das Fernsehteam als eine Kuriosität zu betrachten, die mit den üblichen Kriterien nicht zu begreifen war.
Im Grunde glichen wir einem kleinen Theaterensemble, das jede Woche ein neues »Stück« inszeniert, und wie die Mitglieder einer solchen Theatergruppe legten wir überall Hand an, wo Not am Mann war, ohne Rücksicht auf Rang und Namen. Ramona blieb allerdings eine Mitwirkung in unserem Team versagt. Da sie jung und hübsch war, ging die Presse automatisch davon aus, daß wir beide gemeinsam als »Tier-Ehepaar« auf dem Bildschirm erscheinen würden, in den Fußstapfen von Armand und Michaela Denis, den Safariexperten, und Hans und Lotte Hass, den deutschen Unterwasserfilmern.
Der »Daily Telegraph« schrieb: »Frauen dringen Tag für Tag in neue Tätigkeitsbereiche vor. Michaela Denis, die die Urwälder der Erde erkundet hat, und Lotte Hass, die Erforscherin der Meereswelt, haben eine neue Rivalin bekommen . . .«
Doch dazu sollte es nicht kommen. Ich wäre begeistert gewesen, wenn Ramona zusammen mit mir im Fernsehen aufgetreten wäre, aber die Bosse von *Granada* hatten es anders bestimmt. Hätten sie nun auch ein Ehepaar gemeinsam eine Sendung moderieren lassen, hätte das in ihren Augen den Eindruck erweckt, als wollten sie ein altbewährtes Muster kopieren. Und so erging die strikte Anweisung, daß Ramona hinter den Kulissen zu bleiben habe. Ich murrte über diese Entscheidung, weil ich befürchtete, daß sich Ramona darüber aufregen würde. Sie fand sich aber leicht mit ihrer Rolle ab und war weiterhin eifrig damit beschäftigt, im Zoo neue Kandidaten für »Zootime« auszusuchen.
Zusätzlich zu unserer wöchentlichen Live-Sendung machten wir Filmaufnahmen von tierischen Verhaltensweisen für ein anderes, ehrgeizigeres Programm unter dem Titel »The World of Animals«. Damit hoffte ich einige der neu-

sten ethologischen Erkenntnisse einem breiteren Publikum nahebringen zu können. Aber wir kamen nur langsam voran. Es war klar, daß wir es nicht schaffen würden, zwei wöchentliche Programme gleichzeitig auf die Beine zu stellen. Deshalb verschoben wir das seriösere Projekt auf einen späteren Zeitpunkt, wenn sich ein größeres Filmteam im Zoo etablieren würde.

In der Zwischenzeit konzentrierten wir uns ganz auf »Zootime« und entwickelten immer mehr Ehrgeiz darin, die Tiere vor der Kamera agieren zu lassen; sie sollten nicht nur dasitzen und hübsch anzusehen sein. Da es sich um eine »Liveshow« handelte, in der keine Szene geprobt werden konnte, passierten nicht selten unvorhergesehene Pannen.

Es versteht sich, daß die Tiere sich nicht immer so benahmen, wie wir es von ihnen erwarteten, was peinliche Folgen haben konnte. In der Regel waren zwei Kameras im Zoo-Fernsehstudio postiert und eine dritte irgendwo draußen im Gelände, die nicht transportfähige Großtiere im Bild festhielt. Eines Tages sollte die Kamera III an den Außengehegen des Löwenhauses entlangfahren, um die eindrucksvolle Kollektion der dort untergebrachten Großkatzen vorzuführen. Bei einer Probeaufnahme am selben Tag war alles glattgegangen, doch als wir auf Sendung waren, schlug die Stimmung der Tiere um. Aus unerklärlichen Gründen warf der erste männliche Löwe, auf den die Kamera gerichtet war, einen prüfenden Blick auf den seltsamen Apparat, der vor den Käfiggittern vorüberschwebte, und kam zu dem Ergebnis, daß dadurch seine Männlichkeit bedroht werde.

Daraufhin stürzte er sich unverzüglich auf seine Partnerin und bestieg sie. Da »Zootime« vor allem die jugendlichen Fernsehzuschauer ansprechen sollte und deshalb am Nachmittag ausgestrahlt wurde, war ich angesichts dieses eindeutigen Bildes auf dem Monitor um Worte verlegen und gab rasch die Anweisung, die Kamera sollte weiterschwenken und die anderen Insassen des Löwenhauses vorstellen.

Als das kopulierende Paar aus dem Blickfeld verschwand, dessen männlicher Teil sich unter Gebrüll und Zuckungen einem leidenschaftlichen Höhepunkt näherte, kam ein zweiter männlicher Löwe in Sicht, der wütend auf und ab schritt. Ich war gerade dabei, die Zuschauer über Alter, Name und Gewicht des Tieres zu informieren, als auch er zu meinem unüberhörbaren Verdruß seine aufgeschreckte Löwin besprang, die bis dahin friedlich in der Sonne gedöst hatte. Er packte sie beim Nackenfell und vollführte gleichfalls einen leidenschaftlichen Paarungsakt, den er mit ekstatischem Knurren und Grimassenschneiden begleitete. Ich hastete in meinem schwachsinnigen Kommentar weiter, indem ich erwähnte, wieviel Pfund Fleisch jeder Löwe pro Tag bekam, während die englische Jugend – zweifellos mit Genuß – diesen praktischen Sexualkundeunterricht über sich ergehen ließ.

Erleichtert schwenkten wir zu den sexuell weniger aggressiven Tigern und Leoparden hinüber, doch das letzte Gehege beherbergte ein weiteres Löwenpaar, das abermals einen Geschlechtsakt darbot, der an Deutlichkeit nichts zu wünschen übrigließ. Dieser Löwenmann rundete allerdings die Darbietung mit einer besonderen Zugabe ab. Nachdem er sein orgiastisches Gebrüll ausgestoßen und das Weibchen ihm beim Absteigen einen kräftigen Prankenhieb übers Gesicht gezogen hatte, schlenderte er auf das Frontgitter seines Geheges zu, drehte sich bedächtig um und lenkte einen gewaltigen Urinstrahl direkt auf die Kameralinse. Männliche Löwen haben ein spezielles Urinierverhalten: Sie zielen mit einem kräftigen horizontalen Harnstrahl auf Markierungspunkte in ihrem Herrschaftsgebiet, um sie mit ihrem persönlichen Duft zu imprägnieren. Unsere Kamera befand sich eindeutig im Territorium dieses Männchens und war in seinen Augen nichts anderes als ein bloßer Baumstumpf.

Hinterher erfuhr ich von den Löwenwärtern, daß einer der männlichen Löwen eine besonders raffinierte Pinkeltechnik entwickelt hatte. Als er eines Tages entdeckte, daß er sogar mit dem Sprühregen, der beim Auftreffen des Harnstrahls auf eine Gitterstange entstand, seine bewundernden Zuschauer erreichen konnte, die sich vor seinem Gehege zusammendrängten, bediente er sich regelmäßig dieser Mehrfachwaffe, um den langweiligen Zooalltag ein wenig aufzulockern. Wenn die vordere Reihe der Zuschauer nach der ersten Dusche kreischend zurückwich, nahmen die hinten Stehenden schnell den freigewordenen Platz ein, um zu sehen, was da vorne vorging. Sie bekamen dann die zweite Ladung ab, die er sich für sie aufgehoben hatte, und nahmen ebenfalls schreiend und fluchend Reißaus. An einem guten Tag konnte er sogar noch einen dritten »Schuß« abfeuern, indem er seine beißende Flüssigkeit sorgfältig dosierte. Das war ungefähr die einzige aggressive Verhaltensweise, die dem »König der Tiere« unter den beengten Verhältnissen, in denen er leben mußte, noch geblieben war.

Weiterer Ärger stand uns bevor, als unsere Außenkamera mit einem Schwenk die Greifvogelvoliere erfaßte. Um die verschlafenen Vögel etwas aufzumuntern, hatten wir dafür gesorgt, daß ihnen im richtigen Augenblick frische Fleischbrokken serviert wurden, die sie mit ihren kraftvollen Fängen zerfetzten. Die Großaufnahmen gerieten dementsprechend gruselig. Wir hatten allerdings nicht bedacht, daß ein Adler ein heikler Kostgänger war, der nur ganze Mäuse zu sich nahm. Rohe Fleischstücke verschmähte er. Als ich sah, wie er eine tote weiße Maus packte, fiel mir ein, wie viele meiner Zuschauer solche Mäuse als Heimtiere hielten. Sofort änderte ich meinen Kommentar, so daß der Regisseur ins Studio zurückblenden mußte, wo ich meinen Begleittext sprach.

Ich plauderte etwa eine Minute lang über Adler, bis ich einigermaßen sicher war, daß das Mäuslein inzwischen im Magen des Adlers verschwunden war. Ich kam auf die wunderschönen Augen dieser Vögel zu sprechen und erwähnte, daß ihr hervorragendes Sehvermögen wie beim Menschen eine Veränderung der Augenstellung von der Seite zur Gesichtsmitte bedingt habe. Dann schlug ich vor, wir sollten uns doch einmal den Kopf des Adlers genauer anschauen, den wir soeben bei seinem »Nachmittagstee« beobachtet hätten.

Als ich auf den Monitor blickte, mußte ich entsetzt mit ansehen, daß dort in einer prachtvollen Naheinstellung das Gesicht des Vogels erschien, dem noch immer der kleine Mauskörper mitsamt dem langen Schwanz und den Hinterbeinen aus dem Schnabel hing. Mit widerwärtigen Schluckbewegungen begann jetzt der Adler zu schlingen. Langsam glitt das Hinterteil der Maus seine Kehle hinab und entschwand, bis nur noch der lange Mausschwanz wie eine Reptilienzunge aus dem Schnabel ragte. Nach ein paar weiteren Schlucken war auch von dem Schwanz nichts mehr zu sehen.
Durch die Verwendung des Wortes »Nachmittagstee« hatte ich unvermeidlich einen Vergleich hergestellt zwischen den Aktivitäten des Vogels und denen meiner teetrinkenden Zuschauer, die daheim vor dem Bildschirm saßen. Millionen Kuchenstücke und Kekse blieben allenthalben im Land in Millionen Kehlen stecken, und empörte Anrufer blockierten die Telefonzentrale des Zoos. Mehreren Anrufern war offenbar bei dem Anblick schlecht geworden. Bei dieser Gelegenheit lernte ich meine zweite Zoolektion: Felltiere im Maul oder Schnabel rufen Ekel bei den Zuschauern hervor.
Diese Erfahrung ist für die Reptilienpfleger im Zoo nichts Neues. Viele ihrer Schützlinge bestehen auf vollbehaarten Beutetieren und verhungern lieber, als daß sie sich mit Ersatzfutter abfinden. Daher ist für viele Leute ein Besuch im Reptilienhaus doppelt schrecklich. Denn dort leben nicht nur jene widerlichen und vermeintlich schleimigen Tiere, die freilich die Kinder unbedingt sehen wollen, sondern in den Käfigen liegen obendrein auch noch die Leichen von weißen Ratten und Mäusen herum, von denen plötzlich eine im Rachen einer Schlange verschwinden kann.
Als wir uns entschlossen, eine ganze »Zootime«-Sendung im Reptilienhaus zu drehen, eröffnete ich das Programm mit einer ausführlichen Ankündigung dessen, was wir zu zeigen beabsichtigten, und mit dem Hinweis, daß diese Szenen meiner Meinung nach für Erwachsene nicht geeignet seien. Die jüngeren Zuschauer waren natürlich begeistert, und mehrere

schrieben mir, man solle doch in Zukunft neben dem üblichen Etikett »Nur für Erwachsene« auch die Kennzeichnung »Nur für Kinder« einführen.

Wie sich herausstellte, sollte uns bei der Präsentation das Mäuseproblem noch die wenigsten Schwierigkeiten machen. Andere und gefährlichere Zwischenfälle standen uns bevor. Die Sendung begann gleich mit einer Panne, denn eine Riesenschildkröte rückte aus. Man sollte meinen, eine ausgerissene Schildkröte sei ebenso leicht einzufangen wie ein Taschendieb ohne Beine; aber so einfach ist das nicht. Eine ausgewachsene Riesenschildkröte bringt bis zu einer Vierteltonne auf die Waage, und wenn sie sich einmal in den Kopf gesetzt hat, von der Bildfläche zu verschwinden, vermag ein einzelner Mann sie schwerlich aufzuhalten. In der Gefangenschaft mangelt es den Tieren jedoch in der Regel an der dazu erforderlichen Entschiedenheit, und so hatten wir hinter meinem Sprecherplatz für ein paar Exemplare ein niedriges Holzgatter angebracht, das wir für völlig ausreichend hielten.

Nur eines hatten wir dabei nicht bedacht: Fernsehscheinwerfer bewirken eine merkliche Temperatursteigerung, selbst in einem ohnehin beheizten Reptilienhaus. Reptilien, zumal Schildkröten, reagieren auf erhöhte Wärmegrade sehr schnell mit gesteigerter Aktivität. Das traf auch auf eine unserer eingesperrten Riesenschildkröten zu. Sie entfaltete eine ungewöhnliche Beweglichkeit und strebte genau in dem Augenblick auf die hölzerne Barriere zu, als ich anhob: »Hallo, willkommen wieder einmal bei ›Zootime‹, direkt aus dem Londoner Zoo! Heute befinden wir uns im RRRR ...« Ich brach plötzlich ab, weil ich spürte, wie eine große, schwere Masse von hinten gegen meine Beine drückte. Als ich zu Boden blickte, sah ich den mächtigen Körper der Riesenschildkröte, die über die plattgewalzte und mitsamt den Nägeln aus der Verankerung gerissene Holzschranke stapfte.

Mit gezwungenem Lächeln setzte ich meine Einleitung fort, denn ich wußte, daß in diesem Augenblick nur mein Gesicht in Großaufnahme zu sehen war. Unsichtbar blieben meine

Beine, die sich immer weiter spreizten, um das breite Panzertier durchzulassen. Unbeirrt weiterkriechend, näherte sich das Ungetüm meinem entgeisterten »Verbindungsmann«, der die Aufgabe hatte, alle Zeitsignale des Regisseurs, der draußen vor dem Gebäude in seinem Kontrollwagen saß, an mich weiterzuleiten. Der Mann setzte einen Fuß auf die Vorderkante des Rückenpanzers und versuchte auf diese Weise, das Riesentier zu stoppen – ohne den geringsten Erfolg. Der strampelnde Mann wurde langsam nach hinten geschoben und verschwand schließlich zwischen den beiden Kameras, die auf mich gerichtet waren. Die Schildkröte setzte gemächlich ihren Weg fort, bis sie, eingeklemmt zwischen den beiden Kamerasockeln, nicht mehr weiter konnte.

Jetzt ließ sich keine Kamera mehr bewegen, und gerade in diesem Augenblick sollte ich nach links hinübergehen, um eine wunderbar gelehrige Pythonschlange vorzustellen – mehr oder weniger das einzige Tier, das uns an diesem Tag keinen Kummer machte. Ich setzte mich hoffnungsfroh in Bewegung, aber dann fiel mein Blick auf den Monitor, der mir zeigte, welches Bild gerade ausgestrahlt wurde. Abgesehen von einer ungewöhnlich langweiligen Wand, war die Monitorscheibe leer. Was nun?

Ich eilte zurück zu der einzigen Stelle, wo man mich sehen konnte, und schlug vor, wir könnten uns doch inzwischen die Krokodile draußen anschauen. Während ich mich über Krokodile ausließ, bedeutete ich meinen Helfern mit wilden Handbewegungen, sie sollten mir doch den Python bringen. Gleichzeitig gelang es dem »Verbindungsmann«, die Riesenschildkröte zwischen den beiden Kameras hindurchzumanövrieren und sie durch eine rasch geöffnete Tür ins Außengehege des Reptilienhauses zu scheuchen. Wir atmeten erleichtert auf, aber unterdessen war der Monitor verschoben worden, so daß ich nicht mehr die Krokodile sehen konnte, denen mein Kommentar galt. Ich deckte mein Mikrophon ab, so gut es ging, und zischte dem Verbindungsmann zu: »Der Monitor! Der Monitor!«

Das löste sogleich die nächste Panne aus. Zufällig bezeichnet das Wort »Monitor« in der Fachsprache der Fernsehleute nicht nur ein Gerät, das alle anderen Menschen schlicht »Fernsehapparat« nennen, sondern so lautet auch der volkstümliche Name, den man im Englischen den Waranen gegeben hat. Eine dieser großen Echsen sollte später in der Sendung auftreten und wurde unterdessen mit einiger Mühe von einem Wärter festgehalten, der links von mir stand. Als er mich nach dem Monitor rufen hörte, mußte er natürlich annehmen, daß ich in dem momentanen Chaos diesen Programmteil vorziehen wollte. Er eilte mit seinem Waran hilfsbereit an meine linke Seite, während zugleich der Pythonpfleger von rechts kam. Als der Regisseur von der Krokodilszene zu mir hinüberblendete, starrten die beiden mächtigen Reptilien einander an, und was sie da sahen, gefiel ihnen ganz und gar nicht. Bedrängt von den sich heftig windenden Tieren, meinte ich, wir könnten vielleicht noch einmal einen Blick auf die Krokodile werfen. Der Regisseur, mittlerweile völlig verstört, nahm mich beim Wort und blendete abermals den Krokodilteich ein – oder vielmehr das, was der Krokodilteich hätte sein sollen. Was wir alle nicht wußten: Draußen hatte inzwischen die flüchtige Riesenschildkröte auf ihrem Rundgang die Stelle erreicht, wo die dritte Kamera stand, die sie langsam so weit rückwärts schob, daß das Objektiv nichts anderes mehr zu erfassen vermochte als eine weitere leere Wand.

Wäre ich nicht so unerfahren gewesen, hätte ich das Malheur den Fernsehzuschauern erklärt, die gewiß die verfahrene Situation ungeheuer komisch gefunden hätten. Aber ich war noch in einem Stadium, in dem ich nicht gerne eingestehen wollte, daß etwas schiefgegangen war. So machte ich tapfer weiter mit dem Vorschlag, wir sollten uns jetzt etwas Kleineres anschauen – einen entzückenden Frosch aus Südamerika. Dadurch sollten der Waranpfleger und der Pythonpfleger Zeit gewinnen, ihre Schützlinge zu beruhigen. Ein Helfer trat vor und setzte den exotischen Frosch auf eine kleine Plattform, die ich in aller Eile zurechtgerückt hatte. Das Tier, das über ein ausnehmend großes Maul verfügte, beäugte die Umgebung eine Sekunde lang und vollführte dann den Sprung des Jahrhunderts, der es weit aus dem Blickfeld hinaustrug. Der Froschpfleger konnte das Tier zwar wieder einfangen, aber es drückte seinen Protest gegen eine solche Behandlung aus, indem es den Daumen des Mannes fest zwischen seinen erstaunlich kräftigen Kiefern einklemmte.

Glücklicherweise befanden wir uns noch in der Zeit des Schwarzweißfernsehens, denn in der folgenden Großaufnahme war deutlich zu erkennen, daß Blut aus dem Daumen des Wärters sickerte und der Mann starke Schmerzen hatte. Nun mußte ich die Aufmerksamkeit von den Qualen des Wärters ablenken; also holte ich aus dem nächstbesten Behälter einen Salamander hervor und begann rasch einen Vortrag über Salamander zu halten. Der Wärter, der wie ich der Meinung war, daß jetzt auf dem Bildschirm eine Nahaufnahme des Salamanders erschien, versuchte den Frosch mit heftigen Handbewegungen abzuschütteln.

Leider konnten die Millionen Zuschauer diesen Vorgang nur allzu deutlich sehen, und am folgenden Tag erhielten wir zahlreiche Zuschriften von Leuten, die sich über die grausame Behandlung des »reizenden kleinen Frosches« beschwerten. Selbstverständlich verlor niemand ein Wort über den übel zugerichteten Daumen des armen Zoowärters.

Das war indes noch nicht das Ende aller Widrigkeiten. Den Höhepunkt unserer Reptiliensendung sollte eine Demonstration mit einer Kobra bilden. Das war der einzige wirklich riskante Programmteil, den wir vorgesehen hatten. Die meisten Schlangenbeschwörer, die mit lebenden Kobras arbeiten, »entschärfen« ihre Tiere, bevor sie sie öffentlich vorführen. Das geschieht auf unterschiedliche Weise. Manche brechen die Giftzähne heraus, andere verschließen den Giftkanal mit Wachs, und wieder andere nähen das Maul der bedauernswerten Schlange fest zu.

Im Londoner Zoo hätte natürlich niemand im Traum daran gedacht, eine Kobra dergestalt zu verletzen. Wir hatten es also mit einer hochgiftigen Schlange zu tun, die zu den gefährlichsten der Welt zählt. Ein Mensch, der von einem solchen Tier gebissen wird, hat nur noch eine halbe Stunde zu leben und stirbt einen unvorstellbar qualvollen Tod. Wir hatten alles mit größter Sorgfalt vorbereitet. Nichts konnte schiefgehen. Reg Lanworn, der Reptilienkonservator des Zoos, gehört zu den erfahrensten Schlangenexperten der Gegenwart. Deshalb wirkte es fast wie ein Scherz, als ich die Kameraleute vor der Sendung ermahnte, sich aus dem Staub zu machen, falls eine Schlange mit geblähtem Halsschild unverhofft auftauchen sollte.

Wir alle kennen das Bild eines fernöstlichen Schlangenbeschwörers, der mit Turban und Lendentuch auf dem Boden hockt und auf einer Flöte seiner Kobra etwas vorspielt, sobald sie aus ihrem kleinen Weidenkorb emporsteigt. Wenn sich der musizierende Mann hin und her wiegt, bewegt sich der Oberleib der Schlange im gleichen Rhythmus nach vorne und hinten. Diese Szene wollten wir nachstellen, freilich ohne die phantasievolle Kostümierung.

Unsere Demonstration sollte ein für allemal den wissenschaftlichen Nachweis erbringen, daß die Schlangen in Wirklichkeit vollkommen taub sind und nicht auf die Musik reagieren, sondern nur auf die kreisende Bewegung der Flöte. Um das zu beweisen, wollten wir zunächst das Flötenzeremoniell durchspielen, und zwar mit einem echten Schlangenbeschwörerinstrument, das ich in einem indischen Laden im Westend aufgetrieben hatte, und dann das Ganze noch einmal ohne musikalische Begleitung wiederholen. Wenn alles klappte, würde sich die Schlange zu der stummen Flöte genauso bewegen wie zu der tönenden.

Viele werden sich vielleicht fragen, warum die Kobras, wenn sie ihrem Korb entsteigen, nicht einfach davoneilen und verschwinden. Die Antwort lautet, daß ihr Schwanzende mit einem Band am Boden des Korbes befestigt ist. Das tut den Tieren nicht weh, verhindert aber eine mögliche Flucht.

Reg Lanworn hatte seine Kobra auf dieselbe Weise präpariert

und den Korb mit einem runden Deckel verschlossen. Alles war bereit. Um die Zuschauer zu beeindrucken, erläuterte ich kurz die Gefahren, die mit unserem Vorhaben verbunden waren, bevor Reg behutsam den Deckel abhob. Die Kobra reagierte wie gewünscht; sie stieg hoch, musterte uns mit ihren starren, glasigen Augen und ließ ihre lange, gegabelte Zunge züngeln.

Ich begann auf meiner Flöte zu blasen und wiegte dabei meinen Oberkörper hin und her. Die Schlange folgte meinem Beispiel. Dann wiederholte ich die Bewegungen in völliger Stille, und zu unserer großen Freude imitierte mich auch dieses Mal die Schlange. Wir hatten unsere These bewiesen. Wenigstens etwas hat in unserer Sendung geklappt, dachte ich. Doch das war voreilig! Die Schlange mußte ja noch vorsichtig in den Korb zurückgelockt und der Deckel wieder aufgesetzt werden.

Als Reg Lanworn seine Fanggabel vorstreckte, um die Kobra zum Rückzug zu bewegen, wandte sich das Tier langsam von uns ab und senkte seinen Leib auf die Tischplatte. Wir mußten nun entsetzt mit ansehen, wie die Schlange aus dem Korb, über den Tisch und auf den Boden glitt. Sie schlängelte sich mit ziemlicher Hast davon, geradewegs auf die Kamera II zu. Der Kameramann hatte Gott sei Dank meine Ermahnung ernst genommen, und statt der Schlange den Fluchtweg abzuschneiden, kletterte er an dem Untergestell seiner Kamera hoch, bis er halbwegs oben saß.

Die Kobra wand sich elegant vorbei und verschwand im Dunkel des Reptilienhauses, eifrig verfolgt von zwei Hilfswärtern. So gelassen wie möglich dankte ich Reg für die faszinierende Vorstellung und kaschierte die allgemeine Verwirrung mit der Anregung, zum Abschied noch einen letzten Blick auf die Riesenschildkröten zu werfen. Während ich das sagte, eilte ein anderer Wärter herbei, um das Vorderteil des Holzgatters zu entfernen, in dem sich alle Schildkröten, mit Ausnahme des Ausreißers, noch immer befanden und friedlich ihren Salat mampften.

Solange das vordere Stück der Umzäunung noch an Ort und Stelle war, konnten wir nichts von den Tieren sehen, doch ich wußte, daß es vor Beginn der Sendung nur leicht angenagelt worden war. Deshalb hatte es ja auch die unternehmungslustigste Schildkröte gleich zu Anfang der Sendung niederreißen können. Ich ahnte freilich nicht, daß man diesen Teil des Gatters nach dem geglückten Ausbruchsversuch sehr viel fester zugenagelt hatte. So lag nun der Schildkrötenwärter hinter mir auf dem Boden, meinem Blick entzogen, und bemühte sich angestrengt, das Brett zu lockern. Doch es wollte nicht nachgeben. Ich spürte, daß etwas nicht stimmte, und füllte die Wartezeit mit ein paar wohlgesetzten Worten über den Schutz der wildlebenden Riesenschildkröten aus.
Gerade als man mir heftig zuwinkte, endlich zum Schluß zu kommen, vernahm ich ein lautes Splittern und Krachen – das Brett hatte am Ende doch seinen Widerstand aufgegeben. Unglücklicherweise blieb dem Wärter nicht genügend Zeit, sich aus dem Blickfeld der Kamera zu entfernen, die sich für die letzte Einstellung auf ihn richtete. Er konnte sich nur noch hinter den Schildkröten flach auf den Boden werfen und hoffen, daß sie ihn verbergen würden. Doch so groß die hochgewölbten Rückenpanzer auch waren, seine Hinterpartie war dennoch deutlich zu sehen. Während die Kamera im Nachspann langsam über Panzer und Popo hinwegglitt, fragte ich mich, was die Fernsehzuschauer wohl von dieser bizarren Kombination von reptilischen und menschlichen Rundungen halten würden. Aber noch mehr beschäftigte mich die Frage, wie die Kobra hatte entkommen können.
Als die Übertragung endlich zu Ende war, blickte ich Reg Lanworn fragend an, doch er schüttelte den Kopf. Für ihn war das Ganze genauso rätselhaft wie für mich. Sobald wir uns vergewissert hatten, daß die Kobra wieder in sicherem Gewahrsam war, untersuchten wir den Weidenkorb. In ihm lag, sorgfältig festgebunden, das abgestoßene hintere Ende der Schlangenhaut. Wir hatten übersehen, daß die Kobra kurz vor ihrer Häutung stand, und das straff angezogene Band hatte ausge-

reicht, diesen Vorgang vorzeitig auszulösen. Welch ein verrückter Zufall!

Merkwürdigerweise erhielten wir niemals Beschwerden über die vielen Pannen im Verlauf der »Zootime«-Serie, solange wir selber die Leidtragenden waren. Sofern den Tieren kein Leid geschah, schienen die zahlreichen Mißgeschicke der Sendung die eigentliche Würze zu verleihen. Als ich eines Tages einige treue Zuschauer unserer Serie auf dem Zoogelände traf, fragte ich sie, ob ihnen nicht aufgefallen sei, wie oft während der Sendung etwas danebenginge, und ob sie das nicht störe. Im Gegenteil, erwiderten sie, gerade die Möglichkeit, daß mir die gezeigten Tiere etwas antun könnten, mache den besonderen Reiz der Serie aus. Sie wußten sehr wohl, daß ihnen ein Live-Programm und nicht sorgfältig bearbeitete Filmkonserven vorgesetzt wurden.

Von da an regte ich mich über Pannen nicht mehr auf. Ich tat nicht mehr so, als kämen sie überhaupt nicht vor. Statt dessen ging ich auf die durch die fremde Umgebung bedingte Unberechenbarkeit der Tiere ein und benutzte die gelegentlichen Fluchtversuche und Mißgeschicke als Erklärung für das Verhalten der betreffenden Tiere. Da war zum Beispiel die charmante Eule, die mir eine solche Gelegenheit bot. Sie saß seelenruhig auf meinem Handgelenk, doch im nächsten Augenblick flog sie plötzlich steil auf und entschwand.

In der Frühzeit der »Zootime«-Serie verwendeten wir noch Mikrophongalgen, die später durch die handlicheren »Halsmikrophone« verdrängt wurden. Bei einem solchen »Galgen« hängt das Mikrophon an der Spitze einer langen Stange, die durch ein Gegengewicht in der Balance gehalten und am anderen Ende von einem Techniker bedient wird.

Da ich still an meinem Platz saß, während ich über die Eule sprach, hatte sich der Techniker einen Augenblick Ruhe gegönnt und deshalb den plötzlichen Start des Vogels nicht bemerkt. Als die Eule den »Galgen« über sich erspähte, dachte sie sich, das sei doch eine viel bequemere Sitzgelegenheit als mein Handgelenk. Sie schwebte durch die Luft und landete si-

cher auf dem mir zugewandten Ende der Stange. Dadurch brachte sie den Mikrophongalgen aus dem Gleichgewicht, der gerade in dem Augenblick heruntersackte, als ich nach oben blickte, um festzustellen, wohin die Eule geflogen war. Und prompt traf mich das schwere Mikrophon genau ins Auge!
Jacques Tati hätte nicht komischer wirken können. Doch statt schnell über das Mißgeschick hinwegzugehen, nutzte ich die Gelegenheit, um auf ein besonderes Merkmal der Eule hinzuweisen, das diesen Zwischenfall erst möglich gemacht hatte. Jeder andere Vogel hätte beim Auffliegen mit seinen Schwingen ein rhythmisches Geräusch verursacht, das den Mikrophonmann bestimmt aufgeschreckt hätte. Aber Eulen seien nun einmal heimliche Nachtjäger, erklärte ich, die sich im Laufe ihrer Stammesgeschichte die Fähigkeit des fast lautlosen Fluges erworben hätten. Ich ließ daraufhin die Eule noch einmal mit den Flügeln schlagen, um meine Behauptung zu beweisen. Auf diese Weise verwandelte ich eine unvorhergesehene Panne in die anschauliche Demonstration eines wichtigen Aspekts des Eulenverhaltens.
Es gab zahlreiche Zwischenfälle dieser Art, und oft erfuhr ich selber etwas Neues über Tiere, während ich auf Sendung war. Schon immer hatten mich die Vogelspinnen fasziniert, jene großen, behaarten Arachniden, die in freier Wildbahn offensichtlich hin und wieder auch einen kleinen Vogel verspeisen. Sie treten regelmäßig in Spionagethrillern und Horrorfilmen auf, in denen sie mit unheimlichen, langsamen Bewegungen auf eine entblößte Körperpartie des Helden zukriechen, der bei ihrem Anblick in panischem Entsetzen aufschreit. Damit soll angedeutet werden, daß diese riesigen Giftspinnen bösartige Kreaturen sind, die sofort tödlich zubeißen, wenn sie mit Menschenhaut in Berührung kommen – eine der vielen Legenden, mit denen ich aufräumen wollte.
Kein wildlebendes Tier attackiert aus freien Stücken einen Menschen, es sei denn, es habe dazu einen sehr gewichtigen Grund. Das Risiko der Selbstvernichtung ist viel zu groß. Schlangen und Spinnen greifen nur dann an, wenn sie sich

selber bedroht fühlen und sich verteidigen müssen. Wenn man auf sie tritt, reagieren sie natürlich entsprechend; doch solange man sie in Ruhe läßt, bleiben sie friedlich. Dies wollte ich mit Belinda beweisen, einer zahmen Vogelspinne aus den Beständen des Zoos.

Belinda konnte mit ihren kräftigen Kiefern einen gefährlichen Giftbiß anbringen, mit dem sie normalerweise ihre Beute lähmte. Oberwärter Ashby, der Spinnenfachmann des Zoos, versicherte mir, sie sei ganz brav, wenn man behutsam mit ihr umgehe. Also wurde sie während einer »Zootime«-Sendung ins Studio geholt und auf meinen Tisch gesetzt. Ich legte meine Hand vor ihr flach auf die Tischplatte und ließ sie mit ihren dicken, behaarten Beinen darüber hinwegkrabbeln. Um zu zeigen, daß sich dieser Vorgang wiederholen ließe, drehte ich die Spinne mit Hilfe eines feinen Aquarellpinsels vorsichtig herum. Aber sie hatte ihre Nummer vorgeführt und wollte sich nicht mehr von der Stelle rühren. Sie saß ganz ruhig da und genoß die angenehm warme Ausstrahlung der Scheinwerfer.

Ich war nicht bereit aufzugeben und stupste ihren plumpen Hinterleib sanft mit dem Pinsel. Immer noch keine Bewegung. Daraufhin stieß ich ein bißchen fester. Und nun begann sie plötzlich, statt wie gewünscht voranzukriechen, mit den Hinterbeinen über ihren behaarten Körper zu reiben. Die Gliederbeine fuhren dabei so schnell auf und ab, daß die Spinne aussah wie ein Spielzeug mit schnurrendem Federwerk. Ich blickte derart gebannt auf diesen Vorgang, den ich für ein optisches Drohsignal hielt, daß ich nicht bemerkte, wie Belinda ihre Haare auszupfte und mir ins Gesicht schleuderte. Als ich die feinen Härchen auf meiner Haut spürte, wischte ich sie weg, aber es war schon zu spät.

»Das sind Urticahaare«, erklärte mir der Oberwärter hinterher mit leicht beunruhigter Miene.

»Wirklich?« fragte ich ziemlich borniert und versuchte mich an die Bedeutung des Wortes »Urtica« zu erinnern. Ich hätte aufgrund meiner botanischen Vorbildung eigentlich wissen müssen, daß *Urtica* der lateinische Name der Nessel ist.

»Wenn sich eine Vogelspinne leicht bedroht fühlt«, fuhr Ashby fort, »besteht ihre erste Verteidigungsmaßnahme darin, daß sie eine Wolke aus Brennhaaren auf jedes Tier schleudert, das ihr zu nahe kommt. Damit verursacht sie eine starke Hautreizung beim Gegner.« Er zeigte mir einen kahlen Fleck auf Belindas Rücken, wo sie sich in früheren unangenehmen Situationen die Haare ausgerauft hatte. Das Gift in ihren Kiefern benötigte sie für den lebenswichtigeren Beutefang, aber ein paar Rückenhaare konnte sie leicht entbehren. Das war also der Grund für diesen Spinnenstriptease!

Nach der Sendung sollte ich die Bedeutung des Wortes »Urtica« nicht so bald wieder vergessen, denn mein Gesicht und Hals liefen feuerrot an und juckten abscheulich.

Die Skorpione erteilten mir eine ganz andere, aber ebenso denkwürdige Lektion. Da bei einem Skorpion der Giftstachel im Schwanz sitzt, glaubte ich, man könne das Tier kampfunfähig machen, indem man es am Schwanz packt. Eine einfache Sache also – das dachte ich jedenfalls.

Vor Beginn der Sendung wurde ein flacher Behälter mit mehreren Skorpionen vor mich hingestellt. Die Tiere waren über ihre exponierte Lage nicht sonderlich erfreut und sausten umher auf der Suche nach einem nicht vorhandenen Stein, unter dem sie sich gerne verkrochen hätten. Wenn sie dabei aufeinanderprallten, richteten sie ihre eingerollten Schwänze auf und ließen sie drohend hin und her zucken. Meine Kühnheit schwand dahin, und ich spürte, wie die Angst in mir aufstieg. Als unheilvolle Nebenwirkung wurden meine Handflächen schweißnaß. Meine Finger waren so glitschig, daß der zappelnde Skorpionschwanz, den ich schließlich zwischen Daumen und Zeigefinger zu fassen bekam, mir sofort wieder entglitt. Der Skorpion fand das gar nicht lustig. Er wurde im Gegenteil noch wütender, drehte sich blitzschnell zu mir herum und stieß mit dem Schwanzstachel in die Luft.

Ich versuchte ihn nochmals zu packen – doch wiederum

vergebens. Im Studio war es auffallend still geworden. Ich hatte den unverzeihlichen Fehler begangen, den Zuschauern zu versprechen, daß etwas Interessantes passieren werde. In diesem Falle hätte ich nicht sagen sollen: »Ich werde Ihnen jetzt zeigen, wie . . .«, sondern lieber: »Was ich vorhabe, ist nahezu unmöglich; trotzdem wollen wir einmal probieren, ob . . .« Ich war eben noch ein Anfänger, der sich selber in eine ausweglose Situation manövriert hatte. Es gab kein Entkommen mehr!

Nachdem ich meine Hände an der Hose abgewischt hatte, fuhr ich mit Daumen und Zeigefinger langsam hinter den größten und imposantesten Skorpion. Ich dachte, er werde sich am leichtesten fangen lassen – doch in Wirklichkeit griff ich nach dem gefährlichsten Exemplar mit der größten Giftdrüse.

Diesmal hatte ich Glück. Ich packte fest zu und konnte das heftig mit den Beinen strampelnde Tier für eine dramatische Großaufnahme hochhalten. Ich hatte mich jedoch so einseitig auf den Schwanzstachel des Skorpions konzentriert, daß ich nicht auf seine kräftigen krebsscherenartigen Kieferntaster achtete. Mit der Gewandtheit eines Trapezkünstlers richtete er sein Kopfende auf meine Fingerspitzen und schnappte wild mit den Scheren in die Luft, um sich für meinen harten Zugriff zu rächen. Ich konnte ihn gerade noch fallen lassen, bevor er mich erwischte.

Hinterher fragte ich den Wärter, was wohl geschehen wäre, wenn mich das Tier gezwickt hätte.

»Sie hätten den Skorpion nicht loslassen können, denn er hätte an Ihren Fingern festen Halt gefunden und sich geweigert, Sie loszulassen. So hätte er mit seinem Schwanz noch mehr Kraft entwickeln können.«

Es war eine ernüchternde Feststellung. Verblüfft und verdrossen zugleich schaute ich dem Wärter zu, wie er einen Skorpion nach dem anderen ergriff und mit der lässigen Grazie eines Obsthändlers, der einer Hausfrau Pflaumen in die Einkaufstasche steckt, zurück in den Behälter setzte.

Sein Geheimnis bestand natürlich in den schnellen Handbewegungen, die den Skorpionen keine Zeit zur Attacke ließen. Sie wurden gepackt, durch die Luft geschwenkt und wieder losgelassen, ehe sie zum Angriff übergehen konnten. Gleichwohl kam ich mir ziemlich dämlich vor und mußte wieder einmal erkennen, wieviel ich noch im Umgang mit Tieren zu lernen hatte. Als ich mich in Oxford mit dem Studium von Kleinvögeln befaßte, hatte es Monate gedauert, bis ich es verstand, einen winzigen Finken mit einer raschen Handbewegung aus einer Voliere herauszufangen, ohne den Vogel zu verletzen oder ihm einen Schock zu versetzen.

Als ich beschloß, den Fledermäusen eine ganze Sendung zu widmen, die nicht gerade zu den Spezialitäten des Zoos gehörten, mußten wir uns außerhalb auf die Suche nach einem Fledermausexperten machen und fanden ihn schließlich in Andrew Watson.

Andrew fuhr in einem Kleinwagen vor, in dem vor der Heckscheibe ein riesiger Flughund kopfunter hing. Dort pendelte er hin und her wie ein Maskottchen, das den nachfolgenden Autofahrern erst auffiel, wenn es unverhofft seine Schwingen ausbreitete und gähnte.

Andrew stieg aus, hakte das Flattertier behutsam los, knöpfte seine Weste auf und hängte es an seine Krawatte. Dann schloß er die Weste wieder bis auf den untersten Knopf, damit das Tier zum Luftschnappen den Kopf herausstrecken konnte. Er meinte, das sei die beste Methode, seine Schützlinge unterwegs warmzuhalten.

Auf dem Weg zum Studio trug Andrew einen ominösen Kasten in der Hand, in dem der Star der Show steckte – ein lebendiger Vampir. Vampirfledermäuse hatten schon immer eine besondere Faszination auf mich ausgeübt, und ich wollte bei dieser Gelegenheit eine weitere Legende zerstören, die behauptete, daß diese Tiere Blutsauger seien. Ich hoffte, nachweisen zu können, daß die Vampire zwar tatsächlich Blut zu sich nehmen, es aber nicht aussaugen, sondern aufschlecken wie eine Katze. Mit ihren spitzen Zähnen können sie die Haut eines schlafenden Säugetiers so behutsam aufschlitzen, daß das Opfer nichts davon merkt. Während es weiterschläft, bleibt der Vampir neben der Wunde sitzen und leckt das austretende Blut mit seiner langen Zunge auf.

Leo Harrison Matthews, der Londoner Zoodirektor, hatte einmal unvorsichtigerweise seine Füße nicht zugedeckt, als er im südamerikanischen Urwald in einem Zelt übernachtete. Während des Schlafs suchten Vampire seine nackten Zehen heim, ritzten die Haut auf und taten sich an seinem Blut gütlich, ohne daß er das geringste spürte – bis er am anderen Morgen die sauberen Einschnitte entdeckte.

Obwohl der Blutverlust unbedeutend ist und dem Opfer auch keine überlangen Vampirzähne wachsen, wie uns die Hollywoodfilme glauben machen möchten, bestehen doch zwei ernstzunehmende Gefahren. Zum einen enthält der Vampirspeichel bestimmte chemische Substanzen, welche die Gerinnung des Blutes verhindern, damit es während der Mahlzeit reichlich fließt. Dadurch verzögert sich der Heilungsprozeß, und es kann überdies leicht eine Wundinfektion hinzukommen. Das zweite und größere Risiko besteht darin, daß wildlebende Vampire eine Vielzahl von gefährlichen Krankheiten übertragen können.

Der fledermausbesessene Andrew allerdings war vor allem um die Sicherheit seines Vampirs besorgt. Auf keinen Fall durfte das Tier entkommen, wenn es irgendwelchen Ärger geben sollte. An diesem Tag wurden im Aufnahmestudio strenge Sicherheitsvorschriften eingeführt, so als wollten wir einen Film mit der Garbo drehen. Besuchern war der Zutritt absolut verboten, und die Kameraleute wurden sorgfältig instruiert. Es fand nicht einmal eine Generalprobe statt, denn als Höhepunkt der Sendung war die Fütterung des Vampirs mit frischem Blut vorgesehen, und Andrew wollte seinen Schützling bis dahin bei gutem Appetit halten.

Im ersten Teil des Programms verlief alles nach Wunsch. Andrew wartete hinter den Kulissen geduldig auf seinen Auftritt, und sein heißgeliebter Flughund kuschelte sich unter der Weste an ihn. Hin und wieder streckte das Tier den Kopf heraus, um mit seinen Kugelaugen das Terrain zu sondieren – ein seltsam obszöner Anblick, als hätte Andrew vergessen, »seine Kleider zu ordnen«.
Als der Flughund vor der Kamera erscheinen sollte und Andrews Vorderpartie in Großaufnahme gezeigt wurde, verstärkte sich dieser Eindruck beträchtlich, denn der Fledermauskopf glich jetzt noch mehr einem bepelzten Rokokophallus. Andrew war sich dessen überhaupt nicht bewußt und stopfte mit entwaffnender Unbekümmertheit weiterhin Bananenstückchen in seine Weste hinein. Am Ende knöpfte er sie flink auf und zeigte dem erwartungsfrohen Millionenpublikum seine Riesenfledermaus in voller Größe.
Dann war es Zeit für den Auftritt des Vampirs. Wir beide, Andrew und ich, trugen kleine Mikrophone um den Hals, deren lange Schleppkabel zu irgendwelchen fernen Steckdosen führten. Während Andrew seinen Flughund vorführte, verhakte sich sein Kabel an einem Möbelstück, so daß seine Bewegungsfreiheit stark eingeschränkt war. Aber er sprach gerade mit solcher Begeisterung von seinen Tieren, daß ich ihn nicht unterbrechen wollte.
Andrew holte den Vampir behutsam aus seinem Kasten und setzte ihn auf meinen Tisch, nicht weit von einer flachen Glasschale mit frischem Blut entfernt, das er von einem freundlichen Metzger in seiner Nachbarschaft bekommen hatte. Das Tier schnupperte genüßlich und hüpfte auf die Schale zu. Seine merkwürdige Fortbewegungsweise verblüffte mich, denn Fledermäuse schlurfen in der Regel auf dem Boden umher – ganz anders jedoch dieser Vampir. Er bewegte sich springend überaus geschickt auf allen vieren fort wie ein aufgezogenes, hochbeiniges Spielzeugtier.

Ich erkannte, daß der Vampir mit diesem Hüpfgang das Problem gelöst hatte, sich unbemerkt einem nichtsahnenden schlafenden Säugetier zu nähern. Er konnte sich lautlos an sein Opfer heranpirschen und sich auch schnell wieder davonmachen, falls es aufwachen sollte. Tatsächlich vermochte er ebenso flink vorwärts wie rückwärts zu hüpfen – und das war unser Unheil!
Nachdem der Vampir mit seiner langen, muskulösen Zunge erwartungsgemäß eine große Portion Blut aufgeschleckt hatte, richtete er sich auf, offensichtlich erheblich gekräftigt. Ohne Vorwarnung begann er energisch auf der Tischplatte herumzuhüpfen, und zum erstenmal zeigte sich Andrew beunruhigt. Er meinte, es sei höchste Zeit, die Vorstellung zu beenden, und trat vor, um die Fledermaus zu greifen. Das war kein leichtes Unterfangen, denn wenn man den Vampir nicht richtig erwischte, war er nur zu schnell bereit, die Hand zu beißen, die ihn gefüttert hatte. Andrew hatte bei seinem ersten Versuch Pech, und der Vampir hielt die Zeit für gekommen, sich aus dem Staub zu machen. Doch statt nach echter Drakulamanier hochzufliegen, sprang er über die Tischkante hinweg auf den Boden und hüpfte zwischen den Kabelhaufen und den eiligst zurückweichenden Beinen des Aufnahmeleiters hindurch. Andrew war entsetzt. Seinem Tier könnte doch etwas passieren! Ohne daran zu denken, daß er ein Mikrophon um den Hals trug, nahm er quer durch das Studio die Verfolgung auf. Auf halber Strecke, während er noch immer auf dem Bildschirm erschien, hatte ihn das verhedderte Mikrophonkabel, das sich um seinen Hals spannte, jäh zum Stehen gebracht. Weil er dabei zu dicht vor die Kamera geriet, sahen die Zuschauer nur ein verzerrtes Bild seines Kopfes, der plötzlich einen Ruck machte und nach unten absackte, als hätte ihn ein Gruselfilmmonster zu Boden gezerrt. Von unten drangen gurgelnde Laute empor, als er sich bemühte, die Kabelschlinge um seinen Hals zu lösen.
Die Fernsehzuschauer, die keine Ahnung von den Tücken

eines Halsmikrophons hatten, waren inzwischen restlos überzeugt, daß sich der vom Vampir gebissene Andrew in Todeskrämpfen wand. Viele eilten ans Telefon und riefen entweder den Zoo oder die Zeitungsredaktionen an, die wiederum bei der Zoodirektion nachfragten, ob es wirklich zutreffe, daß in London ein Vampir sein Unwesen treibe. Bram Stoker, der Verfasser des Drakula-Romans, hätte seine helle Freude daran gehabt.

Ich brauche wohl kaum noch zu erwähnen, daß alle sehr enttäuscht waren, als sie die Wahrheit erfuhren. Wären die Leute vor ihrem Fernseher sitzen geblieben, hätten sie die verrückte Verfolgungsjagd im Studio miterleben können, bei der Andrew am Ende doch den Sieg davontrug. Es gelang ihm schließlich, den reizenden Vampir zu stellen, der in seinem euphorischen »Blutrausch« vergnügt und ausgelassen umherhüpfte.

Nach dieser Erfahrung beschloß ich, etwas zu unternehmen, um den schlechten Ruf der Fledermäuse in der öffentlichen Meinung zu verbessern. Ich befragte einige Zoobesucher, warum sie solche Angst vor diesen Tieren hätten, und erfuhr, daß sich vor allem die Frauen davor fürchteten, ein solches Ungeheuer könne sich auf ihren Kopf niedersenken und in ihrem Haar verheddern. Denn alten Ammenmärchen zufolge ließ sich in diesem Falle die Fledermaus nur dadurch entfernen, daß man das gesamte verknäulte Haar abschnitte – eine entsetzliche Vorstellung.

Um diesem Unsinn entgegenzuwirken, drehten wir einen kleinen Film mit einem Mädchen, in dessen langes Haar wir mehrmals eine Fledermaus hineinsteckten. Man konnte deutlich sehen, daß das Tier jedesmal in aller Ruhe wieder hervorkroch. Ich erklärte dazu, eine Fledermaus könne nicht nur mühelos aus Menschenhaar herausfinden, sondern es sei auch höchst unwahrscheinlich, daß sie von sich aus überhaupt ein solches Ziel anflöge. Das Echopeilsystem, mit dessen Hilfe sich die Tiere im Fluge orientierten, sei so empfindlich, daß sie sich schwerlich auf den Kopf einer arglosen Dame verirrten, die im Mondschein spazierengehe. Es war in der Tat schwer zu verstehen, wie eine so absonderliche Legende hatte entstehen können. Daher bat ich Ramona, den Ursprung dieses Aberglaubens einmal historisch zurückzuverfolgen.

Dabei stieß sie auf eine interessante Geschichte, die mich zwang, meine völlige Ablehnung des alten Märchens zu modifizieren. In der guten alten Zeit, als die Menschen auf dem Lande noch in primitiven Behausungen wohnten, in denen sich häufig Fledermäuse an den Deckenbalken und -vorsprüngen zur Ruhe begaben, muß es tatsächlich zuweilen vorgekommen sein, daß den am Kaminfeuer sitzenden Frauen solche Tiere in die Haare gerieten. Fledermausbabys klammern sich fest an das Fell ihrer Mutter; doch hin und wieder verlieren sie den Halt und stürzen zu Boden.

Wenn das nun unmittelbar über dem Kopf einer langhaarigen Frau geschah, bestand die Reaktion des Fledermauskindes darin, daß es sich sogleich in dem dichten Haar verkroch, auf dem es gelandet war, und sich beharrlich weigerte, das warme »Nest« wieder zu verlassen. Das konnte dann bei der Frau zu einer Panik führen und zu einer so hektischen Haarrauferei, daß die haarige Fledermauslegende in diesen seltenen Fällen zu einer Realität wurde.

Wir Menschen sind indes nicht die einzigen, die an derartigen Tierphobien leiden. Wir teilen sie mit unseren nächsten Verwandten, den Menschenaffen, wie ich im Verlauf einer anderen »Zootime«-Sendung entdeckte. Ohne überhaupt einen Zwischenfall für möglich zu halten, ließ ich ahnungslos einen großen Python und zwei reizende Orang-Utans im selben Programm mitwirken. Die beiden Auftritte lagen ohnehin weit auseinander. Ich wußte zwar, daß Affen beim Anblick von kleinen, zappelnden Schlangen oder großen Insekten manchmal in Aufruhr geraten, doch nahm ich an, der mächtige und vergleichsweise unbewegliche Leib eines großen Pythons, der sich um den Körper eines Wärters wand, werde kaum die typische Panikreaktion auf alles »Krabbelgetier« auslösen, wel-

che die Affen mit so vielen Menschen gemeinsam haben. Aber ich hatte mich geirrt.
Sobald die Orang-Utans in das Aufnahmestudio gebracht wurden und die Riesenschlange erblickten, gerieten sie in panisches Entsetzen. Ich habe nie in meinem ganzen Leben zwei Orang-Utans gesehen, die ein solches Temperament entwikkelt hätten. In zoologischen Gärten werden die Orangs nur zu oft träge und lethargisch. Sie hocken den ganzen Tag auf dem Zementboden wie rostbraune orientalische Statuen. Wenn sie sich bewegen, sieht es so aus, als schwämmen sie in Sirup umher. Besonders unternehmungslustig sind sie jedenfalls nie. Doch dieser Eindruck war wie weggewischt, als unsere beiden Affen den wunderschön gezeichneten zahmen Python erspähten. Mit spitzen vogelähnlichen Kreischlauten schwangen sie ihren massigen Leib auf den nächstbesten Kameragalgen und verschwanden oben zwischen den zahlreichen Dekkenlampen. Der Affenwärter probierte sämtliche Tricks aus, um sie herunterzulocken – doch sie rührten sich nicht. Erst als die Schlange entfernt wurde, wagten sie sich aus ihrem Versteck. Seitdem habe ich nie wieder versucht, Affen und Schlangen in einer »Zootime«-Sendung zusammenzubringen. Ich habe allerdings einen eigenen Film zu diesem Thema gedreht, und zwar mit einer mechanischen Spielzeugschlange und einem jungen Schimpansen. Die Schlange wurde mit einem kleinen Schlüssel aufgezogen, woraufhin sie sich eine Zeitlang wie eine echte bewegte. Als wir sie dem Schimpansen vor der Filmkamera zeigten, konnten wir die heftige Reaktion des jugendlichen Affen auf die Schlangenbewegungen aufzeichnen. Laut kreischend ergriff er die Flucht, wandte jedoch keine Sekunde lang die Augen von dem Spielzeug ab.
Erst als das Schlängeln aufhörte und der vermeintliche »Feind« wieder still dalag, traute sich der Schimpanse heran. Mit gesträubtem Haar kam er zögernd näher und stieß dabei einen bellenden Warnruf aus. Dann holte er mit einem Bein aus und versetzte dem Spielzeug einen so heftigen Tritt, daß es durch die Luft flog. Dadurch kühner geworden, folgte er

der Schlange und verpaßte ihr dicht hinter dem Kopf einen kräftigen Hieb. Als sie reglos liegenblieb und offensichtlich tot war, streckte der Affe vorsichtig den Arm aus, ergriff sie bei der Schwanzspitze und schmetterte ihren Kopf auf den Boden, wobei er gleichzeitig abermals Reißaus nahm. Er kehrte jedoch immer wieder zu ihr zurück und attackierte sie von neuem, bis er schließlich überzeugt zu sein schien, daß der »Feind« keine Bedrohung mehr darstellte. Schließlich packte er das Spielzeug und demolierte es völlig.

Das Verhalten des Schimpansen war deshalb so verblüffend, weil er fast sein ganzes Leben in Gefangenschaft zugebracht hatte und niemals einer echten Schlange begegnet war. Die heftigen Reaktionen, die er jetzt zeigte, schienen also ganz und gar angeboren zu sein.

Ich wollte genau wissen, welche Signale seine Angst und seine anschließenden wilden Attacken ausgelöst hatten. War es die schlängelnde Bewegung oder die naturgetreue Bemalung der Spielzeugschlange – oder beides? An einem anderen Tag zeigte ich dem Schimpansen ein Stück Gummischlauch, das ich plötzlich in schlangenähnliche Bewegungen versetzte. Das Tier gab sofort seinen Schrecken zu erkennen, allerdings nicht so stark wie vorher bei der aufgezogenen Spielzeugschlange. Schon nach kurzer Zeit überwand es seine Furcht und begann vergnügt mit dem Schlauch zu spielen wie mit einem ganz gewöhnlichen Gegenstand, den es zu untersuchen galt. Ich nahm den Schlauch wieder weg und bemalte ihn mit einer zickzackförmigen Schlangenzeichnung.

Daraufhin wiederholte ich das Experiment. Als ich mit dieser verbesserten Schlangenattrappe vor den Augen des Schimpansen herumfuchtelte, ergriff er unverzüglich die Flucht, kehrte aber gleich wieder zurück und attackierte den Schlauch mit einem blitzschnellen Schlag. Im folgenden benahm er sich nicht anders als gegenüber dem Spielzeug. Am Ende der Vorstellung schleuderte er den Schlauch heftig von sich und kümmerte sich nicht weiter um ihn.

Demnach spielten sowohl die schlängelnden Bewegungen als

auch die charakteristische Zeichnung eine wichtige Rolle bei der Identifizierung der Schlange als eines gefährlichen Lebewesens, dem man mit großer Furcht und äußerster Wachsamkeit begegnen muß. Das ist ein sinnvolles Verhalten und entspricht dem natürlichen Lebensstil freilebender Affen, in deren Heimat es von Giftschlangen wimmelt, die unbestreitbar eine echte Gefahr bedeuten.

Als ich mit Hilfe eines Fernsehquiz die Tierphobien junger Menschen untersuchte, ergab sich, daß etwa 50000 englische Kinder, also ungefähr jedes dritte, in der Liste der »bestgehaßten Tiere« die Schlange auf den ersten Platz setzten. Dabei handelte es sich um Jugendliche, die in einem Land leben, wo die Chance, vom Blitz erschlagen zu werden, weit größer ist als die, einer giftigen Schlange zum Opfer zu fallen. Die angeborene Angst vor diesen Reptilien ist offensichtlich auch im Menschen tief verwurzelt und reicht zurück in jene ferne Vergangenheit, als für unsere Vorfahren, nicht anders als für die heutigen Menschenaffen, der Tod durch Schlangengift noch eine wirkliche Bedrohung war. Das ist jedenfalls eine plausible Erklärung im Sinne der Evolutionsgeschichte.

Eine andere und noch überraschendere Phobie der Schimpansen kam bei folgendem Test zum Vorschein: Wir boten jungen Schimpansen verschiedene Nüsse, Früchte und Gemüsesorten an und registrierten, welche Futtergaben als erste genommen und welche verschmäht wurden. Dann fügten wir einen Pilz hinzu. Die Reaktion darauf war geradezu dramatisch. Ein junges Männchen näherte sich dem harmlosen eßbaren Pilz, beschnupperte ihn und stob kreischend davon, wobei es den Boden des Studios mit seinen Exkrementen bekleckerte. Darauf tat der Affe etwas, was er bisher noch nie versucht hatte. Er stieß die Doppeldrehtür auf, stürmte ins Freie und rannte weiter, so schnell ihn die Füße trugen. Dabei schrie er so wild, als ob ein Löwe hinter ihm her wäre. Ich entdeckte ihn, wie er in einer Ecke kauerte, und versuchte ihn ins Studio zurückzulocken, doch ohne Erfolg. Jedesmal, wenn wir uns den Drehtüren näherten, machte er wimmernd kehrt. Erst nach

mehreren Tagen konnten wir ihn zur Rückkehr ins Studio bewegen. Nun wagten wir es nicht mehr, den Pilztest fortzuführen, weil wir befürchteten, das Tier könne sich dermaßen aufregen, daß es nie wieder das Gebäude betreten werde.
Einige Zeit später unternahmen wir mit einem zahmeren Schimpansen einen erneuten Versuch, diese merkwürdige Pilzreaktion im Film zu dokumentieren. Das Tier benahm sich zwar weniger ungebärdig, zeigte sich aber ebenfalls beunruhigt, nachdem es den Pilz beschnüffelt hatte. Doch dann griff es den Pilz an und zerlegte ihn in kleine Stücke, die es sofort außer Reichweite fegte. Als wir ihm einen Holzpilz anboten, blieb die entsprechende Reaktion aus. Anschließend imprägnierten wir eine Banane – normalerweise seine Lieblingsnahrung – mit Pilzgeruch und erlebten, wie der Schimpanse sie als zum Verzehr ungeeignet zurückwies. Augenscheinlich war nicht die Pilzform, sondern der typische Pilzduft der entscheidende Auslöser, der den Affen vor einem widerwärtigen Objekt warnte, das er um jeden Preis zu meiden habe.
Auch das ergibt einen Sinn. Im natürlichen Lebensraum der Schimpansen gibt es nicht nur giftige Schlangen, sondern auch giftige Pilze, und eine abweisende Reaktion darauf kann ebenfalls lebenswichtig sein. Da die betreffenden Affen dieses Verhalten nicht aus persönlicher Erfahrung gelernt hatten, lag offensichtlich auch in diesem Falle eine angeborene Abneigung vor.
Während der »Zootime«-Serie lernte ich fast bei jeder etwas Neues hinzu. Allerdings bedauerte ich, mich bereits mit dem Programm der folgenden Woche befassen zu müssen, sobald ich ein neues Problem entdeckt hatte, das eine gründlichere Erforschung verdient hätte. Ich erinnerte mich daran, daß Niko Tinbergen mich in Oxford vor meinem Hang zur Verzettelung gewarnt hatte. Nun plötzlich verspürte ich selbst das Bedürfnis, tiefer in spezielle Probleme einzudringen. Aber mir blieb dazu keine Zeit: Woche für Woche mußte die Schau weitergehen. Zum erstenmal seit meinem Abschied vom zoologischen Institut vermißte ich mein Laboratorium.

Bis zum Ende des ersten Jahres hatten wir einundfünfzig halbstündige Programme ausgestrahlt und mehrere Filme gedreht. Insgesamt hatte ich rund dreihundert einzelne Tierfeatures konzipiert und präsentiert und litt allmählich an zoologischen Magenbeschwerden. Mein Gesicht war inzwischen so bekannt, daß ich kaum noch ungestört das Zoogelände durchstreifen konnte, um meine Beobachtungen zu machen. Sobald ich vor einem Gehege stehenblieb, wurde ich von Autogrammjägern umlagert. Am Anfang war das für mich eine große Selbstbestätigung, die ich ohne jede Scham genoß, doch nach einiger Zeit verloren auch diese schmeichelnden Erfahrungen an Reiz.

Als ich in den Zoo übersiedelte, hatte ich eigentlich die Absicht gehabt, ernsthafte Filme über tierisches Verhalten zu machen, die einem breiten Publikum die Erkenntnisse der Ethologie nahebringen sollten. Bald aber wurden diese Pläne durch die immer beliebter werdende »Zootime«-Serie nach und nach in den Hintergrund gedrängt. Soviel Spaß mir auch die Arbeit an dieser Sendung machte, es konnte bei weitem nicht die verhaltenswissenschaftlichen Ansprüche erfüllen, die mir vorschwebten. Ich dachte allen Ernstes daran, wieder in den akademischen Forschungsbetrieb zurückzukehren. Das Gleichgewicht zwischen den beiden Seiten meiner Persönlichkeit, zwischen dem forschenden Wissenschaftler und dem Popularisator, geriet zunehmend ins Wanken. Schließlich besprach ich mein Dilemma mit den Direktoren von *Granada*. Sie erklärten sich mit einer Vergrößerung des Filmteams einverstanden; außerdem wurden im Gebäude des alten Tierkrankenhauses zusätzliche Studios eingerichtet, in denen wir uns an anspruchsvollere langfristige Vorhaben heranwagen konnten. Aber die Herren überredeten mich auch, mit der »Zootime«-Serie doch weiterzumachen, die als Live-Programm trotz allem stets die Oberhand behielt.

Mein Unbehagen an einem großen Teil meiner Arbeit hatte eine seltsame Auswirkung. Da es unmöglich war, »Zootime« wissenschaftlicher zu gestalten und so mehr innere

Befriedigung zu finden, verfiel ich in das andere Extrem und wurde immer mehr zum »Unterhaltungskünstler«. Es war, als hätte ich mir gesagt: Na schön, wenn wir schon nichts Seriöses bieten können, wollen wir wenigstens für etwas mehr Spaß sorgen. Inzwischen war ein neuer Regisseur namens Mark Lawton für »Zootime« zuständig, und gemeinsam machten wir uns daran, das Programm aufzulockern. Wir ließen Stargäste auftreten, veranstalteten Preisausschreiben und räumten dem Showbusiness immer breiteren Raum ein, präsentierten Schimpansen-Teekränzchen und Elefanten-Gemeinschaftsbäder. Einmal moderierte ich eine Sendung sogar auf dem Rücken einer Elefantenkuh, was so lange gutging, bis das Tier unter einem niedrigen Baum hindurchschritt und ich im Geäst verschwand.
Anstatt wie früher das Schwergewicht auf die Beobachtung der Tiere zu legen, zielte ich mehr und mehr auf dramatische Effekte ab. Ich ließ mir das Gesicht von einem riesigen Wolf ablecken, ließ mich von einem Lama anspucken und von einem Kamel begeifern. Mein Haar wurde von einem Pavian »entlaust«, von einem Gibbon zerwühlt und von einem Ara bekleckert. Meine Finger wurden von einem Mungo benagt, von einem Buschbaby beknabbert und von einem Pelikan gezwickt. Der Ethologe war zum »Zoomann« geworden.
Ich spielte diese Rolle mit einer fast perversen Schalkhaftigkeit, als wollte ich bis zu einer Grenze vorstoßen, an der mich der Ekel packen würde. Den Höhepunkt meiner Show-Einlagen boten zwei kunstvoll arrangierte Darbietungen: der »Bananendiebstahl« und das »Straußeneieromelette«. Beide hatten zwar einen soliden zoologischen Kern, der aber dermaßen von theatralischem Unsinn überlagert wurde, daß er kaum noch zu erkennen war.
Der Bananendiebstahl sollte beweisen, daß die Fingerabdrücke der Affen denen der Menschen sehr ähnlich sind. Mehrere Schimpansen und Orang-Utans wurden ins Aufnahmestudio zum Verhör »vorgeladen«. Dann verkündete

ich, daß eines der Tiere ein paar Bananen aus einer Blechbüchse entwendet habe, die auf meinem Bücherregal stand. Belastendes Material in Form von Bananenschalen gab es genug, aber der Schuldige war nicht zu ermitteln. Wir mußten also Scotland Yard einschalten. Chefinspektor Bob Cherryl, der kurz zuvor als Leiter der Fingerabdruckabteilung pensioniert worden war, traf im Studio ein und holte seine daktyloskopischen Instrumente hervor. Als er die Blechbüchse bestäubte, entdeckte er auf ihr einen brauchbaren Fingerabdruck, woraufhin er sie sofort zum Fotografieren ins Labor schickte. Dann nahm er von allen Verdächtigen Fingerabdrücke ab. Weil er seinen Part mit todernster Miene spielte, löste das dabei entstehende Chaos, in dem Tinte verspritzt wurde und Papier durch die Luft flog, eine allgemeine Heiterkeit aus. Die Einlage hätte nur eher zu einer Slapstickkomödie als zu einer zoologischen Demonstration gepaßt. Schließlich hatte er alle notwendigen Abdrücke beisammen, die er nebeneinander aufreihte und mit denen auf der Büchse verglich. Bei dem Fingerabdruck einer Orangdame namens Annabelle konnte er sechzehn Einzelheiten feststellen – Wirbel, Schleifen, Gabeln und Brüche –, die mit denen des Büchsenabdrucks übereinstimmten. Annabelle, die von allen versammelten Affen die dickste und gefräßigste war und von vornherein den größten Verdacht auf sich gelenkt hatte, war des heimtückischen Verbrechens überführt.

Das »Straußeneierdrama« wurde mit noch größerem Aufwand inszeniert. Ich wollte den Nachweis führen, daß die großen Anstrengungen, welche die wildlebenden Strauße unternehmen, um potentielle Eierdiebe von ihrem Nest fernzuhalten, nur den einen Schluß zuließen, nämlich daß diese Eier sehr gut schmecken mußten. Man hat des öfteren Strauße beobachtet, die so taten, als hätten sie einen gebrochenen Flügel – ein raffiniertes Täuschungsmanöver, bei dem der Elternvogel angesichts eines herannahenden Feindes mit einem herabhängenden, »gebrochenen« Flügel vom Nest wegrennt. Auch viele andere Vogelarten zeigen diese erstaunliche Verhaltensform, die dem Schutz der Nachkommenschaft dient. Der Angreifer wird dadurch ermutigt, dem Altvogel nachzustellen, den er wegen seiner scheinbaren Verletzung für eine leichte Beute hält, und auf diese Weise von dem Nest mit den empfindlichen Eiern abgelenkt. Sobald der Räuber den Elternvogel eingeholt hat, läßt dieser seine Maske fallen und rast mit Höchstgeschwindigkeit davon.

Um zu demonstrieren, daß sich diese Taktik für den Strauß bezahlt macht, sollte ich zum krönenden Abschluß der Sendung ein Straußenei braten und verspeisen. Die Möglichkeit dazu gab uns eine alleinstehende Straußenhenne, die unermüdlich unbefruchtete Eier legte. Der Regisseur forderte in der Requisite eine komplette Küche an, in der ich die kulinarische Großtat vollbringen sollte. Mein Gehilfe Michael Lyster (ein sehr erfinderischer zoologisch-technischer Assistent, den ich aus Oxford entführt hatte) und ich sollten uns beim Öffnen des Eies möglichst viel Zeit nehmen. Wir wurden, zusätzlich zu den üblichen Küchengeräten, mit Hämmern, Meißeln und einer Säge ausgerüstet und hatten Anweisung, die Fernsehzuschauer zum Lachen zu bringen, indem wir das Aufbrechen des dickschaligen Rieseneies als überaus schwierig hinstellten.

Als wir zum letzten Programmpunkt kamen, der Zubereitung des Straußeneiomelettes, erklärte ich zunächst, daß die Vögel ihre Eier deshalb so scharf bewachten, weil diese sehr wohlschmeckend seien, und begab mich dann in die Küchenkulisse. Als erstes ließ ich mir eine große Porzellanschüssel bringen, an deren Rand ich das Straußenei aufschlagen wollte, wie es die Hausfrau mit einem gewöhnlichen Hühnerei macht. Als das Ei auf den Schüsselrand auftraf, zersprang die Schüssel in mehrere Teile. Auf dem zähen Ei war nicht einmal ein Kratzer zu sehen. Erster Lacherfolg! Dann versuchte ich das Ei auf einem Teller zu zerschlagen. Der Teller ging ebenfalls zu Bruch. Zweiter Lacherfolg! Darauf nahm ich das unversehrte Ei fest in die Hand, und Michael versuchte es entzweizusägen, doch die Säge rutschte ab. Dritter Lacherfolg!

Jetzt machten wir uns mit Hammer und Meißel an die Arbeit. Dabei mußten wir vorsichtig vorgehen. Sollten wir zu fest zuschlagen, würde der Inhalt des Eis in unseren Gesichtern und nicht in der Bratpfanne landen. Der Meißel rutschte ab, auch beim zweiten Mal. Der Aufnahmeleiter gab uns ein Zeichen, daß wir nicht mehr viel Zeit hätten. Wir gerieten in Panik und hatten nun tatsächlich Schwierigkeiten, das Ei aufzubekommen. In unserer Verzweiflung versuchten wir mit dem Hammer allein die Schale zu zertrümmern – ohne Erfolg. Noch einmal griffen wir zur Säge. Vergebens. Unsere Befürchtung wuchs, daß der Auftritt zum erstenmal wirklich komisch auf unsere Kosten wurde. Zwei ungeschickte Männer, die mit einer scheinbar leichten Küchenarbeit nicht zu Rande kamen, versetzten eine Million Hausfrauen im ganzen Land in größte Schadenfreude.

Als es uns endlich gelang, die Eischale mit einem machtvollen Hammerschlag zu zerbrechen, und sich die klebrige Masse in eine überdimensionale Pfanne ergoß, entstand, wie wir später erfuhren, bei den Zuschauern noch mehr Gelächter. In der Eile hatte ich vergessen, Butter in die Pfanne zu geben, und verrührte nun frischfröhlich Eidotter und Eigelb, die zusammen dem Gewicht von zwanzig Hühnereiern entsprechen, in der rasch heißer werdenden Pfanne, in der nichts die erhitzte Metalloberfläche von der rohen Eimasse trennte. Der Aufnahmeleiter schrieb in großen Lettern das Wort BUTTER auf ein Stück Pappe und hielt es in die Höhe. Ich gab einen Fluch von mir, der für ein Familienprogramm ziemlich unpassend war, während Michael mit einem halben Pfund Butter herbeistürzte, das ich nach besten Kräften unter den schmierigen Brei zu drücken versuchte. Ich benutzte dabei einen breiten Spachtel, wie man ihn normalerweise zum Wenden von Pfannkuchen oder zum Anrichten von Rührei auf einem Teller verwendet. Dieses Instrument wies zahlreiche Löcher auf, durch die gelbe Fontänen aus geschmolzener Butter emporstiegen, die ich kaum unter Kontrolle zu bringen vermochte.

Als ich jetzt das Zeichen »Nur noch eine Minute!« erhielt, gab ich den Versuch auf und begann die widerliche Masse heftig umzurühren, in der Hoffnung, daß sie am Ende, wenn ich sie essen mußte, nicht mehr wie der Inhalt eines Riesenspucknapfes aussehen möge. Michael hielt Teller und Gabel bereit, und sobald das Dreißig-Sekunden-Signal kam, blieb mir keine andere Wahl mehr. Ich häufte mir eine große Portion des noch immer rohen und klebrigen Breis auf den Teller und trat vor die Kamera, um die abschließende Naheinstellung über mich ergehen zu lassen. Nachdem ich mich von meinen Zuschauern verabschiedet hatte, spießte ich mit der Gabel einen schlabbrigen Klumpen des von Butter triefenden Schleims auf, der ein delikates Straußeneiomelette darstellen sollte, grinste albern in die Kamera und seufzte: »Oh, kööööstlich!«

Nichts entzückt englische Fernsehzuschauer mehr als das echte – nicht gespielte – Mißbehagen eines seriösen Moderators. Das Programm fand begeisterte Zustimmung, aber die Wissenschaft und die Zoologie waren dabei entschieden zu kurz gekommen. Mir hatte der Unsinn Spaß gemacht, doch gleichwohl hinterließ die Sendung aus mehr als einem Grund bei mir einen unangenehmen Nachgeschmack. Ich hatte endlich in mir die Reaktion erzeugt, die ich im Grunde angestrebt hatte. Ich hatte mich über den Grat hinausgewagt und war jetzt nur noch darauf bedacht, wieder auf die andere Seite zu gelangen. Mein Entschluß stand fest – ich wollte *Granada* verlassen und in die akademische Welt zurückkehren.

Daß ich dennoch meine Kündigung erst viele Monate später einreichte, ist ganz und gar die Schuld eines einzigen Tiers – eines kleinen Schimpansen mit Namen Congo. Wir hatten ihn ursprünglich als Maskottchen von »Zootime« erworben, das regelmäßig jede Woche auf dem Bildschirm erschien und für die Zuschauer seit langem ein vertrauter Anblick war. Doch schon bald sollte er weit mehr darstellen. Selbst für einen Schimpansen, dem intelligentesten Lebewesen nach dem Menschen, war er außergewöhnlich klug. Congo wohnte nicht im Affenhaus des Zoos, sondern hatte seine eigene Unterkunft im Studiogebäude und wurde von einem hauptamtlichen Gehilfen betreut, wie es seiner Starposition angemessen war. Ich brachte viele Stunden damit zu, ihn in dieser privaten Atmosphäre zu beobachten, und so wuchs allmählich mein Entschluß, mich eingehender mit dem Schimpansenverhalten zu befassen. Diese Studien machten mir in den kommenden Monaten die Oberflächlichkeit der »Zootime«-Serie einigermaßen erträglich.

6

»Der in der Ecke ist ein Raufbold. Wenn Sie sich für ihn entscheiden, steht Ihnen einiges bevor.« Der Affenwärter ergriff eine kleine Schimpansin und drückte sie mir in die Arme. Sie verhielt sich ruhig und zutraulich.
»Das ist genau das Richtige für Sie«, sagte der Wärter mit Nachdruck.
Ich war mir dessen nicht so sicher. Ich kannte mich mit jungen Schimpansen nicht aus, aber das kleine Männchen in der Ecke schien mir weit mehr Temperament zu haben als seine manierlicheren Gefährten. Er regte sich furchtbar über irgend etwas auf. Seine Energie und Aufgewecktheit beeindruckten mich. Ich trat auf ihn zu und setzte mich neben ihn, tat aber so, als beachtete ich ihn nicht, denn ich wollte ihn nicht noch mehr beunruhigen.
Ich befand mich im Quarantäneraum des Zoos, wo eine kürzlich eingetroffene Gruppe von sechs einjährigen Schimpansen soeben ihre medizinische Überprüfung abgeschlossen hatte. Fünf Tiere sollten ins Affenhaus übersiedeln. Das sechste, das ich mir aussuchen durfte, würde bei uns im Fernsehstudio wohnen, als Star der »Zootime«-Serie. Da ich wußte, wie eng ich mit dem Auserwählten zusammenarbeiten mußte, wollte ich nichts überstürzen. Meine endgültige Wahl entsprach in gewisser Weise der Adoption eines Kindes; deshalb nahm ich auch die Verär-

gerung des Wärters in Kauf, indem ich seinen fachmännischen Rat in den Wind schlug.
Ich setzte das menschenfreundliche kleine Weibchen auf den Boden, das zu seinen Kameraden hinüberlief und mit ihnen friedlich zu spielen begann. Nur der kleine, erregte Schimpanse blieb allein und reserviert. Ohne ihn direkt anzublicken, streckte ich meine Hand nach ihm aus. Seine Haare sträubten sich, und er wiegte seinen Körper hin und her. Er schien unentschlossen zu sein, ob er mich angreifen oder seine Ecke verlassen und sich zu den anderen gesellen sollte. Ich wartete, bis er sich ein wenig beruhigt hatte, und rutschte dann zur Seite, so daß ich beinahe seinen Körper berührte. Er begann zu zetern und war drauf und dran, mich zu beißen, als seine schlechte Laune unvermittelt verflog. Er schlang seine Arme um mich und klammerte sich mit rührender Inbrunst an meine Jacke.
Hätte ich gewußt, daß man, um ihn einfangen zu können, zuerst seine Mutter getötet und das kreischende, sich verzweifelt festhaltende Baby von der Leiche seiner Mutter abgenommen hatte, wäre ich entsetzt gewesen. Später aber sollte ich mich ernsthaft mit den Methoden des Tierfangs und -transports im Dienste der zoologischen Gärten beschäftigen. Als junger Wissenschaftler, der erst seit kurzem im Zoo tätig war, fand ich den engen Umgang mit exotischen Tierarten noch immer so aufregend, daß ich mir keine großen Gedanken über die weniger erfreulichen Seiten des Zoobetriebes machte. Als ich schließlich zum Kurator der Säugetierabteilung des Zoos aufstieg, verblaßte mein wissenschaftlicher Enthusiasmus zusehends, denn nun lernte ich die Praxis kennen, wie sich die Zoos neue Tiere beschaffen.
Um einen Eingriff in die natürlichen Wildtierbestände möglichst überflüssig zu machen, bemühte ich mich, alle mir anvertrauten Arten durch Züchtung zu vermehren. Im idealen Zoo, so lautete mein Argument, müßten alle Insassen in Gefangenschaft das Licht der Welt erblicken und ih-

rerseits wieder Nachkommen hervorbringen. Nur auf diese Weise konnte ich die Existenz von zoologischen Gärten vor mir selbst rechtfertigen.
Das war freilich eine persönliche Erkenntnis, die mir noch bevorstand. Damals war ich ganz besessen von der faszinierenden Aufgabe, diesem glänzenden schwarzen Fellbündel, das sich vertrauensvoll an meine Tweedjacke anklammerte, die Eltern zu ersetzen. Es dämmerte mir, daß ich für das Schimpansenkind soeben »Affenmutter« geworden war.
Mit dem kleinen Schimpansen, der sich wie ein Riesenfloh an mich drückte, begab ich mich zum Fernsehstudio. Dort musterte er die fremde Umgebung mit mißtrauischen Augen und veränderte immer wieder seine Haltung. Meine Jacke fühlte sich bald entschieden feucht an und mußte am nächsten Morgen in die chemische Reinigung gebracht werden – ein Vorgang, der sich noch viele Male wiederholen sollte. In den folgenden Wochen war der Duft von Schimpansenurin mein ständiger Begleiter. Jedesmal, wenn der kleine Affe auf meinem Arm in Panik geriet, wurde ich mit einem warmen Strahl berieselt.
Mit zunehmendem Alter allerdings entwickelte der Schimpanse so etwas wie einen Sinn für Hygiene. Eines Tages stieß er, statt mich automatisch zu bewässern, einen leisen Grunzlaut aus und drehte seinen Leib von mir ab, so daß ich von seinem Urin verschont blieb. Niemand hatte ihm das beigebracht – es mußte sich demnach um eine natürliche Entwicklungsphase handeln, um eine instinktive Änderung seines jugendlichen Verhaltens. In Zukunft achtete ich auf das warnende Grunzen und ersparte mir so manche Wäschereikosten.
Congo, so tauften wir den Schimpansen, bezog seine eigene »Starwohnung« im Studio. Ein junger Tierpfleger, der zu seiner Betreuung abgestellt wurde, war ständig mit ihm zusammen. Ramona und ich, Michael Lyster, mein Assistent, und Tony, der junge Wärter, bildeten Congos »Fami-

lie«. Er wurde uns allen gegenüber immer zutraulicher, und sein Selbstbewußtsein wuchs zusehends. Vor Fremden schreckte er jedoch noch immer zurück, und wenn ihm jemand zu nahe kam, rannte er davon und klammerte sich an einen von uns.

Die einzelnen »Familienmitglieder« schätzte er nach seiner privaten Wertskala ein. Tony, der die meiste Zeit bei ihm verbrachte, war für ihn die Nummer eins, ich war Nummer zwei und so weiter, je nachdem, wie oft sich jeder einzelne von uns alltäglich mit ihm beschäftigte. Diese Rangordnung wurde erkennbar, als ich in seiner Gegenwart mit Ramona einen gespielten Streit austrug. Er eilte mir sofort zu Hilfe. Darauf führten wir ein Experiment durch, in dessen Verlauf ein jeder von uns den anderen zum Schein angriff. In jedem Fall verteidigte Congo denjenigen, den er am besten kannte. Merkwürdig war nur, daß seine Loyalität keine Rücksicht darauf nahm, wer von den beiden Personen jeweils der Angreifer und wer der Attackierte war. Gleichgültig, wer den »Kampf« angefangen hatte, Congo hielt stets seinem jeweiligen Favoriten die Treue. Seine Freundschaft kannte keine Gerechtigkeit, nur kameradschaftlichen Beistand.

Seine Anhänglichkeit beschwor später leidenschaftliche Eifersuchtsszenen herauf. Zwei Opfer seiner Eifersucht waren Charlie, ein anderer junger Schimpanse, und meine Sekretärin Anne. Charlie mußte für Congo einspringen, als dieser sich eine Erkältung zugezogen hatte und eine Zeitlang nicht in unserem Programm auftreten konnte. Zu der Zeit war er bereits ein im ganzen Land berühmter Fernsehstar geworden, der allwöchentlich einen Berg Verehrerpost erhielt. Seine Erkrankung zeigte uns, daß wir dringend einen »Ersatzmann« brauchten, wenn Congo wieder einmal unpäßlich sein sollte.

Das war die Chance für Charlie, einen auffallend braven und, verglichen mit Congo, geistig ziemlich beschränkten Schimpansen. Charlie war in der Familie eines Kräuterhändlers in Southend aufgewachsen, bevor er in den Zoo kam. Diese Leute hatten ihm ein Verhalten anerzogen, das für einen jugendlichen Schimpansen höchst atypisch war. Congo war neugierig, lebhaft und extrovertiert, stets auf dem Sprung, dem nichtsahnenden Aufnahmeleiter im Studio den Kopfhörer herunterzureißen oder eine behaarte Faust gegen ein Kameraobjektiv zu rammen und eine wichtige Einstellung zu verpatzen. Charlie dagegen war sanftmütig, ruhig und introvertiert und glich in seinem Habitus eher einem Orang-Utan als einem ausgelassenen Schimpansenjüngling. Er war das genaue Gegenteil eines Extrovertierten, und so beschlossen wir, ihn in einer Sendung zusammen mit Congo auftreten zu lassen – sozusagen als »Komparsen« des Hauptakteurs. Congo betrachtete die sich anbahnende Konkurrenz mit dem Argwohn eines Hollywoodstars.

Vor Charlies Debüt waren die beiden jungen Affen fröhliche Spielgefährten gewesen. Charlie wohnte mit Congo zusammen, und die beiden rauften und jagten einander ganz freundschaftlich. Ich war froh, daß Congo einen Artgenossen zum Gefährten hatte. Charlie war jünger und kleiner, und ich bemerkte mit Interesse, daß Congo jedesmal, wenn er Charlie durch sein stürmisches Wesen allzusehr zusetzte, sofort Zurückhaltung übte und ihn gleichsam um Verzeihung bat. Eine naturgegebene Schranke hinderte ihn daran, seine dominante Rolle zu überziehen. Doch das änderte sich, als Charlie zum erstenmal in »Zootime« auftrat. Da verlor Congo schlagartig seine Hemmungen.

Zunächst ließ sich alles recht gut an. Kritisch wurde es erst, als wir beschlossen, Charlie allein auftreten zu lassen, bevor der »Star« sich in Szene setzen konnte. Als Congo durch das Fenster seiner Behausung beobachtete, wie Charlie durch die Studiotür hineingetragen wurde, packte ihn eine grenzenlose Wut. Laut schreiend tobte er wie verrückt in seiner Unterkunft herum. Man informierte mich darüber, als wir bereits auf Sendung waren, und da ich be-

fürchtete, mit Congo sei etwas nicht in Ordnung, ließen wir Charlie dessen Rolle weiterspielen. Das war für Congo der Tropfen, der das Faß zum Überlaufen brachte.
In der darauffolgenden Woche stand das Spielverhalten der Schimpansen auf dem Programm, und zur Illustration meiner Ausführungen sollten Congo und Charlie vor der Kamera einen freundschaftlichen Ringkampf austragen, ohne einander weh zu tun. Während ich die einleitenden Worte sprach, stand Michael bereit, unter jedem Arm einen jungen Schimpansen haltend. Wenige Sekunden vor dem Auftritt beugte sich Congo zur Seite, und ohne das sonst übliche Warngebrüll und Haaresträuben attackierte er Charlie so heftig, wie es in dieser Lage nur möglich war, und schnappte mit seinen Zähnen nach dem erstbesten Körperteil, den er erwischen konnte. Zufällig war das Charlies Oberlippe. Charlie stieß einen ohrenbetäubenden Schrei aus, der sogar noch außerhalb des schalldichten Studiogebäudes zu hören war.
Noch immer brüllend, wurde er eiligst hinausbefördert und in seine Unterkunft gebracht, um sich zu beruhigen, während Congo, der inzwischen wieder die jugendliche Unschuld spielte, seinen Soloauftritt bekam und ich schnell von der geplanten Demonstration des sozialen Spielverhaltens zu einer Lektion über Schimpanseintelligenz und -geschicklichkeit umschaltete, bei der Congo bewies, wie flink er eine ganze Reihe von Schachteln öffnen konnte, nachdem ich ihn kurz instruiert hatte.
Das war das letztemal, daß die beiden Tiere im Fernsehstudio gemeinsam auftraten. In ihrer Unterkunft mußten sie anschließend in getrennten Schlafkäfigen untergebracht werden, und mit ihrer engen Freundschaft schien es endgültig vorbei zu sein. Charlies Lippe war arg zugerichtet und geschwollen, verheilte aber bald wieder, ohne daß eine Narbe zurückblieb, außer vielleicht in seiner Erinnerung. Fortan herrschte Congo wieder unumstritten in der »Zootime«-Serie.

Was sich hier abgespielt hatte, verblüffte mich sehr, und ich fragte mich, ob ich in das Verhalten der Schimpansen nicht mehr hineindeutete, als statthaft war. Erlag ich der Versuchung, sie zu sehr als menschliche Wesen zu betrachten, sie ungebührlich zu vermenschlichen? Als gelernter Ethologe sträubte ich mich dagegen. Doch selbst bei einer objektiven Prüfung der Vorgänge mußte ich zu dem Schluß kommen, daß Congo aus Eifersucht getobt hatte. Seine seit langem schwelende Feindseligkeit gegenüber Charlie hatte sich in seinem Kopf so lange angestaut, bis sie sich in einem besonders günstigen Augenblick in Form eines tätlichen Angriffs entlud. Mein Respekt vor dem Leistungsvermögen des Affengehirns wuchs von Tag zu Tag.

Congos zweites Opfer, meine Sekretärin Anne, lieferte einen weiteren Beleg für seine unterschwellige Zielstrebigkeit. Da Anne ausschließlich mit Büroarbeiten beschäftigt war, gehörte sie nie zu Congos eigentlicher »Familie«, aber da ich andererseits sehr viel mit ihr zusammen war, um Briefe zu diktieren und die geschäftlichen Dinge mit ihr zu besprechen, erkannte der Schimpanse, daß ich zu ihr eine enge Beziehung unterhielt, von der er ausgeschlossen war. Das mißfiel ihm sehr, und Anne konnte deshalb nur schwer einen freundschaftlichen Kontakt zu ihm herstellen. Sie probierte es immer wieder, wenn sie tagsüber mit ihm zusammentraf, aber nachdem er einmal vergeblich versucht hatte, sie anzugreifen, gab ich ihr den guten Rat, auf keinen Fall seine »Privatwohnung« zu betreten.

Als ich eines Tages einen dringenden Anruf erhielt, war sie gezwungen, diesem Rat zuwiderzuhandeln. Auf der Suche nach mir lief sie den langen Korridor entlang und schaute auch in Congos Zimmer hinein, um nachzusehen, ob ich vielleicht dort sei. Wie es der Zufall wollte, hatte Michael, der gerade mit der Affenfütterung beschäftigt war, soeben den Raum verlassen, um frisches Obst aus dem Kühlschrank zu holen. Congo saß in seinem Schlafkäfig, dessen Tür nur angelehnt war. Sobald er Anne erblickte, stieß er die Tür auf, raste quer durch das Zimmer, sprang das Mädchen an und biß es so heftig in die Schulter, daß sich ein großer Hautlappen ablöste.

Michael hörte sie schreien, ließ seine Früchte fallen und rannte zurück ins Schimpansenzimmer. Dazu brauchte er nur wenige Sekunden, doch Congo war bereits wieder in seinem Käfig, hatte die Tür zugezogen – das tat er sonst nie –, hockte friedlich auf seinem Bett und starrte unschuldsvoll zur Decke empor, als ob nichts geschehen wäre. Als Michael Annes blutende Schulter bemerkte, ging er zum Käfig hinüber, öffnete die Tür und bestrafte den Insassen mit einer tüchtigen Kopfnuß. Congos Reaktion war einzigartig. Er schürzte nur die Lippen und ignorierte Michael. Dieser verpaßte ihm noch einen kräftigen Schlag, aber der Missetäter weigerte sich beharrlich, den Verweis auf sich zu beziehen.

Für jeden, der Congo so gut kannte wie Michael, hatte diese Reaktion etwas Ungewöhnliches. Wenn Congo sonst für irgendein Vergehen bestraft werden mußte und von einem Mitglied seiner »Familie« einen leichten Klaps erhielt, geriet er jedesmal in Wut, wie seinem Gesichtsausdruck unschwer abzulesen war. Man brauchte ihm nie mehr als einen kleinen Klaps zu geben – die Tatsache, daß einer seiner besten Freunde ihm böse war, bedeutete für ihn Bestrafung genug. Doch diesmal blieb eine entsprechende Reaktion aus. Nach Michaels Meinung war es fast so, als hätte Congo für seine Attacke auf Anne bereitwillig alle Konsequenzen in Kauf genommen.

Das Außergewöhnliche an diesem Zwischenfall lag darin, daß Congo die Tür bewußt hinter sich geschlossen und seine Strafe ungerührt hingenommen hatte. Es fiel mir schwer, ein solches Verhalten mit einfachen ethologischen Begriffen zu deuten. Strategisches Vorgehen, bewußte Täuschung, die stumme Hinnahme einer Bestrafung – all dies kannte ich aus dem Umgang mit Menschen nur zu gut, war mir jedoch bei anderen Lebewesen noch nie un-

tergekommen. Dieser Schimpanse erschloß mir offensichtlich eine ganz neue Welt tierischer Verhaltensformen.
Von diesem Augenblick an war ich entschlossen, einen ernsthafteren Versuch zu unternehmen, die Leistungen des Affengehirns zu erforschen. Ich fing an, wissenschaftlich ergiebige Experimente auszutüfteln, die ich mit Congo in der stillen Zeit zwischen seinen Fernsehauftritten durchführen konnte. Ich wollte wissen, wozu das Gehirn eines Schimpansen fähig war. Wie menschenähnlich war Congo tatsächlich? Oder, anders ausgedrückt, wie affenähnlich sind wir Menschen? Es war für mich der Beginn einer völlig neuen Forschungsarbeit, die ich mit Besessenheit betrieb.
Diese Untersuchungen sollten etwa ein Jahr später, als Congo älter war und eine noch höhere geistige Entwicklungsstufe erreicht hatte, ungeahnte Resultate zeitigen; doch vorerst war er noch zu jung, so daß ich mich darauf beschränkte, ihn geduldig zu beobachten und meine Beobachtungen aufzuzeichnen. Währenddessen erreichte Congos Popularität dank seinen wöchentlichen Fernsehauftritten schwindelnde Höhen, und jede Woche stand ich vor neuen Problemen. Man erwartete von Congo, daß er in jeder Sendung etwas Neues vorführte; dadurch wurde unsere Erfindungsgabe auf eine harte Probe gestellt.
Wir riefen schließlich einen außergewöhnlichen Künstler namens Bruce Lacey zu Hilfe. Als er im Zoo eintraf, trug er eine Testpilotenmontur und einen ausgestopften Schwan unterm Arm. Ich war so töricht, mich nach dem Schwan zu erkundigen. »Schwan Vestas«, erklärte er ganz selbstverständlich und rieb auf ihm ein Streichholz an, um sich eine Zigarette anzuzünden. Er erzählte mir, daß er gerade intensiv mit der Konstruktion eines Roboters beschäftigt sei, der die Lady Macbeth spielen solle. Trotzdem nähme er sich gerne die Zeit, mir mit irgendwelchen Apparaten zur Erprobung der Schimpanseninteligenz aus der Patsche zu helfen.

Unbedingt wollte ich einmal die Treffsicherheit der Schimpansen demonstrieren. Das genaue Zielen war für die zu Jägern gewordenen Frühmenschen eine bedeutende Errungenschaft, und ich war gespannt, was unsere nichtjagenden Verwandten, die Menschenaffen, auf diesem Gebiet zustande bringen würden. Dazu brauchte ich eine Vorrichtung, die bei einem Treffer sofort die erstrebte Belohnung spendete.

»Ein Kinderspiel!« sagte Bruce. »Ich baue Ihnen für Ihre Schimpansen einen Kokosnußschießstand. Die Affen müssen mit einem Ball eine Kokosnuß herunterwerfen, die sie dann als Lohn bekommen. Aber halt! Wir müssen den Apparat für Fernsehzwecke verkleinern. Und außerdem wäre es zu schwierig für die Tiere, die Kokosnuß zu öffnen. Nehmen wir also Weintrauben. Ich baue Ihnen einen Traubenschießstand. Wir brauchen dazu eine lange abschüssige Bahn, und wenn der Ball die Traube getroffen hat, rollt sie den Hang hinab und landet zu Füßen des erfolgreichen Schützen. Der Ball wird an einer Kette aufgehängt, so daß er bei einem Fehlwurf wieder zum Affen zurückschwingt, der es gleich noch einmal probieren kann.«

Damit verschwand er in seinem Atelier und bastelte das erste von zahlreichen genialen Testgeräten für Schimpansen. Der Traubenschießstand wurde ein großer Erfolg. Wir staunten, mit welcher Genauigkeit Congo das winzige Ziel anvisierte. Wir probierten das Spiel selber aus und mußten feststellen, daß wir keineswegs besser waren als der kleine Schimpanse. Das Zielvermögen war also, obwohl es in der natürlichen Umwelt der Schimpansen kaum eine Rolle spielt, bei unseren nächsten lebenden Verwandten als latente Anlage vorhanden.

Eine Situation, in der wildlebende Schimpansen ihre Zielsicherheit beweisen, wurde seltsamerweise einige Jahre später von einem jungen Mädchen namens Jane Goodall entdeckt, das als Ramonas Assistentin vorübergehend unserem Fernsehteam angehörte. Jane hatte eine in unseren Augen sehr gefährliche Expedition nach Ostafrika unternommen, wo sie mit einer Schimpansenkolonie zusammenlebte. Sie wollte nur sechs Monate fortbleiben, weil sie sich vorher in London mit einem gutaussehenden jungen Schauspieler verlobt hatte; sie blieb aber mehrere Jahre, schrieb die bisher bedeutendste Arbeit über das Verhalten freilebender Schimpansen und wurde weltberühmt.

Zu ihren zahlreichen aufregenden Entdeckungen gehörte auch die, daß die Affen häufig nach Termiten angeln, indem sie kleine Öffnungen in die Termitenbaue bohren und passend zurechtgebrochene Zweigstücke oder Stengel als »Angelrute« benutzen. Diese Rute stoßen sie tief in die Löcher hinein und warten so lange, bis sie mit sich anklammernden Insekten garniert ist. Dann wird die Rute herausgezogen und die Termitengarnierung mit dem Mund abgestreift und verspeist. Das Einführen der Zweige in die selbstgeschaffenen Löcher setzt selbstverständlich ein gutes Zielvermögen voraus, auch wenn es sich dabei nicht um Wurfgeschosse handelt. So wurde durch Jane Goodalls Forschungen im nachhinein bestätigt, daß Congos Treffsicherheit ihm im Freileben von einigem Nutzen gewesen wäre.

Merkwürdigerweise entwickelte Bruce Lacey später ein anderes Schimpansentestspiel, das eine dem Termitenangeln sehr ähnliche Fertigkeit verlangte und somit gleichsam Janes Freilandbeobachtungen vorwegnahm. Er verfertigte eine lange abschüssige Bahn mit zickzackförmigem Querschnitt, auf der Congo eine als Belohnung gedachte Traube herunterrollen lassen konnte, sofern er einen dünnen Stab korrekt bediente. Um seine Belohnung zu bekommen, mußte er den Stab nacheinander in ein Loch hineinstoßen, wieder herausziehen und in eine andere Öffnung schieben. Es war, als hätte Bruce Lacey Janes Bericht über ihre termitenangelnden Schimpansen gelesen, der erst ein knappes Jahrzehnt später erschien, und seinem Apparat eine natürliche Verhaltensform dieser Tiere zugrunde gelegt.

Bei unseren Experimenten mit Congo beschränkten wir uns nicht darauf, seine Intelligenz und manuelle Geschicklichkeit zu prüfen. Nicht weniger faszinierten mich die vielen angeborenen Verhaltensweisen, die mit zunehmendem Alter in Erscheinung traten. Congo verfügte über eine ganze Reihe von mimischen Ausdrucksformen, Lautäußerungen, Gesten und Körperhaltungen, und es war mein Ziel, die »Schimpansensprache« fließend zu beherrschen. Die meisten Schimpansenhalter wollen ihre Tiere so menschenähnlich wie möglich machen, doch ich versuchte diesen Vorgang umzukehren. Je schimpansenähnlicher ich würde, desto besser würden Congo und ich miteinander zurechtkommen.

Wenn ich allein mit ihm war (manche Leute erschrecken nämlich beim Anblick eines grunzenden und brabbelnden Zoologen), bemühte ich mich, alle seine Rufe möglichst genau zu imitieren: den freundlichen »Uch-uch«-Begrüßungslaut, der mit vorgestülpten, gleichsam zum Kuß auffordernden Lippen ausgestoßen wurde; das »Aak-aak«, das er zur Fütterungszeit mit leicht geöffnetem Mund von sich gab; das wimmernde »Uuuuu-uuuuu«, das Unbehagen ausdrückte; und den lauten »Huuuch-uuuch«-Warnschrei, der aus der Distanz ertönte.

Verwundert stellte ich fest, daß der Begrüßungs- und der Fütterungsruf manchmal zu einem Mischlaut verschmolzen wurden, und zwar in dem Augenblick, als das Tablett mit dem Futter ins Schimpansenzimmer gebracht wurde. Man hatte den Eindruck, als könnten die Affen zwei getrennte Signale miteinander kombinieren, um damit etwas Neues auszudrükken. Der Begrüßungs- und der Futterlaut ergaben zusammen: »Ich begrüße das gute Futter.« Nachdem ich dies erkannt hatte, war ich nicht so überrascht wie viele Leute, als einige Jahre darauf amerikanische Psychologen entdeckten, daß man Schimpansen beibringen kann, aus zwei erlernten Handgebärden einen einfachen »Satz« in Zeichensprache zu bilden.

Ich merkte, daß Congo, wenn ich ihn unter den Armen kitzelte, einen keuchenden Stakkatolaut von sich gab, der dem menschlichen Lachen auffallend ähnelte, allerdings viel sanfter klang. Mit diesem Affenlachen ging ein Gesichtsausdruck einher, bei dem der Mund weit geöffnet war und die vorgestreckten Lippen das Gebiß verdeckten. Manchmal wurden die unteren Zähne entblößt, niemals aber die oberen. Wenn das Tier in Angst oder Wut geriet und zu kreischen begann, dann – und nur dann – wurden beide Zahnreihen sichtbar.

Das Zähneblecken bedeutet somit beim Schimpansen etwas völlig anderes als beim Menschen, und dieser Unterschied kann zu einem klassischen Mißverständnis führen. Ein Schimpanse, der im Film sein Gebiß entblößt, scheint ein breites Grinsen zu zeigen. Wenn er leibhaftig vor einem steht, läßt die kreischende Begleitmusik keinen Zweifel an der Erregung des Affen aufkommen, doch auf der Leinwand ist das nicht so ohne weiteres zu erkennen, und für den unerfahrenen Zuschauer scheint er freundlich in die Kamera zu grinsen. In Reklamesendungen und Filmlustspielen entsteht so häufig der falsche Eindruck, die Affen seien grenzenlos glücklich, wenn sie ihre gebleckten Zähne vorzeigen. Dieser Effekt kann noch dadurch verstärkt werden, daß man der Szene menschliches Lachen unterlegt.

Auf dem berühmten Foto des Weltraumschimpansen Ham, das bei seiner Rückkehr zur Erde aufgenommen wurde, drückt das Affengesicht eindeutig großes Unbehagen aus, doch in der Bildunterschrift hieß es, dieses glücklich lächelnde Gesicht beweise, wie froh das Tier sei, wieder festen Boden unter den Füßen zu haben. Eine zutreffendere Interpretation von Hams Miene hätte lauten müssen: »Laßt mich hier raus, ihr Schufte!«

Aus der Fehldeutung des Mienenspiels ergeben sich zuweilen seltsame Situationen. Zum Beispiel: Mensch lächelt Affen an; der Affe ist verängstigt oder wütend und entblößt sein Gebiß; der Mensch glaubt, das Tier lächle ihn an, und lacht herzhaft zurück; der Affe faßt das Lachen als unmäßiges Zähneblecken mit zusätzlichen Drohlauten auf (das herzhafte menschliche Lachen klingt für einen Schimpansen eher feindselig) und regt sich noch mehr auf. So steigern sich die beiden in eine immer

größere Erregung hinein, der eine vor Vergnügen und der andere vor Zorn oder Angst. Die Signale sind die gleichen, aber ihre Bedeutung ist verschieden.
Die Moral von der Geschichte: Wenn man einem Schimpansen Freundschaft anbieten will, darf man vor ihm weder lachen noch die Zähne zeigen, sondern man muß mit bedeckten Lippen sanfte Grunz- oder kurze Keuchlaute von sich geben. Gleichzeitig streckt man behutsam eine schlaffe Hand aus und bietet ihm den Handrücken dar, wie eine vornehme Dame, die einen Handkuß entgegennimmt. Wenn man den Handrücken leicht gegen die Lippen des Affen preßt, wird er nicht hineinbeißen, sondern nur einen feuchten Schmatzer daraufdrücken. Das ist die gebräuchlichste Form der Schimpansenbegrüßung und verfehlt ihre Wirkung nie, wenn es darauf ankommt, das Eis zwischen Mensch und Tier zu brechen.
Falls Sie die Schimpansensprache noch nicht hinreichend beherrschen, dürfen Sie nicht mich für die Folgen verantwortlich machen. Verhalten Sie sich jedoch richtig, werden Sie anschließend heftig umarmt, wobei der Affe seinen geöffneten Mund fest auf Ihre Nackenhaut preßt und leise gurgelnde Laute erklingen läßt. Wenn es einmal soweit ist, brauchen Sie sich nicht aufzuregen, weil sich die spitzen Affenzähne so nahe bei Ihrer Halsschlagader befinden. Alles geht gut, sofern Sie entspannt die Liebkosung und vielleicht auch eine zärtliche Haarpflege über sich ergehen lassen. Es wäre allerdings empfehlenswert, wenn Sie auch bei Ihrem Partner ein bißchen Körperpflege betrieben; das festigt die Freundschaft. Suchen Sie sein Fell nach kleinen getrockneten Hautpartikeln ab und entfernen Sie sie. Dann werden Sie von Sekunde zu Sekunde in der Achtung des Schimpansen steigen!
Gewappnet mit diesen Kenntnissen, erblickte ich eines Tages in London auf der Straße eine Schimpansengruppe. Die Tiere waren mit ihrem Agenten auf dem Weg in ein Aufnahmestudio, wo sie in einem Werbefilm auftreten sollten. Da sie mir völlig fremd waren, dachte ich, dies sei eine ideale Gelegenheit, meine perfekte Beherrschung der Schimpansensprache

auszuprobieren. Der Agent würde bestimmt beeindruckt sein von meinem wissenschaftlich fundierten Annäherungsversuch, der sich wohltuend abheben mußte von dem gewohnten anthropomorphen Unsinn. Ich trat vertrauensvoll näher, begrüßte die Tiere korrekt mit »Uch-uch-uch«-Lauten und bot ihnen meine schlaffe Hand dar. Etwas verdutzt schüttelten die Affen höflich meine Hand und blickten dann zu ihrem Herrn empor, als wollten sie sagen: »Wer ist denn dieser Idiot?« Man kann es eben nicht allen recht machen.

Ich hatte es natürlich mit hochdressierten professionellen Schimpansendarstellern zu tun, denen man so viele menschliche Umgangsformen beigebracht hatte, daß sie kaum noch wußten, welcher Tierart sie angehörten. Ihr Besitzer erzählte mir, sie säßen regelmäßig vor dem Fernseher – und nichts wirkt so vermenschlichend wie das! Sie schalteten sogar von einem Programm zum anderen um, bis sie den lautesten Westernfilm gefunden hätten.

Ich schwor mir, eine solche Vermenschlichung bei Congo zu vermeiden, aber es war nicht einfach, andere Leute davon abzuhalten, in ihm einen behaarten kleinen Menschen zu sehen. Weil er ein so berühmter Fernsehstar geworden war, erhielt ich viele Anfragen, in denen um sein persönliches Erscheinen ersucht wurde. Ich lehnte sie alle ab unter dem Vorwand, daß es Zootieren nicht gestattet sei, den Regent's Park zu verlassen. Schließlich ließ ich mich doch einmal überreden, eine Ausnahme zu machen. Der »Daily Mirror« wollte einen National Pets Club gründen, um das Niveau der Heimtierhaltung in England zu heben. Das war eine gute Sache, und als man mir mitteilte, im Café Royal werde zur Feier der Clubgründung ein Festessen stattfinden, zu dem ich mit Congo eingeladen sei, gab ich in einer schwachen Stunde nach. Es sollte ein denkwürdiges Ereignis werden.

Congo war mittlerweile so selbstsicher geworden, daß er jede neue Erfahrung als ungeheuer aufregend empfand. Als die schwere, von einem Chauffeur gesteuerte Limousine die Regent Street hinabfuhr, hüpfte Congo auf den weichen Polstern herum und deutete auf die Passanten, indem er mit dem Daumen gegen die Scheiben stieß. Der uniformierte Fahrer bewahrte seine steife Würde, als befördere er die Königinmutter zu einem Bankett. Er hatte schon viel gesehen, und ein junger Affe konnte ihn gewiß nicht aus der Fassung bringen. Plötzlich sah der Mann überhaupt nichts mehr, denn Congo hatte ihm blitzschnell die Schirmmütze über die Augen gezogen. Die Redensart »blinde Panik« bekam in diesem Augenblick einen neuen Sinn, als der riesige Wagen in Schlangenlinie durch die belebte Straße raste und die erschreckten Fußgänger auseinanderscheuchte. Congo war begeistert und begrüßte sie durch die Scheiben mit lauten Rufen.

Nachdem der Fahrer sein Sehvermögen und seine Fassung wiedergewonnen hatte, lieferte er uns sichtlich erleichtert vor dem Eingang des eleganten Restaurants ab. Schon so manche berühmte Persönlichkeit war durch das Eingangsportal geschritten, doch keine, die so selbstbewußt und zugleich so aufgeregt gewesen wäre wie der jugendliche Congo. Die Räume waren buchstäblich überschwemmt von Haustieren aller Art. Da waren Tiere von Filmstars und andere, die selber Filmstars waren, sei es beim Fernsehen oder in der Werbung. Ordinäre weiße Mäuse waren ebenso vertreten wie stolze, preisgekrönte Rassehunde.

Viel menschliche Prominenz hatte sich eingefunden: Popsänger und Politiker, Schauspielerinnen und Bischöfe. Die zahllosen kleinen Rundtische waren wunderschön gedeckt für ein prächtiges Festessen, und um das Chaos etwas einzudämmen, hatte man auf dem Balkon reihenweise provisorische Tierverschläge aufgestellt. Mein Assistent Michael entfernte sich mit Congo, um ihm andernorts eine Mahlzeit zu verabreichen, und ein Weilchen herrschte relativer Friede. Doch er sollte nicht lange währen. Als das Galadiner sich seinem Ende näherte, stürmten Fotografen das Restaurant und forderten uns auf, wir sollten unsere Tiere zu uns nehmen. Congo wurde heruntergeholt und an unse-

rem Tisch auf einen Stuhl gesetzt, während die Kameras klickten.
Congo war von den Tischen, an denen er normalerweise saß, keine weißen Tischdecken gewöhnt. Eine Tischdecke war für ihn also etwas völlig Neues und verdiente eine genauere Untersuchung. Er packte sie mit beiden Händen und zog sie mit einem Ruck auf sich zu. Wenn ein Zauberkünstler ein solches Kunststück macht, bleibt das gesamte Geschirr auf der nunmehr nackten Tischplatte an seinem Platz. Doch Congo war kein Zauberkünstler. Daher waren hochgestellte Persönlichkeiten plötzlich dekoriert mit Messern, Gabeln, Tellern, Gläsern, Tassen, Untertassen, Aschenbechern, Löffeln und Salzfäßchen. Und ihre Kleidung wurde überschwemmt von Eiswasser, Wein und Kaffee. Alles sprang auf, kreischte und brüllte. Congo war tief beeindruckt, hüpfte wild auf seinem Stuhl umher und stieß laute Huh-Rufe aus.
Kellner eilten herbei und behoben den Schaden. Sie brachten ein neues Tischtuch, tupften die Kleider ab, ersetzten das Tafelgeschirr und füllten die Kaffeetassen. Congo betrachtete das alles mit verräterisch leuchtenden Augen, aber ich verdarb ihm den Spaß, indem ich ihn an seinem Halsband festhielt. In seinem Bewegungsdrang gehemmt, mußte er nun seine Taktik ändern. Er saß neben einer Herzogin, die sich mit dem Leiter des Hundeasyls von Battersea unterhielt. Sie holte aus ihrer Handtasche ein vornehmes goldenes Zigarettenetui hervor und legte es auf den Tisch. Während sie nach ihrem Feuerzeug suchte und ich Congo eine Sekunde aus den Augen ließ, langte er nach dem Etui, öffnete es, nahm sämtliche Zigaretten heraus, biß sie säuberlich entzwei und steckte sie wieder hinein, so gut er konnte.
Ich hielt die Zeit für gekommen, mich zu verabschieden, und versuchte Congo zu bewegen, mich zu begleiten, bevor er weiteres Unheil anrichtete. Als ich gehen wollte, ließ ich versehentlich sein Halsband los, und im nächsten Au-

genblick stand er bereits auf dem Tisch, vollführte einen Trommelwirbel mit seinen Füßen und klatschte in die Hände wie ein verrückt gewordener Bandleader. Dann schlüpfte er in die Rolle eines besoffenen russischen Aristokraten und schleuderte in fröhlicher Ausgelassenheit die Gläser auf den Boden.

Ich bemerkte, daß die Herzogin Schwierigkeiten mit ihren Zigaretten hatte. Kurzerhand packte ich den protestierenden Congo fest mit den Händen und strebte so gesittet wie möglich dem Ausgang zu. Ich übergab Congo dem in der Vorhalle wartenden Michael, um etwas Atem zu schöpfen, doch inzwischen hatte der Schimpanse einen gewaltigen Bernhardiner erspäht und sofort eine heftige Abneigung gegen ihn gefaßt.

Er nutzte den Wechsel von mir zu Michael, indem er auf den Boden sprang, wo er unverzüglich die Verfolgung des Riesenhundes aufnahm. Nur kurz innehaltend, um einen Reporter zu beißen, der ein Interview von ihm haben wollte, jagte er hinter dem Bernhardiner her, wobei er laut huhte, mit dem Körper wackelte und mit den Füßen stampfte. Der Hund bekam es mit der Angst zu tun, riß sich von seinem Besitzer los und scheuchte die entgeisterten Kellner zur Seite, als er auf die nächste offene Tür zustürzte, die zufällig zur Damentoilette führte. Ehe wir Congo Einhalt gebieten konnten, raste er hinter dem fliehenden Hund her. Die Tür fiel hinter den beiden ins Schloß.

Michael und ich verharrten auf der Schwelle. Wir hatten noch nie vor der Aufgabe gestanden, einen männlichen Schimpansen aus der Damentoilette eines vornehmen Restaurants herauszuholen. Während wir noch überlegten, wie wir vorgehen sollten, ertönte aus dem Inneren der belagerten Toilette ein lautes Gezeter, und mehrere elegante Damen mit verschmiertem Lippenstift und heftig rudernden Armen kamen zum Vorschein. Dicht hinter ihnen folgte ein hechelnder Bernhardiner mit eingeklemmtem Schwanz – aber kein Congo.

Da die verwüstete Toilette nunmehr von allen menschlichen Wesen geräumt zu sein schien, wagte ich mich hinein. Ich entdeckte Congo, wie er gedankenverloren in ein Waschbecken pinkelte und zugleich seinem Spiegelbild einen Kuß gab. Hinter einer verriegelten Klotür erkundigte sich eine zitternde Stimme, ob jetzt der Weg frei sei. In der Annahme, daß eine männliche Stimme in diesem weiblichen Heiligtum die Dame noch mehr aufregen würde, zog ich es vor, Congo wortlos in die Arme zu schließen und auf Zehenspitzen davonzuschleichen.
Congo war inzwischen wieder ganz lieb und sanft und kuschelte sich wohlig in meine Arme, vollauf zufrieden mit seinem gesellschaftlichen Triumph. Auf der Heimfahrt ließ er sogar den Chauffeur unbehelligt. Allerdings bemerkte ich, daß der Mann diesmal kein Risiko eingehen wollte: Er hatte seine Kopfbedeckung abgesetzt.
Fortan sollte Congo seine chaotischen Neigungen auf das Gelände des Fernsehstudios beschränken. Das bedeutete freilich, daß nun unsere eigenen Sachen unter seinem unbezwinglichen Forschungsdrang zu leiden hatten. Einmal gelang es ihm, während meiner Abwesenheit in mein Büro zu schlüpfen. Dort schraubte er die verschiedenen Flaschen mit bunter Tinte auf, die auf meinem Schreibtisch standen, verteilte den Inhalt auf meinen neuen Teppich, riß eine Tasche von meinem Dufflecoat ab und stopfte sie in den Papierkorb. Wie er die zuletzt genannte Leistung vollbracht hatte, wurde mir erst klar, als die Tasche wieder angenäht war und er sie zum zweitenmal abriß. Bei dieser Gelegenheit war ich mit ihm zusammen im Zimmer und konnte ihn beobachten. Er hatte ein neues Spiel erfunden, bei dem er sich von einem Tisch aus gegen die Tür schwang, an der der Mantel hing, und seinen Sturz dadurch milderte, daß er sich mit beiden Händen an der Tasche festhielt. Das Gewicht seines Körpers besorgte das übrige.
Er entwickelte sich auch zu einem raffinierten Taschen-

dieb. Immer wieder mußte man in den Korridoren hinter ihm herrennen, um ihm ein Bund Autoschlüssel abzujagen, das er kurzerhand in den Mund nahm. Einmal versteckte er ein gestohlenes Schlüsselbund in einem Milchkrug und beteiligte sich dann hilfsbereit an der großen Suchaktion, die sich über das gesamte Grundstück erstreckte. Erst als er seinem Durst nicht länger widerstehen konnte, kamen wir seinem Geheimnis auf die Spur.

Der schlimmste Augenblick stand uns bevor, als er sich Zutritt zu einem Raum verschaffte, in dem wir soeben aus 68 000 Postkarten, die auf ein »Zootime«-Preisausschreiben eingegangen waren, mühsam die richtigen Lösungen aussortiert hatten. Was tat Congo? Er mischte die aussortierten Karten wieder unter den großen Haufen mit den falschen Antworten.

Eine andere Schikane, die er sich für uns ausgedacht hatte, bestand darin, daß er irgendwelche Dinge »totmachte«, wenn er sich unbeobachtet fühlte. Ein besonderes Geschick entfaltete er beim »Totmachen« von Manuskripten, die er zerriß, zu Kugeln zusammenknüllte und anschließend in alle möglichen Behälter stopfte. Besonders verhaßt war ihm mein schwarzer Regenschirm. Als es eines Tages während eines Rundgangs durch den Zoo zu regnen anfing, spannte ich ihn auf und wunderte mich, wieso alle Leute, die vor dem Regenguß Schutz suchten, über mich lachten. Ich blickte nach oben und sah, daß Congo es am Ende doch noch geschafft hatte, meinen Schirm »totzumachen«, der jetzt eher einem lädierten Fledermausflügel glich als einem eleganten Londoner Herrenschirm.

Offensichtlich brauchte Congo mehr Auslauf, als er bisher bekommen hatte. Da fiel mir ein, daß gleich hinter dem Studiogebäude ein geräumiges Gehege leer stand. Dort sollte er sich künftig regelmäßig austoben, und an den ersten Tagen wollte ich ihn selber dabei beaufsichtigen. Ich hatte in der Zwischenzeit ein stabiles Halsband und eine Leine für Congo angeschafft, und so zogen wir also los wie ein Herr mit seinem ungebärdigen Hund. Sobald wir innerhalb des grasbewachsenen Geheges waren, nahm ich ihm die Leine ab, und er begann sich wie verzückt auf dem weichen Rasen zu kugeln.

Trotz seiner scheinbaren Selbstvergessenheit blieb er sich meiner Gegenwart stets bewußt und riskierte nicht, sich zu weit von seinem »Ersatzvater« zu entfernen. Ich war die sichere Basis, von der aus er seine neue Umwelt erkundete. Jedesmal, wenn er im Galopp eine ausgedehnte Entdekkungsreise unternahm, beschrieb er einen weiten Bogen, der ihn schließlich wieder zu mir zurückbrachte. Nachdem er auf diese Weise sein Sicherheitsbedürfnis befriedigt hatte, sauste er aufs neue los.

Bei den nachfolgenden Besuchen in dem Gehege wurde er immer unternehmungslustiger, je vertrauter das Terrain für ihn wurde. Auf dem Gelände standen verstreut ein paar Bäume, deren unterste Äste er zu erforschen begann. Er ging dabei zunächst ungewöhnlich vorsichtig vor und sprang sogleich wieder hinab, um zu mir zu rennen und einen neuen Körperkontakt herzustellen. In seinem ganzen Leben hatte er noch nie einen Baum erklettert – eine absonderliche Situation für einen jungen Schimpansen. Im Freileben wäre er in seinem Alter längst zu einem geschickten Baumakrobaten geworden, der sich furchtlos von Ast zu Ast schwingen und gewandt springen und hangeln würde. Doch Congo war wie ein Großstadtkind, das zum erstenmal aufs Land kommt. Er fühlte sich von den belaubten Ästen und Zweigen magnetisch angezogen, aber seine Unerfahrenheit hielt ihn zurück und zwang ihn, bei jedem Kletterausflug all seinen Mut zusammenzunehmen.

Eines Tages jedoch schien er sämtliche Probleme des Bäumekletterns schlagartig gelöst zu haben, so als wäre sein uraltes Affenerbe plötzlich durchgebrochen und hätte alle Vorsicht beiseite gefegt. Im Nu hatte er einen riesigen Baum erstiegen und war in dessen oberen Regionen verschwunden. Das kam für mich völlig überraschend, und

Entsetzen packte mich, als mir einfiel, daß er noch sein Halsband und seine Leine trug. Am Ende der Leine war eine Schlaufe, und mich befiel die grausige Vorstellung, Congo könne sich selber erhängen, wenn sich diese Schlaufe zufällig in einem Ast verfangen sollte. Ich war hilflos. Wenn ich Schimpansenwarnrufe ausstieße, um ihn zur raschen Rückkehr zu bewegen, würde ihn dies vielleicht in Panik versetzen und das Risiko erhöhen. Doch je länger er da oben blieb, desto mehr wuchs die Gefahr, daß sich die lose herabhängende Schlaufe irgendwo im Baum verhedderte. Ich konnte nichts weiter tun, als abzuwarten und zu versuchen, ihn herunterzulocken.

Congo vergnügte sich indessen königlich damit, in rasantem Tempo in der Baumkrone hin und her zu springen und zu schwingen. Mir tat schon der Nacken weh, weil ich unablässig zu dem kleinen schwarzen Kerl hinaufstarrte, der dort oben umhertollte. Nach einer Weile, die mir wie eine Ewigkeit vorkam, trat er den Abstieg an – und da passierte es. Die Leine, die er hinter sich herzog, blieb in einer Astgabel hängen. Congos Bewegungen hörten ruckartig auf. Erschrocken begann er an der Leine zu zerren, die sich dadurch nur noch fester verhakte. Meine schlimmsten Befürchtungen hatten sich bestätigt. Doch dann kehrte Congo ein Stück zurück, löste seelenruhig die Leine aus der Astgabel und setzte seinen Abstieg fort, den Stamm hinunter und hüpfte in meine Arme. Ich bin noch nie so dankbar für die Tatsache gewesen, daß der Schimpanse nach dem Menschen das intelligenteste Lebewesen der Erde ist – und zumindest in diesem Fall sogar noch klüger!

Als Congo seine nächste Kletterpartie unternehmen sollte – diesmal bestimmt ohne Leine –, war der Regent's Park von Besuchern überlaufen. Das Gehege lag am Rande des Zoogeländes und grenzte an den öffentlichen Park, in dem große Scharen umherflanierten oder auf dem Rasen in der Sonne lagen. Wenn Congo sich hier sportlich betätigte, waren schon des öfteren ein paar Leute stehengeblieben, um ihm zuzuschauen. Doch diesmal hatte sich eine kleine Menschenmenge angesammelt, die er mißtrauisch beäugte. Für ihn war sie nichts anderes als eine umherschweifende fremde Horde, die anscheinend die Absicht hatte, in »sein« Gehege einzudringen.

In der irrigen Annahme, das neue Kletterspiel würde ihn ablenken, führte ich ihn zu einem geeigneten Baum, nahm ihm die Leine ab und hob ihn hoch, damit er sich am Stamm anklammern konnte. Während ich zu der Stelle ging, von der aus ich seine Luftakrobatik bewundern wollte, wandte ich ihm eine Sekunde lang den Rücken zu. Congo muß auf diesen Moment geradezu gewartet haben.

Kaum hatte ich mich umgedreht, als er schon mit großen Sätzen auf die staunenden Zaungäste losstürmte. Sie ahnten nicht, was da auf sie zukam, lachten und ermunterten ihn durch laute Zurufe. Diese vermeintlichen Drohlaute brachten jedoch den wutschnaubenden kleinen Kerl nur noch mehr in Rage. Er stürzte sich auf die Umzäunung, und ehe ich noch das geringste unternehmen konnte, war er schon hinauf und auf der anderen Seite wieder hinunter. Wieder einmal bekam ich große Angst um ihn, doch glücklicherweise war das Gehege doppelt gesichert, und ehe er den zweiten Zaun übersteigen konnte, trat ich in Aktion. Statt hinter ihm herzulaufen, was sinnlos gewesen wäre, tat ich genau das Gegenteil. Indem ich seinen Namen wie einen Kriegsruf erschallen ließ, zog ich mich quer durch das Gehege von ihm zurück und beobachtete ihn im Gehen über die Schulter hinweg.

Congo wollte gerade über die äußere Umzäunung hinwegklettern und auf sein begeistertes Publikum losgehen, als er meine entschwindende Gestalt erblickte. Aufkreischend machte er kehrt und hangelte sich an dem inneren Zaun empor. Im Bruchteil einer Sekunde war er darüber hinweg und galoppierte wimmernd und greinend hinter mir drein.

Als ich mich weit genug von der Umzäunung entfernt hatte, setzte ich mich ins Gras, und gleich darauf warf sich ein schwer atmender Körper auf mich und umklammerte mich derart fest, als wollte er mich nie wieder loslassen. Glücklicherweise war Congo, so aggressiv er sich auch schon gebärden mochte, noch immer ein Kind, und ich war für ihn nach wie vor der »Vater«, dessen plötzliche Abwesenheit ihn in fürchterliche Angst versetzen konnte. Es tat mir leid, ihm einen solchen Schreck einjagen zu müssen, aber es war für ihn eine gute Lehre. Leider reagiert jedoch ein verängstigter Schimpanse stets auf die gleiche Weise, und als er sich an mich klammerte, spürte ich plötzlich, wie die eine Seite meines Körpers ziemlich warm und feucht wurde. Da wußte ich, daß mein Sakko wieder einmal fällig für die chemische Reinigung war.

Kurioserweise sollte ich in demselben Gehege mehrere Jahre später nochmals in eine sehr unangenehme Situation geraten, die allerdings unter umgekehrten Vorzeichen stand. Diesmal wurde sie von Tieren heraufbeschworen, die sich weigerten wegzulaufen, als ich es von ihnen erwartete. Ich war inzwischen Kurator der Säugetierabteilung geworden und hatte das Gehege in einen Wolfswald umgewandelt. Aus dem Tierpark von Whipsnade hatten wir eine Gruppe von Wolfswelpen übernommen, die ein neues Rudel bilden sollten. Nach dem Eintreffen der Tiere suchte ich sie häufig in ihrem Gehege auf, um mich zu vergewissern, ob sie sich in dem neuangelegten Höhlensystem wohl fühlten. Ich brauchte keine Angst vor ihnen zu haben, da sie ja noch sehr jung waren. Auch als sie sich zu halbwüchsigen Wölfen entwickelt hatten, genügte ein lautes »Husch!«, um sie wegzuscheuchen.

Einige Monate später meldete mir ein Wärter, daß die Tiere die Abflußröhren ausgebuddelt hatten, die unter dem Höhlenboden installiert worden waren, um bei starken Regengüssen eine Überschwemmung des Baus zu verhindern. Ich rief einen der Zooarchitekten an und bat ihn, sich zusammen mit mir den Schaden einmal anzuschauen. Als wir vor dem Gehegetor standen, mußte ich ihn mühsam davon überzeugen, daß wir beim Hineingehen nichts zu befürchten hätten. Die Tiere sahen mittlerweile schon wie ausgewachsene Wölfe aus; der Architekt wollte einfach nicht glauben, daß sie uns nicht auf der Stelle in kleine, mundgerechte Stücke zerlegen würden. Ich wischte seine Bedenken lässig beiseite und schließlich fand er sich bereit, mit mir zu kommen und die beschädigten Röhren zu untersuchen. Als wir das hohe Tor hinter uns verriegelt hatten, verzog sich das Rudel zu seiner großen Erleichterung an das andere Ende des Geheges und ließ sich dort nieder, ohne uns freilich aus den Augen zu lassen. Wir gingen zu der Höhlenanlage hinüber, stiegen hinab und inspizierten den Schaden. Nachdem wir überlegt hatten, wie er zu beheben sei, krochen wir wieder an die Oberfläche. Da sahen wir, daß das Rudel sich inzwischen der Höhle genähert hatte. Der Architekt bekam es wieder mit der Angst zu tun. »Nur keine Aufregung!« sagte ich leichthin. »Schauen Sie, wie ich das mache.« Damit ging ich ein paar Schritte auf die Wölfe zu, und als hätte ich es mit einem Vogelschwarm in einem Obstgarten zu tun, machte ich eine gebieterische Handbewegung und rief in bewährter Manier: »Husch!« Zu meinem Erstaunen wichen die Wölfe nicht wie sonst zurück. »Husch!« wiederholte ich mit lauterer Stimme, woraufhin die Tiere noch weiter vorrückten. Entsetzt bemerkte ich, daß sie uns einzukreisen begannen. Es war ein unheimlicher Anblick. Lautlos und scheinbar nach einem festgelegten Plan schloß sich der Ring immer enger um uns.

Ich versuchte die Ruhe zu bewahren und flüsterte dem Architekten zu, er solle sich langsam auf den Ausgang zubewegen. Ich hatte das sichere Gefühl, daß wir durch hastiges Davonlaufen einen plötzlichen Angriff auslösen und mühelos von dem wutschnaubenden Wolfsrudel eingeholt werden würden.

Die wenigen Sekunden, die wir bis zum Erreichen des Tores brauchten, kamen mir wie eine ganze Stunde vor. Der

Halbkreis der leichtfüßig trabenden Wölfe zog sich immer enger um uns zusammen. Als ich mit einiger Mühe das Tor aufgebracht und hinter uns beiden wieder fest zugeschlagen hatte, waren die erregten Tiere schon dicht herangekommen und blickten uns durch die Gitterstäbe finster drohend an.

»Und dabei behaupten die Bauern, es mache dem Fuchs Spaß, gejagt zu werden«, keuchte ich. Doch der Architekt fand das gar nicht komisch. »Was ist denn schiefgegangen?« wollte er wissen. Das war eine berechtigte Frage. Als ich mir noch die Antwort überlegte, beobachtete ich, wie ein Rüde eine Fähe beschnüffelte und zu besteigen versuchte.

Da wurde mir klar, daß die Tiere in den wenigen Monaten, die seit meinem letzten Besuch im Wolfswald vergangen waren, das Stadium der Geschlechtsreife erreicht hatten. Sie waren zwar noch immer Jungwölfe, aber bereits fast voll ausgewachsen. Sie hatten eine entscheidende Entwicklungsstufe überschritten und waren jetzt in einem Alter, in dem sie in freier Wildbahn für sich selbst hätten sorgen müssen und mit den älteren Rudelmitgliedern auf die Jagd gegangen wären. Mit dieser Veränderung hatte ihre Angst vor den Menschen, die in ihr Territorium eindrangen, schnell abgenommen.

Ich war sehr unvorsichtig gewesen, diese Tatsache zu übersehen, und entschuldigte mich bei dem Architekten dafür, ihn in eine so heikle Lage gebracht zu haben. Um ihn zu beruhigen, erklärte ich ihm, daß Angriffe freilebender Wölfe auf Menschen, allen gegenteiligen Schauergeschichten zum Trotz, äußerst selten vorkämen und maßlos übertrieben würden; aber er hat sich durch diesen Hinweis nicht sonderlich beeindrucken lassen, wie mir seine skeptische Miene verriet – kein Wunder nach den dramatischen Sekunden im Wolfsgehege.

Damals, zu Congos Zeiten, war dieses Gehege ein herrliches Spielgelände für Affen, auf dem unser Starschimpanse regelmäßig herumtollen konnte. Körperlich entwickelte er sich prächtig, und seine Intelligenz setzte uns nach wie vor in Erstaunen. Besonders beeindruckte mich seine manuelle Geschicklichkeit. Eines Tages sagte Michael zu mir: »Passen Sie mal auf!« Daraufhin legte er sein Schlüsselbund auf den Futtertisch in Congos Zimmer, trat zurück und lehnte sich neben mich an die gegenüberliegende Wand.

Nachdem uns Congo einen spöttischen Blick zugeworfen hatte, ergriff er die Schlüssel und probierte sie mit seinen muskulösen Lippen einzeln durch, bis er den richtigen gefunden hatte. Dann sprang er auf den Boden, rannte quer durch das Zimmer und schloß die Tür zu seinem Schlafgemach auf, in dem Michael Congos Abendessen abgestellt hatte. Ich fragte Michael, wie lange er für diesen Dressurakt gebraucht habe, aber er versicherte mir, Congo sei ganz zufällig darauf gekommen, als das Schlüsselbund einmal versehentlich liegengeblieben sei. Er hatte sich also den Trick selber beigebracht.

Diese Kombination von Geschicklichkeit und Intelligenz gab mir zu denken und erinnerte mich an ein Schimpansenexperiment, das ich mir mehrere Jahre früher einmal ausgedacht hatte und ausführen wollte, wenn sich dazu eine Gelegenheit bieten sollte. Aus unerfindlichen Gründen hatte ich es aus meinem Bewußtsein verdrängt, bis zu diesem Augenblick, als ich durch den Schlüsseltrick wieder darauf gestoßen wurde.

Die Idee war durch einen sonderbaren Zufall entstanden. Als ich noch in Oxford meine Fische studierte, hatte ich ein wenig Deutsch zu lernen versucht, um wenigstens einige wichtige deutsche Aufsätze lesen zu können. Aber es fiel mir ungeheuer schwer.

Eines Nachmittags hatte ich mich in der Radcliffe Science Library stundenlang mit einer deutschen Abhandlung über Stichlinge abgequält, ohne recht voranzukommen, und schließlich voller Verzweiflung aufgegeben. In dem Gefühl, die Stunden vertan zu haben, entschloß ich mich beim Verlassen des Lesesaals, noch etwas im vertrauten Englisch zu lesen, um nicht ganz umsonst in der Bibliothek gesessen zu haben. Ich blieb neben dem Regal mit den psychologischen Fachzeitschriften aus Amerika stehen, die ich normalerweise nicht einmal eines Blickes würdigte. Aufs Geratewohl griff ich einen Jahresband heraus und blätterte ihn durch. Ich rechnete kaum damit, hier etwas zu finden, was mich interessieren würde. Doch ich hatte mich geirrt. Der spontane Einfall sollte für mich zum Ausgangspunkt des faszinierendsten Forschungsprojekts werden, das ich jemals durchgeführt habe.

Ich blieb an einer Seite hängen, die mit einer merkwürdigen Kritzelei bedruckt war, so als hätte ein Kind in der gelehrten Zeitschrift herumgeschmiert. Auf den folgenden Seiten entdeckte ich noch mehr solche Schmierereien, woraufhin ich zurückblätterte, um den Titel dieses Beitrages festzustellen. Er lautete: »Die Reaktion auf vorgegebene Formen in den Zeichnungen eines Schimpansen.«

Eine Schimpansin mit Namen Alpha hatte sich offensichtlich jahrelang eifrig als Zeichnerin betätigt. Im berühmten Forschungszentrum von Yerkes, wo sie zu Hause war, bettelte Alpha regelmäßig um Bleistift und Papier und setzte sich dann still in eine Ecke, um die weiße Oberfläche hingebungsvoll mit allerlei Zeichen zu bedecken. Paul Schiller, einer der Wissenschaftler des Instituts, begann sich für dieses seltsame Verhalten der Schimpansin zu interessieren und legte ihr eine Reihe von Testkarten vor, auf die er vorher einfache geometrische Muster gemalt hatte. Bald fand er heraus, daß die Form und Anordnung seiner Vorlagen Alphas Zeichenübungen beeinflußten. Mit anderen Worten: Ihre Kritzeleien waren nicht dem Zufall überlassen, sondern visuell gesteuert. Ebenfalls hatte sich ihr Zeichenstil im Laufe der Zeit verändert. Leider verstarb der Forscher, bevor er seine Entdeckungen veröffentlichen konnte.

Als sein Freund Karl Lashley Schillers Nachlaß durchsah, stieß er auf Alphas Zeichnungen – etwa 200 insgesamt – und auf einige kurze Anmerkungen zu ihnen. Er hielt das vorgefundene Material für so wichtig, daß er sich die Mühe nahm, die Aufzeichnungen zu ordnen und, zusammen mit einer Auswahl der Testzeichnungen, in der psychologischen Fachzeitschrift zu publizieren, die ich jetzt vor mir hatte.

Ich las den Aufsatz zweimal, weil ich den darin enthaltenen Aussagen beim erstenmal nicht recht glauben wollte. Die Vorstellung, ein Affe könne visuell kontrollierte Zeichnungen hervorbringen, erschien mir zuerst ziemlich abwegig. Doch schließlich überzeugten mich die Beweise, und ich nahm mir vor, diese Untersuchungen fortzuführen, falls ich jemals Gelegenheit dazu hätte.

Beim Nachmittagstee in unserem Institut verkündete ich keck, ich würde eines Tages eine Ausstellung von Schimpansengemälden in einer Londoner Kunstgalerie veranstalten, um die Welt in Erstaunen zu setzen und die Kluft zwischen Affe und Mensch noch mehr zu schließen. Ich hatte das damals nicht ernst gemeint, aber vier Jahre später sollte ich meine Ankündigung in die Tat umsetzen.

In den ersten Monaten, die ich im Zoo tätig war, nahm mich der Aufbau des Fernsehteams dermaßen in Anspruch, daß an ernsthafte Experimente mit Congo gar nicht zu denken war. Doch sobald der Druck ein wenig nachließ, regte sich in mir das Bedürfnis, wieder ein größeres Forschungsvorhaben in Angriff zu nehmen, das mich länger beschäftigen würde als ein typisches »Zootime«-Programm, für das mir jeweils nur wenige Tage Vorbereitung zur Verfügung standen. Congos intelligenter Umgang mit den Schlüsseln bewies mir, daß es an der Zeit war, mit der Fortführung von Schillers Untersuchungen zu beginnen.

Zunächst einmal wollte ich prüfen, ob Congo auf Zeichenmaterial überhaupt reagierte. Statt eine ausgeklügelte Versuchsanordnung zu entwerfen, beschränkte ich mich dar-

auf, während einer Spielstunde Papier und Bleistift als zusätzliche Gegenstände einzuführen.
Ich erinnere mich noch sehr gut an diesen Tag. Congo saß in meinem Büro auf dem Teppich, wie üblich umgeben von allen möglichen Dingen, zu denen Spielzeuge, der Inhalt des Papierkorbs, mein Schal und meine Handschuhe gehörten. Er versuchte den Hut des »Zootime«-Regisseurs Mark Lawton in den jetzt leeren Papierkorb zu stopfen. Sobald er das geschafft hatte, häufte er sämtliche Papierabfälle obendrauf, sprang mit einem Satz auf den Korb und schaute zu mir herüber. Ich hielt ihm den Bleistift entgegen. Neugierig näherte er sich ihm. Behutsam legte ich seine Finger um den Stift und drückte die Spitze auf ein Stück Pappe. Dann ließ ich los. Dabei bewegte sich sein Arm ein wenig und hielt inne. Congo starrte auf die Pappe und bemerkte, daß etwas Seltsames aus der Bleistiftspitze hervorgekommen war. Der Schimpanse hatte seinen ersten Strich gezogen!
Noch immer die Pappe anstarrend, begann Congo von allein eine Linie nach der anderen zu ziehen, und bei genauerem Hinsehen bemerkte ich, daß er die Striche auf eine bestimmte Stelle des Pappstücks lenkte, wo sich ein kleiner Tintenklecks befand. Selbst bei dieser allerersten Kritzelei malte Congo nicht einfach drauflos, und wie Alpha trug er in sich die – wenn auch noch so primitive – Anlage zur visuell gesteuerten Raumaufteilung.
Dies war der Anfang einer langen Testreihe, die sich über zwei Jahre hinzog und nicht weniger als 384 Zeichnungen und Gemälde erbrachte. Aus diesen Anfängen sollte sich ein Projekt entwickeln, das stets der Gefahr ausgesetzt war, ein Opfer seines eigenen Erfolgs zu werden. Obgleich ich mich zu den eifrigsten Verfechtern der modernen Kunst zähle, wollte es die Ironie des Schicksals, daß man mich der Absicht beschuldigte, die Welt der Kunst lächerlich zu machen und insbesondere die avantgardistische Malerei zu desavouieren.

Doch so weit war es noch nicht. Zunächst verliefen die Tests mit Congo still und ohne Aufsehen in der Abgeschlossenheit des Fernsehstudios. Mein Hauptanliegen war es festzustellen, inwieweit man bei einem Schimpansen von einem »ästhetischen Sinn« sprechen konnte. Als erstes fiel mir auf, mit welch starker Konzentration Congo seine Bilder malte. Man brauchte ihn weder zu belohnen noch anzuspornen. Eines Tages wollte ich eine »Zeichenstunde« beenden, bevor er mit seiner Arbeit fertig war; da bekam er sogar einen lautstarken Wutanfall und beruhigte sich erst wieder, als er weitermachen und sein Werk vollenden durfte. Seiner leidenschaftlichen Reaktion nach zu urteilen, bewertete er das Malen ebenso hoch wie das Essen oder Trinken, obwohl sein einziger Lohn in der Herstellung des Bildes selbst bestand.

Congo half mir, die Höhlenmalerei von Lascaux zu verstehen. Mir war es schon immer ein Rätsel gewesen, was unsere frühen Vorfahren, die auf einer primitiven altsteinzeitlichen Kulturstufe standen, dazu motiviert hatte, so viel Zeit und Mühe auf ihre anspruchsvolle künstlerische Tätigkeit zu verwenden. Doch wenn selbst ein »niederer« Affe ein fast an Besessenheit grenzendes Interesse für das Bildermalen bekundete, war das Verhalten der Steinzeitmenschen nicht mehr verwunderlich. Das »l'art pour l'art« schien also eine viel längere Tradition zu haben, als man bis dahin angenommen hatte.

Nicht weniger beeindruckte mich die erstaunliche visuelle Sicherheit, mit der Congo seine Striche zu Papier brachte. Seine Zeichnungen waren allerdings nicht mehr als abstrakte Kritzeleien. Er erreichte nie das entscheidende Stadium der gegenständlichen Darstellung. Aber die abstrakten Gebilde, die er schuf, hatten gleichwohl einen unverwechselbaren persönlichen Stil.

Sein Lieblingsmotiv war ein strahlenförmiges Fächermuster. Er wiederholte es im Lauf der Monate viele Male, bis er es schließlich so gut beherrschte, daß es für ihn zu einem festumrissenen Bildelement wurde, das er beliebig abwandeln konnte. Er teilte das Muster in zwei Hälften, versah es mit einer geschwungenen Grundlinie oder markierte die Mitte durch einen dicken Punkt. Manchmal setzte er sogar einen kleinen Fächer neben das Hauptmotiv, und bei einer anderen Gelegenheit zeichnete er den Fächer gewissermassen rückwärts, indem er nicht am oberen, sondern am unteren Rand des Blattes begann.

Darüber hinaus brachte er in den täglichen Sitzungen, die jeweils etwa eine halbe Stunde dauerten, auch noch andere Zeichen zu Papier: Zickzacklinien, Schleifen, Kreuze und zuweilen recht gut gelungene Kreise. Einen davon füllte er anschließend mit Punkten aus. Bei einem Kleinkind wäre ein solcher gepunkteter Kreis die Vorstufe zum ersten konkreten Bild gewesen – dem Bild eines Gesichts. Doch Congo gelang es nie, diese Schwelle zu überschreiten.

Ich wollte gerade mit vorgegebenen geometrischen Mustern eine neue Versuchsreihe mit ihm beginnen, um sein Gefühl für grafische Ausgewogenheit zu testen, da geschah etwas, wodurch sich das seriöse Forschungsvorhaben in ein öffentliches Schauspiel verwandelte: Betsy aus Baltimore betrat unverhofft die Szene.

Betsy war ein siebenjähriges Schimpansenweibchen und lebte im Zoo von Baltimore in den USA, wo sie durch ihre Fingermalerei bereits berühmt geworden war. Man reichte ihr Farben in Form von handlichen Kügelchen, die sie auf einer großen Pappe verschmierte. Wie Congo besaß sie einen angeborenen Sinn für Linienführung, doch der Reiz von Betsys Werken lag vor allem in der zufällig zustande gekommenen Strukturierung der verschmierten Bildoberfläche. Verglichen mit Congos strengen Bleistiftzeichnungen, hatten Betsys Gemälde eine modische Attraktivität. Ihre Werke wurden öffentlich ausgestellt und an begeisterte Sammler verkauft. Die Herausforderung, für den »Künstler« Congo auf ähnliche Weise Publicity zu machen, war zu groß, als daß ich ihr hätte widerstehen können.

Soweit ich es zu beurteilen vermochte, war das Formgefühl bei Congo weit stärker ausgeprägt als bei Betsy, und um seine amerikanische Konkurrentin auszustechen, brauchte er sich nur von der Strichzeichnung auf die farbige Malerei umzustellen. Das würde zwar die Analyse der einzelnen Kompositionsmerkmale erschweren, aber ohne Zweifel einige reizvolle abstrakte Gemälde zur Folge haben.
Congo war über die Veränderung hoch erfreut. Er genoß es sichtlich, daß er jetzt mit weniger Mühe viel größere Spuren hinterlassen konnte, wenn sich die Farbe aus seinen Pinseln über die großformatigen Blätter ergoß, die ich ihm zur Verfügung stellte. Ich wollte nicht so weit gehen und ihn die Farbe mit den Fingern verschmieren lassen, denn dadurch hätten sich die Bildelemente noch mehr verwischt, und glücklicherweise wußte er schon bald wie ein Mensch mit den Pinseln umzugehen. Ich reichte ihm eine Farbe nach der anderen, und er beschäftigte sich so lange mit einem bestimmten Bild, bis er es für »vollendet« hielt. Dann hörte er auf und weigerte sich, noch etwas hinzuzufügen.
Im Laufe der Wochen gewann Congo zunehmend an Sicherheit. Jeder Farbstrich, jeder Tupfer wurde genau dort hingesetzt, wo er ihn haben wollte, ohne daß er lange überlegen mußte. Er blieb jetzt viel länger bei der Sache, denn die leuchtenden Farben hatten für ihn einen zusätzlichen Reiz und erhöhten seine Konzentration.
Einmal spielte ich ihm einen Streich, indem ich heimlich ein erst halbfertiges Gemälde wegnahm und es durch ein leeres Blatt ersetzte. Nach anfänglichem Protest wandte er seine Aufmerksamkeit der neuen Malunterlage zu und begann auf ihr zu pinseln. Am folgenden Tag legte ich ihm noch einmal das halbfertige Bild vor, auf dem er ein Fächermuster angefangen hatte, das nur eine Hälfte des Blattes bedeckte. Sofort machte er sich daran, es zu vervollständigen – ein Beweis dafür, daß er genau wußte, was er wollte und was ihm gefiel.

In diesem Entwicklungsstadium wagte ich es, Congo als Maler im Fernsehen auftreten zu lassen. Das war riskant, da er bis dahin noch nie vor einem Publikum gemalt hatte und die Anwesenheit der Kameraleute ihn womöglich ablenken konnte. Doch es klappte sehr gut, und er vollendete sein erstes »öffentliches« Gemälde. Die Kunde davon muß bis zum Zoo von Baltimore durchgesickert sein, denn kurz darauf erhielt ich von dort einen Brief, in dem man mir anbot, für eine Gemeinschaftsausstellung zwölf Bilder von Betsy nach London zu schicken; danach sollten die Werke der beiden Schimpansen in Baltimore und anderen amerikanischen Städten gezeigt werden.

Mein kühner Vorschlag für eine Affenkunstausstellung, den ich in übermütiger Stimmung vier Jahre zuvor im zoologischen Institut von Oxford gemacht hatte, nahm also greifbare Gestalt an. Einesteils fand ich diese bizarre Situation höchst amüsant, andernteils hatte ich doch meine Bedenken. Was als ernsthafte wissenschaftliche Erforschung der Ursprünge des ästhetischen Triebes begonnen hatte, drohte jetzt zu einem gewaltigen Zirkus zu entarten. Ich wandte ein, meine Forschungsergebnisse könnten dazu mißbraucht werden, die moderne Kunst lächerlich zu machen; aber *Granada TV* wollte sich diese Publizität nicht entgehen lassen und begann sich nach einer geeigneten Galerie umzusehen. Congo war schließlich ein nationaler Fernsehstar und hatte nun die große Chance, international berühmt zu werden.

Ich war dagegen, die Ausstellung in einem Hotel oder in anderen unangemessenen Räumlichkeiten zu veranstalten. Wenn schon, dann mußte sie in einer richtigen, anerkannten Kunstgalerie stattfinden, wo zumindest eine Chance bestand, daß man sie ernst nehmen würde. Aber die privaten Londoner Galerien schreckten vor dem Gedanken zurück, einen Affen in die Liste ihrer angesehenen Künstler aufnehmen zu müssen.

Das Problem wurde gelöst, als Dorothy Morland, die Direktorin des Institute of Contemporary Arts, uns eines Tages im Zoo aufsuchte. Auf unsere erste Anfrage hatte das Institut mit einer gewissen Skepsis reagiert. Nun hielt es Dorothy für richtig, sich selber einmal umzuschauen, bevor man unseren Vorschlag endgültig ablehnte. Sobald sie erkannte, daß ich – trotz des Fernsehrummels um den »malenden Affen« – durchaus ernsthafte Absichten verfolgte, schwanden ihre Zweifel. Nachdem sie sich mit ihren Kollegen beraten hatte, wurde beschlossen, die Ausstellung der Schimpansenbilder am 17. September 1957 in den Räumen des ICA in Mayfair zu eröffnen, die drei Wochen dauern sollte. Julian Huxley ließ sich überreden, das ungewöhnliche Kunstschauspiel mit einer offiziellen Ansprache zu eröffnen, in der er betonte, daß es hier nicht um einen billigen Reklametrick gehe, sondern um einen faszinierenden Einblick in die »Geburt der Kunst«.

Die Ausstellung hatte einen gewaltigen Zulauf. Viele kamen, um ihre Neugier zu befriedigen, aber die wirklichen Kenner abstrakter Kunst waren auf der Stelle von den Exponaten fasziniert. Sie erkannten auf den ersten Blick, daß hier nicht ein Esel am Werke gewesen war, dem man einen Pinsel an den Schwanz gebunden hatte. Der amerikanische Künstler William Copley war eigens nach London herübergeflogen, um die Schau der Lächerlichkeit preiszugeben, und erschien zur Eröffnungsparty in Melone und kirschrotem Smoking; doch als er die gerahmten Bilder an den Wänden gesehen hatte, entschuldigte er sich sehr schnell für seinen Fauxpas. Er war so begeistert, daß er unbedingt ein Bild kaufen wollte, aber ich schlug ihm die Bitte ab, weil nicht der Eindruck entstehen sollte, es handle sich um ein kommerzielles Unternehmen.

Einige Tage darauf erhielt ich einen verzweifelten Telefonanruf aus dem ICA. Etliche Leute wollten inzwischen Congo-Originale erwerben. Aus den Anfragen wurden Forderungen, und prominente Kunden empörten sich darüber, daß die Bilder nicht zum Verkauf angeboten wurden. Ich besprach das Problem mit der Zooleitung und mit den Herren von *Granada*. Sehr widerstrebend gaben wir schließlich nach, bestan-

den jedoch darauf, daß die Bilder zu einem sehr hohen Preis angeboten wurden, um so die meisten Interessenten abzuschrecken.
Zwei Tage später besuchte ich mit einem Freund die Galerie. Zu meinem Entsetzen waren nahezu alle Congo-Werke mit einem roten Punkt markiert. Das ICA war förmlich gestürmt und geplündert worden. Ich bestand darauf, den Ausverkauf sofort zu stoppen. Congos Produktion war begrenzt, und außerdem hatte ich den Amerikanern versprochen, die Ausstellungsstücke in wenigen Wochen über den großen Teich zu schicken. Ich kehrte zum Zoo zurück und machte mich daran, die für Baltimore bestimmte Kollektion wieder aufzufüllen. In den nächsten Wochen malte Congo eifrig drauflos und brachte genügend erstklassige Bilder zustande, die dann gerahmt und nach Übersee verschifft wurden. Ich schwor mir, nie wieder eines seiner Originale zum Verkauf freizugeben.
Eine groteske Wendung nahm die Geschichte, als sich die großen Zeitungen für Congo interessierten, die entweder absurde Lobpreisungen auf sein kleines Haupt häuften und ihn als eine Art behaarten Leonardo da Vinci begrüßten oder die Ausstellung als eine Beleidigung für die Würde des Menschen und die etablierte Kunst attackierten.
Der »Daily Telegraph« berichtete über die Ausstellung, als enthielte sie das Werk von zwei bedeutenden menschlichen Künstlern: »Die Arbeiten von Congo und Betsy sind von unbestreitbarer Originalität und Frische . . . In beiden Fällen wird das schöpferische Moment in der Gestaltung überzeugend sichtbar. Congos kraftvolle und farbenfreudige Bildwerke verraten die Nähe zur informellen Malerei oder zum Tachismus, während Betsys Fingermalereien subtilere Qualitäten aufweisen.«
Die Gegenreaktion blieb nicht aus. Die Kunstwelt konnte das Ganze nicht stillschweigend übergehen. Congo, der elende Affe, so hieß es, stelle nicht nur seine Werke aus, sondern werde sogar ernst genommen, während man

wichtige menschliche Künstler ignoriere – ja, schlimmer noch, er werde bewußt überbewertet, damit seine menschlichen Konkurrenten als Nichtskönner dastünden, und am allerschlimmsten: Er *verkaufe* seine Bilder! Das sei unerträglich. Der Präsident der Royal Academy ritt eine vernichtende Attacke, und die Leserbriefspalten der seriösen Wochenblätter waren voll von empörten Zuschriften.

Im »New Statesman« las ich: »Darf ich mir die Frage erlauben, ob andere Leser Ihres Blattes bereit sind, gemeinsam mit mir einen Fonds zu gründen, der dem Zweck dienen soll, die Organisatoren und Befürworter dieser Ausstellung wegen Betruges oder, falls möglich, wegen gemeinsam begangenen Diebstahls vor Gericht zu bringen? . . . Es ist allgemein bekannt, daß Gemälde, wie Kunstwerke überhaupt, allein von Menschen geschaffen werden. Daß sich gewisse Leute in den letzten zwanzig Jahren darauf versteift haben, zuerst wie Psychoten, dann wie Kleinkinder und schließlich wie Tiere zu malen, rechtfertigt schwerlich eine Veranstaltung, auf der die Produkte äffischer Reflexzuckungen verkauft werden . . .«

Der bittere Kommentar eines anderen Briefschreibers lautete: »Hat sich diese Galerie damit nicht zu einem Affront gegen die moderne Kunst hergegeben? . . . Man könnte die Kunst definieren als ›das wesentliche Merkmal, das den Menschen vom Tier unterscheidet‹.«

In einer späteren Ausgabe brachte der »New Statesman« eine Erwiderung des führenden Kunstkritikers David Sylvester: »Die Leserbriefe über Betsy und Congo klingen doch reichlich viktorianisch. Die Reaktion dieser Leute auf die Nachricht, daß Affen malen können, ähnelt sehr stark der Empörung, die auf die Veröffentlichung von Darwins *Ursprung der Arten* folgte.«

Es tat wohl, solche Worte nach all den törichten Schwafeleien und hochgestochenen Verleumdungen zu lesen. Sie erinnerten mich lebhaft an die tapfere Verteidigungsrede, mit der Thomas Henry Huxley, Julians bedeutender Vorfahr, in der historischen Auseinandersetzung über Darwins Lehre der allgemeinen Entrüstung entgegengetreten war. Damals, vor fast hundert Jahren, war Huxley während der berühmten Debatte in Oxford von dem salbungsvollen Oxforder Bischof Wilberforce durch die Frage provoziert worden, ob er wohl väterlicher- oder mütterlicherseits von einem Affen abstamme. Huxley entgegnete darauf: »Wenn man mich fragt, ob ich lieber einen elenden Affen zum Großvater haben möchte oder einen Menschen, dem die Natur große Gaben verliehen hat und der über einen weitreichenden Einfluß gebietet und dennoch diese Fähigkeiten und diesen Einfluß nur dazu benutzt, eine ernsthafte wissenschaftliche Erörterung ins Lächerliche zu ziehen – dann entscheide ich mich ohne Zögern für den Affen!«

Angesichts des jungen Schimpansen Congo, der sich Tag für Tag ernsthaft bemühte, seine einfachen abstrakten Muster zu Papier zu bringen, und angesichts der aufgeblasenen, selbstgefälligen Schreiberlinge, die jetzt so beflissen über die Zurschaustellung seiner Mühen die Nase rümpften, fühlte ich mich völlig einig mit dem großen Huxley.

Es freute mich, daß dessen Enkel Julian die öffentliche Ausstellung der Affenbilder ausdrücklich billigte und seine Zustimmung sogar drucken ließ. In der »New York Times« zog er eine nüchterne Bilanz: »Diese Gemälde sind von erheblichem Interesse, weil sie uns etwas darüber verraten, wie Kunst entstanden sein mag ... Ja, wir erkennen hier die Triebkräfte der künstlerischen Betätigung. Die Resultate beweisen schlüssig, daß Schimpansen tatsächlich künstlerische Fähigkeiten besitzen, die zutage gefördert werden können, wenn man ihnen die entsprechenden Möglichkeiten bietet.«

Die Stimmung begann umzuschlagen. Als sich die erste Aufregung gelegt hatte und die seriöseren Zeitschriften ihre Kommentare veröffentlichten, wurde deutlich, daß viele Wissenschaftler und Kunstkenner meine Experimente als soliden Forschungsbeitrag anerkannten. Sie durchschauten den Klamauk der Congo-Artikel und Congo-Karikaturen (es gab sogar einen Congo-Calypso) und erkannten, daß sich bei einer ausgewogenen Betrachtung, die sich von dem albernen Anspruch der »großen Affenkunst« ebenso freimachte wie von einer hemmungslosen Verdammung, diese Affenzeichnungen und -gemälde als bemerkenswerte Dokumente tierischen Verhaltens enthüllten.

Wenn die Menschenwürde durch die Leistungen der Affen in Frage gestellt wurde, dann mußte man sich damit abfinden. Wenn jedoch Affe und Mensch durch ihr gemeinsames Interesse für elementare ästhetische Werte einander nähergebracht werden konnten, um so besser. Wir Menschen könnten ruhig ein wenig von unserer sogenannten Würde ablegen, wenn wir uns mit der übrigen Tierwelt vergleichen.

Ich saß in meinem Büro im Londoner Zoo und richtete finstere Drohungen gegen den Präsidenten der Royal Academy, der sowohl das ICA als auch mich weiterhin mit verbalen Angriffen eindeckte und sich beharrlich weigerte, die inzwischen erschienenen sachlichen Kommentare zur Kenntnis zu nehmen. Doch ich verachtete diesen Mann so sehr, daß ein Verdammungsurteil aus seinem Munde im Grunde einem Lob gleichkam. Und ich fühlte mich bestätigt durch die Meinung verschiedener bedeutender Künstler, die sich mit Congos Bildern befaßten.

Salvador Dali sah sich eines der Werke sehr genau an und rief dann aus: »Die Handschrift des Schimpansen ist quasimenschlich; die Handschrift von Jackson Pollock ist absolut tierisch!« Diese Einsicht verblüffte mich. Ohne meine Experimente im einzelnen zu kennen, hatte Dalí entdeckt, daß der Affe bestrebt war, ein System in seine gemalten Linien und Formen zu bringen und seine schlichten Kompositionen sinnvoll zusammenzufügen, wohingegen Jackson Pollock offensichtlich darauf aus war, jede Ordnung zu zerstören.

Picassos Reaktion war bezeichnenderweise sehr viel handfester. Roland Penrose, der verdienstvolle Förderer zeitgenössischer Kunst in England, hatte für ihn auf der ICA-Ausstellung ein Gemälde erworben und es dem Künstler persönlich in dessen Atelier in Südfrankreich überreicht. Picasso war entzückt von dem Bild und räumte ihm in dem chaotischen Durcheinander seines palastartigen Wohnsitzes einen Ehrenplatz ein. Als wenig später ein Reporter den Künstler besuchte und ihn nach seiner Meinung über das Affenbild fragte, verschwand Picasso aus dem Zimmer, kehrte gleich darauf mit pendelnd herabhängenden Armen zurück, sprang den Zeitungsmann an und biß ihn. Damit wollte er wohl auf seine Weise ausdrücken, daß der Affe und er gleichermaßen Künstler seien.

Meine größte Freude erlebte ich einige Jahre später, als Roland Penrose mich anrief und mir mitteilte, daß Joan Miró nach London komme und Congos Bilder sehen wolle. Ich bewunderte Miró mehr als alle anderen lebenden Künstler, mehr noch als Dali und Picasso, und sah seinem Besuch erwartungsvoll entgegen, obwohl ich dabei wieder ein Bild von Congo verlieren würde. Das heißt nicht, daß ich mit den Bildern knauserig umging – ich hatte einfach nur noch sehr wenige übrigbehalten. Damals hatte Congo mit dem Malen vollständig aufgehört, und ich erhielt jeden Monat »spezielle Anfragen« von Leuten, die unbedingt noch ein Werk aus meiner ständig kleiner werdenden Sammlung haben wollten.

Nach Congos Erfolg waren inzwischen auch andere Affen ins »Kunstgeschäft« eingestiegen, aber keiner von ihnen brachte so ausgewogene Kompositionen wie er zustande. Diese Tiere waren nicht etwa weniger begabt gewesen, sondern man hatte sie nicht mit dem nötigen Ernst angeleitet. Die geduldigen Experimente mit Congo hatten Hunderte von Stunden erfordert, was sich dann auch in der Qualität seiner Bilder widerspiegelte. Sie waren einzigartig! Bei den meisten handelte es sich um experimentelle Zeichnungen von geringem »künstlerischem Wert«, und für die Ausstellungen hatte Congo ohnehin nur wenige Gemälde geschaffen. Jetzt besaß ich gerade noch ein paar, die ich unbedingt behalten wollte als Erinnerung an die außergewöhnliche Beziehung, die sich in den »schöpferischen« Jahren zwischen Congo und mir entwickelt hatte. Doch bei Miró mußte ich eine Ausnahme machen. Seine Bilder hatten mir so viel Freude bereitet, daß ich ihm liebend gerne sogar das letzte kostbare Congo-Original geschenkt hätte.

Miró war anläßlich seiner großen Retrospektive in der Tate Gallery nach London gekommen und hatte einen Tag für einen Besuch im Zoo reserviert. Ich arrangierte für ihn einen großen Rundgang, denn er hatte Penrose wissen lassen, daß er vor der Besichtigung der Congo-Bilder gerne »Schlangen, kleine Vögel und Nachttiere« sehen wollte – das klang genauso wie der Titel eines seiner großformatigen Gemälde.

Er erschien in einem makellosen Anzug und sah aus wie ein zierlicher spanischer Bankier. Der Rundgang verlief angenehm. Mit fast kindlichem Vergnügen ließ Miró sich einen riesigen Python um den Körper drapieren und beobachtete aus nächster Nähe fasziniert eine rasselnde Klapperschlange.

Eine andere Schlange wurde vor seinen Augen gefüttert. Als sie ihren Oberleib wie einen Pfeil vorschnellte, um die ihr dargebotene tote Maus zu packen, fuhr ihr Kopf nur wenige Zentimeter an Mirós Gesicht vorbei. Nach Luft schnappend, sprang er zurück. Als ich ihm ins Gesicht sah, merkte ich, daß ihm nicht vor Schreck die Luft weggeblieben war, sondern vor Begeisterung über die ungewöhnliche Anmut, die in der blitzschnellen Bewegung der Schlange lag. Ich erinnerte mich in diesem Augenblick an Victor Pasmore, den englischen Künstler, der Miró einmal gefragt hatte, worin das Geheimnis seiner dynamischen Pinselführung bestehe. »Jede Linie«, hatte Miró geantwortet, »muß schneiden wie ein Messer.« Von daher erklärte sich wohl seine Bewunderung für den vorschnellenden Schlangenleib, der wie eine scharfe Klinge die Luft durchschnitten hatte.

Ich war darauf bedacht, Miró vor allem solche Tiere vorzuführen, die ihm gefallen mußten; meine Auswahl beruhte auf meiner jahrelangen Beschäftigung mit seinen Gemälden. Im Vogelhaus war es ein prächtiger zahmer Nashornvogel, der auf Mirós Handgelenk Platz nahm und sich von ihm mit einer Traube füttern ließ. Das große Auge des Vogels war von einem leuchtend bunten Farbfleck umgeben, genauso wie ein gemaltes Auge auf einem Miró-Bild. Ich sprach kein Spanisch und konnte deshalb nicht erklären, warum ich gerade diesen Vogel ausgewählt hatte. Deshalb zeigte ich einfach auf das Auge. Miró nickte; er hatte mich verstanden.

Zum Abschluß seines Besuches gingen wir hinüber in unsere kleine Wohnung unweit des Zooeingangs, wo Ramona uns mit Tee bewirtete. Durch Roland Penrose, der als Dolmetscher fungierte, dankte mir Miró für die Zooführung und wandte sich dann Congos Bildern zu, die ich ihm vorlegte. Er war sichtlich angetan davon. Nachdem er sich ein Bild ausgesucht hatte, das ihm besonders gefiel, stand er auf und begann in den Papieren auf meinem Arbeitstisch herumzuwühlen. Ich fragte Roland, was Miró vorhabe, und zu meiner freudigen Überraschung erfuhr ich, daß er nach einem geeigneten Stück Papier suche, auf das er für mich etwas zeichnen wollte, als Gegengabe für das Congo-Bild. Das einzige leere Blatt, das er finden konnte, war ein winziger Papierfetzen, kaum größer als eine Postkarte. Ich bat Roland, ihn zu ersuchen, sich einen Augenblick zu gedulden, und lief zur Tür hinaus.

Draußen rannte ich fieberhaft hin und her auf der Suche nach einem großen weißen Bogen. Nachdem ich das ganze Schlafzimmer durcheinandergebracht hatte, fand ich schließlich, wonach ich so eifrig suchte, raffte rasch noch eine Kollektion von Federn, Farbstiften und Pastellkreiden

zusammen und kehrte scheinbar lässig ins Wohnzimmer zurück.
Zu meiner Erleichterung nippte Miró noch immer an seiner Teetasse. Seine Augen leuchteten auf, als er den Bogen und das Malstiftsortiment erblickte. Sofort begann er eifrig zu zeichnen, und nach wenigen Minuten hatte er eine wunderschöne Skizze aufs Papier gezaubert. Er lehnte sich befriedigt zurück, und Ramona schenkte ihm noch eine Tasse Tee ein. Das muß ihm gefallen haben, denn er beugte sich noch einmal vor und schrieb für sie eine Widmung auf das Bild. Da sie meine Bewunderung für Miró kannte, vermochte sie kaum ihre Belustigung zu verbergen. Hinterher sagte sie mir, sie sei nunmehr fest überzeugt, daß ich sie niemals verlassen würde, denn ich könnte es gewiß nicht übers Herz bringen, mich von dieser Miró-Zeichnung zu trennen.
Vielleicht hatte Miró den stummen Gedankenaustausch zwischen uns beiden bemerkt, denn er erhob sich, zog eines meiner zahlreichen Bücher über seine Malerei hervor, die sich auf einem Regal drängten, schlug es auf und strichelte auf das Vorsatzblatt eine zweite Zeichnung, die er mir zudachte. Bevor er die Widmung schrieb, ging er zu einem meiner eigenen Gemälde hinüber, die an der Wand hingen, und betrachtete genau meine Signatur am unteren Rand der Leinwand. Als ich mir dann die fertige Widmung ansah, fiel mir auf, daß er sorgfältig das geschwungene M meiner Handschrift kopiert und nicht das spitze, dolchähnliche M seiner eigenen Signatur verwendet hatte. Trotz der scheinbaren Naivität, die für einen Großteil seiner Werke typisch ist, behandelt er jedes Detail mit der gleichen Sorgfalt, sogar einen einzelnen Buchstaben in einem Widmungstext. Alles wird mit der Ernsthaftigkeit eines verspielten genialen Kindes bedacht.
Dieser beglückende Bildertausch mit dem großen Miró greift den Ereignissen um einige Jahre voraus. Sobald der Rummel um die Ausstellung abgeklungen war, kehrte ich

zu meiner seriösen Arbeit zurück, die darin bestand, Congos primitiven Schönheitssinn genauer zu analysieren. Ich ließ Pinsel und Farben wieder in der Versenkung verschwinden und ließ ihn abermals einfache Bleistiftzeichnungen auf kleineren weißen Papierblättern ausführen. Ich versah eine ganze Serie von Blättern mit geometrischen Mustern, die ich ihm nach und nach präsentierte, bis ich genügend Material beisammen hatte, um exakt bestimmen zu können, inwieweit er das Prinzip der optischen Ausgewogenheit beherrschte.

Die Ergebnisse übertrafen sogar meine Erwartungen. Nun war es an der Zeit, fand ich, ein Buch über dieses Thema zu schreiben. Während ich an meiner *Biologie der Kunst* arbeitete, wurde ich immer wieder unterbrochen durch die Vorbereitungen für meine wöchentliche Fernsehserie. Das Unvermögen, mich längere Zeit auf ein bestimmtes Thema zu konzentrieren, frustrierte mich immer mehr. Ich hatte jetzt drei Jahre meines Lebens damit zugebracht, Probleme der Verhaltensforschung zu popularisieren und sie alle acht Tage einem Millionenpublikum schmackhaft zu machen. Inzwischen hatte ich fast 150 halbstündige Sendungen moderiert. Immer größer wurde mein Bedürfnis nach einer mehr wissenschaftlich orientierten Betätigung.

Rigoros wollte ich eine gründlichere Vorbereitung der Tierfilme, die Abschaffung der wöchentlichen Routinearbeit und die Konzentration auf langfristige und anspruchsvolle Projekte fordern. Doch statt dessen teilte ich eines Morgens der Direktion von *Granada* mit, daß ich die Leitung des Studios abgeben und meinen Vertrag kündigen wolle, um mich wieder wissenschaftlichen Aufgaben zuzuwenden.

Kaum hatte ich meine Kündigung ausgesprochen, wurde mir erschreckend bewußt, daß ich eine Tür hinter mir zugeschlagen hatte, ohne vorher eine andere aufzustoßen. Ich hatte keine Ahnung, was ich als nächstes tun sollte; es war ein schwerer Fehler gewesen, daß ich mir nicht zu-

nächst einen Posten an einer Universität gesichert hatte, bevor ich mein Gehalt bei *Granada* leichtfertig aufs Spiel setzte. Zugegeben, es war nicht gerade fürstlich – man hatte mir knapp 25 Pfund pro Woche gezahlt, und dafür mußte ich das Zoo-Fernsehstudio leiten und allwöchentlich ein »Zootime«-Programm zusammenstellen und präsentieren –, aber es war immerhin ein regelmäßiges Einkommen. Aus einem Impuls heraus hatte ich das alles über Bord geworfen. Durch die lange Arbeit beim Fernsehen waren offenbar die letzten Überreste meiner jugendlichen Gehemmtheit und Schüchternheit weggespült worden. Nun mußte ich dringend eine neue Stelle finden.
Ich suchte den Zoodirektor Leo Harrison Matthews auf und legte ihm mein Problem dar. Er riet mir, ich solle im Augenblick nichts unternehmen, sondern mich nur auf Abruf bereithalten. Es werde im Zoo einige Veränderungen geben, und dabei könne ein Posten frei werden, der genau auf mich zugeschnitten sei. Der Zootierarzt verwalte gegenwärtig noch das Amt eines Säugetierkurators, doch seitdem er sein vorbildliches neues Tierhospital übernommen habe, sei er von seinen medizinischen Pflichten dermaßen in Anspruch genommen, daß der Zoo in Kürze die Kuratorstelle ausschreiben müsse. Falls ich mich um diesen Posten bewerben und ihn erhalten sollte, würde ich in Zukunft sehr viel mehr Zeit für meine Forschungen haben und von der aufreibenden Fernseharbeit endgültig befreit sein. Besser hätte es gar nicht kommen können.
Mit Beginn des Jahres 1959 erhielt ich erwartungsgemäß meine Bestallung und eine neue Unterkunft im Obergeschoß des Reptilienhauses. Über Nacht mußte ich die Verantwortung für die größte Säugetierkollektion der Welt übernehmen – fast 300 Arten. So viele Dinge mußten geplant und erledigt, so viele Verbesserungen durchgeführt werden. Die kahlen Käfige zum Beispiel wollte ich für die stumpfsinnig gewordenen Insassen interessanter und abwechslungsreicher gestalten.

In den ersten Wochen meiner Kuratortätigkeit stürzte ich mich mit solcher Energie in meine Arbeit, daß ich eines Nachmittags im Nagetierhaus unter dem Streß regelrecht zusammenbrach. Ein Wärter glaubte bereits, ich läge im Sterben, doch schon nach wenigen Augenblicken kam ich wieder zu mir und war gleich wieder unterwegs zu neuen Taten. Einige Wochen später überkam mich abermals ein Schwächeanfall, diesmal in einem italienischen Restaurant, wo ich plötzlich vornüber sank und fast in einer Schüssel mit Minestrone ertrunken wäre. Als ich das Bewußtsein wiedererlangt hatte, kam mir der Zwischenfall ungeheuer komisch vor, ganz im Gegensatz zu Ramona, die das Ganze weit weniger lustig fand und mir ernstlich ins Gewissen redete. Sie mahnte mich, ich solle mich nicht vollständig verausgaben und mir etwas mehr Ruhe gönnen.

Sie hatte recht, aber bis es so weit war, sollten noch sieben Jahre vergehen. In diesen Jahren zwang ich mich zu immer größeren Anstrengungen, und dennoch empfand ich jeden Augenblick als köstlich. Nicht der Ehrgeiz trieb mich an, auch nicht der Drang, mehr Geld zu verdienen. Solche Motive spielten dabei keinerlei Rolle. Vielmehr beflügelte mich eine unersättliche Neugier. Einfacher ausgedrückt: Ich wollte alles über alle Säugetiere der Erde wissen.

»Weißt du überhaupt, wie viele Säugetierarten es auf der Welt gibt?« fragte mich Ramona eines Tages. Als ich ihr darauf keine genaue Antwort zu geben vermochte und auch von den Büchern in der Bibliothek im Stich gelassen wurde, machte ich mich zu ihrem Kummer daran, selber ein Buch zu diesem Thema zu schreiben, ungeachtet meiner sonstigen Verpflichtungen. Sechs Jahre später ging das Manuskript zu *Die Säugetiere – ein Überblick über die rezenten Arten* endlich in Druck; jetzt konnte ich Ramona sagen, was sie wissen wollte: Es gibt genau 4237 heute lebende Säugetierarten. Und ein großer Teil davon war im Regent's Park meiner Obhut anvertraut.

Für mich war das Leben im Zoo ein einziger Festtag. Mit

meinem neuen Amt hatte ich allerdings auch eine unangenehme zusätzliche Verantwortung übernommen. Da ich im ganzen Land der einzige Kurator war, dem die lebenden Säugetiere unterstanden, galt ich automatisch als *der* Experte in allen mammalogischen Fragen. Anfangs konnte ich mich hinter dem Vorwand verschanzen, daß ich noch neu in diesem Gewerbe sei, doch mit der Zeit zog das Argument nicht mehr; ich mußte mich in einen zoologischen Diplomaten verwandeln und meine Auskünfte so formulieren, daß sich die Fragesteller damit zufriedengaben, ohne daß sie falsch informiert wurden oder meine erheblichen Wissenslücken zum Vorschein kamen. Das war ein Balanceakt, der einen Sachverstand besonderer Art erforderte: den Sachverstand eines Sachverständigen, der seinen fehlenden Sachverstand kaschieren muß!
»Sie werden sich schon bald daran gewöhnen«, tröstete mich John Yealland, der sanfte, philosophisch angehauchte Kurator der Vogelabteilung. Das war schön und gut, aber er *war* ein Experte auf seinem Gebiet, ich dagegen nur ein Lehrling. Doch es war rückblickend eine faszinierende Lehrzeit, auch wenn ich in ihr zuweilen in merkwürdige, um nicht zu sagen groteske Situationen geriet . . .

7

»Können Sie mir vielleicht helfen?« Immer wieder diese Frage, bei der man zuerst einmal tief Luft holen muß. Im Leben eines Zoomannes passiert es fast jeden Tag, daß das Telefon läutet und eine ernste und besorgte Stimme fragt, ob man vielleicht einen Rat geben könne. Natürlich möchte man helfen, aber aus Erfahrung weiß man, daß das fast immer unmöglich ist. Da fragte mich zum Beispiel jemand: »Wo kann ich für meine Freundin einen Geparden kaufen?« – »Nirgendwo, denn es handelt sich um ein geschütztes Tier.« – »Damit können Sie mich nicht abspeisen. Ich habe ihr einen Geparden versprochen, und wenn ich ihr keinen besorge, verläßt sie mich.« – »Das tut mir leid, aber . . .« – »Ich habe ja gleich gewußt, daß ein Anruf im Londoner Zoo zwecklos ist. Na schön, dann versuch' ich es eben bei Harrods.«

Oder: »Unser zahmer Goldhamster liegt auf dem Rücken, er hat die Augen geschlossen, aus seinem Mund kommt Blut, und seine Beine zucken. Gibt es eine Medizin, die ich ihm geben kann?«

Oder: »Mein kleiner Affe hat gerade unseren Untermieter gebissen und ist weggerannt. Mein Mann meint, ich kann Bimbo nicht mehr länger behalten. Können Sie vielleicht kommen und ihn einfangen und ihm im Affenhaus eine neue Heimat geben?« – »Bedaure, aber unser Affenhaus ist voll besetzt. Wir können keine weiteren Tiere mehr aufnehmen.« – »Können Sie ihn dann anderswo unterbringen?« – »Wo steckt er denn jetzt?« – »Auf dem Dach von Haus Nummer 23, gleich nebenan.«

Was soll man auf derlei Anfragen antworten? Die Anrufer sind offensichtlich stets in solchen Schwierigkeiten, daß man liebend gerne helfen möchte. Aber man hat im Zoo mit anderen Sorgen bereits alle Hände voll zu tun, und so reicht man am Ende das Problem weiter – an die Polizei, an die Tierärzte, an den Tierschutzverein, an die Feuerwehr oder an irgendeine andere Stelle, die einem gerade einfällt, und man hat dabei das ungute Gefühl, mehr und mehr zu einem unpersönlichen Funktionär zu werden, zu einem professionellen Abwimmler. Aber es bleibt einem keine andere Wahl.

Ein Fall lag jedoch ganz anders, und ich möchte ihn deshalb in einiger Ausführlichkeit schildern.

Am anderen Ende der Leitung ertönte ein dankbares Aufatmen, und ich erkundigte mich verständnisvoll: »Welchen Kummer haben Sie denn?«

»Hier spricht Sergeant Johnson, Sir, von der Flußpolizei. Wir haben Probleme mit einem Wal, und wir wollten fragen . . .«

»Mit einem was?«

»Einem Wal, Sir.«

»Wo genau befindet sich dieser Wal?«

»In Kew Gardens, Sir.«

»In Kew Gardens?«

»Jawohl, Sir, in Kew Gardens.«

Nicht gerade amüsiert über den müden Witz, fragte ich ziemlich lahm: »Was macht denn der Wal dort?«

Die gequälte Resignation, die in der Stimme des Sergeanten lag, als er diese Frage beantwortete, brachte überdeutlich zum Ausdruck, daß nur ein Idiot nicht wußte, was ein Wal in Kew Gardens anrichtete.

»Er stört die öffentliche Ordnung, Sir.«

»Ich verstehe«, sagte ich mit ironischem Unterton. Entweder hatte ich es mit einem verrückten Schwätzer zu tun oder mit einem alten Kumpel, der einmal ausprobieren wollte, wie lange ich brauchen würde, um den Ulk zu durchschauen und die verstellte Stimme zu erkennen.

Anrufe von Verrückten sind im Zoo keine Seltenheit. Entweder sind sie ermüdend langweilig oder unheimlich (»Heute nacht werden alle Schlangen freigelassen, das verspreche ich Ihnen!«) oder amüsant. Da gibt es zum Beispiel die berühmte Geschichte von Sir Peter Chalmers-Mitchell, einem früheren Leiter des Londoner Zoos, der von einer aufgeregten Dame angerufen wurde, die behauptete, im Bett von einem wilden Tier angefallen worden zu sein. Ihrem Chauffeur war es gelungen, das seltsame Tier zu fangen, und sie machte sich sofort auf den Weg zum Zoo, um es dort identifizieren zu lassen. Sir Peter reichte dieses absonderliche Problem an den diensttuenden Beamten weiter; das war zufällig der Pressechef des Zoos. Er empfing die Frau im großen Saal des Verwaltungsgebäudes. Sie rauschte hoheitsvoll herein, angetan mit einem teuren Pelzmantel und gefolgt von einem uniformierten Chauffeur, der ein umgestülptes Glas in der Hand hielt. Mit dem juwelengeschmückten Zeigefinger auf das Glas weisend, fragte sie, was für ein Biest das sei, das sie angegriffen habe. Der Chauffeur lächelte verlegen und hielt das Glas näher.

In dem Glas bewegte sich etwas. Der Pressechef schaute genauer hin. Es war eine kleine Feder. Nichts weiter, nur eine Feder, die auf und ab schwebte. Als er diese gewichtige Entdeckung verkündete, keifte die aufgebrachte Dame in schrillen Tönen, öffnete ihren kostbaren Pelzmantel und enthüllte einen vollkommen nackten Körper, der über und über von rosigen Pusteln bedeckt war. Dann verlangte sie jemanden mit höheren zoologischen Qualifikationen zu sprechen.

Ein Oberwärter wurde herbeizitiert, und die Scharade wiederholte sich. »Es ist nur eine Feder.« Eine Flut von Schimpfworten; der Mantel wird geöffnet; der fleckenübersäte nackte Körper kommt zum Vorschein; die Forderung nach einer übergeordneten Autorität. Der Oberwärter rief den Oberaufseher. Das gleiche Spiel.

Schließlich blieb nichts anderes übrig, als Sir Peter Chalmers-Mitchell persönlich herbeizurufen. Nachdem er kurz über den Stand der Dinge informiert worden war, betrat er die Szene in der selbstsicheren, aber mitfühlenden Haltung eines Starchirurgen, der eine reiche Patientin begrüßt. Er hörte sich die Geschichte der Dame an und warf einen prüfenden Blick auf das umgestülpte Glas, das der Chauffeur mit der Handfläche zuhielt. »Ganz ungewöhnlich!« murmelte er. »Das ist das erste lebende Exemplar von *Rhinoglabatis cuniculeiformis,* das mir jemals vor Augen gekommen ist. Der Zoo hat noch nie ein solches Tier besessen. Dürfen wir es für unsere Sammlung behalten?«

Die Dame im Pelzmantel war entzückt und hauchte ein paar Dankesworte. Die Feder wurde feierlich weitergereicht und weggetragen. Nachdem die Besucherin gegangen war, meinte Sir Peter nur: »Es war ein Kinderspiel, ihr zuliebe eine neue Tierart zu erfinden, aber weitaus schwerer ist zu verstehen, wieso eine Frau, die sich einen solchen Mantel leisten kann, dermaßen von Flöhen zerstochen werden konnte!«

Ich fragte mich, was wohl Sir Peter mit dem Wal in Kew Gardens angefangen hätte. Vielleicht hätte er sich erkundigt, ob er schwarzweiß gefärbt sei, und wenn nicht, hätte er beruhigend gesagt: »Dann ist er harmlos« und den Telefonhörer aufgelegt. Aber mein Anrufer machte nicht den Eindruck eines Verrückten, und so kam mir der Verdacht, daß irgendein Freund mir einen Streich spielen wollte. Bloß wer?

Mir blieb nichts anderes übrig, als den Anrufer um seine Telefonnummer zu bitten und teilte ihm mit, ich würde zurückrufen, sobald ich die notwendigen Erkundigungen eingezogen hätte. Ich ließ ein paar Minuten verstreichen und wählte dann die Nummer. Es meldete sich tatsächlich die Flußpolizei, und ich fragte nach Sergeant Johnson.

»Hier gibt es keinen Beamten dieses Namens, Sir, tut mir leid.«

»Danke. Entschuldigen Sie bitte, daß ich Sie gestört habe. Es muß sich um einen Irrtum handeln.«

Damit war für mich die Sache erledigt. Witzbold oder Spinner – das interessierte mich jetzt nicht mehr. Ich hatte einen anstrengenden Tag vor mir und vergaß die Geschichte.

Am Ende eines langen Nachmittags wollte ich gerade mein Büro verlassen, als das Telefon zu läuten begann. Ich hätte am liebsten nicht mehr abgehoben und mich rasch verdrückt, aber im Zoo weiß man nie; es konnte sich ja immerhin um einen Notfall handeln.

»Hier Sergeant Johnson. Ich möchte den Kurator der Säugetierabteilung sprechen.«

»Am Apparat!«

»Es tut mir leid, daß ich Sie noch einmal belästigen muß, Sir. Sie wollten doch zurückrufen. Es geht um diesen Wal . . .«

»Ich habe zurückgerufen, aber der Mann in der Telefonzentrale hat mir gesagt, man kenne Sie dort nicht, und so habe ich natürlich angenommen, daß . . .«

»Dieser verdammte Barnett! Er ist neu da . . . hat gerade erst die Telefonzentrale übernommen und kennt noch nicht alle Namen. Inzwischen haben wir eine Meldung erhalten, daß sich bei dem Wal eine große Menschenmenge versammelt hat, und das macht uns ernsthaft Sorgen. Könnten Sie vielleicht zur Themse kommen? Wir würden Sie flußaufwärts bringen, damit Sie sich die Sache einmal ansehen. Möglicherweise können Sie für das arme Tier etwas tun. Es planscht wie wild im Wasser herum . . . das Wasser ist ziemlich dreckig, wie Sie wissen. Es scheint ein großer Wal zu sein und . . .«

Plötzlich ging mir die Wahrheit auf. Das war kein Schwindler – dazu klang die Geschichte zu glaubwürdig. In der Themse mußte tatsächlich ein Wal schwimmen.
»Aber Sie haben gesagt, der Wal sei in Kew Gardens. Das kam mir reichlich unwahrscheinlich vor . . .«
»Ach so, natürlich, das tut mir leid. Da habe ich mich wohl etwas mißverständlich ausgedrückt. Wenn wir sagen ›im Parlament‹, dann meinen wir die Stelle, wo die Themse am Parlament vorbeifließt. Wenn wir also ›in Kew Gardens‹ sagen, meinen wir die Stelle, wo sie am Park vorbeifließt.«
»Trotzdem – bis jetzt ist noch nie ein Wal die Themse hinaufgeschwommen. So weit würde sich ein solches Tier niemals verirren. Es sind ein paar Fälle von Delphinen oder Tümmlern bekannt, aber ein ausgewachsener Wal – das ist völlig unwahrscheinlich!«
»Jetzt ist aber einer da, und er schlägt mit seinem Schwanz um sich. Die Leute beschweren sich, weil ihm keiner hilft. Man sollte ihn zum Meer zurückschaffen oder sonst etwas unternehmen. Können Sie kommen?«
»Gut. Ich mache mich auf den Weg.«
Ich hatte schon manche komischen Anfragen erhalten, seitdem ich im Zoo arbeitete, aber eine solche noch nie.
Damals lebten wir, Ramona und ich, noch immer in unserer kleinen Wohnung neben dem Zooeingang. Wir hatten gerade ein befreundetes französisches Ehepaar zu Gast, das über Nacht bleiben wollte. Ich wußte, daß Ramona bestrebt war, unseren Feunden zu beweisen, daß für Engländer das Essen ebenso wichtig ist wie für Franzosen. Ich sollte ihr bei der Zubereitung des denkwürdigen Abendessens assistieren, aber nach dem Anruf war das kaum mehr möglich. Als ich durch das Zoogelände heimwärts eilte, versuchte ich mir eine plausible Entschuldigung für meine Abwesenheit beim Festmahl auszudenken. Die Begründung, daß ich der Polizei bei der Aufklärung eines Falles helfen mußte, in den ein Wal verwickelt war, klang nicht sehr überzeugend, und außerdem wollte mir das französi-

sche Wort für »Wal« nicht einfallen. Und unsere Gäste sprachen kaum Englisch.
Als ich den Anatomen des Zoos um die Ecke des Greifvogelhauses biegen sah, schrie ich ihm zu: »Wie heißt ›Wal‹ auf französisch?«, was zur Folge hatte, daß ich ihm die ganze Walgeschichte erzählen mußte. Er war hingerissen.
»Ich bin furchtbar knapp an Walgenitalien«, rief er mir nach, mit jener Kaltschnäuzigkeit, die für Anatomen typisch zu sein scheint. »Versuchen Sie sie für mich zu retten.«
»Ich will's probieren, wenn es irgend geht«, rief ich zurück. Dann rannte ich einem jungen Studenten namens Lyall Watson in die Arme, der mich fragte, ob er mitkommen und mir helfen könne. Da fiel mir ein, daß ich die Walspezialisten des Naturhistorischen Museums hätte alarmieren müssen. Denn wenn das arme Tier sterben sollte, waren sie zuständig. Ich eilte zurück, rief im Museum an und erwischte gerade noch einen Walfachmann, der im Aufbruch begriffen war und sich auf einen gemütlichen Abend daheim freute. Er versprach zu kommen. Den Wal betrachtete er offensichtlich bereits als Eigentum des Museums.
Es war schon sehr spät, als ich in unserer Wohnung eintraf. Die Franzosen saßen bereits am Eßtisch und warteten geduldig darauf, daß sich der Vorhang des kulinarischen Theaters hob. Ramona war schon halb aufgelöst und heilfroh, daß ich endlich erschien.
»Der Wein«, sagte sie. »Kümmere dich um den Wein . . .«
Ich erklärte ihr die kritische Lage, so gut ich konnte.
»Aber ich kann ihnen doch nicht erzählen, daß du weg mußt, um auf der Themse einen Wal zu jagen«, meinte sie. »Das nehmen sie mir niemals ab. Sie werden glauben, du wolltest sie beleidigen.«
»Gib dir Mühe. Du wirst sie schon überzeugen.«
Während Ramona mich bei unseren Gästen entschuldigte, schlüpfte ich leise aus der Wohnung, holte Lyall Watson ab und fuhr mit ihm so schnell wie möglich zum Themseufer.

Als wir das Polizeiboot entdeckten, stapfte der Museumsmann bereits ungeduldig am Kai auf und ab. Unsere Anwesenheit schien ihn zu irritieren, und während das Boot flußaufwärts tuckerte, fragte er, ob wir unbedingt dabeisein müßten. Der Wal, betonte er, falle in den Zuständigkeitsbereich des Museums, und der Zoo habe damit nichts zu tun. Ich wußte, daß die Chancen, den Wal zu retten, sehr gering waren, aber ich wollte alles tun, was in meinen Kräften stand, und widersprach der Behauptung, der Zoo mische sich in die Angelegenheiten des Museums ein, zumal da ich es ja gewesen war, der das Museum von der Existenz des Wales unterrichtet hatte.
Mir war klar, daß das Tier krank sein mußte und vielleicht schon im Sterben lag. Kein gesunder Wal hätte den Fehler begehen können, das schmutzige Themsewasser mit dem offenen Meer zu verwechseln, doch solange er noch nicht sein Leben ausgehaucht hatte, blieb er dem Zugriff des Museums entzogen. Diese Tatsache mußte ich klarstellen.
»Wenn er tot ist, gehört er Ihnen, aber wenn er noch zuckt, gehört er mir«, sagte ich mit aller Entschiedenheit.
Daraufhin versuchte der Museumsmann mir angestrengt plausibel zu machen, daß alle gestrandeten Wale von Rechts wegen Eigentum des Naturhistorischen Museums seien. Es sei nur eine Frage der Zeit, bis das Tier verenden werde und er es mit Beschlag belegen könne. Juristisch betrachtet, galten solche Wale als »Fische der Königin« und gehörten ihr, aber da Ihre Majestät keine toten Wale sammelte, hatte sie dieses angestammte Recht dem Museum übertragen, das die Kadaver als wertvolles anatomisches Anschauungsmaterial benutzen sollte. In diesem Zusammenhang fiel mir der Anatom des Zoos wieder ein, der so scharf auf Walgenitalien war. Ich fragte den Museumsmann, ob er an bestimmten Teilen des Walkörpers interessiert sei. Aber der gute Mann hatte es nur auf das Gehirn abgesehen. Wenigstens gab es in dem Punkt keinen Streit.
Ich fand mich allmählich mit dem Gedanken ab, daß der

Wal tot sei, und als wir um die nächste Biegung des Flusses kamen, erkannte ich sofort, daß ich mit meiner Vermutung recht gehabt hatte. Die riesige Schwanzflosse eines mächtigen Wals ragte verloren aus den trüben Fluten der Themse hervor. Das elend zugrunde gegangene Tier verursachte keine »Störung der öffentlichen Ordnung« mehr. Mein Dilemma hatte sich auf die denkbar traurigste Weise von selbst erledigt.

Der Museumsmann verlangte Gummistiefel, denn er wollte den Wal mit einem Seil festbinden. Es entstand ein quatschendes Geräusch, als der Museumsmann vom Boot aus ins Wasser sprang und langsam in den stinkenden Schlamm einsank, und aus seinen Stiefeln waren feine Gurgellaute zu vernehmen. Rutschend und schlitternd gelang es ihm, das Seil um die riesige Fluke zu legen und sich wieder an Bord zu schleppen.

Das Boot setzte sich stromabwärts in Bewegung, der mächtige graue Leib des zehn Meter langen Wals schwang herum und glitt dicht unter der Wasseroberfläche dahin. Die massige Gestalt war so imposant, daß wir uns eher als Leichenbestatter in einem grotesken Trauergefolge vorkamen denn als Zoologen, die ein wissenschaftlich interessantes Objekt bergen.

Bald sahen wir uns mit dem Problem konfrontiert, wie wir den toten Wal an Land bringen sollten. Die Flußpolizei hatte zu diesem Zweck eine Sandbank direkt gegenüber einer Hafenkneipe ausersehen. Als der gewaltige Walkörper an Land gehievt wurde, tauchten plötzlich johlende Kneipenbesucher auf, die den schwitzenden Museumsmann umringten und ihm gute Ratschläge gaben, während er sie mit aller Mühe davon abhielt, das Tier zu berühren. Er ließ sich nicht davon abbringen, bei dem Wal Wache zu halten, und als wir ihn verließen, stapfte er unablässig um den Kadaver herum und versuchte die zudringlichen Leute wegzuscheuchen.

Später am Abend klingelte bei mir das Telefon. Es meldete

sich der Zooanatom, der sich nach dem Schicksal und Verbleib des Wals erkundigte. Ich beschrieb ihm den Platz, wo er lag. Im Morgengrauen war er bereits mit Eimer und Skalpell zur Stelle, noch bevor der Museumsmann eintraf. Ich weiß nicht genau, was sich zwischen den beiden abgespielt hat, aber die Atmosphäre war zweifellos gespannt, denn der Museumsmann hatte fast die ganze Nacht hindurch bei dem Wal gewacht und mußte nach einer kurzen Schlafpause feststellen, daß sein Rivale ihm zuvorgekommen war. Die beiden arbeiteten stundenlang wortlos nebeneinander her; jeder hackte an der für ihn interessantesten Körperpartie herum wie ein Geier, der sich an einem Aas gütlich tut.

Trotz der eher komischen Begleitumstände bedrückte mich die Walgeschichte. Der Tod eines so großen Tieres ist immer ein erschütterndes, ernüchterndes Erlebnis. Die riesigen Ausmaße des Körpers, aus dem das Leben entweicht, lassen den Akt des Sterbens als entsprechend vergrößerte Tragödie erscheinen. Wenn ein Elefant oder ein Nashorn, mit dem wir uns angefreundet haben, vor unseren Augen stirbt, dann ist das, als ob eine ganze Stadt voller Leben plötzlich erlischt. Als junger Kurator konnte ich die Todesfälle, die in einem Zoo nun einmal vorkommen, schwerer verwinden, als ich zuzugeben bereit war.

Die Wärter berühren solche traurigen Ereignisse fast noch mehr, denn sie sind tagtäglich unmittelbar mit ihren Schützlingen zusammen. Oft sind gedankenlose Zoobesucher schuld am Tod eines Tiers. Das größte Flußpferd des Londoner Zoos mußte völlig sinnlos sterben, weil ihm ein Kind einen Gummiball in den erwartungsvoll aufgerissenen Rachen geworfen hatte. Der verschluckte Ball blieb im Schlund stecken, und das mächtige Tier ging elendig zugrunde.

Einer unserer Bären starb unmittelbar nach einem Wochenende, an dem es im Zoo besonders hoch hergegangen war. Den ganzen Tag lang hatte er um Leckerbissen gebettelt und sich damit vollgestopft. Wie sich bei der Obduktion herausstellte, hatte er so viele Futtergaben geschluckt, die ihm von freundlichen Zoobesuchern zugeworfen worden waren, daß er an dem gewaltigen Druck seines erweiterten Magens auf die Lungen schließlich erstickt war. Er hatte sich buchstäblich zu Tode gefressen.

Das Ungewöhnliche am Verhalten dieses Bären war der Ausfall seiner natürlichen Kontrollmechanismen. Kein wildlebender Bär hätte seinen Magen dermaßen überladen. Die Ursache lag in der monotonen, extrem langweiligen Umwelt des Zoobären. Er konnte dieser Langeweile nur entgegenwirken, indem er Kontakt zu den vorbeikommenden Menschen suchte. Er hatte entdeckt, daß er sie zum Füttern auffordern konnte, wenn er ihnen einfach mit einer Pranke zuwinkte oder sich auf die Hinterhand setzte. Aber der Haken bei der Sache war, daß die Besucher nur dann sich mit ihm länger beschäftigten, wenn er auch das Futter verzehrte, das sie ihm zuwarfen. So wurde der Bär zum ungehemmten Allesfresser. Das war sein Verhängnis.

Die bizarrste Todesszene spielte sich indes im Giraffenhaus ab. Eines dieser eleganten, hochaufragenden Tiere erkrankte plötzlich und starb am späten Abend. Der Fahrer des kleinen Lastwagens, der gewöhnlich die Tierleichen ins Pathologielabor schaffte, war bereits vor einiger Zeit heimgegangen, und so verschoben die Wärter die Beseitigung der toten Giraffe bis zum nächsten Morgen.

Als der Lastwagen in aller Frühe, noch vor der Öffnung des Zoos, vorfuhr und rangierte, um seine Ladung in Empfang zu nehmen, standen die Wärter vor einem unvorhergesehenen Problem. Inzwischen hatte die Leichenstarre eingesetzt, und die gespreizten Beine der Giraffe waren so unbeweglich wie Baumstämme. Die Wärter stellten das Tier unmittelbar hinter dem Wagen in Längsrichtung auf die Beine, und der Fahrer setzte vorsichtig zwischen den weit abgespreizten Beinen zurück. Als er losfahren wollte, rührte sich die Giraffenleiche nicht von der Stelle. Die Beine standen so weit auseinander, daß sie an den Seiten der Ladefläche keinen Halt gefunden hatten.

Das Tier war viel zu groß, um liegend abtransportiert zu werden; deshalb bestand die einzige Lösung darin, daß man den Leichnam von oben niederdrückte, bis die Beine schließlich auflagen. Da kein geeignetes Gewicht zur Verfügung stand, mußte ein Wärter dem mächtigen Tier auf den Rücken steigen, wo er wie ein zu klein geratener Jokkey thronte. Aber sein Körpergewicht reichte nicht aus. Ein zweiter Wärter nahm auf dem »Soziussitz« Platz, dann noch ein dritter, bis sich endlich die starren Beine so weit bogen, daß der Oberkörper der toten Giraffe auf der Ladefläche des kleinen Lastwagens ruhte.

Das Gefährt setzte sich langsam in Bewegung und kroch im Schneckentempo durch den Zoo. Es war ein Bild, das es verdient hätte, von Salvador Dali gemalt zu werden! Als der Wagen auf den schmalen Zoowegen hinter dem Gebüsch dahinschlich, wurde er fast vollständig verdeckt. Man sah nur eine erstarrte Giraffe, die wie ein Loch-Ness-Ungeheuer vorüberglitt, und die bekümmert dreinschauenden Wärter, die auf ihrem Rücken aufgereiht waren.

Wie im Fall des toten Wals milderte auch hier die surrealistische Komik des Leichenzuges die Trauer über das Geschehene. Nichts aber konnte meine Betroffenheit lindern, als mein geliebter Schimpanse Congo starb. Als ich meine Kuratorstelle antrat, wollte ich Congo für all seinen künstlerischen Fleiß dadurch belohnen, daß ich ihn in einem eigenen Zookäfig mit mehreren reizvollen jungen Schimpansenweibchen zusammensetzte. Ich hoffte, er werde mit ihnen eine blühende Affenkolonie begründen. Aber meine Hoffnungen zerschlugen sich.

Congo haßte den Wechsel, noch mehr allerdings die attraktiven jungen Artgenossinnen. Da er jedoch inzwischen so groß geworden war, daß er seine Rolle als Haustier nicht länger spielen konnte und sich dem geschlechtsreifen Alter näherte, blieb mir keine andere Wahl. Ich vertraute darauf,

er würde sich mit der Zeit anpassen, seine Menschenfreunde vergessen und sich in einen gesunden Normalschimpansen verwandeln. Doch er war bereits zu stark auf den Menschen geprägt und schaffte offenbar diese Umstellung nicht. Seine Weibchen himmelten ihn an, aber er zeigte ihnen immer wieder die kalte Schulter.
Als sie einfach nicht von ihm ablassen wollten, verfiel er auf den üblen Trick, gedankenlose Zoobesucher um brennende Zigaretten anzubetteln, mit denen er dann seine Gefährtinnen terrorisierte. Mit einem glimmenden Stengel zwischen den Lippen jagte er die kreischenden Weibchen durch das Gehege und versuchte ihr Fell zu versengen. Zu allem Überfluß gewöhnte er sich auch noch an, die Zuschauer mit seinem Urin zu bespritzen, indem er seinen Penis auf einen Querstab des Käfiggitters legte und wie mit einer Wasserpistole auf die Leute zielte.
Der Gedanke, daß ich einen Affen mit unerfreulichen Neigungen geschaffen hatte, bedrückte mich sehr, und ich schwor mir, nie wieder einen zahmen Schimpansen in menschlicher Obhut großzuziehen. Ich hatte keine Möglichkeit, Congo zu helfen. Er war und blieb ein seelischer Zwitter.
Als die Monate vergingen, siechte er dahin und wurde immer schwermütiger und verschlossener. Er ignorierte jetzt einfach die Weibchen und tat so, als wäre er in ihrer Mitte völlig allein.
Bald darauf starb er, während die Weibchen prächtig weitergediehen und schließlich mit neuen Männchen eine sich ständig erweiternde Großfamilie gründeten.
Ich besuchte Congo kurz vor seiner tödlichen Erkrankung. Wir standen uns gegenüber und starrten einander an. Ich kam mir vor wie der Vater eines autistischen Kindes, das unfähig ist, sich mitzuteilen und seinen Kummer auszusprechen. In der Intimität dieses Zusammenseins verflüchtigte sich meine wissenschaftliche Objektivität. Ich hätte ihm so gerne gesagt, wie leid mir das alles tat, wie sehr ich

bedauerte, was ich ihm angetan hatte. Wir unterhielten uns eine Weile in sanften Schimpansengrunzlauten, dann verließ ich ihn.

Wenige Tage später war er tot. Ich litt so heftig unter dem Verlust, daß ich darüber mit niemandem zu sprechen wagte. Ich war schließlich Wissenschaftler, und man hätte meine Trauer als albern empfunden. Jede Woche sterben Tiere im Zoo; damit muß man sich abfinden. Aber Congo hatte gemeinsam mit mir so viele neue Erfahrungen gemacht, daß sich die Kluft zwischen Mensch und Tier beinahe geschlossen hatte. Es war mehr als das Verhältnis zwischen Herr und Hund, denn Congo war ein Anthropoide, ein naher Verwandter, der mit einem Menschen viel mehr gemeinsam hat als jede andere Tierart. Weder vorher noch nachher habe ich eine solch enge Beziehung zu einem Tier unterhalten, und weil sie so tragisch endete, wollte ich auch keine neue mehr eingehen.

Ursprünglich hatte ich die Absicht gehabt, die Malübungen mit anderen jungen Schimpansen fortzuführen, doch nach Congos Tod ließ ich den Plan endgültig fallen. Statt dessen sah ich meine Hauptaufgabe darin, die Lebensbedingungen der zahlreichen Tiere zu verbessern, die mir anvertraut waren. Ich war bestrebt, jedem Tier im Zoo eine abwechslungsreiche Umwelt zu schaffen und ihm geeignete Gefährten beizugesellen, die sich zu Zuchtgruppen zusammenfanden. Als Ideal schwebte mir vor, auf diese Weise dem Import von Wildtieren zur Auffrischung der Zoobestände ein Ende zu setzen. Jeder zoologische Garten sollte imstande sein, mit seinen bereits vorhandenen Tieren so viel Nachwuchs hervorzubringen, daß der Raubbau an den schwindenden Wildtierpopulationen überflüssig würde. Ich richtete deshalb eine Art »zoologische Ehevermittlung« ein.

Solly Zuckerman, der Sekretär der Zoologischen Gesellschaft, hatte mich aufgefordert, eine neue Zeitschrift für Tiergartenkunde und -forschung herauszugeben, doch ich konnte ihn davon überzeugen, daß ein jährlich erscheinendes Sammelwerk, das »International Zoo Yearbook«, diesen Zweck besser erfüllte, denn ihm konnte man einen Anhang mit einer Zusammenstellung aller Zuchterfolge in den großen Zoos der Welt beigeben. Diese Listen enthielten wichtige Hinweise auf geeignete Geschlechtspartner für alleinstehende Zootiere, die in isolierten Käfigen oder Gehegen verkümmerten. Dadurch konnten fortpflanzungsfähige Tiere zusammengeführt werden, ohne daß man die Dienste von Tierhändlern und Tierfängern in Anspruch nehmen mußte.

Meine Bemühungen waren nicht immer von Erfolg gekrönt. Es zeigte sich, daß Congo nicht der einzige von Menschen »verdorbene« Zooinsasse war. Es wimmelte von solchen Tieren – lauter exotische Hausgenossen, die von ihren Besitzern dem Zoo vermacht worden waren. Früher hatte der Zoo solche Tiere bereitwillig aufgenommen, doch ich war entschlossen, diesen Fehler in Zukunft zu vermeiden. Das war nicht immer einfach. Manche Heimtierhalter waren empört, wenn ihr vierbeiniger Liebling zurückgewiesen wurde, so als hätte man ihrem Sohn und Erben einen Studienplatz in Eton verweigert. Am Telefon beriefen sie sich darauf, daß sie schließlich Steuerzahler seien und der Zoo die Pflicht habe, ihnen zu helfen. Sie wurden allerdings ziemlich kleinlaut, wenn ich ihnen erklärte, daß eine ausschließlich privat unterstützte wissenschaftliche Gesellschaft den Zoo finanzierte, der niemals auf staatliche Zuschüsse angewiesen gewesen sei. In einem einzigen Jahr wurden mir allein 85 Affen aus Privatbesitz angeboten, von denen ich nur einige wenige Exemplare annehmen konnte.

Es gelang mir zwar, den Zustrom von Haustieren einzudämmen, aber ich mußte mich noch immer mit jenen mißratenen, unangepaßten Tieren herumschlagen, die bereits im Zoo lebten – vom mächtigen Gorilla namens Guy bis hinunter zu einem winzigen Totenkopfäffchen. Guy war

verliebt in seinen Oberwärter, und wie Congo fühlte er sich schon seit langem nicht mehr als Affe.
Der Wärter wagte es nicht mehr, Guys Käfig zu betreten, denn das Tier hätte den Mann so liebevoll umarmt, daß er nie wieder lebend herausgekommen wäre. Ich traute mich nicht, den Gorilla mit einem geschlechtsreifen Weibchen zusammenzubringen. Mein Nachfolger war mutiger und gab ihm eine Partnerin, doch ohne Erfolg. Guy beachtete sie kaum und weigerte sich, sie zu begatten. Die Gorillafrau reiste daraufhin übers Wochenende in den Zoo von Bristol zu einem Rendezvous mit einem liebeslustigen jungen Gorillamann, der sie prompt schwängerte und dem großmächtigen, aber rührend hilflosen Guy Hörner aufsetzte.
Der kleine Totenkopfaffe hatte ein ganz anderes Problem. Im Gegensatz zu Guy war er sexuell durchaus aktiv, aber er lebte in dem Wahn, ein Springhase zu sein. Springhasen sind große afrikanische Nagetiere, die äußerlich eine gewisse Ähnlichkeit mit einem Känguruh haben. Das Äffchen hatte so lange mit einem solchen Tier zusammengewohnt, daß er es als sein Weibchen betrachtete und immer wieder zu begatten versuchte. Da aber der Springhase etwa zehnmal so groß wie sein Liebhaber war, boten die beiden einen seltsamen Anblick.
In einem benachbarten Käfig lebten zwei andere Tiere in einer unglücklichen Mischehe, nämlich ein afrikanischer Quastenstachler und ein amerikanischer Baumstachler. Das altweltliche Stachelschwein aus Afrika, ein Männchen, versuchte sich wiederholt mit seinem neuweltlichen Mitinsassen, einem Weibchen, zu paaren, doch das war jedesmal ein schmerzhaftes Unterfangen. Sie zeigte zwar durch eine entsprechende Körperhaltung ihre sexuelle Bereitschaft an, nur waren leider ihre Stacheln ganz anders angeordnet als die seinen, so daß er sich nach einigen krampfhaften Anstrengungen geschlagen geben mußte. Ich bemühte mich sehr, eine artgleiche Partnerin für ihn zu finden, und hatte

schließlich Erfolg. Zu meiner Freude wurden die beiden ein normales Paar und pflanzten sich fort; das Männchen jedoch konnte gleichwohl seine alteingewurzelte abnorme Liebesbindung nicht verwinden und machte hin und wieder seiner ursprünglichen Geliebten aus der Neuen Welt Avancen, trotz der Schmerzen, die sie ihm auch weiterhin mit ihren Stacheln zufügte.

Nebenan bewohnte ein zahmer, von Hand aufgezogener Sumpfichneumon (eine Mungoart) sein einsames Gefängnis. Es gelang mir, für ihn ein sehr hübsches Weibchen zu finden, woraufhin er prompt vor lauter Streß ein Magengeschwür bekam und starb.

Ungeachtet dieser Rückschläge verzweifelte ich nicht. Viele meiner neuen Zuchtpaare und -gruppen lebten sich sehr gut ein, und immer mehr Säugetierkinder erblickten im Zoo das Licht der Welt. Ich sehnte den Tag herbei, an dem alle vermenschlichten, seelisch deformierten Tiere verschwunden wären und der Zoo lauter gut eingewöhnte soziale Gruppen und Familienverbände beherbergen würde. In der Zwischenzeit erhöhte sich die Zahl der überschüssigen Jungtiere, die ich gegen wertvolle Neuerwerbungen aus anderen zoologischen Gärten in England und im Ausland eintauschen konnte.

Ich achtete darauf, daß diese überzähligen Exemplare nicht an Privatleute verkauft wurden, weil ich befürchtete, aus ihnen könnten wiederum menschengeprägte und schließlich unerwünschte Heimtiere werden.

Zu Beginn meiner Kuratortätigkeit hatte ich mich jedoch ein einziges Mal überreden lassen, gegen diese Regel zu verstoßen, und das sollte ich hinterher schwer bereuen. Eine Wölfin hatte im Zoo einen großen Wurf entzückender Welpen zur Welt gebracht, für die wir damals keine geeignete Unterkunft hatten. Kurz darauf sprach mich eine ebenso intelligente wie charmante Dame an und fragte mich, ob sie ein Welpenpärchen kaufen könne, das sie daheim aufziehen wolle. Ich lehnte selbstverständlich ab,

aber sie ließ nicht locker. Ich wies auf die möglichen Gefahren hin; sie entgegnete darauf, die Tiere würden, da es sich um Männlein und Weiblein handle, ein normales Paarverhalten entwickeln und außerdem mit sehr viel Liebe und Verständnis behandelt werden.
Da ihr Ehemann die Wölfe nicht in der gemeinsamen Londoner Wohnung haben wollte, war sie sogar bereit, in der Nähe ein Haus mit einem großen Garten zu kaufen, in dem sie für ihre Schützlinge ein geräumiges Gehege errichten wollte. Die Entschlossenheit, mit der die Dame ihren Plan verfolgte, verfehlte ihre Wirkung nicht, und ich meinte, in ihrem Fall vielleicht eine Ausnahme machen zu können. Doch um ihr die Sache nicht zu leicht zu machen, verlangte ich für die Wölfchen einen unangemessen hohen Preis; sollte sie der vom Kauf abschrecken, wäre es wohl besser, wenn sie die Tiere nicht bekäme. Andernfalls aber mußte sie es tatsächlich mit ihrem Vorhaben so ernst meinen, wie sie behauptete. Ohne zu zögern schrieb sie den Scheck aus, bevor ich noch zu Ende geredet hatte. Einen wichtigen Punkt hatte ich allerdings nicht einkalkuliert: die Reaktionen ihrer weniger verantwortungsbewußten Nachbarn.
In den ersten Jahren ging alles gut mit den jungen Wölfen im Süden Londons. Die Dame hielt Wort, erwarb das Gartengrundstück und ließ ein prächtiges Gehege bauen, das ganz aus kräftigem Maschendraht bestand.
Als die Wölfe zu herrlichen Alttieren herangewachsen waren, lud sie mich ein, sie zu besuchen, damit ich mich davon überzeugen konnte, daß sie sich die Sache nicht leichtgemacht hatte. »Engelsauge« und »Teufelsauge«, wie die beiden Tiere gerufen wurden, trabten herbei, um ihre Herrin zu begrüßen. Ich verspürte ein leises Unbehagen, als ich das Gehege betrat, aber es bestand keinerlei Gefahr. Wie Haushunde (die ja im Grunde nichts anderes sind als Wölfe in abgewandelter Form) hatten Engelsauge und Teufelsauge eine doppelte Identität angenommen. Menschen gegenüber benahmen sie sich wie freundliche Kumpane,

während sie unter sich echte Wölfe geblieben waren. Die Dame war ihnen offensichtlich sehr zugetan, und ich gratulierte ihr zu ihrem Erfolg.

Doch das Unheil traf wenige Wochen später ein. Eine Bande von jugendlichen Rowdies, die in der Gegend wohnten, hatten von der Existenz der Wölfe erfahren. Die angeblich wilden Tiere, die allenthalben als blutgierige Mörder verschrien sind, stellten natürlich eine Herausforderung für den Mannesmut der jungen Leute dar. Wer von ihnen würde es wohl wagen, im Dunkel der Nacht das Gehege heimzusuchen, es aufzubrechen und die Wölfe auf die nichtsahnenden Londoner loszulassen?

Das war der Punkt, den wir beide, die Dame und ich, übersehen hatten. Im Zoo selbst gelten strenge Sicherheitsvorschriften, und in der Nacht wird das ganze Gelände von Wachmännern geschützt. Uns beiden war jedoch nie der Gedanke gekommen, daß solche Vorsichtsmaßnahmen auch in einem Londoner Privatgarten notwendig sein könnten. Die Dame hatte die Anwesenheit ihrer ausgefallenen Haustiere tunlichst geheimgehalten und sich auch sonst in jeder Hinsicht sehr vernünftig benommen. Jetzt aber sollte ihr gutes Werk in einer einzigen Nacht durch ein paar bornierte, übermütige Halbstarke zunichte gemacht werden, die ihr langweiliges Großstadtdasein mit einer Prise Gefahr würzen wollten.

Nachdem sie die Gehegetür aus den Angeln gehoben hatten, müssen sie panikartig die Flucht ergriffen haben, als Teufelsauge auf sie zustürzte, was freilich von seiner Seite nur als freundliche Begrüßung gemeint war. Engelsauge verhielt sich vorsichtig; sie ahnte wohl, daß etwas nicht stimmte, und blieb, wo sie war. Ihr Gefährte indessen machte sich fröhlich auf die Suche nach den zweibeinigen Kumpanen, die er zu achten und zu respektieren gelernt hatte.

Jetzt streifte also ein ausgewachsener Wolf durch die Straßen Londons – und ich war schuld daran. Wir befanden uns in den sechziger Jahren des 20. Jahrhunderts, und fast genau vor tausend Jahren waren die letzten freilebenden Wölfe in Südengland ausgerottet worden. Auf Befehl des Sachsenkönigs Edgar mußten damals mindestens 200 Wölfe im Jahr getötet werden. Die konsequente Jagd dauerte so lange, bis schließlich kein einziger mehr übrigblieb. Im Süden des Landes hatte man die totale Vernichtung bis zur Jahrtausendwende geschafft, während die großen Raubtiere im Norden der Britischen Inseln, in den weiten, unwegsamen schottischen Wäldern, noch bis zur Mitte des 18. Jahrhunderts überlebten.

Im Augenblick zumindest hatte London einen kleinen Bruchteil seiner längst untergegangenen Tierwelt zurückerhalten, und hier und da konnte man in der Stadt die breiten Prankenabdrücke einer Wolfsfährte entdecken. Aber die Londoner waren keineswegs begeistert über diese unverhoffte Vervollständigung ihrer angestammten Fauna. Als die Zeitungen die Neuigkeit verbreiteten, wäre es beinahe zu einer allgemeinen Panik gekommen.

Der arme Teufelsauge konnte die ganze Aufregung nicht verstehen, als er von laut brüllenden Männern in eine Sackgassse getrieben und umringt wurde, die mit Gewehren, Netzen und Schlingen bewaffnet waren. Die Polizisten bildeten einen engen Kreis um das knurrende Tier, das wütend hin und her sprang. Schließlich gelang es ihnen, eine Schlinge um seinen Hals zu legen, die am Ende einer langen Stange befestigt war. Teufelsauge setzte sich mit der ungeheuren Kraft eines voll ausgewachsenen Wolfsrüden zur Wehr. Er wand sich und zappelte wie ein am Haken hängender Speerfisch, bis er sich am Ende selber erdrosselte.

Die Besitzerin war untröstlich über diesen Ausgang, doch weil sie eine zweite Katastrophe verhindern wollte, überließ sie die Wölfin, die das Gehege nicht verlassen hatte, dem Zoo und gab ihren Traum, ein zahmes Wolfsrudel heranzuziehen, ein für allemal auf.

Nach dem Zwischenfall mit dem Wolf wurde endgültig kein einziges Zootier mehr an Privatpersonen abgegeben. Ausbrüche aus dem Zoo waren Gott sei Dank eine große Seltenheit, aber selbst in einem vorbildlich geleiteten Tiergarten kommen sie gelegentlich vor, und auch ich blieb davon nicht verschont. Die wenigen kritischen Situationen, die ich zu überstehen hatte, waren jedoch harmlos im Vergleich zu den Problemen, mit denen Julian Huxley, der während des Krieges den Londoner Zoo leitete, auf dem Höhepunkt der deutschen Luftangriffe konfrontiert war. Als ich ihn eines Abends in seinem Haus in Hampstead besuchte, erzählte er mir davon.

Kurz vor dem Ausbruch der Feindseligkeiten hatte sich Churchill bei Huxley erkundigt, was er zu tun gedenke, wenn der Zoo bombardiert werden sollte und gefährliche Tiere in der Stadt frei herumlaufen würden. »Man muß sie erschießen«, erwiderte Huxley, der damit den großen Staatsmann beruhigen wollte. Churchill dachte eine Weile über diese Antwort nach und überraschte dann Huxley mit dem Ausruf: »Wie schade!«, um anschließend wortgewaltig ein Schreckensbild der zerstörten Großstadtstraßen auszumalen, in denen Löwen und Tiger zwischen den Ruinen umherschweiften und Menschen zerfleischten.

Doch Huxley ließ sich durch Churchills romantische Visionen nicht beirren und erklärte nüchtern, daß die Wärter jeden Abend, sobald die Bombenangriffe einsetzen sollten, mit Gewehren ausgerüstet würden und die Anweisung erhielten, sofort jedes ausgebrochene Tier zu erschießen, das einem Menschen gefährlich werden könne.

Sehr widerstrebend ordnete Huxley an, alle Giftschlangen des Zoos, auch die hochgiftigen Schwarzen Witwen, vorsorglich zu töten. Wenn diese Tiere freikommen sollten, wären sie nur sehr schwer wieder einzufangen, deshalb hatte er keine andere Wahl. Die im Reptilienhaus beschäftigten Wärter liebten ihre Tiere, die sie oft schon seit Jahren hingebungsvoll gepflegt hatten. Das von oben ange-

ordnete Gemetzel war ihnen zutiefst zuwider, aber es ließ sich nicht umgehen.
Zunächst wurde der Zoo nur von Brandbomben getroffen, die keinen großen Schaden anrichteten. Doch dann ging eines späten Abends eine Serie von hochexplosiven Bomben auf den Regent's Park nieder und zerstörte mehrere Tierhäuser. Huxley, der auf dem Gelände des Zoos wohnte, sprang aus dem Bett, setzte seinen Stahlhelm auf und eilte nach draußen. Fünf Bomben hatten den Zoo getroffen, und einige Gebäude standen in Flammen. Die in Primrose Hill, gleich vor den Toren des Zoos, stationierten Flakgeschütze eröffneten das Feuer auf die feindlichen Flugzeuge und versetzten mit ihrem furchtbaren Krach viele Tiere in Panik.
Die Hauptrohre der Wasserleitung waren unterbrochen, und so mußten die Feuerwehrleute mit ihren Schläuchen das Seelöwenbecken leerpumpen, bis die Tiere schließlich auf dem feuchten Beton lagen. Das alte Kamelhaus war durch den Luftdruck einer Bombe fast völlig zerstört worden, aber zu Huxleys Erstaunen saßen die Kamele unversehrt in ihrem nun offenen Gehege und mampften seelenruhig ihr Heu.
Die eine Seite des Zebrahauses war durch die Bomben weggerissen worden, und einer der Insassen, ein mächtiger Grevyzebrahengst, galoppierte auf den Outer Circle zu, eine Straße, die ganz um den Regent's Park herumführt. Huxley rief seine aus behelmten Wärtern bestehende Luftschutztruppe zusammen und eröffnete an ihrer Spitze das wohl seltsamste Verfolgungsrennen der Geschichte. Während ringsum Bomben niedergingen, liefen die Männer auf der menschenleeren Straße hinter dem großen Zebra her. Ihre Stöcke schwenkend, versuchten sie verzweifelt, das Tier auf dem Rundkurs entlangzutreiben, auf dem es schließlich wieder den Haupteingang des Tiergartens erreichen mußte. Einmal wäre der Zebrahengst beinahe von seiner Route abgewichen und in Richtung Camden Town da-

vongerast, aber am Ende gelang es den Verfolgern, ihn auf das Zoogelände und in den Futterhof zu dirigieren.
Selbst noch nach zwanzig Jahren erinnerte sich Julian sehr lebhaft an diesen Vorfall. Der schlimmste Augenblick sei allerdings gekommen, so erzählte er mir, als die Flakgeschütze wieder loslegten, nachdem man das Tor des Futterhofes geschlossen hatte. Das durch den Lärm erschreckte Zebra wich zurück und drängte Julian in eine Ecke. Bei jedem Feuerstoß näherten sich die gewaltigen Keulen des Hengstes mehr und mehr der Stelle, wo Julian stand, der jeden Augenblick damit rechnete, daß ihn das ausschlagende Tier ins Jenseits befördern werde.
Als er noch einmal heil davongekommen war und dem Oberwärter seine Ängste anvertraute, erhielt er die hämische Antwort: »Da war nichts zu befürchten, Sir, denn er ist ein Beißer, kein Schläger« – eine Tatsache, die nach Meinung des Mannes sein Chef hätte wissen müssen.
Ich sagte daraufhin zu Huxley, er müsse froh sein, daß sich das wildgewordene Zebra nicht umgedreht und ihn gebissen habe. Da überzog ein schelmisches Lächeln das Gesicht des alten Herrn.
»Ach nein«, versetzte er. »Ich glaube, wenn es sich umgedreht und mich gesehen hätte, wären in ihm sofort freundschaftliche Gefühle wach geworden. Wissen Sie, ich trug nämlich damals einen gestreiften Schlafanzug!«
Eines Tages brachte mich ein Tierausbruch selber in eine kritische Situation. Ich saß gerade mit dem Filmregisseur Harry Watt im Zoorestaurant gemütlich beim Mittagessen, als Gwynne Vevers, der Kurator des Aquariums, so unauffällig wie möglich an unseren Tisch herantrat und mir ganz leise zuflüsterte: »Ein gefährlicher Ausbruch! Vermeiden Sie bitte jedes Aufsehen, und kommen Sie sofort mit mir hinaus.«
Ich bat Harry, mich für einen Augenblick zu entschuldigen, und eilte aus dem überfüllten Lokal. Draußen beschleunigte Gwynne seine Schritte und strebte mit mir

dem Aquarium zu. Das Gebäude ist von einem künstlichen Felsen gekrönt, der sich über die gesamte Länge und Breite des Daches erstreckt. Auf den »Berggipfeln« leben die Wildziegenherden, und in halber Höhe befinden sich die Bärenhöhlen.

»Doch hoffentlich nicht die Bären?« fragte ich ungläubig.

»Leider ja«, erwiderte Gwynne bekümmert. »Die zwei größten – die russischen Bären.«

»Oh, verflucht!« stöhnte ich. Neben diesen beiden Ungetümen wirkten manche anderen Bären wie niedliche Kinderteddys. Wenn sie es darauf abgesehen hatten – und sie galten nicht gerade als besonders gutmütig –, konnten sie einen Menschen in wenigen Sekunden umbringen, in wenigen Minuten sogar eine ganze Familie ausrotten . . .

»Verdammt!« knurrte ich. Soeben waren mir die Namen der beiden Ausreißer eingefallen. Der eine hieß Rusk, und der zweite war kein anderer als Nikki, Chruschtschows Geschenk an Prinzessin Anne. Nikki hatte mich schon einmal sehr unangenehm gebissen, als er noch ein winziges vermeintliches Kuschelbärchen war. Jetzt aber, als voll ausgewachsenes Tier, konnte er weitaus Schlimmeres anrichten!

Als wir auf der Rückseite des Aquariums anlangten, bot sich uns die Kulisse eines zweitklassigen Hollywood-Thrillers dar. Die Szene ist allgemein bekannt: Der Schurke ist auf dem Dach eines Gebäudes in die Enge getrieben, und ringsum kauern Polizisten mit schußbereiten Gewehren. Nur waren es diesmal uniformierte Zoowärter und keine Polizisten. Ich verscheuchte die filmische Assoziation aus meinem Gehirn, sammelte meine Gedanken, räusperte mich und gab allen Anwesenden kund, daß ich nun das Kommando übernähme. Innerlich war ich wie benommen, aber nach außen zeigte ich mich so selbstsicher wie Jack Hawkins. Ich erkundigte mich nach dem letzten Stand der Dinge und erweckte damit den falschen Eindruck, als wäre ich über das bisher Vorgefallene genauestens unterrichtet und benötigte nur noch die neuesten Informationen.

»Nachdem sie die Toilette demoliert hatten, sind sie umgekehrt und . . .« begann der Bärenoberwärter.
»Mein Gott, *was* haben sie demoliert?«
»Die Toilette, Sir.«
»War gerade jemand drin? Von welcher Toilette sprechen Sie überhaupt?«
»Nein, nein, Sir, keine von den öffentlichen Toiletten. So schlimm ist es nicht. Noch nicht. Es war nur das Wärterklo, das neben der Bärenhöhle. Es ist völlig zerstört.«
»Wo sind die beiden jetzt?«
»Im Wärtergang hinter den Höhlen. Sie rennen hin und her und schlagen alles in Trümmer. Doch wenn sie die Treppe herunterkommen, gibt es nur einen Ausgang – dort!« Er wies auf ein dunkel gähnendes Loch, das nur ein paar Schritte von uns entfernt war. Es führte hinter die Kulissen der Bärenanlage. Im Inneren erstreckte sich ein langer finsterer Korridor, an dessen Ende man die Treppe erkennen konnte. Nichts vermochte die Riesenbären davon abzuhalten, diese Stufen herabzusteigen und sich auf das Zoogelände zu stürzen, wo es von Menschen wimmelte. Die große Holztür, mit der der Durchgang auf unserer Seite verriegelt werden konnte, hatte man absichtlich offengelassen, um so die Treppe im Auge zu behalten. Wenn sie verschlossen gewesen wäre, hätten die Tiere sie in wenigen Sekunden zerschmettern können und wären plötzlich ohne Vorwarnung vor uns aufgetaucht. Somit war es besser, daß sich die Männer vor diesem unheilvoll drohenden Eingang postiert hatten und ihre Gewehre auf die Treppe richteten, um die Bären sofort in Empfang zu nehmen, falls sie sich zeigen sollten.
Ich war beeindruckt von dem Waffenarsenal des Zoos, doch ich hoffte noch immer, daß wir es vermeiden konnten, die Tiere zu erschießen. Es war kaum auszudenken, was passieren könnte, wenn wir die Bären nicht sofort tödlich trafen und die wütenden, angeschossenen Tiere auf die Besuchermassen losgehen sollten . . .

Wir warteten. Aus der Ferne drang das Geräusch von splitterndem Holz zu uns herüber. Wir mußten einen Weg finden, die Bären in ihre Schlafhöhle zu locken und dann die Tür hinter ihnen zuzuschlagen – jene Tür, die jemand an diesem Morgen versehentlich nicht fest verriegelt und so den Bären einen Fluchtweg eröffnet hatte. Aber Rusk und Nikki fanden ihr neues Territorium so aufregend, so reich an Möglichkeiten, ihre Zerstörungswut auszulassen, daß der Versuch sehr schwierig sein würde, sie in ihre Privatgemächer zurückzutreiben.
Die einzige Hoffnung bestand darin, ihnen irgend etwas anzubieten, dem sie nicht widerstehen konnten. Bären sind bekanntlich Leckermäuler, und so beschlossen wir, sie mit einem Topf Honig oder Marmelade zu ködern. Ihre Schlafhöhle hatte ein kleines, vergittertes Fenster, das auf das geräumige betonierte Gehege hinausging, dessen Abschluß ein tiefer Graben bildete. Wir fanden ein paar lange Bretter und legten sie quer über den Graben, so daß ein Wärter hinüberbalancieren und mit der Marmelade zum Fenster rennen konnte, um die verlockende Süßspeise auf den Fenstersims zu schmieren. Durch Zurufe sollte er die Aufmerksamkeit der Bären erregen, die daraufhin, so hofften wir, hereintrotten und futterneidisch die Marmelade auflecken würden. Um die offene Höhlentür hinter ihnen zu schließen, mußte jemand lautlos die Stufen emporkriechen und sich bis zur Tür vorarbeiten, ohne die Tiere zu beunruhigen. Sollte ihm das nicht gelingen, würden die Bären im Nu über ihn herfallen; sein Leben war dann keinen Pfifferling mehr wert.
Bruce Smith, der Oberwärter, bestand darauf, den Versuch zu wagen. Zwei seiner Bären waren entkommen; gleichgültig, wer die Schuld daran trug, er war fest entschlossen, die Ehre seiner Abteilung zu retten. Es wäre einfacher gewesen, die beiden Ausreißer zu töten, aber das wäre in seinen Augen einer Niederlage gleichgekommen.
Ich erklärte mich einverstanden, allerdings nur unter der

Bedingung, daß wir in der Lage wären, ihm einen gewissen Schutz zu gewähren. Da uns keine Sprechfunkgeräte zur Verfügung standen, riefen wir rasch noch ein paar weitere Wärter herbei und bildeten mit ihnen zusammen eine lange Kette. Solange die Bären von der heißgeliebten Marmelade naschten, gab der Wärter, der dem Fenster am nächsten stand, seinem Hintermann mit aufgerichtetem Daumen ein Zeichen, dieser übermittelte das Signal an den nächsten Wärter. So kursierte die Nachricht rund um die Bärenanlage bis in den Gang hinein, der zu der Treppe führte.

Dort hielten sich der Oberwärter und der beste Schütze des Zoos bereit, das Gewehr im Anschlag. Sobald sie das verabredete Daumensignal erhalten hatten, begannen die beiden ihren lautlosen Aufstieg. Während sie sich entfernten, dehnte sich die Kette hinter ihnen aus, so daß sie stets einen hochgereckten Daumen in Sichtweite hatten. Sollten die Bären das Fenster verlassen, würden sich die Daumen sofort nach unten richten, und wir hofften, daß die Signalwelle den Oberwärter rechtzeitig erreichte und er sich schnell in Sicherheit bringen konnte, wobei ihm der Schütze Deckung geben sollte.

Zweimal mußte der Vormarsch gestoppt werden, weil die Bären vorübergehend zu schlecken aufhörten. Doch beide Male konnte der Wärter, der bei der Marmelade stand, sie wieder zurücklocken. Sie hatten inzwischen einen ganzen Topf geleert und wandten sich bereits dem zweiten zu. Ich stand in der Mitte der Kette und bekam es allmählich mit der Angst zu tun. Wie lange würden die Bären wohl bei der süßen, klebrigen Marmelade ausharren, bevor sie Durst bekämen? Doch dann, in einem letzten Ansturm, gelang es Bruce Smith, die Tür zuzuschlagen und zu verriegeln. Die Gefahr war vorüber, und wir alle atmeten erleichtert auf.

Der Oberwärter erschien am Ausgang des Ganges und blinzelte in die Sonne. Als ich ihm in das müde blasse Gesicht blickte, mußte ich daran denken, wie unterbezahlt diese Leute waren bei den Risiken, die ihr Beruf mit sich bringt. Man kann ohne Übertreibung sagen, daß der mutige Mann eine tödliche Gefahr abgewendet hatte.

Zum Glück sind solche Ausbruchsversuche von Tieren außerordentlich selten. Und wenn sie vorkommen, verlaufen sie eher tragisch oder komisch als gefährlich. Einer der berühmtesten Ausreißer des Londoner Zoos war Cholmondeley, ein herrlich exzentrischer Schimpanse. Chumley, wie dieser Name ausgesprochen wurde, hatte sein ganzes Leben als Haustier zugebracht. Er aß am Tisch seines Herrn, rauchte zwanzig Zigaretten am Tag, trank Starkbier und war stets vollständig angezogen. Als er sich plötzlich nackt und ohne Bier und Zigaretten im Affenhaus des Zoos wiederfand, nachdem sein Besitzer pensioniert worden war und sich widerstrebend von seinem geliebten Hausgenossen getrennt hatte, beschloß er zu handeln. Nach seiner Meinung mußte hier ein schrecklicher Irrtum vorliegen. Er war doch nicht dazu bestimmt, den Rest seiner Tage in diesem Irrenhaus zwischen degenerierten, zappeligen Affen zu verbringen. Als erstes trat er in einen Hungerstreik. Kein Starkbier – kein Futter, so lautete seine Devise.

Die Tierärzte machten sich Sorgen um ihn und entschieden sich für eine gründliche Untersuchung. Da damals die Betäubungspfeile noch unbekannt waren, mußte Chumley zwecks Chloroformierung in einen großen Kasten bugsiert werden. In einer Seitenwand der luftdichten Kammer steckte ein Rohr, und als Chumley das durch diese Öffnung einströmende Gas roch, steckte er prompt einen behaarten Finger hinein und betrachtete seelenruhig die zunehmend irritierten Gesichter der draußen wartenden Mediziner. Nach deren Berechnung hätte er schon vor fünf Minuten das Bewußtsein verlieren müssen, aber statt dessen hockte er da und blickte sie mit finsterer Miene an.

Als sie seinen Fingertrick entdeckten, merkten sie, daß sie

es mit einem ungewöhnlich erfindungsreichen Primaten zu tun hatten; das wurde ihnen vollends klar, als er später in seinem Hospitalkäfig ein Oberlicht aufbrach und sich auf den Weg nach Camden Town machte. Da Chumley aufgrund seiner bisherigen Lebensweise nicht an lange Spaziergänge gewöhnt war, sprang er auf einen Bus der Linie 74 und geriet völlig durcheinander, als eine ältere Dame, die in seiner Nähe saß, plötzlich hysterisch zu schreien begann. Eine Panik brach aus, während ein verwirrter Chumley sich Gedanken machte über die Unberechenbarkeit, um nicht zu sagen Unzuverlässigkeit der Spezies Mensch, der er selber anzugehören glaubte.

Er ließ sich dadurch nicht an seiner Flucht hindern und setzte seinen Weg fort, bis er bei seinem letzten verzweifelten Versuch, zu seinem gewohnten Lebensstil zurückzufinden, tragischerweise vom inzwischen ebenso verzweifelten Zoopersonal erschossen wurde, nachdem man sich vergebens bemüht hatte, ihn mit ein paar Glas Starkbier heimzulocken.

Hinterher ist es leicht, die Männer für diesen Todesschuß zu tadeln, aber ein großer Menschenaffe kann in der Wut furchtbare Wunden schlagen, und sie machten sich ernsthaft Sorgen um die Sicherheit der Bewohner, die im Umkreis des Zoos lebten.

Chumley war ein voll ausgewachsener Schimpanse, und obwohl er verständnisvollen und hilfsbereiten Menschen gegenüber die Höflichkeit selbst war, brachten ihn die panischen Reaktionen, denen er auf seinem Streifzug häufiger begegnete, leicht in Rage. Und ein erregter Schimpanse kann einen Menschen im Bruchteil einer Sekunde schwer verletzen. Erst kürzlich hat ein junger Angestellter eines Safariparks bei einer kurzen Auseinandersetzung mit einem aufgebrachten alten Schimpansen, der seiner Obhut unterstand, beide Hände verloren und noch weitere Verletzungen erlitten.

Als ich die Geschichte von Chumley dem Züricher Zoodirektor Heini Hediger erzählte, wartete er mit einer noch dramatischeren Story auf. Die Hauptfiguren sind ein großer Gorillamann und eine junge Tierpflegerin; doch damit sind die Parallelen zum *King-Kong*-Drehbuch noch nicht erschöpft. Der Gorilla war dem »Knuddelalter« entwachsen und fühlte sich ausgesprochen einsam, was bei Menschenaffen keine Seltenheit ist. Solange er noch jung war, hatte man mit ihm gespielt und gebalgt, ihn umarmt und gestreichelt, aber auf einmal war es mit diesen begehrten Körperkontakten vorbei. Er war inzwischen ein mächtiges Tier geworden, das den Wärtern zu gefährlich für eine harmlose Balgerei erschien, und so hockte er allein und niedergeschlagen in seinem Käfig und sehnte sich nach aufmerksamer Zuwendung.

An einem Sommerabend beobachtete der große Gorilla, wie die letzten Besucher und anschließend auch das Zoopersonal nach und nach das Gelände verließen. Am Ende lag der Tiergarten völlig verlassen da. Kein Mensch war mehr zu sehen. Doch plötzlich hörte er das Geräusch nahender Schritte. Es war eine Tierpflegerin, die der Affe kannte und liebte; sie ging an diesem Abend als letzte heim. Als sie an dem Affenkäfig vorbeikam und sich nach ihm umblickte, sah sie, daß der massige Körper des Tiers seltsam verdreht war und sich augenscheinlich in einem Draht verfangen hatte. Sie eilte zur Rückseite des Affenhauses, schloß die Wärtertür auf und lief den dunklen Gang entlang. Als sie die Rückseite des Gorillakäfigs erreicht hatte, wurde ihr klar, daß sie die Käfigtür öffnen mußte, um genau feststellen zu können, auf welche Weise sich das Tier im Draht verheddert hatte.

Sie holte ein paarmal tief Luft, bevor sie den Mut aufbrachte, den Schlüssel ins Schloß zu stecken. Sie wollte alles wagen, um den Gorilla von seiner Qual zu erlösen. Wenn sie sich ein genaues Bild der Situation machen konnte, würde sie schon wissen, was als erstes zu tun sei.

Ganz langsam öffnete sie die Tür, Zentimeter um Zentimeter, und strengte ihre Augen an, um sich im immer schwächer werdenden Abendlicht einen Überblick zu verschaffen. Zu ihrer Verwunderung schien der Käfig leer zu sein. An der Stelle, wo sich der Gorilla im Draht verfangen hatte, war nichts zu sehen. Im Halbdunkel kletterte das Mädchen in den Käfig hinein, um sich zu vergewissern, wie das mächtige Tier hatte entkommen können.

Das war der Augenblick, auf den der Gorilla gewartet hatte. Als er sich zum Schein im Draht verfing, hatte er sich nur das eine gewünscht: daß das Mädchen den Käfig betreten sollte, um ihn zu »retten«. Er wollte ihr nichts zuleide tun, sondern sie nur liebevoll umarmen, weil er nicht noch eine weitere Nacht einsam und verlassen verbringen wollte.

Dieses planvolle Vorgehen scheint die Fähigkeiten eines Affengehirns zu übersteigen, aber wahrscheinlich war früher einmal ein Wärter dem Tier zu Hilfe geeilt, um es aus einer ähnlichen Zwangslage zu befreien, und es hatte die Erinnerung an dieses Ereignis in seinem Kopf gespeichert. Tatsächlich funktionierte der Trick auch diesmal – vor seinen Augen ging die Tür seines Käfigs langsam auf. Aus seinem Versteck hinter der Tür, wohin er sich geflüchtet hatte, als er das Geräusch des Schlüssels hörte, beobachtete er das eintretende Mädchen. Dann sprang er plötzlich freudig erregt vor und schlang seine langen Arme um den Leib der erschrockenen Tierpflegerin.

Das gesamte Zoopersonal war gegangen. Sie war das einzige menschliche Wesen weit und breit. Der glückliche Gorilla klammerte sich an sie, als ginge es um sein Leben. Als sie erkannte, daß er nichts Böses im Sinn hatte, wich ihre panische Angst. Die Tür war nur angelehnt, und der Schlüssel steckte noch im Schloß. Wenn es ihr gelingen sollte, die Tür zu erreichen, könnte sie schnell auf den Gang hinausschlüpfen und die Tür hinter sich zuschlagen. Aber jedesmal, wenn sie sich vorsichtig zu befreien versuchte, drückte sie der Gorilla noch fester an seine Brust.

Ihr blieb nichts anderes übrig, als zu warten, bis er einschlafen würde, und um den Vorgang zu beschleunigen, täuschte sie selbst Müdigkeit vor und schloß die Augen. Sobald sie merkte, daß sein Atem langsamer ging, löste sie sich behutsam aus seiner Umarmung und bewegte sich mit kleinen Schritten auf den Ausgang zu. Doch plötzlich war er wieder hellwach und streckte die Arme nach ihr aus. Als sie sich dagegen zur Wehr setzen wollte, stieß sie versehentlich gegen die Tür, die ins Schloß fiel und sich automatisch verriegelte. Durch den heftigen Schlag wurde das Schlüsselbund aus dem Schloß gestoßen und fiel draußen klirrend auf den Boden des Korridors.

Jetzt hatte sie keine andere Wahl mehr, als in den mächtigen, behaarten Armen des Gorillas den nächsten Morgen abzuwarten, bis das Zoopersonal zurückkehren und sie erlösen würde. Es wurde eine lange Nacht.

Nachdem das zerzauste und leicht geschockte Mädchen sicher geborgen war, griff die Lokalpresse die Geschichte auf, und am darauffolgenden Wochenende strömten riesige Menschenmassen in den Zoo.

»Der Gorilla muß eine große Attraktion geworden sein«, meinte ich, als Hediger seine Geschichte zu Ende erzählt hatte.

»Nein, nein, es ging den Leuten nur um das Mädchen. Die junge Frau wurde überall verfolgt und konnte kaum noch ihre Arbeit tun.«

Mir fiel in diesem Zusammenhang der seltsame Fall des Londoner »Tigerstreichlers« ein. Das war ein verhärmter, weißhaariger alter Mann, der regelmäßig jede Woche das Raubtierhaus heimsuchte. Er wartete so lange, bis kein Wärter in Sicht war, stieg dann mit großer Mühe über den Schutzzaun und schlich sich an das vergitterte Gehege heran, in dem die Tiger untergebracht waren. Löwen oder Leoparden interessierten ihn nicht, nur Tiger. Er machte sich durch Rufe bemerkbar, steckte seinen Arm in den Käfig hinein und versuchte mit seiner knochigen Hand eines der

Tiere zu berühren und zu streicheln. Glücklicherweise waren mehrere Zootiger ausgesprochen zutraulich, und hin und wieder gelang es ihm tatsächlich, einen direkten Kontakt herzustellen. Er kraulte und liebkoste das weiche Fell der Tiere und flüsterte ihnen Liebesworte in die zuckenden Ohren.

Die Raubtierwärter kamen dem Mann schon sehr bald auf die Schliche und eilten jedesmal herbei, um ihn von den Tigern wegzuzerren. Unter lautstarken Protesten ließ er sich abführen, doch er schwor, er werde wiederkommen. Der komische Kerl hielt jedesmal sein Wort, legte sich hinter den Bäumen auf die Lauer, und sobald die Luft rein war, kletterte er wieder über die Absperrung und begann den erstbesten Tiger zu streicheln, der in seine Nähe kam. Er ging offenbar sehr systematisch vor, konzentrierte sich zuerst auf ein Tier, dann auf das nächste, bis er schließlich mit allen Tigern Bekanntschaft geschlossen hatte. Das mußte früher oder später in einer Tragödie enden, und um sie zu verhindern, stellten die Wärter eine spezielle Patrouille auf. Aber der Mann war einfach zu gerissen. Es gab immer wieder Momente, in denen die Männer anderweitig beschäftigt waren, und sofort war er zur Stelle, um sich ganz schnell an die Tiere heranzumachen und sie zu kraulen und ihnen Liebkosungen zuzuflüstern.

Nach einiger Zeit schien er es ausschließlich auf eine bestimmte Tigerin abgesehen zu haben, die sein bevorzugtes Streichelobjekt wurde. Das erleichterte den Wärtern ihre Aufgabe. Da sie jetzt nur noch das weibliche Tier im Auge behalten mußten, hatten sie eine größere Chance, den Mann zu erwischen. Als er sich eines Tages wieder dem Tigerkäfig näherte, sprang ein Wärter aus dem Hinterhalt auf ihn zu. Vor Schreck machte der »Tigerstreichler« einen Satz über den Metallzaun und sank mit gebrochenem Bein vor dem Wärter zu Boden.

Er wurde umgehend ins Krankenhaus geschafft, und die Raubtierwärter waren überzeugt, daß er jetzt endlich seine

Lektion begriffen hatte und wieder Frieden einkehren würde. Doch sie hatten den Mann unterschätzt. Sobald er wiederhergestellt war, tauchte er abermals auf, um den Flirt mit seiner geliebten Tigerin fortzusetzen. Während er noch hinter den nahen Bäumen in Deckung lag, stellte er zu seinem Entsetzen fest, daß sie nicht mehr da war. Er suchte das ganze Raubtierhaus nach ihr ab. Sie war nirgendwo zu finden. Überzeugt davon, daß man sie ihm weggenommen hatte, stürmte er in das Büro des Kurators (meines Vorgängers) und fragte ihn mit schriller Stimme:

»Was haben Sie mit meiner Frau gemacht?«

Der Kurator, der eine vorbildliche Ehe führte, war bei dieser ungewöhnlichen Anschuldigung völlig verdattert und verlangte eine Erklärung. Jetzt endlich kam die ganze tragische Geschichte heraus. Der arme Mann war Witwer, und als seine Frau im Sterben lag, hatte sie ihm anvertraut, daß sie fest davon überzeugt sei, als Tiger im Londoner Zoo wiedergeboren zu werden. Leider sagte sie ihm nicht, welcher Tiger sie künftig sein werde; so mußte er alle Tiere reihum streicheln, um das richtige zu finden. Er wußte, daß sie auf seine Liebkosungen in einer ganz bestimmten, unverwechselbaren Weise reagieren würde; erst dann konnte er seiner Sache sicher sein. Kurz vor seinem Unfall hatte er sie endlich entdeckt, und er genoß die Nähe seiner geliebten Frau, die neuerdings das reizvolle schwarz-gelb gestreifte Gewand einer prachtvollen Tigerin trug.

Nun hatte der Zoo sie ihm entrissen, und er war untröstlich über den Verlust. Was hatten sie mit ihr angestellt? Wo war sie? Der Kurator erklärte ihm freundlich, sie sei wohlauf und glücklich, nachdem sie sich im Tiergarten von Whipsnade, der Außenstation des Londoner Zoos, einer Zuchtgruppe angeschlossen habe. Der »Tigerstreichler« freute sich über diese gute Nachricht und machte sich eiligst auf den Weg, vermutlich zum Tigergehege von Whipsnade. Der Mann fand sich mit der neuen Situation ab, und ich stelle mir vor, wie er zufrieden in der Nachmit-

tagssonne saß und voller Zärtlichkeit seine innig geliebte Frau betrachtete, die inmitten ihrer Neugeborenen im hohen Gras ruhte.
Der Zoo hat schon immer solche Sonderlinge angezogen. Als ich später selber Kurator geworden war, blieb auch ich von menschlicher Verschrobenheit und Skurrilität keineswegs verschont. Ich hatte kaum hinter meinem neuen Schreibtisch Platz genommen, als mich zwei ehrfurchtgebietende Damen besuchten, von denen die eine mit lauter Stimme verkündete:
»Wir sind gekommen, um das Ansehen der englischen Ziege zu heben.«
Ich versicherte ihnen, der gute Ruf der englischen Ziege läge mir seit jeher besonders am Herzen, und erkundigte mich dann, ob ich vielleicht unbeabsichtigt dieses prächtige Tier irgendwie herabgesetzt oder verleumdet hätte. Das schien offensichtlich der Fall zu sein.
»Wir haben mit Abscheu bemerkt, daß Sie immer noch die männlichen Ziegen in einer gemischten Herde mit den weiblichen Ziegen halten«, begann die zweite Dame, indem sie mit ihrer behandschuhten Hand einen imaginären Schmutzfleck auf ihrem Faltenrock wegwischte.
»Verstehe. Sie reden von unserer Zuchtherde der Royal-Windsor-Ziegen – die Tiere, aus denen die Regimentsmaskottchen ausgewählt werden. Das geschieht in Form eines feierlichen Übergabezeremoniells und . . .«
»Ja, ja, das wissen wir bereits alles, aber müssen Sie deshalb die Geschlechter ständig zusammen halten? Daraus erwachsen so viele Mißverständnisse, und . . . und das Ansehen der englischen Ziege wird dadurch untergraben.«
Die beiden schwergewichtigen Damen lehnten sich auf ihren Stühlen zurück, und ihre Adlergesichter versteinerten. In dieser Haltung warteten sie auf eine Antwort. Die Stille wurde allmählich bedrohlich.
»Es tut mir leid. Aber es handelt sich nun mal um eine Zuchtherde, und die Tiere leben in einem großen Gehege

in einem natürlichen Sozialverband. Gewiß können so die Leute am besten sehen ...«
»Nein, auf keinen Fall!«
»Ich begreife nicht. Gewiß ...«
»Dr. Morris, haben Sie schon einmal daran gedacht, Ihre männlichen Ziegen ...« Es entstand eine Pause; die versteinerten Gesichter zeigten plötzlich ein verlegenes Mienenspiel. » ... Ihre männlichen Ziegen zu verändern?«
»Verändern?«
»Ja, richtig.«
Plötzlich dämmerte es mir; die beiden eleganten Damen verlangten von mir, die Ziegenböcke zu kastrieren.
»Aber wenn wir die Ziegenböcke ... verändern, wie soll dann die königliche Herde weiterbestehen und auch in Zukunft die traditionellen Regimentsmaskottchen liefern?«
»Mein Gott, mein Gott!« glucksten sie und warfen einander mitleidsvolle Blicke zu. »Sie müssen natürlich Zuchttiere für die Fortpflanzung behalten.«
»Aber genau das tun wir doch gegenwärtig.« Ich geriet allmählich völlig durcheinander.
»Ja, aber Sie bestehen darauf, daß sie mit den Weibchen zusammenbleiben.«
»Warum denn nicht? Was ist denn schon dabei?«
»Dadurch wird die weibliche englische Ziege in Verruf gebracht.«
»Lassen Sie mich einmal Ordnung in das Ganze bringen. Sie verlangen, daß die Böcke kastriert werden müssen, wenn sie zusammen mit den Weibchen leben. Aber wenn sie getrennt gehalten werden, fern von den Weibchen, können sie intakt bleiben. Ist das so richtig?«
Sie seufzten.
»Dr. Morris, es gibt nichts, was Sie hindern könnte, einige Männchen von der Herde abzusondern und nur veränderte bei der Herde zu lassen. Beides ist möglich. Die beiden Gruppen können ja für gewisse Dienstleistungen zusammengeführt werden – das reicht vollkommen.«

Das ganze Gerede schien sich eher auf einen frommen Ziegenorden als auf eine schlichte Zuchtherde zu beziehen. Meine Geduld wurde auf eine harte Probe gestellt.
»Wenn Sie nichts gegen normale Ziegenböcke haben und auch nichts gegen die ›Dienste‹, die diese Zuchttiere den Weibchen erweisen, dann verstehe ich einfach nicht, weshalb Sie sich dagegen sträuben, daß sie den weiblichen Tieren ständig Gesellschaft leisten.«
Die Damen kniffen angeekelte die Lippen zusammen.
»Wir alle wissen, daß der üble Gestank der Böcke die Luft verpestet und die Menschen anwidert. Das ist nur bei fortpflanzungsfähigen Böcken der Fall. Veränderte Böcke riechen hingegen genauso angenehm wie die Weibchen. Deshalb schlagen wir folgendes vor: Sie bringen die übelriechenden Böcke irgendwo unter, wo man sie nicht sieht, und halten die geruchlosen veränderten Männchen zusammen mit den Weibchen in Ihrem Schaugehege. Auf diese Weise können die Leute eine gemischte Gruppe bewundern, ohne daß ihre Nasen beleidigt werden. Vor allem wird dadurch der gute Ruf der weiblichen Ziege wiederhergestellt.«
Jetzt endlich hatte ich begriffen.
»Ich verstehe. Ihr Hauptanliegen ist es, die Leute von der irrigen Meinung abzubringen, daß die Weibchen schlecht riechen. Ist es so?«
»Genau.«
»Na schön. Ich danke Ihnen, daß Sie mir Ihr Problem klargemacht haben. Ich werde selbstverständlich der Sache nachgehen und alles Notwendige veranlassen, um das Ansehen der weiblichen englischen Ziege von jedem Makel zu befreien.«
Sie waren entzückt über diese Worte und entfernten sich mit zufriedenen Gesichtern.
Schon bald darauf tauchte eine andere extravagante Dame in meinem Büro auf. Sie betrat nicht einfach mein Arbeitszimmer, nein, sie pirschte sich an. Ihre Füße berührten den

Boden wie weichgepolsterte Löwenpranken. Ihr blaßgoldenes Haar glich einer Mähne, und ihre Augen leuchteten beutehungrig.
»Ich brauche Ihren Rat. Es handelt sich um meine Löwin. Schauen Sie sich die Bilder einmal an.«
Sie lud mehrere Fotoalben auf meinem Schreibtisch ab, als wollte sie mir einen Zebrakadaver zur Untersuchung vorlegen. Ich schlug ein Album auf und blätterte es durch. Dann ein zweites und ein drittes. Die unzähligen Aufnahmen zeigten meine Besucherin, wie sie zwischen den Beinen einer schönen, voll ausgewachsenen Löwin lag. Die Dame und das Tier waren in jeder erdenklichen Pose abgelichtet: Seite an Seite, die Frau oben, die Löwin oben, beide zusammen beim Ringen, Spielen, Laufen, Schwimmen, Ruhen und Schlafen.
»Wie kann ich Ihnen helfen?«
»Ich möchte über mein Leben mit der Löwin ein Buch veröffentlichen. Sie lebt frei im afrikanischen Busch und ist meine Freundin. Wir haben ein engeres Verhältnis zueinander, als es jemals zwischen einem Menschen und einem Löwen bestanden hat.«
»Das sehe ich. Aber die Bilder sind ein bißchen monoton. Ich glaube nicht, daß es für ein Buch reicht. Vielleicht für einen Zeitschriftenaufsatz . . .« Ich erklärte ihr, Jahr für Jahr kämen so viele neue Tierbücher heraus, daß sie sich keine großen Hoffnungen machen könne, einen Verlag zu finden.
Das zeigt wieder einmal, wie sehr man sich irren kann. Die Dame war nämlich niemand anders als Joy Adamson, und ihre Löwin hieß Elsa. Sie füllte mit ihren Löwenerlebnissen nicht nur einen Band, sondern eine ganze Reihe von Büchern. Das erste, *Frei geboren,* wurde zum größten Verkaufserfolg auf dem Gebiet der Tierliteratur und zu einem Film und einer ganzen Fernsehserie verarbeitet. Als ihr Ruhm sich über die gesamte Welt verbreitete, sagte ich einmal zu einem Freund, daß aus mir wahrscheinlich der schlechteste

Verleger der Welt geworden wäre, da ich ja nicht einmal das Gespür für einen internationalen Bestseller hätte. Er tröstete mich mit der Bemerkung, ihr Buchprojekt sei zuerst von mehreren großen Londoner Verlagen abgewiesen worden.

Die entschlossene, selbstsichere Joy Adamson ließ sich davon nicht beirren. Sie wußte, daß sie etwas Aufregendes zu erzählen hatte. Aus lauter Abneigung gegen »vermenschlichte« Tiere, die sich meist in seelische Zwitter verwandeln (so wie mein armer Congo), war ich offenbar blind geworden für den romantischen Zauber, der von der Geschichte einer Frau und ihrer zahmen Löwin ausging.

Was immer ich auch von Elsas gespaltenem Identitätsbewußtsein hielt, ich mußte zugeben, daß Joy Adamson mit ihren Büchern sehr viel für das Ansehen der Löwen tat und mit scharfen Worten gegen die Großwildjäger zu Felde zog. Ich konnte einfach nicht glauben, daß die großen, bärtigen Feiglinge à la Hemingway noch immer in der Welt umherzogen und mit ihren Präzisionsgewehren auf wehrlose Wildtiere losballerten. Ihre sogenannten »Heldentaten«, bei denen sie angeblich im Angesicht blutgieriger Raubtiere ihr Leben riskierten, bargen in Wahrheit kaum mehr Gefahren in sich als das unweidmännische Totschießen von Rindern und Schweinen in einem Schlachthaus.

Wie stark Joy Adamsons Bücher gerade die jungen Leser beeindruckte, erfuhr ich, als ich noch beim Fernsehen arbeitete. Anläßlich eines Preisausschreibens sollten uns die jugendlichen Zuschauer per Postkarte mitteilen, welche Tiere sie am meisten liebten bzw. haßten. Etwa 50000 Einsender beantworteten unsere Frage. Die Auswertung der vielen Zuschriften gab uns recht zuverlässig Auskunft darüber, welche Tiere die englischen Kinder besonders liebten oder haßten.

Erstaunlicherweise bevorzugten jüngere Kinder größere Tiere, während sich ältere mehr zu besonders kleinen Exemplaren hingezogen fühlten. Mädchen ekelten sich vor

Spinnen mehr als Jungen, allerdings nur im vorpubertären Alter. Schlangen waren am verhaßtesten, aber dieser Haß nahm ab, je älter die Kinder wurden; das galt zu unserer Überraschung sowohl für Jungen als auch für Mädchen. Nur ein einziges Lebewesen wurde von den Jugendlichen fast gleichermaßen gehaßt wie geliebt: der Löwe. Die einen sahen in ihm den stolzen König der Wildnis, die anderen betrachteten ihn als einen widerwärtigen, hemmungslosen Killer.

Das war die Situation, bevor sich der Einfluß von *Frei geboren* bemerkbar machte. Fast zwei Jahre nachdem das Buch Weltruhm erlangt hatte, wiederholte die Fernsehanstalt *Granada* dieses Preisausschreiben. Auf den zweiten Aufruf antworteten etwa 30000 Kinder. Im Vergleich zur ersten Abstimmung ergab sich lediglich eine wesentliche Veränderung: Der Löwe wurde jetzt mehr geliebt und weniger gehaßt. Joy Adamson hatte das schwierige Ziel erreicht, ihre Leser nicht nur eine Zeitlang zu unterhalten, sondern auch die Haltung der Öffentlichkeit gegenüber einer bestimmten Tierart nachdrücklich zu verändern. Die Löwin Elsa war für ihre Spezies zur Botschafterin des guten Willens geworden.

Die Autorin hatte ihre Leser außerdem dazu gebracht, sich Gedanken über die moralische Berechtigung zu machen, Tiere in Gefangenschaft zu halten, sei es im Zoo oder mehr noch im Zirkus. In den sechziger Jahren erschienen immer mehr Bücher mit detaillierten Berichten über Freilandstudien an wildlebenden Tieren. Neue Fernsehfilme, die Wildtiere in ihrer natürlichen Umwelt zeigten, nahmen an Zahl zu und trugen die Wunder der Natur in jedes Wohnzimmer. Die Einstellung des Mannes auf der Straße zu den zoologischen Gärten machte einen spürbaren Wandel durch. So sah ich mich auf einmal gezwungen, die Existenz des Zoos zu verteidigen.

Als ich eines Abends bei einem offiziellen Diner in London unter Beschuß geriet, ging ich zum Gegenangriff über

mit der Frage, ob jemand der Anwesenden wisse, was aus einem alten Löwen in der afrikanischen Steppe würde. Niemand wußte darauf eine Antwort. Ein Löwe, der die besten Jahre hinter sich habe, erklärte ich, und nicht mehr stark genug sei, eine Antilope oder ein Zebra zu schlagen, müsse sich notgedrungen von kleineren Beutetieren ernähren. Und wenn er zu langsam geworden sei, um es mit kleinen, aber schnellfüßigen Tieren aufzunehmen, müsse er sich mit Arten begnügen, die keinen Versuch machten, ihm zu entkommen, also beispielsweise mit Stachelschweinen – was vielfach zur Folge habe, daß er langsam und qualvoll an den spitzen Stacheln verende, die sich in sein Fleisch einbohrten und eiternde Wunden hervorriefen. Im Zoo dagegen stehe für alle Insassen ein modernes Tierhospital zur Verfügung, wo sie von fachkundigen Veterinärärzten behandelt werden könnten. Und sie brauchten in ihrem ganzen Leben keinen Tag lang zu hungern.
Doch selbst mit diesen emotionalen Argumenten konnte ich meine Zuhörer nur schwer überzeugen. In ihren Augen hatte ein Zookäfig grundsätzlich etwas von einem Gefängnis an sich, und Tiere hinter Gittern waren für sie bedauernswerte Gefangene, so gesund sie auch sein mochten.
Das wurde mir eines Tages drastisch klargemacht, als ein paar Kinder mich über meine Arbeit befragten. Ich sagte ihnen, daß ich der Kurator der Säugetiere sei.
»Was ist ein Kurator?«
»Das bedeutet, daß mir alle Säugetiere unterstehen.«
»Was ist ein Säugetier?«
»Ein Tier, das seine Jungen mit Milch ernährt.«
Daraufhin quäkte ein kleiner Junge in aller Unschuld: »Jetzt weiß ich, was Sie sind – Sie sind ein Kuhgefängniswärter!«
Das war eine ernüchternde Aussage. Der Titel »Kuhgefängniswärter« machte mir zwar nicht viel aus, aber es begannen sich in mir Zweifel am Sinn meiner Tätigkeit zu re-

gen. Seitdem ich im Zoo arbeitete, hatte mich die Vielzahl der Tiere, denen ich tagtäglich begegnete, dermaßen fasziniert, daß ich kaum jemals die Berechtigung, Tiere in Gefangenschaft zu halten, in Frage gestellt hatte. Mit der unstillbaren Neugier des Zoologen, die sich auf alle Aspekte des tierischen Verhaltens bezog, hatte ich mich kopfüber in meine Forschungen und Untersuchungen gestürzt. Jede neue Tierart, die ich kennenlernte, erfüllte mich mit einer ganz besonderen Entdeckerfreude, und in der kurzen Zeit drängte so viel Unbekanntes auf mich ein, daß ich in meiner bisherigen Zootätigkeit nicht die Ruhe gefunden hatte, Rückschau zu halten. Doch nun stellten sich die ersten nagenden Zweifel ein. Je mehr mir das Problem der Langeweile bewußt wurde, unter der die Tiere in ihren Käfigen zu leiden hatten, desto mehr bemühte ich mich, ihre Lebensbedingungen zu verbessern. Die Gehege sollten eher einem Spielgelände als einem Gefängnis gleichen, und für jede Tierart wollte ich auf dem zur Verfügung stehenden Platz eine Umgebung schaffen, die dem natürlichen Lebensraum dieser Art so weit wie nur irgend möglich angepaßt war.

Wir entwarfen einen neuen Pavillon für die Kleinsäuger, und ich brachte viele Tage in einem eigens errichteten Laboratorium zu, um abwechslungsreichere Umweltbedingungen für die Zooinsassen zu testen. Gitterstäbe und Drahtgeflechte sollten verschwinden, Äste, Erde, Gras, Sand, Blätter und Baumstämme die Einrichtung vervollständigen. Fliegende Säugetiere brauchen Platz zum Fliegen, schwimmende Tiere Wasser zum Tummeln, grabende Tiere die Möglichkeit zu wühlen, kletternde Tiere Kletterbäume und so weiter. Es war ein langwieriges, mühseliges Unterfangen, das viel Geld kostete, aber nur auf diese Weise konnten wir die Kritiker zum Schweigen bringen.

Überdies war ich von der Notwendigkeit überzeugt, den Menschen der Großstadt den unmittelbaren Kontakt mit den Tieren zu ermöglichen. Fernsehfilme waren schön und gut, doch gleichwohl blieb die Begegnung mit dem lebenden Tier wichtig, wenn jede nachwachsende Generation von Stadtkindern den Zauber der Tierwelt aufs neue entdecken sollte. Wenn die Zootiere den Besuchern Jahr für Jahr ihre Schönheit und Eigenart offenbarten und ihnen die phantastische Mannigfaltigkeit der belebten Natur vor Augen führten, mußten die Menschen begreifen, wie notwendig es war, der habgierig oder mutwillig betriebenen Zerstörung der überlebenden Wildtierfauna unserer Erde Einhalt zu gebieten.

Während der Umgestaltung der Gehege wurde der Zooalltag auch weiterhin durch heitere Episoden aufgelockert, durch jene grotesken oder skurrilen Zwischenfälle, die meinen surrealistischen Sinn ansprachen. Ich denke zum Beispiel an den Abend, an dem ein paar völlig durchnäßte Polizisten mitten in einem Gewittersturm im Zoo auftauchten und uns aufforderten, auf der Stelle die Giftschlangen in unserer »Schlangengrube« nachzuzählen. Sie hatten anscheinend einen jungen Mann festgenommen, der behauptete, er habe sich bis zur Schließung des Zoos in einer Toilette versteckt, sei dann in die Grube gesprungen, habe sämtliche Vipern in einen Sack gesteckt und anschließend in Soho freigelassen.

Giftschlangen in einem oben offenen Gehege voller Steine und Pflanzen zu zählen, und das in der Nacht beim Schein von Taschenlampen und während eines Gewitters, ist ein Alptraum, aber die Wärter gaben sich dennoch alle Mühe.

Als sich nach der Zählung herausstellte, daß offenbar ein paar Schlangen fehlten, setzten wir uns mit den Polizisten in der warmen Wärterkantine zusammen, um die Lage zu besprechen. Wenn es in Soho wirklich von Vipern wimmeln sollte, stand einigen Nachtbummlern ein unangenehmer Schock bevor. Vielleicht bildeten sie sich ein, sie hätten das Delirium tremens, und würden daraufhin ihr ganzes Leben lang nur noch Limonade trinken. Die Polizisten fanden das gar nicht komisch.

»Wir machen uns wohl am besten wieder auf die Suche nach dem Schürzenmann«, brummte einer.
»Dem Schürzenmann?«
»Ja. Bevor der Schlangenknabe auftauchte, waren wir hinter dem Schürzenmann her. Wir haben ihn auf einem Parkplatz aufgestöbert, wo er sich mit seiner Plastikschürze herumtrieb, die vorne eine große Tasche hat.«
»Was hat er denn in dieser Tasche?« fragte ich belustigt. Der Polizist warf mir einen verachtungsvollen Blick zu, der besagte, daß nur ein Dorftrottel eine so dämliche Frage stellen könne.
»Sein schmuddeliges Zubehör natürlich«, erwiderte er, indem er zur Kantinentür stapfte und sich wieder in den Sturm hinauswagte. Vielleicht hatte der Schürzenmann inzwischen wieder das Weite gesucht und seine Schürze mit Giftschlangen vollgestopft. Das Polizeirevier von Soho erschien mir auf einmal mindestens so aufregend wie das Leben im Zoo. Es kam mir plötzlich albern vor, daß man die Großstadt als »Betondschungel« bezeichnet – sie glich eher einem Zoo, in dem die Menschen in kleine Wohnzellen eingesperrt waren, nicht anders als die Tiere im Regent's Park. Und genau das war das Thema eines Buches, das ich einige Jahre später schrieb und unter dem Titel *Der Menschenzoo* veröffentlichte.
In den darauffolgenden Wochen mußte ich immer wieder an die seltsame Geschichte mit dem Schlangendieb denken. In meinem Kopf entstand eine Idee, die aber vorerst noch keine feste Gestalt annehmen konnte. Der Zoo hielt wie üblich ein gerütteltes Maß an Ablenkungen für mich bereit. Brigitte Bardot filmte im Raubtierhaus. Edmund Hillary hatte uns einen Yeti-Skalp vorgelegt. Ein kauziger Schuster war aufgetaucht, der den Elefanten unbedingt Lederschuhe verpassen wollte. Es war also ein ganz normaler Arbeitstag. Während ich einen Augenblick innehielt, um die reizende Bardot mit anatomisch geschultem Blick zu betrachten, geisterte der Schlangendieb wieder durch mei-

ne Gedanken. Er war auch wieder zur Stelle, als ich mit Verschwörermiene ein einzelnes Haar aus dem Yeti-Skalp herauszupfte, um es im Naturhistorischen Museum mikroskopisch untersuchen zu lassen. Leider stellte sich heraus, daß es von einer asiatischen Bergziegenart stammte.
Ich grübelte weiter darüber nach, warum mich die phantastischen Behauptungen des Schlangendiebs so sehr beschäftigten. Die Vipern saßen, wie sich herausgestellt hatte, noch immer sicher und geborgen in ihren Verstecken in der Schlangengrube.
Am Abend unterhielt ich mich über diese Frage mit Ramona. Wir beide kamen zu dem Schluß, das die Faszination der Schlangen allein in der extrem irrationalen Einstellung des Menschen zu diesen Tieren begründet war. Im Laufe der Menschheitsgeschichte sind die Schlangen abwechselnd verehrt und gefürchtet, geliebt und verteufelt, zum Symbol erhoben und gehaßt, beschworen und ausgerottet und schließlich sogar in Heimtiere verwandelt worden. Sie haben eine Rolle gespielt in der Magie, im Hexenwesen, in der Religion, in der Heilkunst, im Krieg, im Sport, in der Wissenschaft, im Handel und in der Unterhaltungsbranche. Ramona hatte Geschichte studiert, und ich war Zoologe – vielleicht sollten wir uns zusammentun und die traditionsreichen und komplexen Beziehungen des Menschen zu den Schlangen einer genaueren Untersuchung unterziehen. Vielleicht sollten wir ein Buch darüber schreiben. Es würde eine neue Form des Tierbuchs darstellen – eine Gesamtschau einer einzigen Lebensform, und jedes Kapitel müßte einen anderen Aspekt des Themas behandeln. Als Titel überlegten wir uns *Menschen und Schlangen.* Wenn das Buch Erfolg haben sollte, könnten wir ähnliche Monographien über andere Tiere schreiben.
Ramona blickte damals auf eine siebenjährige Tätigkeit beim Fernsehen zurück. Sie hatte zahllose Manuskripte verfaßt und die ständig wachsende Filmbibliothek des Studios betreut, die mittlerweile mehr als 300000 laufende

Meter belichteten Zelluloids umfaßte. Die Vorstellung, eine größere schriftstellerische Aufgabe anzupacken, reizte sie sehr. Wir besprachen den Plan mit einem Verleger, der ihn sofort aufgriff. Ramona kündigte ihre Stelle im Studio und begann zu recherchieren.

Als erstes nahm sie sich vor, die älteste Schlangendarstellung zu ermitteln, die jemals ein Mensch geschaffen hatte. Das war, wie sie herausfand, ein ungewöhnliches Felsbild in einer riesigen, etwa acht Kilometer langen Höhle in Südfrankreich, die den Namen Baume Latrone trug. Das Bild selbst hatte ebenfalls gewaltige Dimensionen, wie sich aus der Fachliteratur über die prähistorische Höhlenmalerei ergab – die Schlange maß von der Schnauzenspitze bis zum Schwanzende nicht weniger als drei Meter. Das mußten wir einfach mit eigenen Augen sehen, und so pilgerten wir im Sommer jenes Jahres zur Riesenschlange von Baume Latrone.

8

»Zum Urlaubmachen ist das Leben zu kurz«, meinte ich zu Ramona. Ich fing schon an zu murren. Für Urlaubsreisen hatte ich noch nie etwas übrig gehabt. Ich war nur glücklich, wenn ich ein Ziel hatte – etwas, worauf ich meinen Ehrgeiz richten konnte.

»Das deine wird auf jeden Fall zu kurz geraten, wenn du nicht einmal Urlaub machst«, gab mir Ramona zurück. »Und du hast doch immerhin ein Ziel – die Schlangenjagd!«

»Ich will nichts weiter, als die Schlange von Baume Latrone aufspüren und ein Foto von ihr machen, das wir als Illustration für das neue Buch brauchen. Das dauert höchstens einen Tag.«

Ramona wußte, daß ich überarbeitet war, und wollte mich mit allen Mitteln zwingen, eine Pause einzulegen. Sie hatte mir zugeredet, die Schlangenexkursion auf einen vollen Monat auszudehnen, damit wir uns noch ausgiebig an den sonnigen Stränden Spaniens aalen konnten.

»Zuerst erholen wir uns drei Wochen am Meer«, beharrte sie, »und *danach* besuchen wir die Höhlen. Eine längere Reise wird dir bestimmt guttun.«

»Von der Sonne kriegt man Hautkrebs«, knurrte ich. »Und wenn ich einmal ausgiebig Urlaub mache, dann in einem Sarg.«

»Du bist unmöglich!«

Das stimmte. Wenn ich zurückblicke, kann ich mir kaum noch erklären, wie Ramona sich mit meiner Lebenseinstellung abfinden konnte. Ich war nur wirklich glücklich, wenn ich in jeden Tag die Arbeit einer Woche hineinpakken konnte. Man hielt mich allmählich schon für verrückt. Erst ein paar Wochen zuvor hatte ich im *Punch* lesen müssen: »Morris ... ist neurotisch produktiv. Er kann einfach nicht ausspannen und rennt wie besessen hinter neuen Projekten her wie ein Hamster, der Vorräte sammelt.« Ramona allerdings empfand meine Arbeitswut alles andere als lustig.

Ich probierte es mit einem Kompromißvorschlag: »Fahren wir doch durch Frankreich und machen einen Abstecher zur Schlangenkuppel in der Höhle von Rouffignac, dann weiter nach Altamira in Nordspanien, wo wir uns die Dekkengemälde mit den Stieren ansehen könnten, dann südwärts nach Madrid zum ›Garten der Lüste‹ von Bosch, anschließend weiter nach Malaga, wo Picasso geboren ist, und *dann* an die Costa Brava zu deinen Sonnenstränden. Nach ein paar Tagen zurück durch Frankreich über Baume Latrone. Wie gefällt dir die Route? Ist das nicht ein faires Angebot?«

»Nein.«

»Ach!«

Ramona seufzte. »Hast du überhaupt eine Ahnung, wie lange du auf dieser Strecke am Steuer sitzen mußt? Weißt du, wie viele Kilometer das sind?«

»Nun ... exakt 4357.«

»Sei nicht albern.« Aber sie hatte sich bereits in ihr Schicksal ergeben, und wir begannen konkrete Pläne zu machen.

Die Höhle von Rouffignac, unsere erste wichtige Station, war in gewisser Weise ein Kuriosum. Die über zwölf Kilometer langen unterirdischen Gänge und Tunnel waren zwar schon seit Jahrhunderten bekannt, doch erst 1956 wurde die Höhle gründlich erforscht, und da machte man die erstaunliche Entdeckung, daß sie nicht weniger als 141 Darstellungen vorgeschichtlicher Tiere enthielt, darunter allein 91 Mammute. Viele behaupteten, das Ganze sei ein Schwindel, und die Gemälde und Ritzzeichnungen seien von den Entdeckern selbst geschaffen worden. Ein Krieg rivalisierender Experten brach aus. Doch es war ein sinnloser Streit, der leicht hätte vermieden werden können, wenn man nur den ältesten Aufzeichnungen über die Höhle nachgegangen wäre. Die Malereien sind bereits seit dem 16. Jahrhundert bezeugt, und in meiner eigenen Bibliothek befindet sich heute ein altes Lexikon von 1701, in dem es eindeutig heißt, daß die Höhle »Kammern, Gemälde und Altäre besitzt, wo die alten Heiden der Venus und den Höllengöttern Opfer darbrachten«. Soviel zum Thema Fachleute! Als wir die Höhle zu Beginn der sechziger Jahre besuchten, haftete ihr allerdings noch immer der Geruch des Fragwürdigen an.

In einer kuppelförmigen Kammer war angeblich die geschwungene Decke mit einem Gewirr von Schlangenbildern bedeckt, die mich vor allem interessierten. In der Annahme, daß uns eine beschwerliche unterirdische Wanderung bevorstand, hatten wir uns mit derben Schuhen ausgerüstet. Doch zu unserer Verblüffung brauchten wir den Weg in die Tiefe nicht zu Fuß zurücklegen, sondern auf den rotierenden Sitzen einer elektrischen Bahn. Bei jeder größeren Zahl von Wandbildern hielt der Zug an, und die sorgfältig kaschierte indirekte Beleuchtung wurde eingeschaltet.

Die Schlangenkuppel selbst war ein merkwürdiges Gebilde. Buchstäblich Hunderte von ineinander verschlungenen Schlangenformen füllten die gewölbte Decke aus. Leider war das Fotografieren streng verboten, da die Prähistoriker noch immer an der Decke arbeiteten. Das war zwar bedauerlich im Hinblick auf unser geplantes Buch, aber uns blieb ja noch die Riesenschlange von Baume Latrone. Sie war wichtiger für uns, weil sie mehr Einzelheiten aufwies, zum

Beispiel einen deutlich erkennbaren Kopf mit geöffneten Kiefern und Giftzähnen. Die »Schlangen« von Rouffignac hatten weder Köpfe noch Schwänze, und man könnte sie unter Umständen auch als symbolische oder abstrakte Mäanderzeichnungen deuten, die mit Schlangen überhaupt nichts zu tun hatten. Dennoch strahlten die Schlangenlinien, die sich auf einer kleinen Deckenwölbung zusammendrängten, eine eigenartige Faszination aus. Der Anblick erinnerte uns lebhaft an ein Foto, das wir irgendwo gesehen hatten; es zeigte eine ganze Masse von zusammengeringelten Klapperschlangen, die in ihrem Winterquartier von Menschen aufgespürt und erschlagen worden waren. Hatten die Vorzeitmenschen vielleicht ein solches Schlangennest hier in der Höhle von Rouffignac entdeckt und das Ereignis oben auf der Decke im Bild festgehalten? Das war eine verlockende Vorstellung, aber im Grunde nicht mehr als eine vage Spekulation.
Wir fuhren in südlicher Richtung weiter nach Altamira – neben Lascaux die berühmteste aller prähistorischen Höhlen –, um die herrlichen Deckengemälde zu bewundern: die »Sixtinische Kapelle der Eiszeitkunst«. Dort hatte vor hundert Jahren ein kleines Mädchen namens Maria einen Blick nach oben geworfen, während ihr Vater den Boden nach Knochen und Feuersteinen absuchte. »Schau, Papa, schau doch die gemalten Stiere!« hatte sie ausgerufen und damit eine der größten Entdeckungen der Kunstgeschichte gemacht.
An der gewölbten Decke erblickte ihr erstaunter Vater fünfundzwanzig mehrfarbige und teilweise fast lebensgroße Tierbilder – Bisons, Pferde, Hirsche und Wildschweine –, die eine Fläche von ungefähr 20 × 7 Meter bedeckten. Sie waren sehr kunstvoll und lebensecht ausgeführt. Heute wissen wir, daß sie tatsächlich 14000 Jahre alt sind und einen Höhepunkt der altsteinzeitlichen Kunst darstellen.
Ich konnte es gar nicht abwarten, mich auf dem Boden der flachen Altamira-Höhlenkammer auszustrecken und die Bilder

aus nächster Nähe zu betrachten. Abbildungen in Büchern sind zwar sehr nützlich, aber sie geben keine rechte Vorstellung von den Ausmaßen der Fresken.
Als wir schließlich die Höhle betraten und die Bilder vor uns sahen, passierte etwas Merkwürdiges. Sie irritierten mich, doch ich konnte mir den Grund nicht erklären. Irgend etwas stimmte nicht mit ihnen. Sie kamen mir verzerrt vor. Bei den kleinen Illustrationen in den Büchern über alte Kunst, die daheim in meiner Bibliothek standen, war mir das nicht aufgefallen, doch vor den Originalen konnte ich mich des Gedankens nicht erwehren, daß die Details nicht richtig zueinander paßten. Die Tiere waren zwar schön und verblüffend realistisch wiedergegeben, aber warum hatten die Tiere so etwas Gestelztes an sich? Gestelzt! Das war das richtige Wort. Es waren die Beine, die nicht stimmten. Die Hufe waren spitz nach unten gerichtet, als ob die Tiere gar nicht auf ihnen stünden. Sonderbar! Ich konnte mir das nicht zusammenreimen. Der Fremdenführer verkündete, die Bisons seien »in allen natürlichen Körperhaltungen abgebildet, die den Tieren eigen sind«, aber als Kurator, der unter anderem auch für Bisons zuständig ist, wußte ich, daß die Art und Weise, wie sie da standen, ganz und gar nicht natürlich war. Wenn sie überhaupt *standen*. Andererseits waren die Konturen und Proportionen der Leiber hervorragend getroffen. Es war, als hätten die alten Künstler die Tierbeine absichtlich verformt. Angesichts ihrer künstlerischen Begabung erschien die Vermutung, daß ihnen bei der Wiedergabe der Hufstellung ein simpler Schnitzer unterlaufen sei, völlig abwegig.
Der Führer redete unaufhörlich weiter: »Sehen Sie, einige Tiere schreiten, andere rennen in vollem Galopp davon, und wieder andere schleichen vorsichtig vorbei. Beachten Sie die fließenden Linien des fliehenden Ebers . . .« Er wiederholte dann die herkömmliche Interpretation des Jagdzaubers, der sich in diesen Bildern ausdrücke: Der Künstler habe die Tiere abgebildet, um später auf der Jagd

Macht über sie zu haben, denn indem er sie an die Felswand bannte, konnte er sie hinterher auch in der Natur »bannen«. Das klang alles sehr einleuchtend, aber in mir blieb ein nagender, unbestimmter Zweifel zurück, als ich die kühle Höhle verließ.

Diesen Zweifel konnte ich erst aus der Welt schaffen, als wir wieder zu Hause in England waren. Bei den Vorarbeiten zu unserem Schlangenbuch fiel mir eine bedeutsame, aber kaum bekannte Abhandlung eines gewissen P. A. Leasen in die Hände, die den Titel trug: »Eine neue Deutung ... der Höhlenkunst der Quartärzeit.« Sie hatte keine Beachtung gefunden, weil sie 1939 zur Zeit des Kriegsausbruchs erschienen war, als die Menschen mit aktuelleren Problemen beschäftigt waren.

Die Lektüre der Abhandlung ärgerte mich – nicht, weil ich mit ihrem Inhalt nicht einverstanden gewesen wäre, sondern weil ich nicht selber auf die Lösung gekommen war. Leasen gab auf meine offenen Fragen eine so klare und überzeugende Antwort, daß ich mir wie ein Narr vorkam. Er führte, kurz gesagt, den Nachweis, daß sämtliche Tiere auf der Höhlendecke von Altamira *tot* waren! Das ganze Gerede von den galoppierenden, rennenden, schreitenden und ruhenden Tieren war nichts weiter als romantischer Unsinn, auch wenn er seit Generationen von den Prähistorikern wiedergekäut wurde. Leasen belegte seine Auffassung sehr eindrucksvoll mit Fotos von Haustieren, die er in einem Schlachthaus vor und nach dem Töten aufgenommen hatte. Die Bilder der von oben fotografierten toten Tiere zeigten Hufstellungen, die mit denen der Altamira-Gemälde identisch waren. Die Beine, die kein Gewicht mehr zu tragen hatten, waren auf dieselbe Weise nach unten gerichtet, während die der lebenden, stehenden Tiere völlig anders aussahen.

Demnach hatten die alten Künstler die Wirklichkeit noch exakter wiedergegeben, als man ihnen allgemein zugetraut hatte. Ihre Beobachtungsgabe war verblüffend; noch er-

staunlicher aber war ihre Fähigkeit, ihre Beobachtungen mit großer Genauigkeit in Bilder umzusetzen. Die bohrenden Zweifel, die mich in Altamira beschlichen hatten, verflüchtigten sich. Ich wußte jetzt, warum die gestelzte Beinhaltung der Tiere, die mich so irritiert hatte, scheinbar nicht mit der übrigen Anatomie harmonierte. Hier waren keine aktiven Tiere dargestellt, sondern die Opfer eines Massakers.
Das bedingte natürlich auch eine neue Deutung der Funktion dieser Höhlenmalereien. Die Bilder dienten nicht dazu, den Steinzeitjägern Macht über die Tiere zu verschaffen, die sie am folgenden Tag erlegen würden – sie waren viel eher eine ehrfürchtige Huldigung an die Tiere, die am Tag zuvor getötet worden waren. Vielleicht hatten die Künstler auch nur ihren Jagdtriumph im Bild festgehalten, ohne daß dabei irgendwelche Magie im Spiele war. Das Element des Magischen in der frühen Kunst wird vielfach überbewertet. Man geht fast automatisch davon aus, daß in ihr magische Vorgänge beschworen werden. Ich empfinde das als ziemlich anmaßend, so als wollten wir den Urmenschen das Streben nach Befriedigung eines elementaren ästhetischen Triebes absprechen. Auf jeden Fall war der Besuch von Altamira für mich eine stimulierende Erfahrung.
In Madrid wartete noch ein weiteres großes Kunsterlebnis auf mich, denn dort stand ich zum erstenmal vor dem Bild, das ich für das bedeutendste der Welt halte: vor dem »Garten der Lüste« von Hieronymus Bosch. Wenn ich unseren verwüsteten Planeten verlassen müßte und nur ein Gemälde mitnehmen dürfte, dann wäre es dies.
Wir setzten unsere Spanienrundfahrt fort und erreichten schließlich Ramonas eigentliches Reiseziel, den Strand des winzigen Fischerdörfchens Calella de Palafrugell, wo wir ein kleines Appartement mieteten, dessen Balkon auf die Bucht hinausging. Ich machte mich unverzüglich an die Arbeit und schrieb einen Aufsatz über das Acuchy, ein merkwürdiges südamerikanisches Nagetier mit dem Kör-

per eines Meerschweinchens und den Beinen einer Gazelle, das ich im Londoner Zoo studiert hatte, während Ramona die Kunst der Entspannung pflegte, die ich noch lernen mußte.

Ihr Faulenzerdasein wurde jäh unterbrochen durch den Auftritt eines knochendürren Hundes, der sich unmittelbar unter dem Balkon häuslich einrichtete, auf dem sie sich mit aller Gewalt eine Verbrennung zweiten Grades holen wollte, die sie als Sonnenbräune bezeichnete. Er starrte mit anklagenden Augen zu ihr empor, und mir war sofort klar, daß uns jetzt eine ihrer berühmten Rettungsaktionen bevorstand. Sie ließ ihr Sortiment von Sonnenöl, Cremes, Sprays und Salben im Stich, stürzte in das dunkle Loch, das man uns als »Kompaktküche« angepriesen hatte, und tauchte mit den Überresten eines Brathähnchens, das unser Mittagessen gewesen war, wieder auf.

Von meinem Schreibtisch aus hörte ich, wie der Hähnchenkadaver unten auf dem Fußweg aufschlug. Es folgte eine kurze Stille und dann ein gewaltiges Knochensplittern und Mampfen, das mich an die Raubtierfütterung im Zoo erinnerte. In den wenigen Sekunden, die ich brauchte, um den Balkon zu erreichen, war das gesamte Hähnchen verschwunden. Kein Stückchen Fleisch und kein Knöchelchen waren mehr zu sehen. Der verlassene Hund hockte sich schwerfällig nieder und leckte sich das riesige Maul, während sein Leib von einem lautlosen Schluckauf erschüttert wurde. Dann versank er rasch in einen tiefen Schlaf.

»Den Kerl, dem dieser Hund gehört, sollte man . . .«

»Erschießen?« fügte Ramona hinzu.

»Auf jeden Fall ist es abscheulich. Ich frage gleich mal die Fischer da drüben, wem der Hund gehört. Vielleicht hat er sich verlaufen.« So wandte ich mich vom Geschlechtsleben der Acuchys ab und dem *Canis familiaris* zu. Auf dem heißen, staubigen Weg näherte ich mich einem alten Mann, der seine Netze flickte. Ich zeigte auf den großen Hund, der im Schatten unseres Balkons schlummerte, und fragte den Mann in meinem primitiven Spanisch, wo der Besitzer sei. Der Alte zog die Mundwinkel herab und schüttelte den Kopf.

»Perro solo. Todo solo.« Er zuckte die Achseln und beugte sich wieder über seine Netze.

Ich kehrte zu unserem Appartement zurück und erklärte Ramona, es handle sich um einen streunenden Hund, der von Gott und der Welt verlassen sei.

»Dann steht er unter meinem persönlichen Schutz, solange wir hierbleiben«, verkündete sie, »und ich werde ihn füttern und dafür sorgen, daß er bei unserer Abreise kräftig genug ist, um sich allein durchzuschlagen.«

Sie zog sich etwas über und machte sich auf den Weg zum nächsten Metzger, um für den Hund ein Stück Fleisch zu kaufen. Kaum war sie zurückgekehrt, richtete sie für Perro, wie wir das Tier fortan nannten, das Fressen auf einem großen Teller an und trug ihn hinunter zu dem noch immer schlafenden Hund. Inzwischen hatte die Dämmerung eingesetzt, und im Halbdunkel konnte ich ihre Stimme hören, die sanft auf ihn einsprach und ihn zum Fressen animierte. Daran schloß sich ein ausgiebiges Schlürfen und Kauen an, und dann trat Stille ein.

Ramona kehrte im Triumph zurück. Perro hatte tatsächlich die Andeutung eines Schwanzwedelns zuwege gebracht – keine überschwenglichen Dankesbezeigungen, nur ein paar langsame, steife Bewegungen seines langen knochigen Körperfortsatzes, so als hätte er fast vergessen, wie man so etwas macht. Aber es war immerhin ein Anfang.

An den folgenden Tagen suchte der Streuner regelmäßig seinen Ruheplatz unter dem Balkon auf und ließ sich von Ramona verwöhnen. Nach etwa einer Woche bewegte Perro sich schon etwas munterer und glich allmählich eher einem Hund als einem fellbespannten Weidenkorb. Er war zwar noch immer auffallend häßlich, aber gerade deswegen schloß ihn Ramona noch tiefer in ihr Herz.

Ich schaute mir ihren Liebling genauer an. Er sah aus wie

eine Kreuzung aus einem anämischen Bluthund und einem montierten Skelett. Sein kurzes, unansehnliches Fell hatte die Farbe eines nikotingelben Fingers, und die grelle spanische Sonne ließ senkrechte Schattenstreifen zwischen seinen Rippen entstehen. Seine langen Hängeohren schienen mit Blei beschwert zu sein, so daß der mächtige Kopf tief herabhing und seine Schnauze fast den Boden streifte, wenn er dahintrottete. Hinter dem ausladenden Brustkorb verengte sich der Rumpf fast zu einer Spitze, bevor er in den Ansatz der steifen Hinterläufe und in die lange knochige Rute überging, die in einen scharfen, nahezu unbehaarten Dorn mündete. Er bot wirklich einen mitleiderregenden Anblick, aber gleichwohl gelang es ihm, eine gewisse tragische Würde auszustrahlen. Er benahm sich stets so bedächtig, als wäre er darauf bedacht, um jeden Preis Energie zu sparen.

Die Munterkeit und Lebensfreude, die sich nach und nach in seinem Gang auszudrücken begannen, trugen zunächst nichts zur Beschleunigung seiner Schritte bei. Er trottete noch immer wie ein deprimierter Häftling einher, nur weniger steifbeinig als früher. Gegen Ende unseres Aufenthalts zeigte er zum erstenmal, daß er flott laufen konnte, und dieser Anblick erfüllte Ramona mit solcher Befriedigung, als hätte er soeben das Windhundderby im Londoner White-City-Stadion gewonnen. An unserem letzten Morgen sprang er buchstäblich herbei, um seine Henkersmahlzeit in Empfang zu nehmen. Ramonas Glück war vollkommen – aber auch kurzlebig, denn Perros Geschichte nahm ein böses Ende.

Als er den letzten Brocken verschlungen hatte, blickte er sich um und schnupperte in die Luft. Neu gestärkt, wurde er sich plötzlich seiner Männlichkeit bewußt. Kaum hatte er in einiger Entfernung eine rundliche Zwergpudelhündin erspäht, als er auch schon lüstern losgaloppierte, der erschrockenen Pudeldame auf den Rücken sprang und sie zu vergewaltigen versuchte. Die ebenso kleingeratene rundliche Pudelbesitzerin, eine mittelalterliche französische Touristin mit einer Pudelfrisur, schoß laut schreiend aus ihrer Tür hervor, stürzte sich auf den vollauf beschäftigten Perro und jagte ihn mit brutalen Fußtritten zum Dorf hinaus. Er hetzte die ungepflasterte Straße entlang und ward nicht mehr gesehen.

Während unseres Spanienaufenthalts wollten wir unbedingt einen spanischen Stierkampf miterleben. Wir lehnten zwar beide den Stierkampf grundsätzlich ab, meinten jedoch, wir müßten ein solches Schauspiel wenigstens einmal im Leben gesehen haben, um es mit handfesten Argumenten kritisieren zu können. Wir entschieden uns für eine der größten Stierkampfarenen der Welt, die sich im nahen Barcelona befand.

Von außen betrachtet, erinnerte mich die Architektur der Arena an das Kolosseum in Rom, und als wir die Steinstufen zu unseren Plätzen emporstiegen, überkam mich das unbehagliche Gefühl, als würden dort unten gleich arme Christen den Löwen zum Fraß vorgeworfen. Von der Menschenmasse ringsum stieg eine fast sichtbare Knoblauchwolke auf. Die Leute stießen und schubsten sich und legten eine rohe Wildheit an den Tag, als befänden wir uns im alten Rom zur Zeit seiner schlimmsten Dekadenz. Zu unserer Überraschung vernahmen wir ebenso viele französische und deutsche Stimmen wie spanische. Vor allem die Franzosen schienen blutunterlaufene Augen zu haben. Ihre Erregung hatte etwas Hitziges an sich – und eine abstoßende Gier nach dem unmittelbar bevorstehenden Ritual des Todes. Unser Entschluß herzukommen begann mir schon leid zu tun. Ich liebte Stiere, verdammt noch mal, und in diesem Augenblick wäre ich am liebsten auf der Stelle verschwunden. Aber dazu war es zu spät. Wir hatten die oberste Stufe erklommen und starrten jetzt hinab in das weite Rund der Arena, deren sorgfältig geharkter Sandboden umgeben war von den vielen Reihen der aufgeregten, todessüchtigen Zuschauer.

Es war ein atemberaubendes Bild, dessen gespannte Atmosphäre Schrecken und Ehrfurcht erregte. Als wir noch dort oben standen und überlegten, in welcher Richtung wir zu unseren Plätzen gelangen würden, erscholl ein ohrenbetäubender Lärm. Zuerst dachte ich, es sei die Menschenmenge, doch ich hatte mich geirrt. Nein, ein gewaltiger Donnerschlag ließ die Erde erbeben. Am Himmel sah ich eine seltsame schwarze Wolke, die direkt über der großen Arena vorüberzog. Fast unmittelbar darauf fielen riesige Hagelkörner vom Himmel herab, zunächst nur wenige, dann prasselte eine volle Ladung auf die Köpfe der Zuschauer nieder.

Ich habe nie in meinem ganzen Leben einen solchen Hagelsturm erlebt. Die Leute sprangen von ihren Sitzen auf und strebten zu den Ausgängen. Wir wurden zum zweitenmal in einen Knoblauchnebel eingehüllt und förmlich die steilen Treppen hinab und hinaus auf die Straße geschwemmt. Die zahllosen und jetzt wütend erregten Menschen liefen auseinander und versuchten verzweifelt, Schutz vor dem Hagelschauer zu finden.

Der Stierkampf fiel aus. Kein Stier mußte an diesem Tag sterben – mein sehnlichster Wunsch war ganz unverhofft in Erfüllung gegangen.

Es wurde Zeit für uns, nach Frankreich zurückzukehren und uns auf die Suche nach der Schlange von Baume Latrone zu machen – das letzte Ziel unserer einmonatigen Reise. Die Höhle liegt fünfzehn Kilometer nördlich der wunderschönen Stadt Nîmes, und wir hatten für den Besuch einen ganzen Tag eingeplant. Nach unseren Erfahrungen in Rouffignac, wo wir uns in alten Kleidern eingefunden und auf einen beschwerlichen Untertagemarsch eingestellt hatten, um dann eine gemütliche Bahnfahrt zu unternehmen, beschlossen wir, die zweite Höhlenbesichtigung in unseren farbenfrohen Strandgewändern zu absolvieren und keinerlei spezielle Vorbereitungen zu treffen. Nachdem wir die Nacht in Nîmes angenehm verbracht hatten, fuhren wir nach Norden. Gemächlich rollten wir auf den trockenen Landstraßen dahin, bis wir das Flüßchen Gardon erreichten. Hier erkundigten wir uns nach dem Weg zur Höhle.

Aber niemand konnte uns sagen, wo sie lag. Nach einer kilometerlangen Fahrt auf kurvenreichen, abschüssigen Straßen erreichten wir endlich das Dorf Le Baume – nur nicht das richtige, denn es gab in dieser Gegend fast ebenso viele Dörfer dieses Namens wie Höhlen.

Auf unserer Irrfahrt trafen wir schließlich in einem Dörfchen namens Rossan ein. Dort befragten wir zwei alte Männer, die im Schatten des sonnenüberfluteten Dorfplatzes saßen. Zu unserer Verwunderung antworteten sie ganz selbstverständlich:

»O ja, Sie sind hier richtig. Die Höhle liegt ganz in der Nähe, da oben am Ende des Pfades. Aber Sie brauchen einen Führer.«

»Und wo finden wir den?« fragten wir.

»Nun ja . . . es gibt eigentlich keinen«, erwiderten sie nach einem kleinen privaten Meinungsaustausch.

Dann riefen sie ein schüchternes Mädchen herbei und erklärten ihm, daß *sie* uns führen solle. Nach einigem Hin und Her war die Kleine einverstanden und geleitete mich zum Dorfladen. Als sie dort Kerzen einkaufte, hätte ich eigentlich ahnen müssen, was uns bevorstand. Doch im Augenblick sah ich mich bereits mit meiner Kamera vor der Riesenschlange hocken, um die erste Aufnahme von dem ältesten Schlangenbild der Welt zu machen.

In Erwartung einer bequemen Besichtigungsfahrt hatte Ramona hochhackige Goldsandalen angezogen, dazu ein blaugestreiftes Strandkleid. Nachdem wir etwa eine halbe Stunde lang in der glühenden Nachmittagssonne auf dem steinigen und mit Disteln bestandenen Pfad emporgestiegen waren, zwitscherte das kleine Mädchen fröhlich: »Nur noch drei Berge, Monsieur.«

Nach einer weiteren Stunde erreichten wir eine senkrechte

Felswand. Sie fiel steil ab zum trockenen Flußbett des Gardon, und hier verkündete das Mädchen stolz, daß die Höhle unter uns liege.
Unter Stoßgebeten stiegen wir zur kühlen Öffnung in der Felswand hinab. Jetzt endlich teilte uns das Mädchen freundlicherweise mit, daß der Höhlenboden größtenteils aus klebrigem Schlamm bestehe und es gefährlich sei, sich ohne Spikes an den Schuhen hineinzuwagen. Das verfehlte seine Wirkung nicht. Ramona setzte sich am Eingang hin und weigerte sich, auch nur einen Schritt in das dunkle Loch zu tun. Daraufhin machte ich mich allein mit der Kleinen auf den Weg.
Einige hundert Meter auf einem glitschigen Schlammboden in stark gebückter Haltung herumzukriechen ist weiß Gott kein Vergnügen. Die Gänge waren stellenweise nicht einmal einen Meter hoch, und ich versuchte verzweifelt, meine Kleidung vor dem totalen Ruin zu retten. Nach einer Weile rutschte ich nur noch dahin.
Die Höhle verzweigte sich bald zu einem komplizierten Gewirr von immer schmaler werdenden Röhren. Die fröhliche Zwitscherstimme der jungen Führerin erklang noch immer, allerdings etwas gedämpfter, wie mir schien. Wir drangen in mehrere Seitengänge ein und kamen zu dem Schluß, daß wir uns vielleicht in einem ganz falschen Teil der Höhle befänden. Wir hatten uns verirrt. Ihr Bruder, versicherte mir das Mädchen, kenne sich hier sehr gut aus. Er hätte mich zu der Schlange führen können, aber sie selbst, nun ja, sie sei nur einige Male hiergewesen. Dann gingen auch noch die Kerzen aus.
Von irgendwoher zog plötzlich ein Luftstrom durch die Höhle, der die Streichhölzer ausblies, ehe wir die Wachslichter wieder anzünden konnten. Systematisch prägte ich mir jede Richtungsänderung ein, bis ich schließlich, wie ein Hamster in einem fremden Bau, ein Gefühl für den Lageplan des Labyrinths bekam, in dem wir uns verlaufen hatten. Endlich gelangten wir zu einer vorspringenden

Ecke, die ich wiedererkannte, und mit unsicheren Schritten tasteten wir uns den Weg entlang, der uns zu unserer großen Erleichterung sicher zu Ramona zurückbrachte, die sich behaglich auf dem Boden ausgestreckt hatte.

»Wie sah sie aus?« fragte sie.

»Wer?«

»Die Schlange natürlich«, entgegnete sie. »Ich hoffe, du hast eine Nahaufnahme vom Kopf gemacht.«

Daraufhin tauchten wir beide, das kleine Mädchen und ich, unverzüglich in ein anderes schwarzes Loch ein. Diesmal drangen wir kilometertief – so kam es mir vor – in den Schoß der Erde vor, manchmal durch winzige Öffnungen, manchmal durch mächtige Felsspalten, und am Ende richteten wir uns in einer riesigen Kammer auf, die ausgefüllt war mit gewaltigen Stalagmiten und Stalaktiten.

»Voici le serpent!« rief das Mädchen aus und deutete zu einer Stelle hinüber, wo sich ein absonderlicher Stalagmit mit einem Stalaktiten zu einer gewundenen schlangenförmigen Säule vereinigt hatte.

Das war es also, was die Kleine gesucht hatte. Sie war so begeistert, daß ich ihr zunächst versichern mußte, wie schön das Gebilde sei, bevor ich ihr zu verstehen gab, ich suchte nicht ein Kunstwerk der Natur, sondern der Urmenschen. Ob sie nicht irgendwelche Zeichnungen auf den Wänden kenne? Ja, meinte sie, aber sie konnte sich nicht erinnern, wo genau sie sich befanden. Wir sondierten das Terrain nach allen Richtungen. Einmal gerieten wir an einen steilen Abhang, an dem der Schlamm hinuntertropfte. Nur Männer mit Seilen trauten sich dort hinab, sagte die Kleine mit Nachdruck. Wir gingen weiter. Immer wieder kroch das Mädchen wie ein Kaninchen in die kleinen Seitengänge hinein, während ich mit einer Kerze und verschleiertem Blick zurückblieb. Jedesmal tauchte sie mit bekümmerter Miene wieder auf.

Doch dann stieß sie plötzlich einen Freudenschrei aus und zwitscherte zum zweitenmal:

»*Voici le serpent, monsieur!*«
Sie war durch ein winziges Loch geschlüpft und forderte mich auf, meine gesamte Fotoausrüstung hindurchzuschieben und mich dann selber durchzuzwängen.
»*Le serpent!*« verkündete sie und wies voller Stolz auf die gekrümmte Wand. Ich traute kaum meinen Augen. Fast einen Kilometer tief unter der Erde kauerte ich hier zusammen mit einem vierzehnjährigen Mädchen in einer kleinen gebärmutterähnlichen Höhlung und starrte auf die obszönsten Zeichnungen, die mir jemals vor Augen gekommen waren.
»Da, Monsieur«, erläuterte sie, »ist eine Frau gezeichnet, und dort neben ihr ist ein Mann, und zwischen den beiden, sehen Sie doch, richtet sich die große Schlange auf.«
Freud wäre begeistert gewesen.
»Es tut mir sehr leid, aber diese Zeichnungen stammen nicht aus der Vorzeit«, sagte ich und beleuchtete mit meiner Kerze eine Inschrift, die ich als »Jean Dupois, 1943« entzifferte.
Wir hatten offensichtlich eine ziemlich exklusive Toilette aus der Kriegszeit vor uns, die wahrscheinlich von Widerstandskämpfern benutzt worden war, als sie sich vor den Nazis verstecken mußten. Nur zum Spaß wollte ich eine Aufnahme machen, aber das schlammverkrustete Blitzlichtgerät hatte die unsanfte Behandlung in den vergangenen zwei Stunden nicht heil überstanden und funktionierte nicht.
Als wir zum Höhlenausgang zurückkehrten, mußte ich daran denken, daß diese ordinären Zeichnungen vermutlich alle anderen modernen Bilder überdauern würden. Und nach 20000 Jahren würde irgend jemand sie wiederentdecken und nach ihnen unsere Zeit beurteilen, so wie wir die Menschen der Vorzeit nach den Höhlenmalereien von Lascaux charakterisieren. Man konnte sich leicht die wissenschaftlichen Theorien ausmalen, die man dann aus den Zeichnungen ableiten würde: Kultische Phallusvereh-

rung durch Priesterkönige, die in Heilgtümern unter der Erde hausten . . .

Ich war ziemlich schweigsam, als Ramona und ich enttäuscht das Dorf in Richtung Paris verließen. Die Schlangensuche war ein Reinfall gewesen. Am Abend dieses Tages fand ich in unserem Hotel in Orange eine Wandkarte der Umgebung, die ich mir aus Langeweile etwas genauer ansah. Das Dorf Rossan war eingezeichnet, wo meine Hoffnungen auf eine Begegnung mit der Schlange von Baume Latrone so hoch gestiegen waren. Und dort, ein kleines Stück von der Höhle am Gardon entfernt, entdeckte ich ein Sternchen und die Worte »Grotte de Le Baume«. Die Höhle, in der wir einen ganzen Tag herumgerutscht waren, war also die falsche gewesen. Die alten Männer in Rossan hatten nur das Wort »Grotte« gehört und automatisch angenommen, daß ich *ihre* Höhle meinte. Und die ganze Zeit hatte die Schlange von Baume Latrone wenige Kilometer flußabwärts auf uns gewartet.

Am nächsten Morgen fuhren wir erneut nach Süden, zur Höhle von Le Baume. Diesmal mußte es klappen. Ich hatte das Blitzlichtgerät inzwischen repariert und war zu allem bereit.

Am Ende der selbstmörderischen Serpentinenstrecke erreichten wir abermals die Schlucht des Gardon und begannen zu Fuß den mühseligen Abstieg. Auf halber Höhe trafen wir auf einen Polizisten, der vor einer primitiven Holzhütte saß.

»Ist hier wirklich die Höhle von Baume Latrone?«

»Aber selbstverständlich, Monsieur.«

»Die mit der berühmten Schlangenzeichnung?«

»Ja, Monsieur, aber . . .«

»Wunderbar! Dann kann ich endlich meine Aufnahme machen.«

»Nein, Monsieur.«

»Warum nicht?«

»Sie kommen von hier aus nicht zu der Höhle; sie liegt auf

der anderen Seite des Flusses, und es gibt keine Brücke hinüber.«
»Dann mieten wir ein Boot.«
»Nein, Monsieur. Keine Boote.«
Wir schlugen seine Warnung in den Wind und marschierten weiter, bis wir endlich am Flußufer anlangten. Wir setzten uns auf einen Felsblock und betrachteten eine riesige Forelle, die sich in der kräftigen Strömung tummelte – und da drüben, hoch oben in der Felswand gegenüber, klaffte das gewaltige schwarze Loch *der* Höhle, in der sich *die* Schlange befand.
»David Attenborough«, bemerkte ich, »würde jetzt hindurchwaten oder eine Seilbrücke oder etwas Ähnliches fabrizieren.« Ramona lächelte. Es galt zwischen uns beiden seit langem als ausgemacht, daß David ein Draufgänger und ich ein Angsthase war. Ich wußte genau, was Ramona dachte.
»Du bist für diese Rolle nicht richtig angezogen«, sagte sie und streckte sich auf dem Felsen aus.
Das wirkte. Ich schnitt einen starken Zweig von einem unschuldigen Strauch ab, um damit die Wassertiefe zu messen, und stieg mit ihm vollbekleidet in die tosenden Fluten des Gardon.
Ramonas unterdrückte Bewunderung für meinen entschlossenen Einsatz verwandelte sich in Besorgnis, als ich immer tiefer und tiefer in den Fluten versank. Sie richtete sich auf und runzelte die Stirn.
»Es ist alles in Ordnung«, rief ich ihr zu. »Reg dich nur nicht auf!«
»Das tu ich auch nicht«, rief sie zurück. »Ich möchte nur nicht, daß die Streichhölzer in deiner Brusttasche naß werden – ich habe nämlich mein Feuerzeug verloren.«
Typisch! Typisch für die Frauen, daß sie nur an ihre kleinen Vergnügungen denken, wenn wir Männer Leib und Leben riskieren!
Schließlich erreichte ich völlig durchnäßt das andere Ufer

und stieg beherzt bis zur Felswand hoch. Ich winkte Ramona noch einmal zu, drehte mich um und betrat die große Höhle von Baume Latrone.
Ich wußte aus der Fachliteratur, daß sich das Schlangenbild 280 Schritt vom Eingang entfernt befand, und so begann ich meine ausgreifenden Schritte zu zählen: Eins – platsch – zwei – platsch – drei – platsch ... Diesmal hatte ich keine Kerzen und auch keinen Begleiter bei mir. Im schwachen Lichtkreis einer bleistiftdünnen Taschenlampe, die ich mir vorher besorgt hatte, bewegte ich mich vorsichtig vorwärts bis zu der Stelle, wo sich die Höhle verzweigte. In den Büchern war vom »gigantischen Höhlensystem von Baume Latrone« die Rede und von »ineinander verschachtelten Gängen, die mit anderen nahegelegenen Höhlen in Verbindung stehen«. Wie leicht war es hier, sich rettungslos zu verirren!
Plötzlich fühlte ich mich einsamer als je zuvor in meinem Leben. Ich konnte die Umrisse der Höhle nur erkennen, wenn ich die Taschenlampe schnell von einer Seite zur anderen bewegte und dabei beobachtete, wie der Lichtfleck auf den Wänden hin und her wanderte. Ich beschloß, mir die Seitengänge der Höhle nacheinander systematisch vorzunehmen und mit dem Gang zu meiner Rechten zu beginnen.
Da versetzte mich ein Zischen über meinem Kopf in lähmende Angst – doch es waren nur aufgeschreckte Fledermäuse, die durch den gewundenen Gang davonstoben. Ich wanderte mehr als eine Stunde in der Höhle auf und ab und untersuchte dabei die Wände sehr sorgfältig, aber nirgends konnte ich die leiseste Spur einer gemalten Schlange oder sonst etwas Interessantes entdecken.
Schließlich gab ich enttäuscht auf.
Fest entschlossen, den genauen Grund für meine vergebliche Sucherei herauszubekommen, fuhren wir nach Nîmes und besuchten das dortige Museum. Wir wurden in die prähistorische Abteilung geführt und erblickten eine le-

bensgroße Nachbildung der Schlange von Baume Latrone, die die ganze Rückwand des großen Saales einnahm. Es handelte sich um eine exakte Kopie, erklärte man uns, die man direkt von der Höhlenwand abgenommen hatte. Daneben hingen Fotografien von sämtlichen Höhlen der Region. Ich wandte mich an den Aufseher und zeigte auf den Höhleneingang, in den ich wenige Stunden zuvor eingestiegen war.

»Ich habe die ganze Höhle nach vorgeschichtlichen Zeichnungen abgesucht«, sagte ich.

»Ah non, monsieur, tout effacés par les vandales!«

»Ausgelöscht durch Wandalen? Das darf doch nicht wahr sein!«

Der Mann zuckte die Achseln. *»Oui, oui, monsieur«,* beteuerte er, *»complètement effacés par les enfants.«*

Das war also das Ende der Geschichte. Ein Bildwerk, das Jahrtausende überdauert hatte, war in wenigen Minuten zerstört worden. Nur eine Kopie war erhalten geblieben. Sehr deprimiert verließ ich das Museum.

Eine Woche später, daheim in London, zeigte sich ein schwacher Hoffnungsschimmer. In einer Buchhandlung im Westend entdeckte ich ganz zufällig, daß zu der Zeit, als ich in den Höhlen herumkletterte, ein neues Buch zu diesem Thema erschienen war – ein ausführlicher Überblick über die Höhlenkunst Frankreichs und Nordspaniens, mit Plänen der Höhlen und genauen Beschreibungen der Zufahrtswege. Wenn der Band doch einen Monat früher herausgekommen wäre!

Auf einer Seite war ein Plan der Höhle von Baume Latrone abgedruckt. Ich erkannte sie sofort wieder; es war jedoch nicht die zweite Höhle, sondern die erste – jene, die ich mit dem kleinen Mädchen begangen hatte. Und zu meiner maßlosen Enttäuschung sah ich, daß sich die Schlange unmittelbar hinter der Stelle befunden hatte, wo uns der senkrecht abfallende Schlammabhang Halt geboten hatte. Ich muß mich bis auf wenige Schritte genähert haben!

Aber existierte sie noch? Den Autoren zufolge ist sie noch immer »deutlich sichtbar«. Wer hat nun recht? Hatte ich den Museumswärter in Nîmes mit meinem Gerede über die zweite Höhle durcheinandergebracht, oder war das Zerstörungswerk erst kürzlich geschehen? Dann konnten die Verfasser des Buches noch nichts davon wissen. Jedenfalls blieben bei mir so viele Zweifel zurück, daß ich es für lohnend hielt, eines Tages dorthin zurückzukehren, ausgerüstet mit einem langen Seil, Spikesschuhen und einer starken Lampe. Ich hätte dies schon vor Jahren tun müssen, denn sobald das Schlangenbuch fertig war, wandten wir uns neuen Plänen zu, die andere Tiere betrafen. Die Schlangen hatten ihre große Zeit erlebt, und es gab ja noch so viele Lebensformen zu erforschen. Wir setzten unsere Buchreihe fort mit *Menschen und Affen* und *Menschen und Pandas.* Für das Affenbuch stand uns eine Fülle von Material zur Verfügung; außerdem konnte ich mich auf meine eigenen Untersuchungen an Congo und anderen Schimpansen des Londoner Zoos stützen. Aber über die Pandas oder Bambusbären war weit weniger bekannt. Glücklicherweise war der Zoo der stolze Besitzer von Chi-Chi, dem einzigen Riesenpanda im Westen. So hatte ich ausgiebig Gelegenheit, das Verhalten des Tieres eingehend zu studieren. Meine Forschungsergebnisse führten zu einer der merkwürdigsten Episoden in meinem Zoologendasein. Ich versuchte nämlich, Chi-Chi mit dem einzigen anderen Riesenpanda außerhalb Chinas zu verpaaren, mit dem Männchen An-An, das im Moskauer Zoo lebte.

9

Kein Wunder, daß die Russen mich für einen Spion hielten. Seit den Bettgeschichten einer gewissen Zarin war niemand mehr mit einem offiziellen amourösen Auftrag nach Moskau gekommen. Doch jetzt war ich unterwegs. In einer Düsenmaschine flog ich über eine gefrorene Landschaft dahin, um eine internationale Hochzeit zwischen zwei Riesenpandas zu arrangieren – zwischen der Londoner Chi-Chi und dem Moskauer An-An. Wer könnte den russischen Geheimdienst dafür tadeln, daß er darin ein raffiniertes Täuschungsmanöver sah, hinter dem sich irgendwelche finsteren Machenschaften verbargen? Das extravagante Projekt konnte doch nur dem überhitzten Gehirn eines allzu phantasiebegabten Abwehragenten aus dem Westen entsprungen sein. Für mich jedoch war das Ganze eine handfeste Realität, als ich an einem eisigen Februartag des Jahres 1966 auf dem Moskauer Flugplatz landete.

Die Anfänge des Panda-Dramas reichten in den Dezember 1957 zurück, als ein Team von chinesischen Tierfängern in der wilden Bergwelt von Szetschuan eine junge Bambusbärin einfing. Sie kam in den Zoo von Peking, wo sie von einer jugendlichen Chinesin betreut wurde und den Namen Chi-Chi erhielt. Dieser Name bedeutet soviel wie »hübsches kleines Mädchen«, doch man muß bei seiner Aussprache sehr vorsichtig sein, denn wenn man ihn falsch

betont, kann er auch die Bedeutung »Prostituierte« annehmen. Das war freilich ein Vorwurf, den man Chi-Chi nicht machen konnte, wie ich später zu meinem Leidwesen erfahren mußte.
Während Chi-Chi noch von Chinesen gehätschelt wurde, stellte einer der bedeutendsten Tierhändler der Welt, der Österreicher Heini Demmer, in seinem Hauptquartier in Nairobi eine umfangreiche Kollektion von afrikanischen Wildtieren zusammen. Nach mehrjährigen Verhandlungen hatte er endlich die chinesischen Behörden bewegen können, ein Geschäft mit ihm zu machen – das größte seiner Karriere. Damals gab es in der westlichen Welt keinen einzigen Riesenpanda, und mehrere amerikanische Zoodirektoren waren fest entschlossen, als erste ein solches Tier zu erwerben. Nicht mehr als sechzehn lebende Exemplare waren jemals außerhalb der Grenzen Chinas aufgetaucht, und das exotische Geschöpf, das wie ein übergroßer schwarzweißer Teddybär aussieht, galt und gilt in der gesamten Zoowelt als das Große Los. Durch beharrliches Feilschen hatte es Demmer geschafft, den Preis für ein einziges Exemplar in astronomische Höhen zu treiben.
Die Chinesen brauchten dringend afrikanische Großtiere, und als Demmer ihnen drei Giraffen, zwei Nashörner, zwei Flußpferde und zwei Zebras für einen Riesenpanda anbot, schmolz ihr Widerstand dahin. Im Mai 1958 traf er mit seiner Arche Noah in China ein und machte den Handel perfekt. Wieder daheim in Deutschland mit seiner reizenden Chi-Chi, bereitete er sich auf den Verkauf nach Amerika vor. Da schlug das Unheil zu. John Foster Dulles erklärte das Tier zur »kommunistischen Ware« und untersagte die Einfuhr. Demmer war sprachlos. Er stellte einen Antrag nach dem anderen – vergeblich. Amerikas Handelsembargo gegen das kommunistische China vereitelte das lukrative Geschäft.
Gestrandet mit einer Pandabärin, die ihn ein Vermögen gekostet hatte, suchte Demmer verzweifelt nach einem neuen

Interessenten. Er wußte, daß kein europäischer Zoo wohlhabend genug war, um den hohen Preis zu zahlen, den er für das Tier zu fordern gezwungen war. Schließlich gab er den Versuch auf, Chi-Chi zu verkaufen, und verlieh sie statt dessen wochenweise an verschiedene zoologische Gärten. Nach Frankfurt und Kopenhagen kam sie nach London, wo die Menschen in Massen herbeiströmten, um dieses neue Opfer der internationalen Politik zu bestaunen. Ich stellte sie in einer Sondersendung des britischen Fernsehens vor, wodurch sie so populär wurde, daß man sich im Londoner Zoo zu fragen begann, ob man ihr nicht eine ständige Heimstatt geben könnte.

Der Erwerb eines einzelnen seltenen Tiers, das nicht weitergezüchtet werden konnte, widersprach zwar den Auswahlprinzipien des Zoos, aber in diesem Fall war das Unglück bereits geschehen. Der Londoner Zoo hatte schon früher, in der Vorkriegszeit, einige Erfahrung in der Pandahaltung gesammelt und war daher als neue Heimat für die umherirrende Chi-Chi zweifellos am besten geeignet. Man wollte nicht länger mit ansehen, wie das Tier von einem Zoo zum anderen weitergereicht wurde, und erklärte sich schließlich bereit, es zu kaufen. Das einzige Problem war der hohe Preis. Am Ende ließ sich Demmer zu einer Reduzierung seiner ursprünglichen Forderung überreden, und mit Hilfe einer Spende der Fernsehanstalt *Granada*, die in Chi-Chi einen potentiellen Star meiner »Zootime«-Serie erblickte, wurde das Geschäft perfekt. Im Regent's Park entstand für die Pandabärin ein eindrucksvolles Gehege mit einer klimatisierten Wohnhöhle; die Neuerwerbung gewöhnte sich rasch ein und wurde zur Hauptattraktion des Londoner Zoos.

Als ich später Kurator geworden war und mein »Eheanbahnungsinstitut« einrichtete, um zu Zuchtzwecken Geschlechtspartner für alleinstehende Säugetiere zu finden, wandte ich meine Aufmerksamkeit selbstverständlich auch dem Problem der einsamen Chi-Chi zu. Ich wußte, daß die

Geschlechtsbestimmung bei Riesenpandas schwierig ist; deshalb mußte ich mir als erstes Gewißheit darüber verschaffen, ob es wirklich ein Weibchen war.
Der Anatom unseres Zoos beschaffte sich die notwendigen anatomischen Zeichnungen der Panda-Fortpflanzungsorgane, betrat Chi-Chis Gehege und untersuchte sie mit Hilfe des zuständigen Wärters sehr sorgfältig. Als er wieder herauskam, verkündete er mir mit strahlender Miene: »Gratuliere, Sie sind Vater eines hübschen und gesunden Knaben!«
Ich war eher bekümmert darüber, denn der einzige andere Panda außerhalb Chinas, der Moskauer An-An, war ebenfalls ein Männchen. Das bedeutete, daß Peking unsere letzte Hoffnung war. Wir schrieben Briefe nach China, aber erhielten keine Antwort. Die Chinesen hingen an den wenigen Pandas, die sie besaßen, und Chi-Chis Liebesleben schien zur Frustration verdammt zu sein.
In diesem Stadium war sie (es sollte sich später herausstellen, daß sie doch ein Weibchen war!) noch zu jung, um sich darüber Sorgen zu machen, und genoß ihr Leben als Star. Sie hatte einen eigenen Swimming-pool, eine Nebelsprühanlage und Eisblöcke, auf denen sie sich ausstrecken konnte, wenn das Wetter zu heiß war. Sie verfügte über einen eigenen Wärter, der jeden Tag mit ihr spielen mußte, damit sie sich nicht langweilte, und über eine Privatküche, in der ihre Mahlzeiten mit besonderer Sorgfalt zubereitet wurden: gekochter Reis, Orangen, Bananen, Birnen, Äpfel, Eier, Brot, Hühnchen, geriebene Karotten und täglich acht Pfund frische Bambusschößlinge.
Zu Beginn ihres Londoner Gastspiels hatte sie nur etwa 110 Pfund gewogen und erreichte in wenigen Jahren ihr Erwachsenengewicht von etwas mehr als 200 Pfund. Und damit begannen auch ihre Probleme. Ihre Stimmung schlug um, sie rannte nervös in ihrem Gehege umher und setzte überall ihre Duftmarken ab. Sie brauchte dringend einen Partner. Und sie war jetzt auch nicht mehr das

freundliche Spieltier von früher. Man fand sie eines Tages, wie sie auf einem jungen Wärter hockte und in dessen Beine biß. Er wurde eiligst ins Krankenhaus geschafft, während sie angriffslustig und mit blutigem Schaum vor dem Maul in ihrem Territorium hin und her raste.

Ihre üble Laune kehrte im Frühjahr und Herbst regelmäßig wieder. Chi-Chi verschmähte dann so lange die köstlichen Mahlzeiten, die man ihr täglich vorsetzte, bis die Brunftperiode wieder vorüber war. Wir wandten uns abermals an die Chinesen – und diesmal kam eine offizielle Antwort. Tsui Chan-p'ing, der Direktor des Pekinger Zoos, schrieb uns einen verbindlichen, aber entschiedenen Brief, den er mit den Worten beschloß: »Wir sind gegenwärtig nicht in der Lage, Ihren Wünschen zu entsprechen.«

Alles schien verloren, doch dann nahm Chi-Chi die Sache selbst in die Hand. Während einer besonders starken Brunft steigerte sie sich in eine solche Erregung hinein, daß wir glaubten, sie würde sich etwas antun. Als sie einmal ihr Auge an einem Stück Bambus zerkratzte, nahmen wir das große Risiko auf uns, sie ins Zoohospital zu schaffen, wo sie unter Betäubung gründlich untersucht werden sollte. Dabei wurden auch ihre Geschlechtsteile noch einmal genauestens inspiziert. Bei der ersten Untersuchung durch den Zooanatomen war sie noch nicht voll ausgewachsen gewesen, nun aber bestand kein Zweifel mehr über ihr Geschlecht: Sie war eindeutig ein Weibchen!

Mit dieser neuen Information suchte ich den Zoodirektor Leo Harrison Matthews auf.

»Wir haben einen weiblichen Panda, die Russen haben ein Männchen. Wir müssen einfach versuchen, die beiden zusammenzubringen. Die Chinesen sind zu einer solchen Zusammenarbeit nicht bereit – somit ist das unsere einzige Hoffnung.«

»Dann fahren Sie am besten nach Moskau und regeln die Angelegenheit«, meinte mein Chef.

»Nun ja, da bleibt uns wohl nichts anderes übrig.«

Da hatte ich nun die Bescherung. Die Ost-West-Beziehungen waren damals ziemlich gespannt, und der Auftrag behagte mir nicht sonderlich. Aber wir hatten offensichtlich keine andere Wahl. Kontakte wurden hergestellt, und schließlich trafen aus Moskau Presseberichte ein, die besagten, daß die Behörden unter Umständen bereit sein könnten, die vorgeschlagenen Panda-Flitterwochen zu fördern. Mit dem Segen des Außenministeriums telegrafierte der Londoner Zoo sofort nach Moskau: »Mit großer Freude haben wir den Presseverlautbarungen entnommen, daß Sie an einer möglichen Paarung des Moskauer und Londoner Pandas interessiert sind. Wir werden gerne alles tun, um dieses bedeutende zoologische Projekt zu fördern. Vertreter des Londoner Zoos sind jederzeit zu einem Besuch in Moskau bereit, um die Angelegenheit zu erörtern, aber auch Sie sind uns als Gäste in London stets willkommen. Wir sehen Ihrer Erwiderung mit großem Interesse entgegen und hoffen, daß dadurch die freundschaftliche Zusammenarbeit zwischen unseren beiden zoologischen Gärten gefestigt wird.«
Doch daraufhin dementierten die Russen und behaupteten, in der Presse falsch zitiert worden zu sein. Sie hielten die angestrebte Paarung für sinnlos. Westliche Zeitungskorrespondenten berichteten aus Moskau, man habe ihnen zu verstehen gegeben, daß die Russen die »Männlichkeit« ihres Pandas bezweifelten. Wir alle grübelten darüber nach, was das wohl zu bedeuten habe. Später stellte sich heraus, daß man im Moskauer Zoo die Ansicht vertrat, die beiden Pandas seien schon zu lange von ihren Artgenossen getrennt und würden deswegen bei einem Rendezvous nicht erwartungsgemäß reagieren.
An Hochzeit war vorerst nicht zu denken. Anfang 1965 änderte An-An jedoch sein Verhalten, und Berichte, die durch den Eisernen Vorhang zu uns gelangten, deuteten darauf hin, daß der plötzlich erwachte Geschlechtstrieb die Russen zu neuen Überlegungen veranlaßt habe. Sofort

setzten hinter den Kulissen hektische Verhandlungen ein, und diesmal waren die Aussichten offenbar günstiger.
Die englischen Zeitungen stürzten sich auf die willkommene Rührstory. In einem satirischen Artikel im »Observer« wurde die Meinung vertreten, die Russen hätten nur deshalb zunächst An-Ans »Männlichkeit« angezweifelt, weil sie ihm kein Ausreisevisum erteilen wollten – er hätte sich ja absetzen und im nächsten Büro des Tierschutzvereins um Asyl nachsuchen können.
Wörtlich hieß es: »Doch jetzt, nach einem erstaunlichen Gesinnungswandel, der darauf hindeutet, daß die Stalinisten in den zoologischen Kreisen der Sowjetunion eine entscheidende Niederlage erlitten haben, verkünden An-Ans Fürsprecher: ›Vielleicht lassen sich für die beiden Pandas verlängerte Flitterwochen arrangieren.‹ Freunde des glücklichen Paares glauben, daß sich die beiden auf Ibiza oder möglicherweise auf Korfu niederlassen werden . . .«
Ich bekam allmählich einen Vorgeschmack dessen, was mir bevorstand, wenn die Panda-Hochzeit tatsächlich stattfinden sollte. Die Verhandlungen zogen sich über Monate hin, und erst am Jahresende stimmte Moskau endgültig zu, mich als offiziellen Heiratsvermittler zu empfangen. Bis zu Chi-Chis nächster Brunft, die Anfang März fällig war, blieb nur sehr wenig Zeit; zwischen dem Zoo und Whitehall gingen Eilbriefe hin und her, denn wir mußten uns noch einmal den Segen des Außenministers sichern.
Sobald der erteilt war, wurde im Zoo ein Treffen auf höchster Ebene anberaumt, bei dem die nächsten Schritte erörtert werden sollten. Was als schlichter Vorschlag meinerseits begonnen hatte, nahm nach und nach die Dimensionen eines delikaten politischen Vorgangs an.
»Angenommen, der Paarungsversuch verläuft erfolgreich«, fragte mich jemand mit ernster Stimme, »mit wie vielen Nachkommen können wir dann rechnen?«
»Höchstens mit einem oder zwei«, antwortete ich in aller Unschuld.

Der Mann machte ein bestürztes Gesicht. Ob ich mich vielleicht etwas genauer ausdrücken könnte? Was sei wahrscheinlicher – einer oder zwei?
»Einer, nehme ich an, aber wir haben nicht viel Material, auf das wir uns stützen könnten.«
Neuerliche Bestürzung. Wenn Chi-Chi trächtig würde und nur einen Nachkommen zeitigte, würde er dann England oder Rußland gehören? Diese Frage müßte ich unbedingt zur Sprache bringen, wenn ich den Moskauer Zoo aufsuchte. Man bat mich, ein ausführliches Memorandum zu diesem Punkt anzufertigen.
Nach längerem Nachdenken legte ich folgende vier Lösungen vor: 1. Das Jungtier geht an den Moskauer Zoo, wenn es ein Jahr alt ist, als Gegenleistung für einen zweiten Paarungsversuch. Das zweite Junge würde dann uns zufallen. 2. Das erste Jungtier gehört uns, und Moskau erhält den Nachkommen aus der zweiten Paarung. 3. Das Jungtier bleibt bei seiner Mutter in London, und Moskau wird durch andere Tiere aus dem Londoner Zoo entschädigt. 4. Das Junge wird dem Zoo zugesprochen, der das Alttier des anderen Geschlechts besitzt.
Ich hielt meinen vierten Vorschlag für besonders genial, aber er wurde sofort abgeschmettert. Der Londoner Zoo müsse sich, so hieß es, großzügig zeigen und von sich aus eine Geste des guten Willens machen. Die Lösung Nr. 1 wurde angenommen. Das erste Junge sollte nach Moskau übersiedeln, sobald es von seiner Mutter unabhängig wäre. Außerdem wollten wir für alle anfallenden Kosten aufkommen und grundsätzlich alles Menschenmögliche tun, um die Russen bei Laune zu halten und den Handel perfekt zu machen. Alles Weitere war mir überlassen, und ich sollte unverzüglich die Reise nach Moskau antreten.
Mein Panda-Memorandum wurde am 31. Januar 1966 geschrieben. Am selben Tag verbreitete die sowjetische Nachrichtenagentur TASS eine Meldung, die schon etwas freundlicher klang:

»Der schwarz-weiße An-An, der einzige Riesenpanda in der UdSSR, verspeist neuerdings mit besonderem Genuß hartgekochte Eier und Birkenzweige ... Er möchte wohl Mr. Morris durch seine Schönheit und Kraft beeindrucken. Mr. Morris, ein Vertreter des Britischen National-Zoos, kommt nach Moskau, um die Gespräche über die Paarung seiner Bambusbärin Chi-Chi mit dem Moskauer An-An wiederaufzunehmen ... An-An fühlt sich unterdessen sehr wohl. Er ist voller Lebensfreude und hat einen ausgezeichneten Appetit.«

Es freute mich, daß die Russen die ganze Angelegenheit so humorvoll betrachteten. Ich ahnte freilich nicht, daß man in bestimmten Kreisen ernste Zweifel über das wahre Motiv meines Besuches hegte. Dafür gab es einen handfesten Grund, den ich übersehen hatte. Der Sekretär der Zoologischen Gesellschaft war damals Solly Zuckerman, ein Mann von ungeheurer Energie, der nicht nur ordentlicher Professor an der Universität Birmingham, sondern auch ein maßgeblicher wissenschaftlicher Berater des Verteidigungsministeriums war. Ich stand nur in meiner Eigenschaft als Kurator des Londoner Zoos in Verbindung mit ihm. Die Russen vermuteten daher, diese Beziehung könnte mit Zuckermans Tätigkeit für das Verteidigungsministerium zusammenhängen. Das hatte zur Folge, daß man mich im sowjetischen Konsulat in Kensington einer ungewöhnlich strengen Befragung unterzog, als ich dort mein Visum beantragte.

Endlich flog ich, allein und mitten im tiefsten Winter, in die sowjetische Hauptstadt. Meine Stimmung war trist. Als die Maschine auf dem Moskauer Flughafen landete, sah ich von meinem Fensterplatz aus nichts als eine weite Fläche, bedeckt mit Pulverschnee, der wie Rauchwolken von der Betonpiste hochgewirbelt wurde. Auf der Gangway schlug mir ein eisiger Wind entgegen. Da man mich vor der grimmigen Kälte gewarnt hatte, trug ich »Hamletbeinkleider« – eine enganliegende schwarze lange Unterhose, bei deren Anblick Ramona fast in Ohnmacht gefallen wäre –, einen dicken Anzug und darüber einen großen pelzverbrämten Mantel. Bei jedem Atemzug gefror die Feuchtigkeit in meiner Nase.

Im Flughafengebäude bemerkte ich, daß die Fensterscheiben von innen wie von außen zugefroren waren. Immerhin wurde mir ein warmer Empfang zuteil. Toja Sokolowa vom Kultusministerium und Igor Petrowitsch Sosnowskij, der Direktor des Moskauer Zoos, hatten sich zu meiner Begrüßung eingefunden.

»Die Hotels sind hier nicht wie in London«, sagte Toja lächelnd, »aber haben Sie Geduld, wir sind nette Menschen.« Auf sie und Igor traf das gewiß zu.

Sonderausweise sorgten dafür, daß ich im Eiltempo durch den Zoll geschleust und in einem Taxi ins Zentrum der Stadt befördert wurde. Dort setzte man mich im Hotel National ab, einem alten Bau aus vorrevolutionärer Zeit, der die hohen gelben Kremlmauern überragte. Mein riesiges Zimmer war mit acht Stühlen, zwei Tischen, zwei Betten, einem Schreibtisch, einem reichverzierten Ankleidetisch mit dreiteiligem Spiegel und einem mächtigen Kleiderschrank eingerichtet. Vom Fenster aus überblickte ich den Roten Platz, das Lenin-Mausoleum, die schimmernden Zwiebelkuppeln der Kremlkirchen und die von Zierat überladene Basilius-Kathedrale (reinstes Disneyland!). Das Bild wurde musikalisch untermalt von Saxophonklängen, die aus dem Stockwerk unter mir empordrangen.

An diesem ersten Abend speiste ich zusammen mit Peter Bull von der britischen Botschaft, der mir mitteilte, daß mein Hotelzimmer »verwanzt« sei, und mich davor warnte, irgendwelche Dummheiten zu begehen, denn dadurch würde ich der Botschaft allerhand Ärger machen. Der Hinweis war überflüssig, denn mir war noch nie in meinem Leben so wenig nach Dummheiten zumute wie jetzt. Ich wollte lediglich An-An kennenlernen, einen Termin für den Paarungsversuch festlegen und so schnell wie möglich heimreisen. Doch nach dem Abendessen konnte ich der Versuchung nicht widerstehen, die »Wanze« in meinem Zimmer aufzuspüren. Ich hob reihum sämtliche Bilder von der Wand ab, lugte hinter die Möbelstücke und schaute sogar unters Bett, konnte jedoch nichts entdecken. Im Telefon, und zwar in der Mikrophonkapsel, steckte die Wanze, wie ich hinterher erfuhr.

Am nächsten Morgen, als ich mich rasieren wollte, merkte ich, daß mit meinem elektrischen Rasierapparat etwas nicht stimmte. Ich nahm die Plastikkappe ab, die den Scherkopf schützte, und sogleich fiel der Apparat in seinen Einzelteilen auf den Teppich. Während ich beim Abendessen war, hatte ihn jemand auseinandergenommen (vielleicht suchte er nach einem Sender?) und nicht mehr richtig zusammengebaut.

Unten erwartete mich die immer heitere Toja Sokolowa, um mich zum Zoo zu bringen. Ich konnte eine Bemerkung über die Kälte nicht unterdrücken.

»Ja, ja, wir haben 32 Grad unter Null«, kicherte sie, »aber seien Sie unbesorgt, es ist nur ein Kälteeinbruch. Bald wird das Thermometer wieder auf 13 Minusgrade steigen.«

Im Zoo prosteten wir uns mit Wodka zu, bevor wir einen ziemlich schäbig aussehenden An-An in Augenschein nahmen und die Einzelheiten des Paarungsprojekts besprachen. Chi-Chi solle nach Moskau kommen, schlug man vor. Einverstanden! Und sie müsse sehr bald kommen. Einverstanden! Alle Zooleute seien Freunde, die sich gut verstünden. Einverstanden! Dann brachte ich die Frage aufs Tapet, wem das Jungtier gehören solle. Selbstverständlich dem Londoner Zoo, erklärte man mir ohne Zögern; die Sowjetunion sei nur an den wissenschaftlichen Aspekten des Unternehmens interessiert. Mir kam der Verdacht, daß beide Seiten die gleichen Instruktionen erhalten hatten, auf daß die Verständigung zwischen Ost und West gefördert werde. »Sollte ein zweites Pandakind geboren werden, gehört es Ihnen«, fügte ich hinzu.

»Mein einziger Wunsch ist es«, sprach Igor feierlich, »nach London zu fahren und bei der Taufe von Chi-Chis Kind den Paten zu spielen!« Darauf stießen wir mit noch mehr Wodka an.
»Doch was ist, wenn die Pandas aufeinander losgehen?« fragte ich vorsichtig.
»Wir werden Wasser spritzen und Feuerwerkskörper bereithalten.«
Nachdem auch die übrigen untergeordneten Details geklärt waren, wurde mir offiziell eine riesige Medaille überreicht, die zur Jahrhundertfeier des Moskauer Zoos geprägt worden war – wieder ein Grund zum Anstoßen. Die Besprechung war beendet. Ich sah mich im Geiste schon nach London zurückfliegen. Doch soweit war es noch nicht. Ich müsse noch ein paar Tage bleiben, bis man die Ergebnisse unseres Gesprächs mit den vorgesetzten Dienststellen diskutiert habe und die ganze Sache ratifiziert sei, damit ich mit definitiven Plänen nach London zurückkehren könne. Um mir die Wartezeit zu verkürzen, hatte man ein Programm für mich ausgearbeitet.
War jetzt die Zeit gekommen, so fragte ich mich, daß eine raffinierte russische Agentin in mein Bett schlüpfen würde, während hinter Trickspiegeln versteckte Kameras surrten? Aber nein. Auf dem Programm standen vielmehr ein Besuch im Moskauer Staatszirkus, wo Braunbären auf Schlittschuhen Eishockey spielten; ein Ballett im Bolschoi-Theater; ferner zahlreiche Besuche in Kunstgalerien und Museen, wo ich »Traktoren in der Dämmerung« und ähnliche Idyllen aus der sowjetischen Arbeitswelt bestaunen durfte. Ich muß zugeben, daß das Ballett hinreißend war. Die Mädchen auf der Bühne waren grazil, schlank und schön, während die Frauen auf den Moskauer Straßen schwerfällig einherstapften, so unförmig und unelegant wie die Zirkusbären. Der Gegensatz war unglaublich. Es kam mir so vor, als gäbe es zwei vollkommen verschiedene Spezies von Russinnen.

In der ganzen Woche, die ich in Moskau verbrachte, hatte ich ständig einen Begleiter bei mir, der mich keinen Augenblick allein ließ. Doch das änderte sich unverhofft am Morgen des letzten Tages. Man bedeutete mir, ich könne auf eigene Faust einen Stadtbummel unternehmen.
»Gehen Sie, wohin Sie wollen, machen Sie einen langen Spaziergang, schauen Sie sich die Geschäfte an, amüsieren Sie sich . . .«
Dieser Stimmungsumschwung verwirrte mich, aber ich packte mich so warm wie möglich ein und trotzte tapfer Eis und Schnee. Als ich das Hotel verließ, falteten zwei stattliche Männer, angetan mit langen Ledermänteln und breitkrempigen schwarzen Hüten, sorgfältig ihre »Prawda« zusammen und erhoben sich von ihren Sitzplätzen am Fuße der Eingangstreppe. Während ich den Roten Platz überquerte, folgten sie mir in respektvollem Abstand. Die Sache machte mir allmählich Spaß. Ich beschleunigte meine Schritte und eilte zielsicher auf das GUM zu, jenes gigantische Moskauer Kaufhaus, das wie eine Kreuzung aus Harrods und dem Paddington-Bahnhof aussieht. Als ich mich im Eingang umblickte, konnte ich die beiden nicht mehr sehen. Ohne sie kam ich mir geradezu verlassen vor, während ich durch die Gänge des Kaufhauses schlenderte.
Mitten im GUM gelangte ich zu einem freien Platz mit einem kleinen Springbrunnen. Ich war gerade dabei, die Aufschrift auf einem Zigarettenautomaten zu entziffern, als ich ein seltsames Geräusch vernahm.
»Pssst!« ertönte es hinter mir. »Pssst!« Ich drehte mich um und erblickte einen pockennarbigen jungen Mann, der sich nervös umsah.
»Sie sind Engländer?« fragte er und schaute bei jedem Wort gleichzeitig in fünf verschiedene Richtungen.
»Ja . . .«
»Gut! Hören Sie zu«, zischte er und kam ein bißchen näher. »Interessieren Sie sich für die Pläne einer geheimen Fabrik?« Ich wollte gerade sagen: »Selbstverständlich, ge-

hen wir!«, als mir Peter Bulls Warnung vor etwaigen Dummheiten wieder einfiel. Ich beschloß, auf die Pläne lieber zu verzichten. Indem ich mich zur vollen Höhe aufrichtete und jene leicht überraschte, stirnrunzelnde Miene aufsetzte, deren sich ein Engländer bedient, wenn er sich gelinde beleidigt fühlt, entgegnete ich in meinem besten Oxford-Englisch: »Heute nicht, besten Dank!«
Darauf reagierte der junge Mann ausgesprochen wütend und drängte sich noch etwas näher an mich heran.
»Sie verstehen nicht«, raunte er. »Ich will Ihnen die Pläne einer geheimen Fabrik zeigen. Sehr wichtig! Kommen Sie mit mir.«
»Nein, danke«, sagte ich mit ernster Stimme und strebte so schnell wie möglich dem Ausgang des Kaufhauses zu. Er folgte mir eine Zeitlang und gab dann offenbar auf.
Als ich am Nachmittag mit Peter Bull in einer Diplomatenlimousine zur Unterzeichnung der Panda-Vereinbarungen fuhr, platzte ich heraus: »Eine komische Sache ist mir heute im GUM passiert. Ein junger Mann kam auf mich zu und sagte: ›Pssst!‹ und dann . . .«
»Darüber reden wir am besten später«, versetzte Peter, dessen Gesicht ein wenig verkrampft wirkte.
»Wieso?«
»Der Wagen kommt gerade aus der Werkstatt.«
»Oh!« Wir schwiegen.
Wenig später hielt das Auto in der Nähe eines Parks, und Peter forderte mich mit einer Handbewegung auf, ihm zu folgen. Wir schlenderten eine Weile auf den hartgefrorenen Parkwegen entlang, bis Peter plötzlich stehenblieb und sagte: »Jetzt können wir reden. Erzählen Sie mir vom GUM.«
»Sie meinen, es wäre riskant gewesen, im Wagen zu sprechen?«
»Ja. Wir haben noch keine Zeit gehabt, ihn zu entwanzen«, erklärte er mir geduldig. »Jedesmal wenn er aus der Werkstatt kommt, gehen wir erneut auf Wanzensuche.«

Ich berichtete ihm von meiner Begegnung im Kaufhaus und mußte selber lachen, als ich die verbissene Beharrlichkeit des pockennarbigen jungen Mannes nachzuahmen versuchte. Aber Peter lachte nicht.
»Gott sei Dank sind Sie nicht darauf hereingefallen«, sagte er. »Wenn Sie mit ihm gegangen wären, aus Langeweile, Neugier oder falschverstandenem Patriotismus, dann hätte er Ihnen ein paar absolut wertlose Pläne gezeigt, und plötzlich wäre die Polizei aufgetaucht und hätte Sie beide festgenommen. In der Lubjanka hätte man Sie dann sofort getrennt. Er wäre entlohnt und wieder weggeschickt worden, und Sie . . . Sie wären verhört worden und hätten ein Geständnis unterschreiben müssen, daß man Sie bei dem Versuch ertappt habe, in der Sowjetunion Spionage zu treiben. Leider haben wir gerade zwei von ihren Leuten in London gefaßt, und sie brauchen jetzt jemanden zum Austauschen. Sie hätten dem KGB gut in den Kram gepaßt. Danken Sie dem Himmel, daß Sie richtig reagiert haben.«
Als ich mich am nächsten Morgen vor der Abfahrt zum Flughafen im Hotelladen umsah, fiel mir ein, daß ich Ramona versprochen hatte, ihr eine russische Pelzmütze zu kaufen.
»Aber wie soll ich deine Hutgröße wissen?« hatte ich so hilflos wie alle Männer gefragt, die den Auftrag erhalten, ein weibliches Kleidungsstück einzukaufen.
»Ich sage dir meine Größe. Sie . . .«
»Das hat keinen Zweck. Die Russen haben bestimmt ein ganz anderes Maßsystem. Es wäre reine Geldverschwendung.«
»Dann machen wir es eben so«, sagte Ramona und setzte mir einen von ihren alten Hüten auf den Kopf. Er war für mich ungefähr drei Nummern zu klein, und ich sah dementsprechend lächerlich aus. Sie führte mich zu einem Spiegel. »Jetzt schau dir das genau an, und präge dir ein, um wieviel dieser Hut für dich zu klein ist. Kapiert? Gut! Genauso klein muß auch die russische Pelzmütze sein.«

Ich hatte das Gefühl, daß die Sache doch nicht ganz so einfach sein würde, als ich mich an die ziemlich hochnäsige Dame hinter der Ladentheke wandte. Als ich eine Damenmütze verlangte, blickte sie mich seltsam an. Sie holte ein riesiges Exemplar hervor und reichte es mir. Es paßte mir tadellos, kam also für Ramona nicht in Frage. Ich gab ihr die Mütze zurück und deutete mit meinen Händen ein kleineres Format an. Leicht irritiert stöberte sie im Regal herum und fand eine etwas kleinere Mütze. Ich probierte sie auf und betrachtete mich im Spiegel. Ich gab der Verkäuferin zu verstehen, daß ich eine noch kleinere Ausführung brauchte. Sie war inzwischen sichtlich verärgert und ergriff eine winzige Damenmütze, die sie mir fast ins Gesicht geschleudert hätte. Ich setzte das Ding auf; es thronte auf meiner gewölbten Stirn wie ein Eisbeutel – endlich hatte ich die richtige Größe gefunden.
»Die nehme ich«, sagte ich zu der verdutzten Verkäuferin und verließ kurz darauf mit einem amüsierten Lächeln den Laden.
Auf dem Londoner Flughafen Heathrow empfing mich eine ganze Meute von Journalisten, Kameraleuten und Pressefotografen, die von mir Auskunft über die bevorstehende Panda-Romanze wollte. Nach dem turbulenten Flug fühlte ich mich ziemlich elend, und so erklärte ich, daß ich keinen Kommentar abgeben könne, bevor ich mit der Zooleitung gesprochen hätte. Aber ich deutete immerhin an, daß alles glatt verlaufen sei. Das reichte aus für die riesigen Schlagzeilen, mit denen am nächsten Tag die Morgenzeitungen aufmachten: »Chi-Chi heiratet im Juni« – »Chi-Chis Flitterwochen im Frühling« und so weiter und so fort. Die beiden Pandas waren nicht mehr nur Symbole der Freundschaft zwischen Ost und West, sondern einsame, grausam getrennte Liebesleute, die aber am Ende doch zueinanderfinden würden.
Als ich am nächsten Tag vor dem Aufsichtsrat des Zoos Bericht erstattete, erwähnte ich nebenbei den Versuch,

mich als Spion zu überführen. Solly Zuckerman war, wie ich mich erinnere, der einzige, der darüber nicht lachte. Alle anderen hielten die Geschichte für einen Scherz. Er wußte nur zu gut, wie leicht man sich durch eine törichte Geste im Agentennetz verfangen konnte.

Sobald alle Details geklärt waren, machte ich mich auf den Weg zu den BBC-Studios in Bristol, wo ich mit einer neuen Fernsehserie angefangen hatte, einem einstündigen Programm mit dem Titel »Life«, das alle vierzehn Tage ausgestrahlt wurde. Als Leiter der Sendung konnte ich alle Probleme des tierischen und menschlichen Verhaltens abhandeln, die mich persönlich interessierten. Es war eine lohnende, aber anstrengende Arbeit, weil sie jedes Wochenende in Anspruch nahm, und das bedeutete, daß ich mich nach einer turbulenten Woche im Zoo keinen Tag lang erholen konnte. Daneben zeichnete ich Beiträge für mein Kinderprogramm »Zootime« auf, das von ITV immer noch wöchentlich gesendet wurde, schrieb an einem neuen Buch, gab ein anderes heraus, verfaßte Buchkritiken für die literarische Beilage der »Times«, bereitete wissenschaftliche Abhandlungen vor, hielt Vorträge, wirkte an verschiedenen Rundfunkprogrammen mit, leitete ein Verhaltensforscherteam im Zoo und malte wie besessen in meinem Atelier in Primrose Hill, wenn ich auch nur einen Augenblick Zeit hatte.

Mein fast neurotischer Zwang zur Produktivität verzehrte mich. Es gab so vieles, was ich tun wollte, aber ich verfügte einfach nicht über die physische Kraft, alle Ansprüche zu erfüllen, die ich an mich selber stellte. Die Eiseskälte in Moskau war eine Belastung zuviel für mich gewesen, und einen Monat nach meiner Rückkehr brach ich zusammen. Die offizielle Diagnose lautete auf Hepatitis, aber in Wahrheit war mein Körper so geschwächt, daß er jeder Mikrobenattacke erlegen wäre.

Ich mußte fast fünf Wochen lang das Bett hüten – die einzige längere Erkrankung seit meiner Jugend –, und in dieser Zeit traf ich eine lebenswichtige Entscheidung. Fortan wollte ich mir nur noch die Hälfte meiner bisherigen Arbeitslast aufbürden. Gestrichen wurden das »Zootime«-Programm, die Rundfunksendungen, die Vorträge, die Rezensionen, die Herausgebertätigkeit und einige weitere Aktivitäten. Ich beschloß, meine schriftstellerische Arbeit im laufenden Jahr auf ein einziges Buch zu beschränken und alle meine Energie ausschließlich darauf zu verwenden. Es sollte den Titel *Der nackte Affe* bekommen und das Lebewesen Mensch aus der Sicht eines Zoologen darstellen. Ich hatte über diese Idee schon jahrelang nachgedacht, und jetzt wollte ich sie endlich zu Papier bringen. Ich ließ mich im November einen Monat lang von meiner Tätigkeit im Zoo beurlauben und tippte das Manuskript in einem Zug herunter. Nachdem ich nahezu alle anderen Sorgen und Verpflichtungen von mir abgeschüttelt hatte, konnte ich mich dieser Aufgabe mit einer Konzentration widmen, die mir bei meinen früheren Büchern gefehlt hatte, und unvermerkt änderte sich dadurch auch mein Stil. Das neue Buch zeichnete sich aus durch Knappheit und leichte Lesbarkeit.

Aber all das lag noch in der Zukunft. Vorher mußte noch das Panda-Problem gelöst werden. Chi-Chis Frühjahrsbrunft war im März fällig, und sie wurde gerade noch rechtzeitig nach Moskau expediert. Ich erkrankte damals und blieb zu Hause. Die Rolle des Panda-»Zuhälters« übernahm der Zooveterinär Oliver Graham-Jones. Er und Sam Morton, der für Chi-Chi zuständige Oberwärter, machten die Reise ohne mich, weil ich krank im Bett lag.

In Moskau, so erfuhr ich später, vernahm Oliver Graham-Jones zwar allerlei Liebesseufzer durch das Hoteltelefon, aber keine von An-An oder Chi-Chi. Die Reise hatte offenbar Chi-Chis Leidenschaft abgekühlt, und nachdem die beiden Tiere einander umkreist, angeknurrt und zu attackieren begonnen hatten, wurden sie schnell getrennt – bis zum Herbst.

Oliver flog nach Hause, und Chi-Chi blieb zurück. Sie soll-

te sich eingewöhnen und akklimatisieren, damit ihre Oktoberbrunft normal verlaufen konnte.
Pünktlich am 1. Oktober setzte bei Chi-Chi die langersehnte Brunftperiode ein, am selben Tag, an dem das Buch *Mensch und Panda*, das ich gemeinsam mit Ramona geschrieben hatte, veröffentlicht wurde. Aus dem Moskauer Zoo kam die Kunde, daß Chi-Chi die Nahrung verweigert und ihrem Wärter mit hochgewölbtem Rücken und aufgerichtetem Schwanz ihre Hinterpartie dargeboten habe – die für Pandabärinnen typische Aufforderung zum Besteigen. Ich war beunruhigt, daß sie dem Wärter Avancen machte und nicht An-An, der im Käfig nebenan wohnte und für sie nicht zu übersehen war. Offenbar hatte sich hier wieder mal ein vermenschlichter »seelischer Zwitter« entwickelt. Aber immerhin war Chi-Chi sexuell aktiv. Unverzüglich flog ich nach Moskau, begleitet vom hauptamtlichen Zoofotografen Michael Lyster und dem Tierarzt von Whipsnade, Victor Manton.
Michael, der bei *Granada-TV* mein Assistent gewesen und später wie ich zur Zooverwaltung übergewechselt war, betrachtete solche Dinge wie die internationale Politik und Spionage mit gesunder Respektlosigkeit.
Der erste Zwischenfall ereignete sich auf dem Moskauer Flughafen, wo Victor unbedingt seine gefährlich aussehende Betäubungspistole anmelden wollte. Mit dieser Waffe ließen sich spritzenartige Geschosse abfeuern, die dazu dienten, Wildtiere kampfunfähig zu machen, ohne sie zu töten. Sie war unser letztes Mittel, wenn Chi-Chi und An-An sich aggressiv gebärden sollten und getrennt werden müßten oder wenn eines der Tiere verletzt und ein medizinischer Eingriff notwendig würde.
Weil die Betäubungsgeschosse sehr viel größer waren als normale Munition, besaß die Pistole gewaltige Dimensionen. Ich hielt es für das beste, sie überhaupt nicht zu erwähnen. Wir würden doch von unseren Gastgebern aus dem Kultusministerium bevorzugt durch die Zollabferti-

gung geschleust, und es sei unwahrscheinlich, daß man das Reisegepäck eines Tierarztes durchwühlte. Aber Victor befürchtete, daß es Ärger geben könnte, wenn sein Gepäck hinterher im Hotel durchsucht und die Waffe gefunden würde.

Als wir an die Zollschranke herantraten, war er also fest entschlossen, die Pistole zu deklarieren. Doch statt sie einfach hervorzuholen und auf den Abfertigungstisch zu legen, packte er sie, als ob er sie gleich benutzen wollte, und fuchtelte mit ihr in der Luft herum, um die Aufmerksamkeit der Zollbeamten auf sich zu lenken. Einen Augenblick lang herrschte lähmendes Entsetzen, aber Victor schaffte es, der Situation eine scherzhafte Wendung zu geben, und nach wenigen Schrecksekunden begannen die Beamten zu lachen und forderten uns mit einer Handbewegung zum Weitergehen auf.

Michaels Humor erhielt einen kleinen Dämpfer, als wir später am Abend zum Essen ins Peking-Hotel gingen. Der riesengroße Speisesaal mit seinen mächtigen Säulen und seinen vielen kleinen Tischen war fast leer. Nicht mehr als fünf oder sechs der rund zweihundertfünfzig Tischchen waren besetzt, als wir Platz nahmen und die Speisekarte studierten. Ich bemerkte nebenbei, daß der Tisch verwanzt sein könnte, woraufhin Michael sich vorbeugte und auf das Tischtuch einsprach:

»Probe eins, zwei, drei; eins, zwei, drei!«

Er bekam einen gelinden Schrecken, als wenige Minuten danach ein hochgewachsener Mann im Regenmantel das Restaurant betrat, sich einen Weg durch das Labyrinth der leeren Tische bahnte und langsam direkt auf uns zusteuerte. Als er unseren Tisch erreicht hatte, an dem noch ein Stuhl frei war, setzte er sich schwerfällig neben Michael hin, schlug eine Ausgabe der »Prawda« auf und widmete sich angelegentlich seiner Lektüre, während wir aßen. Kurz bevor wir fertig waren, erhob er sich, ohne ein Wort gesagt oder uns auch nur eines Blickes gewürdigt zu ha-

ben, und verschwand auf demselben Wege, auf dem er gekommen war.
Im Zoo stellten wir erfreut fest, daß sich Chi-Chi in einer sexuellen Hochstimmung befand, und ich konnte es gar nicht abwarten, den Paarungsversuch in die Wege zu leiten. Unglücklicherweise hielt sich Igor Sosnowskij an diesem Tag gerade in Budapest auf, und wir mußten bis zu seiner Rückkehr warten. Wir waren zur Untätigkeit verdammt und vertrieben uns die Wartezeit im Kino, wo wir uns eine endlos lange Verfilmung von *Krieg und Frieden* ansahen, der die Russen aus unerfindlichen Gründen den Titel *Frieden und Krieg* gegeben hatten.
Am folgenden Morgen traf Sosnowskij ein, und der Zoo wurde um ein Uhr nachmittags für die Öffentlichkeit geschlossen. Bewaffnet mit dicken Wasserschläuchen und unserer Betäubungspistole standen wir bereit, um den ersten Paarungsversuch in Chi-Chis Herbstbrunft zu erleben. Im Frühjahr war ihre sexuelle Erregung bereits abgeklungen, als An-An auf sie losging, aber jetzt lagen die Dinge anders, und wir waren sehr hoffnungsfroh. Am Tag zuvor hatte man die Tiere in das gemeinsame Gehege gelassen, allerdings nicht gleichzeitig. Jedes hatte die Witterung des anderen aufgenommen und entsprechend stark reagiert. Beide waren in einer hervorragenden Verfassung. Wenn der Begattungsakt jemals vollzogen werden sollte, dann in diesem Augenblick.
Chi-Chi wurde als erste hinausgelassen, dann An-An, der sie sofort kreuz und quer durch das Gehege verfolgte. Sie fauchte ihn an, und die beiden ließen sich auf einen kurzen, aber harmlosen Ringkampf ein. Dann entfernte sie sich schwerfällig, und er setzte ihr nach, wobei er wie ein heiseres Schaf blökte. Dieser merkwürdige Liebesruf paßte so ganz und gar nicht zu seiner imposanten Bärengestalt und klang fast rührend im Vergleich zu Chi-Chis wildem Jaulen und Bellen. Seine Annäherungsversuche verloren jetzt jede Feindseligkeit; sie wirkten fast sanft und eher

schüchtern. Er näherte sich ihr von hinten und versuchte sie schließlich zu besteigen, woraufhin sie herumfuhr und ihm einen Prankenhieb versetzte. Er verzichtete auf Vergeltung, und sie zog sich gemächlich in sichere Entfernung zurück. Enttäuscht begann er die herumliegenden Strohballen zu zerfetzen. Dann legte er sich auf den Rücken und streckte alle viere von sich, während sie aufgeregt umherwanderte. Seine Nähe versetzte sie in einen solchen Erregungszustand, daß wir die Tiere trennten und ihnen eine Ruhepause gönnten.

Am nächsten Morgen wiederholte sich das gleiche unergiebige Spiel. Daraufhin beschlossen wir, die Sache anders anzupacken. Das Paar wurde für den Rest des Tages getrennt und erst am Abend wieder zusammengeführt. Das bedeutete, daß wir reihum Nachtwache halten mußten. Als ich an die Reihe kam, teilte ich den winzigen, stickigen Wärterraum der Panda-Anlage mit dem Tierpfleger Nemow, der An-An betreute. Ich sprach nur ein paar Worte Russisch, und er konnte überhaupt kein Englisch. Wir verständigten uns durch Kopfnicken, Lächeln und Achselzukken und lugten abwechselnd durch ein kleines Glasfenster, um uns zu vergewissern, daß wir noch immer zwei lebendige Pandabären vor uns hatten, deren schwarz-weißes Fell keine roten Flecken aufwies. Stunde um Stunde verging, ohne daß etwas passierte, und die Unfähigkeit, miteinander zu reden, zeigte bei Nemow und mir allmählich Wirkung. Die mangelnde Kommunikation zwischen uns beiden war gleichsam ein Symbol für die Kontaktschwierigkeiten zwischen den beiden Tieren.

Da kam mir eine Idee. Es gab eine Sprache, die Nemow und ich gemeinsam hatten: Latein. Nicht, daß einer von uns beiden fließend lateinisch gesprochen hätte, aber wir kannten die wissenschaftlichen Namen unserer Zootiere, und daraus ließ sich etwas machen. Ich setzte mich vor Nemow hin und sagte ganz langsam:

»*Ursus arctos,* London.« Gleichzeitig streckte ich vier Finger

aus, um anzudeuten, daß der Londoner Zoo vier Braunbären besaß. Nemow verstand, und sein Gesicht strahlte.
»*Ursus arctos,* Moskau«, kicherte er und hielt neun Finger hoch. Ein Punkt für Moskau.
»*Elephas maximus,* London«, versetzte ich, indem ich zwei Finger zeigte.
»*Elephas maximus,* Moskau«, konterte er und spreizte zwei Finger in die Luft. Diese Runde endete also unentschieden. Und so ging es stundenlang weiter, allerdings mit längeren Pausen, in denen wir uns geeignete lateinische Namen ausdachten, um uns gegenseitig mit möglichst hohen Tierbeständen übertrumpfen zu können. Es war eine reichlich schwachsinnige Form der internationalen Verständigung, aber sie ließ eine seltsame Bindung zwischen uns beiden entstehen, die uns half, die lange Nachtwache zu überstehen. Leider übte sie jedoch keine magische Wirkung auf An-An und Chi-Chi aus. Sie wollte ihre hartnäckige Unfreundlichkeit nicht aufgeben.
Doch im Morgengrauen passierte es. An-An packte Chi-Chi am Nackenfell, hielt sie nieder und bestieg sie. Sie reagierte wütend und klemmte ihren Schwanz fest ein, wodurch sie seine Bemühungen so lange zunichte machte, bis sie sich herumdrehen konnte und ihn mit einem blitzschnellen Hieb auf die Schnauze verjagte. Wieder ein Fehlschlag!
Ihr abweisendes Verhalten, das sowohl uns als auch den ständig liebeshungrigen An-An enttäuschte, hielt auch in den folgenden Nächten an, bis wir schließlich alle Hoffnungen begruben. Bei acht Zusammentreffen kam es kein einziges Mal zu einer Paarung. Sechzig Stunden lang waren die Pandas vereinigt, aber eine echte Kopulation fand nicht statt, auch nicht, als Chi-Chi sich der Stelle näherte, wo ich hinter dem Gehegegitter stand. Sie kehrte mir ihr Hinterteil zu und blieb ganz still stehen. Ich streckte meinen Arm zwischen den Gitterstäben hindurch und preßte die Hand auf ihren Rücken, worauf sie sofort einen Buckel

machte und ihren Schwanz steil aufrichtete, um ihre Paarungsbereitschaft anzuzeigen.
An-An, der nur drei Meter entfernt war, reagierte auf der Stelle. Da war endlich das Signal, das er geduldig seit vielen Stunden herbeigesehnt hatte. Unverzüglich stürmte er auf Chi-Chi los, weil er glaubte, der große Augenblick sei nun da. Sie sah ihn näherkommen, doch dann, während sie mir noch ihren Rücken entgegenwölbte, verpaßte sie ihm unter wütendem Gebrüll einen Prankenhieb. Er wich zurück, und sie jagte hinter ihm drein. Das raubte uns die letzte Hoffnung. Jetzt war klar, daß sie, obgleich sie stark brünftig war und sich sogar einem Menschen anbot, nichts zu tun haben wollte mit diesem ungeschlachten schwarzweißen Clown, der ihr unablässig zusetzte. Dafür gab es nur eine Erklärung: Chi-Chi war ganz und gar »vermenschlicht«. Sie war unter Menschen aufgewachsen und hielt sich gewissermaßen selber für ein menschliches Wesen. Sie hatte kein Interesse an diesem Vertreter einer fremden Spezies, der ihr, völlig verwirrt und frustriert, den Hof zu machen versuchte. Wir waren machtlos.
Die einzige mögliche Alternative wäre eine künstliche Befruchtung gewesen, aber darauf wollten sich die Russen nicht einlassen, weil An-An zu diesem Zweck hätte betäubt werden müssen. Uns blieb nichts anderes übrig, als einen Besuch von An-An im Londoner Zoo zu vereinbaren, da es immerhin möglich war, daß sich Chi-Chi in ihrem eigenen Territorium als weniger spröde erweisen würde. Es war eine kleine Chance. In meinen Augen war die Chance allerdings gleich Null.
Chi-Chi wurde heimgeflogen und tummelte sich bald wieder in ihrem alten Gehege, als ob nichts geschehen wäre. Zwei Jahre später, 1968, machte An-An seinen Gegenbesuch in London, der jedoch auch nichts erbrachte, obwohl er zwei Brunftperioden lang ausharrte. Dann reiste er nach Moskau zurück, um sein einsames Junggesellenleben fortzuführen.

Nach vier weiteren Jahren, im Sommer 1972, starb Chi-Chi im Alter von vierzehn Jahren – die jungfräuliche Königin des Londoner Zoos. Schon zwölf Wochen danach verendete auch An-An. Er war fünfzehn Jahre alt geworden. Die unglückselige Liebesaffäre der beiden hatte zahllose Zeitungsspalten in aller Welt gefüllt. Chi-Chi war zum Maskottchen der World-Wildlife-Naturschutzbewegung geworden, und ihr Bild tauchte überall auf. Doch für mich blieb sie das Symbol für die tragische Verstrickung des Menschen, der sich in die natürlichen Lebensabläufe von Wildtieren einmischt. Hätte man ihr gestattet, zusammen mit anderen jungen Pandas aufzuwachsen, dann hätte sie mit ziemlicher Sicherheit Nachkommen hervorgebracht, so wie mehrere Pandaweibchen, die im Zoo von Peking in einer gemischten Gruppe zusammenlebten.

Ich hatte diese Lektion immer wieder lernen müssen. Zuerst bei meinem Schimpansen Congo, der weibliche Artgenossen weder als Gefährtinnen noch als Geschlechtspartnerinnen akzeptieren wollte; dann bei einer Vielzahl von ehemaligen Heimtieren, die ihren Besitzern zur Last gefallen waren und in den Zoo gelangten; schließlich bei dem Gorilla Guy, der gleichfalls ohne Nachkommen starb, obwohl man ihm ein freundliches und zugängliches Weibchen beigesellt hatte.

Die Schlußfolgerung aus solchen Erfahrungen war ganz einfach: Wildtiere müssen die Möglichkeit haben, in der Gesellschaft von Artgenossen aufzuwachsen. Sie brauchen eine sehr viel naturgemäßere soziale Umwelt, als man früher für notwendig erachtete. Die zoologischen Gärten auf der ganzen Welt waren zum Umdenken gezwungen. Sie mußten sich die ständig zunehmenden Erkenntnisse der Ethologen zu eigen machen, aus deren Verhaltensstudien sich immer neue Informationen über die spezifischen Umwelt- und Sozialbedingungen der verschiedenen Tierarten ergaben. Die überholte Vorstellung, ein Zoo sei so etwas wie ein belebtes Museum, sollte ersetzt werden durch eine moderne Konzeption des Zoos als einer quasi-natürlichen Zuchtstätte, wo die Tiere zwar dem menschlichen Betrachter etwas weiter entrückt sind, aber innerhalb vollwertiger sozialer Einheiten ihr normales, artgemäßes Verhalten zeigen können.

Während meiner zehnjährigen Tätigkeit im Londoner Zoo hatte ich viele wichtige Einsichten gewonnen, doch jetzt spürte ich, daß die Zeit reif war für eine Veränderung. Im Laufe meines Zoologenlebens hatte ich mich mit Fischen, mit Vögeln und mit Säugetieren befaßt und war schließlich bei der kompliziertesten Spezies angelangt: beim »nackten Affen«. Im Herbst 1966 hatte ich mich endlich hingesetzt, um mein Buch über den Menschen zu schreiben, und damit die schwierigste Aufgabe meiner wissenschaftlichen Laufbahn angepackt. Als ich fertig war, wußte ich, daß es keinen Weg zurück mehr gab. Ich wollte die Art, der ich selber angehöre, mit den Augen eines Zoologen noch eingehender und intensiver studieren. Da ich mich dem Problem aus meiner eigenen Richtung näherte und mich auf die Erkenntnisse stützen konnte, die ich durch meine Verhaltensstudien an anderen Arten erworben hatte, war ich überzeugt, es werde mir gelingen, viele der altvertrauten menschlichen Handlungsweisen in einem neuen und ungewohnten Licht zu zeigen. Es ging mir nicht darum, von einer Art fragwürdige Rückschlüsse auf eine andere zu ziehen, sondern vielmehr darum, menschliche Verhaltensformen aus einer leicht veränderten Perspektive zu betrachten.

Ende 1966, als die erste Fassung des *Nackten Affen* abgeschlossen war, hatte ich noch keine genaue Vorstellung davon, wie sich meine Verwandlung in einen hauptamtlichen Erforscher des Lebewesens Mensch vollziehen würde. Ich hatte nicht die Absicht, mich in eine der traditionellen Humanwissenschaften einspannen zu lassen. Die Psychologie, die Psychiatrie, die Soziologie und die Anthropologie waren schon seit langem durch ihre speziellen Methoden geprägt.

Meine zoologische Betrachtungsweise wäre hier fehl am Platze gewesen. Ich war bestrebt, mich von diesen Disziplinen unabhängig zu machen und meine eigenen Vorstellungen von ihrem Einfluß freizuhalten. Aber wie?
Da fiel mir unverhofft eine einmalige Chance in den Schoß. Das Londoner Institute of Contemporary Arts suchte einen neuen Direktor. Es sollte demnächst seine bescheidene Unterkunft in der Dover Street mit einem prächtigen Neubau in der Mall vertauschen, also in jener Straße, die zum Buckingham-Palast führt, und brauchte einen Chef, der mit Planungsbeamten und Architekten verhandeln und später das erheblich vergrößerte Institut leiten konnte. Aufgrund meiner Mitwirkung bei der Neugestaltung des zoologischen Gartens besaß ich einige Übung darin, alte Gebäude durch neue zu ersetzen, und ich hatte viele Stunden in der Gesellschaft von prominenten Architekten zugebracht. Von ihnen hatte ich so viel gelernt, daß ich mir zutraute, die organisatorischen Probleme des ICA bewältigen zu können.
Im übrigen hatte ich die Geschicke des Instituts seit seiner Gründung im Jahre 1947 verfolgt, als ich als junger Mann seine allererste Ausstellung besuchte, die auf eine Initiative des brillanten Kunsttheoretikers Herbert Read zurückging. Sein Traum war es gewesen, die besten Schöpfungen aller experimentellen Kunstrichtungen wie in einem Brennpunkt zu vereinen. Um es mit seinen Worten von damals auszudrücken: »Dies ist unser Ideal – nicht noch ein Museum, nicht noch eine langweilige Ausstellungshalle, nicht noch ein klassisches Gebäude, in dem isolierte und säuberlich rubrizierte Kostproben einer Kultur zum Zwecke der Belehrung zur Schau gestellt werden, sondern ein Spielzentrum für Erwachsene ... eine Stätte der Lebenskraft und des gewagten Experiments.«
Das war auch der Grund, weshalb allein das ICA bereit gewesen war, 1958 meine Schimpansenbilder auszustellen. Es schreckte eben vor keinem Experiment zurück. Im

Laufe der Jahre hatte das ICA immer wieder die jeweils neuesten und extremsten Trends der modernen Kunst vorgestellt und sich damit oft den Spott oder Zorn einer empörten Öffentlichkeit eingehandelt. Doch jedesmal fanden diese Trends, die das Publikum zunächst schockiert hatten, ein Jahr später allmählich allgemeine Anerkennung, und das ICA konnte zu Recht Anspruch darauf erheben, in der Förderung der Avantgarde eine führende Rolle in der Welt zu spielen.

Herbert Reads Begriff »Ein Spielzentrum für Erwachsene« war mir im Gedächtnis haften geblieben. Wo hätte ich mein Studium des menschlichen Verhaltens besser fortsetzen können? Sobald das neue und erweiterte Zentrum eröffnet wäre, würde es noch mehr wagemutige und kreative Köpfe aus der Welt der Kunst anziehen und zu einem idealen Treffpunkt werden, wo ich den einzigartigen Spieltrieb des Menschen aus nächster Nähe studieren könnte.

Als bekannt wurde, daß zum neuen Institutsdirektor ein Mann ernannt werden sollte, der gegenwärtig noch als Kurator der Säugetierabteilung des Londoner Zoos tätig war, geriet das ICA erneut unter Beschuß. Waren die Leute denn vollkommen verrückt geworden? Es hatten sich doch so viele Repräsentanten des Kunstbetriebs um diesen Posten bemüht. Wie konnte man da ausgerechnet auf einen Naturwissenschaftler, einen Zoologen, verfallen!

Viele empfanden diese Entscheidung als eine Zumutung, aber Herbert Read, Roland Penrose und die anderen maßgeblichen Leute des ICA wußten von meinem langjährigen Engagement in künstlerischen Dingen, einem Engagement, das in den Augen der Öffentlichkeit durch mein Image als »Zoomann« überlagert worden war. Sie hatten in der Vergangenheit so viele Stürme ausgehalten, daß sie sich auch durch diese neue Entwicklung nicht beirren ließen. Und einer Zeitungsmeldung zufolge war zumindest Picasso mit meiner Ernennung einverstanden, denn als Roland ihm die Nachricht überbrachte, soll er ausgerufen haben: »*Ah! Quelle bonne idée!*« Das war für mich eine gewisse Ermutigung angesichts der anderen, weniger wohlwollenden Kommentare. Roland selbst unterstützte mich nachdrücklich, indem er den Anfeindungen in der Presse mit folgender Erklärung entgegentrat: »Die Betreuung einer öffentlichen Ausstellung von 300 Säugetierarten bringt die gleichen administrativen Aufgaben mit sich wie die Organisation einer großen Gemäldeausstellung. Ob man es mit einem Nashorn oder einem *Guernica*-Bild zu tun hat – die Probleme des Transports, der Öffentlichkeitsarbeit, der Präsentation und der Werbung sind im wesentlichen dieselben.«

Als ich der Zooleitung mitteilte, daß ich gehen würde, erinnerte sie mich an meine sechsmonatige Kündigungsfrist. Das hatte ich dummerweise übersehen, und so geriet ich in eine groteske Situation: Ich war noch immer zuständig für meine Säugetiere im Regent's Park, während ich im ICA-Bulletin bereits als neuer Direktor geführt wurde. So mußte ich mich tagsüber mit Nashörnern und des Nachts mit *Guernicas* befassen, bis der Zoo nach einigen Monaten einen geeigneten Ersatz für mich fand. Jetzt endlich konnte ich meinen ersten vollen Arbeitstag in der progressiven Londoner Kunstwelt antreten.

Am Vorabend hatte ich noch einen ausgedehnten Spaziergang durch den zoologischen Garten gemacht und nacheinander alle Säugetiergehege besucht. Große dunkle Augen blickten mich an, und auf einmal überkam mich eine tiefe Traurigkeit. Ich kannte ja alle Besitzer dieser Augenpaare so gut, ich kannte ihre Persönlichkeit und ihre Probleme. Der Abschied von ihnen fiel mir schwer, und ich spürte einen schweren Druck auf der Brust, als ich mich zum letzten Male durch das Drehkreuz des Ausgangs zwängte. Aber mein Drang, neues, unbekanntes Terrain zu erkunden, hatte meine alten Bindungen überwältigt. Meine Liebesbeziehung zum Zoo war endgültig zu Ende.